REALITY BYTES

architekturtheorie.eu

REALITY BYTES

Ausgewählte Schriften 1995–2015

BART LOOTSMA

Birkhäuser
Basel

AUSGEWÄHLTE SCHRIFTEN 1995–2015

Inhalt

DANKSAGUNGEN

1 Lootsma, Bart. *SuperDutch: New Architecture in the Netherlands.* New York: Princeton Architectural Press, 2000.

2 „Le Poème Électronique, Le Corbusier-Xenakis-Varèse", Spezialausgabe, *Wonen/TABK*, Nr. 2, 1984.

Danksagungen

Die Essays in diesem Buch wurden ausgewählt, weil sie sich mit den allgemeineren Aspekten der Entwicklung des Architekturdiskurses über die letzten zwanzig Jahre befassen. Klassischere architektonische Kritik, die sich einem Gebäude, einem Büro oder einem Protagonisten widmet, wurde nicht miteinbezogen, außer der unmittelbare Anlass für das Essay bildete tatsächlich die Inspiration für Spekulationen, die weit über den Anlass an sich hinausgingen. Es gibt keine Bilder in diesem Buch, selbst wenn die Essays im Original illustriert erschienen sind. Keine Bilder zu nutzen ist, für diejenigen, die mich kennen, nicht typisch für mein Schaffen. Bei den meisten Publikationen halte ich die Aufbereitung von Bildern für mindestens genauso wichtig wie die Aufbereitung des Texts. Dies, und nicht mein Text, hat mein Buch SuperDutch zu einem internationalen Bestseller gemacht.[1] Hier nun hoffe ich, dass die Thematiken der Essays stärker hervortreten als die Arbeiten, auf die sie sich beziehen, wie sehr ich auch in der Schuld der Architektinnen und Architekten und Theoretikerinnen und Theoretikern stehen mag, die in ihnen eine Rolle spielen.

Es ist mir klar, wie viel Glück ich habe, dass ich seit dem Beginn meiner Karriere über solch unglaublich interessante Menschen und Projekte nicht nur schreiben, sondern auch publizieren kann. Dies hat sicherlich auch mit der Tatsache zu tun, dass der architektonische Diskurs, als ich in den Achtzigern zu publizieren begann, immer noch in weiten Zügen an Nationen und damit auch Sprachen gebunden war. Ich konnte dem niederländischen Publikum internationale Themen vorstellen. Es gab eine richtige Neugier und Hunger danach. Später konnte ich die Autorität, die ich durch das Publizieren über renommierte internationale Architekten in den Niederlanden aufgebaut hatte, nutzen, um unbekannte niederländische Architekten, Designer und Künstler vorzustellen.

Ich bin dankbar, dass das niederländische Magazin Wonen/ TABK (der Vorgänger der internationaler orientierten ARCHIS und Volume) durch Geert Bekaert und Hans van Dijk jemandem wie mir mit kaum vorhandener Erfahrung im Schreiben die Möglichkeit gegeben hat, 1984 eine komplette Spezialausgabe über das Poème Électronique von Le Corbusier, Xenakis und Varese zu füllen – Spuren dessen sind immer noch in einigen Artikeln in diesem Buch zu finden.[2] Es muss gesagt werden, dass ich kein geborener Schreiber bin. Schreiben ist etwas, an dem ich hart arbeiten muss und dann trotzdem stark vom Lektorat abhängig bin. Dies ist umso mehr der Fall, da ich seit ungefähr zwanzig Jahren nicht mehr in meiner Muttersprache Niederländisch, sondern auf Deutsch oder Englisch schreibe. Deshalb bin ich all den Lektorinnen und Lektoren, mit denen ich gearbeitet habe, sehr dankbar: Ich könnte schlichtweg nicht ohne sie.

Dass ein Magazin aufzubereiten mehr bedeutet, als Text zu redigieren, lernte ich, als ich nicht lange nach meiner Veröffentlichung in Wonen/TABK auf Initiative von Madeleine Steigenga und Peter Loerakker hin von der niederländischen Vereinigung Architectura et Amicitia eingeladen wurde, der Redaktion von Forum beizutreten. Von jenem Tag an habe ich es geliebt, Magazine aufzubereiten. Auch wenn oder vielleicht auch genau weil die Achtziger und Neunziger eine Zeit waren, in der die meisten Magazine thematisch arbeiten wollten, ist mir durchaus klar, dass ein Magazin etwas anderes ist als ein Buch. Ein Magazin kann sich niemals an einem Buch messen und ein Buch kann sich niemals an einem Magazin messen. Ein Magazin ist nicht nur eine Redaktion mit einer Idee, sondern der Verlag, die Autoren und die Leser sind integrale Bestandteile des Schiffs, das es zu steuern versuchen gilt. Das ist nur möglich, wenn es sich bewegt. Anders als ein Buch hat ein Magazin einen Rhythmus aus Deadlines, zu dem es zu tanzen gilt. Ein Magazin ist etwas, das sich in der Zeit bewegt. Im Deutschen gibt es das Wort Zeitschrift, ein Schreiben in der Zeit oder vielleicht sogar ein Schreiben der Zeit. Es sollte sich wie ein Charakter in einem guten Roman entwickeln oder wie der Protagonist in einer guten Fernsehserie, der einen regelmäßigen Auftritt hat. Nur dann werden die Leser es abonnieren und ihm treu bleiben, was die Grundlage für die Existenz eines Magazins darstellt. Sie sollten begierig darauf sein, wie die Geschichte weitergeht, ansonsten kann es nur rückwirkend finanziert werden und jede Ausgabe könnte die letzte sein. Dies habe ich von Janny Rodermond gelernt, als ich in den frühen Neunzigern als Redakteur für das niederländische Magazin de Architect gearbeitet habe.

Die in diesem Buch gesammelten Artikel wurden nicht für ein, sondern für verschiedene internationale Architekturmagazine veröffentlicht, unter anderem Forum, hunch, Daidalos, ARCH+, und vermehrt in Ausstellungskatalogen und Büchern. Sie wurden nie mit dem Hintergedanken an ein größeres Buch geschrieben, in welchem sie vorsichtig einen Platz finden könnten. Dennoch befassen sie sich mit clusterähnlichen Thematiken, sie berühren sich und überlappen manchmal sogar, da sie ursprünglich in komplett verschiedenen Kontexten und sogar Sprachen erschienen sind.

Die ersten drei Magazine, die ich oben erwähnt habe (und ARCHIS), existieren nicht mehr, und obwohl wundervolle Magazine ständig kommen und gehen, ist es zweifellos so, dass das Verschwinden von Magazinen erstens in den Neunzigern mit der sich verändernden Struktur der Verlage, die einen Minimalprofit von jedem Titel verlangten, zu tun hatte und zweitens im ersten Jahrzehnt dieses Jahrhunderts mit dem Aufstieg des Internets. Ersteres ist problematisch, Zweiteres betrachte ich nicht nur negativ. Das Internet entwickelt eigene magazinartige Formate und Blogs, die aufgrund der globalen Natur des Internets weitaus größere Lesergruppen weltweit ansprechen können als die traditionellen Magazine, und ich bin sicher, dass wir Formate entwickeln können, die reicher und zufriedenstellender sein werden als Bücher. Plötzlich gibt es sogar einzelne Architekten und Autoren die – wie auch ich – 5000 Freunde in sozialen Medien wie Facebook haben oder sogar noch mehr Follower. Das sind nicht nur verlockende Zahlen für die meisten Magazine und Bücher; was das Internet und soziale Medien so anders und anziehend macht ist, dass es viel einfacher ist, ein Gefühl dafür oder auch eine Idee davon zu bekommen, was diese Menschen denken, weil sie auf Publikationen reagieren können. Diese Interaktivität, wie skeptisch man auch Facebook-„Likes" gegenüberstehen mag, ist ein Durchbruch. Noch in der nahen Vergangenheit war sie nur in kalten Chefetagestatistiken reflektiert. Ich sehe natürlich genau, dass sich in Bezug auf Finanzierung eine immer größere Kluft zwischen kommerziellen professionellen Magazinen und Blogs, kulturell orientierten Magazinen und akademischen Zeitschriften auftut. Wir werden sehen, wie sich dies lösen lässt. Wir sind an einem Punkt in der Geschichte angekommen, an dem das Internet Kritikern und Redakteuren neue Möglichkeiten und Herausforderungen bietet, aber auch ein Risiko für den architektonischen Diskurs darstellt – wie für jeden Diskurs. Deshalb denke ich, wenn im Jahr 1995 in meinen Augen die Globalisierung des architektonischen Diskurses neue Möglichkeiten eröffnet hat, so ist 2015 das Jahr, in dem die vom Internet gestellten Möglichkeiten und Herausforderungen dominanter werden und neue Rollen und Initiativen fordern, welche ich mit Freude an der Universität Innsbruck mit den Webzines http://txt.architekturtheorie.eu/ und architecturaltheory.tv in Synergie mit sozialen Medien wie Facebook zu entwickeln versuche. Mein Dank gilt Jan Willmann, Christian Rapp, Christoph Planer und Olaf Grawert für ihre Hilfe bei der Erstellung und Entwicklung dieser Websites.

1995 und 2015 mögen zufällig gewählte Jahre sein, aber sie sind ein adäquater Rahmen für dieses Buch. 1995 war auch das Jahr, in dem ich von Wiel Arets eingeladen wurde, am Berlage Institut die persönliche Forschung der Partizipanten zu betreuen, zuerst in Amsterdam und später in Rotterdam. Ich bin überaus dankbar hierfür, da sich das Berlage Institut unter Wiels Führung zu einer der aufregendsten Schulen weltweit entwickelte – auch wenn es offiziell nicht einmal eine Schule war. Die ständige Debatte mit den ordentlichen Professoren Winy Maas, Raoul Bunschoten, Elia Zenghelis und nicht zu vergessen den Mitarbeitern Vedran Mimica, Roemer van Toorn und Redakteurin Jennifer Sigler von hunch brachte das kreativste und produktivste Umfeld hervor, in dem ich jemals gearbeitet habe. Es hat mich grundlegend geformt. Es zog die talentiertesten Teilnehmerinnen und Teilnehmer aus aller Welt an, die unerlässlich in der Produktion qualitativ hochwertigen Inhalts waren. Mehrere von ihnen haben heute führende Büros oder sind selbst Professorinnen und Professoren an wichtigen internationalen Universitäten. Die wöchentlichen Vorlesungen wirken wie ein who is who der internationalen Architektur. Als eine der ersten überwiegend dem Research gewidmeten Architekturschulen eröffnete das Berlage die Perspektive einer neuen Herangehensweise als Kritiker: einer Herangehensweise, die nicht auf den unmittelbaren Reaktionen auf die Aktualität produzierter Arbeit beruht, sondern einer Herangehensweise des Davor, Daneben und Danach, welche eine tiefgreifende Art der Behandlung von Architektur in einem Kontext von anderen räumlichen und kulturellen Herangehensweisen erlaubt. Selbst wenn ich davor bereits unterrichtet hätte, das Berlage öffnete die Tür zu einer neuen, anderen, internationalen, akademischen Architekturwelt.

Es ist kein Geheimnis, dass es ab den Achtzigern in den Niederlanden unmöglich war, dem Einfluss Rem Koolhaas' zu entkommen. Sein Name taucht in diesem Buch regelmäßig auf und ich stehe auf viele verschiedene Arten in Rems Schuld, aber nicht zwangsläufig auf die Art, die die meisten erwarten würden. Obwohl ich Rem erst mit zwanzig traf, hatte ich doch seinen Namen, seitdem ich sechs Jahre alt war, gehört, denn er war der beste Freund meines Stiefbruders Rene Daalder. Rene, immer so weit weg, ist mir schon mein ganzes Leben eine große Inspiration – der Bruder, den ich selbst nicht zum Aufschauen hatte. Rene, der schon achtzehn war, als ich sechs war, Autos fuhr, Bier trank, Filme und Musik machte, kam manchmal nach Hause, um mit seinem Vater zu diskutieren, was fast immer in Diskussionen

3 Lootsma, Bart. „The strategies of OMA". *Forum 29,* Nr. 3, 1985.

über diesen mysteriösen Rem endete, den ich noch nie getroffen hatte, der Journalist und Drehbuchautor war und anscheinend alle möglichen Skandale produzierte, die ich nicht verstand. Rem war es, der 1975 Rene riet, mir zu sagen, ich solle in Eindhoven studieren, bloß nicht in Delft. Und Rem war es auch, der mich, dieses Mal auf direkterem Weg, dazu brachte, Architekturkritiker zu werden. 1984 wurde ich von den Redakteuren von Forum geschickt, um ein Interview mit Rem, der gerade eine Reihe von bahnbrechenden Projekten mit OMA fertiggestellt hatte, zu machen. Nicht wissend, wer ich war, empfing Rem mich im Büro von OMA, aber machte klar, dass er nicht mehr daran interessiert war, Interviews zu geben. Er hatte so viele Projekte gemacht, so viel geschrieben und so viele Vorlesungen gehalten, dass jetzt andere über seine Arbeit schreiben sollten. Er wollte etwas zurück. Also tat ich dies mit meinem speziellen Wissen und wurde sofort gebeten, bei Forum zu bleiben.[3] In den folgenden Jahrzehnten wurde Rem zu einer der zentralen Figuren niederländischer und internationaler Architektur, eine Figur, die es einem niederländischen Kritiker, der langsam in den internationalen Diskurs einstieg, gleichermaßen unmöglich machte, sie zu meiden, wie auch schwer machte, ihr nahe zu sein. Es hat immer eine kritische Distanz gegeben.

Es gibt andere Menschen, die in diesem Buch nicht erwähnt sind, aber mich dennoch grundlegend beeinflusst haben. Erst seit kurzem wird mir bewusst, dass Geert Bekaert, der Professor für Architekturgeschichte und -theorie, an dessen Institut ich in Eindhoven studiert habe, mich mehr beeinflusst hat, als ich dachte, besonders bezüglich der Freude, die mir das Schreiben von Essays viel mehr macht als das Schreiben kompletter Monografien. Mit Laurids Ortner, einem sehr originellen Architekten, Autor und Kurator, zuerst Gründungsmitglied von Haus-Rucker-Co, später bei Ortner Architekten, der mir meine erste Assistentenstelle an der Kunstuniversität Linz gab, hatte ich wöchentlich intensive Diskussionen. Er ermutigte mich, zu schreiben und meine Redaktionsarbeit bei Forum in den Niederlanden weiter-zuführen, auch als ich für ihn in Österreich arbeitete. Ich möchte gleichermaßen Wolf Prix erwähnen, der mir zu meiner ersten Professur verhalf – an der Universität für Angewandte Kunst in Wien; Jacques Herzog, Pierre de Meuron, Roger Diener und Marcel Meili, die mich einluden, mit ihnen an der ETH Zürich, Studio Basel, zu arbeiten; Arno Brandlhuber, der mich einlud, ihm zu A42.org an der Akademie der Künste in Nürnberg zu folgen; Nasrine Seraji, die mich einlud, an der Akademie der Bildenden Künste in Wien zu unterrichten;

und Carole Schmit, die mich an die Universität Luxemburg einlud.

Ich möchte meinen Kolleginnen und Kollegen, meinen Mitarbeiterinnen und Mitarbeitern und unseren Studentinnen und Studenten an der Universität Innsbruck danken, wo mir die Möglichkeit gegeben wurde, ein Team für Architekturtheorie aufzubauen, um zu forschen und zu unterrichten. Basierend auf meinen Erfahrungen am Berlage Institut und an der Universität für Angewandte Kunst, haben wir Studioarbeit aufgebaut, die sich dem Research in der Architekturtheorie widmet. Im Februar 2016 haben wir unser zehnjähriges Jubiläum gefeiert. Ich möchte meinen Assistentinnen und Assistenten an der Universität Innsbruck danken: Angelika Schnell, Jan Willmann, Andreas Rumpfhuber, Mathieu Wellner, Verena Konrad, Bettina Schlorhaufer, Alexa Baumgartner, Peter Volgger, Kanokwan Trakulyingcharoen und unseren Referentinnen und Referenten Katharina Weinberger und Franz Xaver Sitter, für das, was sie möglich machen. Ich möchte besonders einige unserer Tutoren hervorheben, nämlich Christian Rapp, Christoph Planer, Markus Rampl und Olaf Grawert, die weitaus mehr geleistet haben, als man von studentischen Mitarbeitern erwarten würde. Das Institut für Architekturtheorie und Baugeschichte, Dekan Stefano de Martino und Rektor Tilmann Märk von der Universität Innsbruck haben dieses Buch durch großzügige finanzielle Beiträge ermöglicht.

Ich kann unmöglich all die Menschen erwähnen, die mich im Laufe dieser zwanzig Jahre inspiriert und unterstützt haben, und kann unglücklicherweise auch nicht immer erklären, warum dies der Fall war. Ich möchte aber mit Sicherheit, aus ganz verschiedenen Gründen, Mariette van Stralen, Manuela Hötzl, Sonja Beeck, Sabine Bitter, Helmut Weber, Jeff Derksen, Theoline van Schie, Toon Prüst, Pieter-Jan Gijsberts, Gerard van Zeyl, Lex Kerssemakers, Dietmar Steiner, Florian Medicus, Gerrit Confurius, Frédéric Migayrou, Marie-Ange Brayer, Lars Lerup, Ben van Berkel, Lars Spuybroek, Greg Lynn, Adriaan Geuze, Joep van Lieshout, Hans van Dijk und Bas Princen erwähnen. Ich befürchte, ich habe viele vergessen, und selbst wenn nicht, so werde ich doch niemandem gerecht werden.

Dieses Buch wurde am 30. Oktober 2015 fertiggestellt. Dies ist nicht nur das Ende eines Prozesses, der zu diesem Buch führt, bevor es in den Verkauf geht. Der 30. Oktober ist auch der Geburtstag meiner Partnerin Katharina Weinberger, die ich innig liebe. Ich hätte dieses Buch ohne sie nie

gemacht oder fertiggestellt. Katharina hat mir vor fast
zehn Jahren eine neue und andere Perspektive im Leben
gegeben und im Juni 2015 hat sie uns eine wundervolle Tochter,
Lotte Lena Lootsma, geschenkt. Ich habe mein ganzes
Leben von einer Familie geträumt, aber nie erwartet, dass es
so wunderbar werden würde, wie ich es jetzt erlebe. Ein
besonders spezieller Zufall will es, dass der 30. Oktober 2015
auch der Tag ist, an dem Katharina und ich in Innsbruck
geheiratet haben. Natürlich widme ich dieses Buch Katharina
und Lotte Lena.

Bart Lootsma

VERORTETES WISSEN

Verortetes Wissen

1 Goldman, Lucien. *Lukács and Heidegger: Towards a New Philosophy.* London: Routledge & K. Paul, 1977.

2 Engels, Friedrich und Karl Marx. *Basic Writings on Politics and Philosophy.* Garden City, N.Y.: Doubleday, 1959.

3 Eagleton, Terry. *After Theory.* New York: Basic Books, 2003.

Wissen, worüber gesprochen wird, (...) setzt voraus, dass man weiß, wer spricht und von wo aus: es ist notwendig zu wissen, dass stets von innerhalb einer Welt gesprochen wird, einer Welt, aus der die Struktur des Bewusstseins des Sprechenden rührt, der, um zu wissen, was er sagt, diese Welt und diese Struktur kennen muss, wenn er nicht Gefahr laufen will, innerhalb einer Ideologie zu verbleiben.[1]
Lucien Goldman

Praxisorientierte Experimente (Praxis und Experiment)

Viele Autoren, die über Architektur schreiben, tun dies von oben herab und außerhalb gelebter Erfahrungen. Sie verlieren das Wesen der Architektur aus dem Auge, die sie konstituierende Bedingtheit. Sie riskieren keine Spekulation und bewegen sich innerhalb von Werbekampagnen oder in einer Art administrativer Inquisition überall auf der Welt und legen dabei alle Praktiken lahm, die sich auf das, was morgen zu geschehen hat, beziehen. Als Lucien Goldman seine Worte in den turbulenten Tagen von 1968 sprach, berief er sich auf das, was Karl Marx und Friedrich Engels einmal in Die deutsche Ideologie[2] sagten, nämlich dass, wenn jemand spricht, man sich stets fragen sollte: „Wer spricht gerade von wo?" Goldman hatte Menschen wie den Philosophen Jacques Derrida und andere im Visier, die, als sie in die Fußstapfen Martin Heideggers traten, die Welt von einem Elfenbeinturm her betrachteten – so als könnte das Leben weitab von einem durch das Leben selbst bestimmten Bewusstsein bestimmt werden. Es sei bemerkenswert, so Terry Eagleton, „... dass über Jahrhunderte hinweg das geistige Leben unter der stillschweigenden Annahme stand, dass Menschen keine Geschlechtsorgane hätten. Intellektuelle verhielten sich darüber hinaus so, als hätten weder Männer und noch Frauen Bäuche."[3] Heideggers ziemlich abstrakter Begriff vom *Dasein* ist tatsächlich, wie Emmanuel Levinas einmal sagte, ein „Dasein, das ohne Essen auskommt". In den Schriften Bart Lootsmas spricht die Theorie nie für sich selbst, doch genauso wenig tut dies die gelebte Erfahrung. Tatsächlich beeinflussen sie sich gegenseitig. Wie Lootsma an vielen Stellen im Buch beschreibt, hat unsere menschliche Existenz nicht nur mit Wahrheit und Verstand, sondern ebenso sehr mit Begehren zu tun. Zumindest geht es genauso sehr um Begehren und Fantasie wie um Wahrheit und Verstand. „Es gilt zu verstehen," so Lootsma, „dass die Einflussnahme der neuen Medien nicht nur bedeutet, dass man nicht nur Informationen erhält

4 Lootsma, Bart. *Die neue Landschaft*, S. 161 dieses Buches.

5 Antonio Gramsci, wie von Edward W. Said erklärt in *Representations of the Intellectual: The 1993 Reith lectures*. New York: Pantheon Books, 1994.

oder in die Lage versetzt wird, Staus zu vermeiden, sondern dass es möglich wird zu wissen, wo wir uns befinden und wohin wir gehen wollen. Sie aktivieren unser Begehren. Sie sagen uns nicht nur, wo wir einkaufen, sondern auch, wo wir uns treffen und wo wir uns küssen sollen. Sie sind damit bereits ein entscheidender Faktor und Teil des öffentlichen Raums."[4] Soziologie, Ökonomie, Anthropologie, Geschichte, Politik, Philosophie, Technologie, Kunst, Film, Musik, Literatur, Design, die Stadt, der Alltag, Photographie, Mode, die Erfahrung des Dings und andere Bereiche, sie alle beeinflussen Bart Lootsmas Erkundung dessen, was unsere gelebte Erfahrung ausmacht. Lootsma schreibt nicht über Stilrichtungen, so wie wir es von Kunsthistorikern gewohnt sind. Er kapselt sich auch nicht in der Geschichte ab. Der Welt von heute und der Zukunft gilt sein Hauptinteresse. Inmitten der Jetztzeit mit all ihrer Komplexität betritt Lootsma die Zukunft und untersucht die Vergangenheit. Aus unterschiedlichen Gesichtspunkten stellten sich die Frage, wie Architektur und urbane Praktiken auf der Grundlage von diversen Kategorien, Taktiken und Werkzeugen mit den Phänomenen und Möglichkeiten der Gegenwart arbeiten. Lootsmas Ansatz, der darin besteht, unterschiedliche Methoden inter-disziplinär miteinander zu verknüpfen, zeigt, dass Theorie und Praxis nicht aufeinander verzichten können, wenn es darum geht, die Gegenwart zu verstehen und ihre befreienden Kräfte zu mobilisieren. Vielleicht ist es auch kein Zufall, dass Lootsma als Architekt begann. Antonio Gramsci bemerkte einmal, dass Architekten und andere Praktiker organische Intellektuelle[5] seien. Sie fühlen sich verpflichtet, das Leben zu organisieren, sie könnten sich nicht den Luxus erlauben, die Welt aus einer quasi-neutralen Entfernung zu betrachten, so wie es die traditionellen Intellektuellen bevorzugen. Architekten können gar nicht umhin, mit der Gegenwart zu experimentieren. Über ihre Projekte verpflichten sie sich der Sache der Gegenwart. Sie können auch gar nicht anders als ihre Hände schmutzig zu machen, wenn sie eine gegebene Realität in eine bessere verwandeln wollen. Es sind die Praktiken des Experiments, die Lootsma – von verschiedenen Blickwinkeln und mit großer Aufmerksamkeit fürs Detail – in die großen Fragestellungen der modernen Gesellschaft bettet. Dieses Buch lässt sich als eine Einführung in die Stadtplanung lesen. Es untersucht, wie Architektur und der Körper im Raum heute in verschiedenen innovativen Praktiken funktionieren: Was sind ihre *verborgenen* Theorien, Themen und Geschichten? Wie nehmen sie an unserer sich ständig verändernden Realität teil?

Projektive Theorie

6 Siehe Berlage Institute *Projective Theory*-Programm, das von 2000 bis 2010 von Roemer van Toorn geleitet wurde. „*No More Dreams? The Passion for Reality in recent Dutch Architecture ... and its Limitations". Harvard Design Magazine*, Nr. 21, (Herbst/Winter 2004).

7 Siehe www.agglutinations.com; *Critical Regionalism Revisited: Provisional Thoughts on the Future of Urban Design* von Kenneth Frampton, Kommentare von Bart Lootsma und Mark Gilbert, Februar 2003. Webseite von Nader Vossoughian herausgegeben.

Bart Lootsma praktiziert das, was ich projektive Theorie[6] nenne. Er versucht, die Theorie zu mobilisieren und aktiviert die Geschichte, indem er einen neuen Strang des urbanen und architektonischen Wissens entwickelt, das durch das Experimentieren mit der Praxis den Blick nach vorne richtet. In diesem Buch werden verschiedene projektive Praktiken thematisiert. Anstatt die Realität mit apriorischen Positionen anzugreifen, analysieren die von Lootsma beschriebenen projektiven Praktiken die Fakten und treffen im Prozess des Schaffens Entscheidungen, die imstande sind, ein Projekt auf konkrete und überraschende Weise zu verwandeln. Die Architekten warten ab und schauen im Prozess des Forschens und des Schaffens, wohin sie die Information führt. Mithilfe der projektiven Theorie wird die Distanznahme der kritischen Theorie durch die Haltung des Kurators ersetzt. Wenn man die projektive Theorie in die Praxis umsetzt, beginnt man ein Projekt nicht beladen mit früheren Theorien. Lootsma sagt uns nicht, was richtig oder falsch ist, sondern analysiert lieber das, was Architekten und Stadtplaner zu machen versuchen. Er hilft ihnen neue Probleme zu formulieren und macht Vorschläge dazu, was die Architektur als Nächstes machen sollte angesichts der dringenden Themen und Möglichkeiten, die in unserer Gesellschaft so reichlich vorhanden sind. Auch wenn Lootsma sehr kritisch sein kann, gehört er nicht zu jener Sorte von Kritikern, die eine Mitleids-Wissenschaft praktizieren. In den Aufsätzen ist nicht oft die Rede von Verlust. Anstelle einer Kritik der Verzweiflung – eine negative Kritik – hält Lootsma Ausschau nach dem Potenzial in einem Werk und versucht, der erstickenden Wirkung der Ernüchterung zu entkommen. In seiner Korrespondenz[7] mit Kenneth Frampton über den kritischen Regionalismus etwa bemerkt Lootsma: „Es wäre schade, wenn diese ernsten Versuche weiterreichender Theorien zur Stadtplanung einfach damit abgetan würden, dass man Vermarktungsstrategien aus ihnen macht. Genau das ist es, was aus so vielen Theorien von Architekten geworden ist, die alles im Dienste der Architektur tun. Manchmal habe ich das Gefühl, dass ich Fernsehpredigern zuhöre, die mich beim Zuhören bekehren wollen. Demgegenüber glaube ich, dass eine neue Generation von Architekten und Stadtplanern, die zuerst zu einem neuen Verständnis von dem, was die Stadt – einschließlich der Vorstädte – geworden ist, gelangen wollen, unsere volle Sympathie verdienen."

Mit großem Enthusiasmus und Elan unterstützt Lootsma junge und mehr erfahrene Praktiker, die jenseits von den selbstgefälligen Effekten von Form innovative Arbeiten entwickeln. Anstatt die Schwächen einer Arbeit zu betonen, entdeckt er ihr Potenzial. In den zwölf Aufsätzen von Lootsma wird nicht das städtische oder architektonische Projekt selbst gefeiert, sondern die weitreichenden gesellschaftlichen, wirtschaftlichen und kulturellen Kontexte und Prozesse, welche die Architekten im Zuge ihrer Interventionen und Forschungsarbeiten realisieren. Dieses Buch handelt nicht von der Autonomie der Form, sondern ausschließlich vom Prozess, von möglichen Szenarien und Strategien, die mit den vielen Mutationen in unserer urbanen Landschaft zu tun haben. Anstelle einer Architektur und einer Stadtplanung, die an die Ränder flüchtet, sucht Lootsma nach Strategien und Praktiken, die unsere Moderne als Ganzes thematisieren. Der Beruf des Architekten, des Stadtplaners muss sich den Konsequenzen der Individualisierung, der Globalisierung, der Technologie, der künstlichen Landschaft, des Cyborgs, der Kultur der Mobilität, der Rolle der neuen Medien stellen und sich über Fehler und Mängel darin klar werden.

Das Leben der Dinge

Anstatt ein Objekt als Tatsache oder als Wert zu betrachten und damit die Welt in die objektiven Kräfte des Dings aufzuteilen, wie es die Naturwissenschaften tun, oder im Gegensatz dazu das Objekt, wie in den Sozialwissenschaften, als weiße Leinwand zu betrachten, worauf die Gesellschaft ihre Ideale projizieren kann, glaubt Lootsma an eine theoretische Forschung, die diese zwei wissenschaftlichen Kulturen zusammenbringt. Die Untersuchung der *harten* und der *weichen* Qualitäten eines Objektes wird in der Praxis wie selbstverständlich durchgeführt, doch wie diese zwei Kulturen in Wirklichkeit zusammen funktionieren, ein komplexes, dynamisches Ganzes bilden, bleibt oft unbemerkt. Dies ist geradezu erstaunlich, denn in Wirklichkeit machen wir keine Unterscheidung zwischen beiden Kulturen – ganz im Gegenteil gehen wir immer von hybriden und gleichzeitigen Relationen aus. Aus diesem Grund haben die Denker Michel Serres und Bruno Latour vorgeschlagen, dass wir uns das *weiche* oder *harte* Objekt aus unserem Kopf schlagen sollten. Es ist besser, von einem Quasi-Objekt zu sprechen. Das Quasi-Objekt ermöglicht uns, ein neues Modell des Wissens zu entwickeln, das über die Aufteilung des Objekts in zwei Kulturen hinausgeht. Anstatt das Objekt als Tatsache oder als Wert zu betrachten, es einfach als (stilistische) Form zu sehen, sollten wir dazu übergehen, Fakten und Werte als intrinsisch miteinander verbundene Ganzheiten zu betrachten. „Quasi-Objekte haben einen viel sozialeren

8 Latour, Bruno. *We Have Never Been Modern.* Cambridge, MA: Harvard University Press, 1993.

9 Fraser, Marian. „Classing Queer: Politics". In *Performativity and Belonging.* Vikki Bell (Hrsg.). London: Sage Publications, 1999.

10 Lootsma, Bart. „Now Switch off the Sound and Reverse the Film: Koolhaas, Constant, and Dutch Culture in the 1960s". *Hunch* 1, 1999.

Charakter", sagt der Anthropologe und Philosoph Bruno Latour, „sind eher vorgefertigt, determiniert und damit viel kollektiver als die *harten* Teile der Natur, aber sie sind dennoch keineswegs die beliebigen Behälter einer richtigen Gesellschaft. Andererseits sind sie viel realer und objektiver, weniger anthropomorph als jene gestaltlosen Leinwände, auf welche die Gesellschaft – aus unbekannten Gründen – *projiziert* werden musste."[8] Wie Marian Fraser beobachtete: „Materie *existiert* nicht an und für sich, außerhalb und jenseits des Diskurses, sondern wird wiederholt produziert durch Performativität, die das, was sie nennt, erschafft oder beschließt."[9] Auf dieses situiert entwickelte Wissen über das Quasi-Objekt richtet Bart Lootsma seinen Blick. Wenn wir zum Beispiel unseren Blick auf eine Kaffeetasse richten, aktivieren sich alle möglichen Relationen. Wir können an die ganze Geschichte der türkischen Kaffeeproduktion denken, an die Menschen, welche die Kaffeebohnen ernten, an die Herstellung der Tasse, an die Vermarktung, die das Design beeinflusst, an die Erinnerungen und die Wünsche, die von einer Illy-Kaffeedose geweckt werden können.

Für Lootsma ist das Reale voll von zirkulierender Substanz, Innovation, Interpretation und Veränderung. Anstatt Form als etwas mit einer fixen, ewigen Bedeutung, wie in der klassischen Architektur, zu betrachten, erforscht Lootsma Praktiken der Architektur, die beginnen zu verstehen, dass die Materie im Fluss der Zeit und nicht in der Repräsentation gefangen ist. Dadurch, dass er in der Stadtplanung und in der Architektur die Dimension der Zeit in den Vordergrund stellt, beginnt Lootsma die Begegnung von Wahrnehmung, als Programm des Lebens, und der Materie aufzunehmen. Die Tatsache, dass Sein und Materie nie stabil sind, dass Materie und Bewegung mit ortsbezogenem Wissen erfüllt und unzertrennlich damit verbunden sind, wird zentral. Die Forschungsarbeit von Lootsma kulminiert in der Frage, wie man ein Werk und seine weltliche Situation lesen kann. Wie ein Werk und sein Diskurs von der Erfahrung und nicht nur von sich selbst handeln. In Lootsmas Studie zum Werk von Rem Koolhaas "Now Switch off the Sound and Reverse the Film"[10] wiederholt er nicht einfach ein weiteres Mal die Legende, er baut den Architekten nicht als Star auf, sondern stellt den Ansatz des Autor-Architekten in einen breiteren Kontext und zeigt wie dieser Kontext die Interventionen des Architekten beeinflusst.

11 Siehe www.agglutimations.com: Correspondence with Bart Lootsma. *Reflections on MVRDV, Rem Koolhaas, and Dutch urbanism*, von Nader Vossoughian.

12 Deleuze, Gilles and und Felix Guattari. *A Thousand Plateaus: Capitalism and Schizophrenia*. Minneapolis: University of Minnesota Press, 1987.

13 Siehe www.agglutimations.com: Correspondence with Bart Lootsma. *Reflections on MVRDV, Rem Koolhaas, and Dutch urbanism*, von Nader Vossoughian.

Auf der Suche nach dem Öffentlichen im Jahrhundert von Deleuze

In einigen Aufsätzen zeigt Lootsma, dass unsere Moderne sich nicht mehr in erster Linie in instrumenteller, rationaler und linearer Hinsicht entwickelt, sondern von den unbeabsichtigten Konsequenzen der technologischen Revolution, der Globalisierung, der Individualisierung und der Information geleitet wird. Wie immer macht er zeitgenössische Theorie verständlich, indem er sie mit konkreten Praktiken der Architektur und der Stadtplanung verbindet. In gewisser Weise könnte man unsere (erste) Moderne – die des Industriezeitalters – als mehr ideologisch ausgerichtet betrachten, während unsere (zweite) Moderne, die des Informationsalters von heute, mehr pragmatisch ist. Das bedeutet nicht das Ende der Ideologie, doch irgendwie bevorzugt unsere Moderne das Experiment gegenüber jedweder großen Erzählung oder anderer teleologischer Entwicklung. Stattdessen wirkt vielleicht stärker etwas wie das, was Lootsma *Open Source Ideology*[11] nennt. Die klassischen Werkzeuge und Ideen der Planung, der Stadtplanung, der Architektur und des Designs sind alle nicht mehr in der Lage, Antworten zu liefern, geschweige denn zu helfen, uns in unserer vernetzten, ordnungslosen Welt zurecht zu finden. Wie Lootsma erklärt, müssen wir uns jetzt, wo wir in einen Zustand der völligen Heterogenität eingetreten sind, wo die klar umrissenen Grenzen zwischen Nähe und Distanz, dem Öffentlichen und dem Privaten, der Stadt und dem Land verwischt sind, unseren Körper, die Landschaft und die Stadt auf neue Weise vorstellen. Vor einigen Jahren hat Michel Foucault bemerkt, dass das 21. Jahrhundert im Zeichen von Deleuze stehen würde. Und tatsächlich ist die Beschreibung des Rhizoms von Deleuze und Guattari[12] als etwas ohne Anfang und Ende, durch eine vom Mittelpunkt ausgehende Logik bestimmt, sich von dort hindurch bewegend, kommend und gehend, während das Augenmerk auf den Zwischenräumen und der Linie, statt auf dem Punkt liegt, außerordentlich wichtig dafür, wie wir aus unserem Leben Sinn machen. Wir haben nicht nur ein neues architektonisches und urbanes Wissen geschaffen, das Möglichkeiten und Bedrohungen, Probleme und Lösungen aufzuzeigen und zu artikulieren vermag, sondern wir sollten uns außerdem im Sinne Lootsmas fragen: „Freiheit – ja, doch für wen? Um was zu tun?"[13]

Die Moderne, der wir uns gegenübersehen, ist schließlich nicht nur eine Erfolgsgeschichte, wir brauchen auch eine

14 Siehe www.agglutimations.com: Correspondence with Bart Lootsma. *Reflections on MVRDV, Rem Koolhaas, and Dutch Culture in the 1960s*, von Nader Vossoughian.

neue Vorstellung des Kollektiven, des Gemeinwohls. Wir können nicht zulassen, dass die unternehmerische Globalisierung weiterhin endlose Reihen von Gleichheit und Trennung schafft. Stattdessen sollten wir die Energien innerhalb des Rhizoms freisetzen, die imstande sind, Differenz und Präsenz zu schaffen. Wir müssen aus den Experimenten mit der Praxis die Vorstellung der Politik im Raum neu erfinden oder, um mit Lootsma zu sprechen: „Das Einzige, was zählt, ist demokratische Entscheidungs-findung, durch die sich ideologische und philosophische Fragestellungen verwandeln. Die Politik definiert das Programm, aber nicht mit Maos kleinem Rotbuch in der Hand."[14] Lootsma plädiert für eine öffentliche Sphäre, die nicht geschaffen ist, sondern erst geschaffen werden muss, ohne bestehende Theorie, die vorgibt, wie die Definition des Kollektiven auszusehen hat, sondern die für Experimente verwendet werden muss. Es sind diese Experimente mit der Praxis, wovon Lootsma in diesem Buch spricht.

Offene Systeme und darüber hinaus

Für Deleuze und Guattari war das Denken in Begriffen wie zirkulierender Substanz, Energien, Strömen, Begehrens-maschinen kein Ziel an sich, sondern wurde erfunden, um die mit Ordnung und Klischees überfrachteten bürgerlichen Prozesse zu unterwandern und zu zerbrechen. Sie glaubten, dass eine Art nomadischer Existenz, die spontane Gruppierungen und Organisationen von Individuen zulässt, oder mit einer einfachen Definition von offenen Systemen oder einer Vielheit von Mengen (*Multitudes*) uns von der erstickenden Normalität befreien könnte. Ein ähnlicher Zugang findet sich in den Schriften von Lootsma. Wie Lars Spuybroek interessiert auch ihn nicht die Techno-logie als eine Art und Weise, Funktionen und Wohlbefinden zu regeln. Er sieht sie vielmehr als eine destabilisierende Kraft, deren Funktion es ist, unsere Gier für das Zufällige dadurch zu erfüllen, dass sie eine Vielfalt von Potenzialitäten und Ereignissen bietet. Ein offenes System für alle Sinne könnte, nach Lootsma, als Gegenmittel für die Menge von Informationen wirken, mit denen Menschen bombardiert werden, als Gegenmittel für einen Zustand fast völliger Handlungsunfähigkeit. Mit der Vorstellung von Vielheit im Gepäck benennt und diskutiert Lootsma verschiedene innovative Praktiken, die von einer begrifflichen Idee von offenen oder endlosen Systemen ausgehen, in denen „die Repräsentation nicht mehr existiert. Sie ist nicht nur Aktion – theoretische Aktion und praktische Aktion, als Relais

15 Deleuze, Gilles und Michel Foucault, „Intellectuals and Power". In *Language, Counter-memory, Practice: Selected Essays and Interviews*, von Michel Foucault. Donald F. Bouchard (Hrsg.). Ithaca, New York: Cornell University, 1977.

16 Siehe Aufsatz „Etwas fehlt" in diesem Buch, S. 217

17 Lootsma, Bart. „What is (really) to be done? MVRDV's theoretical concepts". In *Reading MVRDV*, von Véronique Patteeuw. Rotterdam: NAi Publishers, 2003.

und Bildner von Netzwerken."[15] Auch wenn Lootsma mit dem offenen nomadischen System sympathisiert, das Deleuze und andere befürworten, glaubt er nicht, dass eine Heterotopie oder ein Rhizom selbst neue demokratische Horizonte eröffnen kann. Für Lootsma[16] und Gillian Howie hängt Deleuze einer zu mystischen romantischen Perspektive an, die – auch wenn sie als progressiver Weg gedacht ist – nicht imstande ist, über den Kontrollmechanismus, den wir mit dem neoliberalen Individualismus verbinden, hinauszugehen. Die Kultur der Ausdehnung, des *sprawl*, in die wir eingetreten sind, eine Kultur von endloser Gleichheit und Trennung, bedarf anderer Werkzeuge und Kriterien, denn wir können nicht einfach in Fragmentierung leben. Etwas fehlt, stellt Lootsma fest: Wir brauchen neue Formen der Stadtplanung, Organisationen und Institutionen, um neue Horizonte der Demokratie zu entwickeln. Jetzt, wo die Demokratie innerhalb des Nationalstaates durch die Globalisierung der Unternehmenswelt unter Beschuss gekommen ist, sind jene, die handeln und kämpfen, nicht mehr durch eine Gruppe oder einen Verband vertreten, der sich das Recht aneignet, als ihr Gewissen zu stehen. Jetzt, wo die Rechte groß handelt und die Linke noch immer im performativen Widerspruch gefangen ist, weiterhin von Freiheit zu träumen – auch angesichts der pessimistischen Skepsis gegenüber Widerstand und Befreiung. Lootsma glaubt, dass es an der Zeit ist, weiterzugehen. „Vor allem in der westeuropäischen Tradition des Wohlfahrtstaates, der irgendwie immer vorsichtig, aber erfolgreich eine Position zwischen dem Totalitarismus der kommunistischen Welt und der Scheinfreiheit der kapitalistischen Welt gefunden hat, wäre es schade, wenn diese beiden Optionen auf die eine oder andere extreme Position reduziert werden würden oder zerrissen wären zwischen einer paranoiden Angst vor unbegreiflichen kollektiven Risiken und einem genauso irrationalen Glauben an eine Metaphysik, die irgendwann in der Zukunft uns eine natürliche Ordnung verspricht, die uns die ultimative Freiheit bringen wird. Zusammen mit Politikern müssen Architekten und Planer sich der Aufgabe stellen, Begriffe, Vorschläge, Projekte und Pläne zu entwickeln, die es uns ermöglichen, ernste Entscheidungen zu treffen, die uns eine Andeutung dessen geben, um mit Lenin zu sprechen, was wirklich zu tun ist."[17]

Statt einer negativen Kritik, die nicht mehr glaubt, dass sich irgendeine Zukunft durch die Logik der Praxis mitten in der Gesellschaft realisieren lässt, oder eines Pessimismus, der in den Worten von Perry Anderson „die Bedeutung strafte, die Wahrheit überrannte, die Ethik und Politik überflügelte und die Geschichte auslöschte"[18], sucht Lootsma mit großer Gewandtheit und Können einzig nach den Möglichkeiten, welche kreative Praktiken durch ihr ortsspezifisches Wissen innerhalb der Ordnung der Dinge haben. Es gilt, ihre körperliche Präsenz und der intellektuellen Folgen eine Chance zu geben, um mit Erfolg eine progressive Zukunft bauen zu können.

Roemer van Toorn

18 Anderson, Perry. *In the Tracks of Historical Materialism*. London: Verso, 1983.

ARCHITEKTURTHEORIE

Architekturtheorie

Das Wort *Theorie* geht aus dem altgriechischen Verb *theorein* hervor, das so viel wie *schauen* oder *beobachten* bedeutet. Das Zentrum der Architekturtheorie ist also das Betrachten und Interpretieren von Architektur und all ihrer Aspekte. Wie inzwischen in der Kulturtheorie üblich, beschäftigt sich Architekturtheorie nicht nur mit einem elitären oder kanonisierten Teil der gebauten Umgebung, sondern allgemein mit räumlichen Praktiken. Sie versucht nicht, in eine hypnotische Metaphysik oder komplexe Kosmologien zu flüchten, die dann, zusammengefasst als Katechismus, zu Rezepten für Gebäude führen soll.
Sie versucht, die tatsächlichen, realen Kräfte, welche die Umwelt formen, selbst in ihrer Mittelmäßigkeit zu verstehen. Sie analysiert die Bedingungen, unter denen diese Produktion stattfindet, und stellt Vermutungen über die möglichen sozialen, politischen und kulturellen Auswirkungen spezifischer Interventionen an.

Selbstverständlich geht es auch darum, diese architektonischen Betrachtungen und Interpretationen zu kommunizieren. Texte sind dabei ein wichtiges Hilfsmittel. Sie sind aber nicht die einzige Möglichkeit, die Wahrnehmung von Architektur zu kommunizieren: Dazu dienen auch Zeichnungen (z.B. Grundriss, Schnitt und Ansicht), Bilder, Filme, Modelle, Vorträge und Gespräche. Immer in dem Bewusstsein, dass keines dieser Medien irgendwie im Stande sein könnte, die direkte Erfahrung von Gebäuden und räumlichen Situationen zu vermitteln.

Architekturtheorie ist Teil von unterschiedlichen sozialen, ökonomischen, politischen und ästhetischen Diskursen. Sie initiiert selbst auch Diskurse und reagiert darauf: bestätigend oder indem sie Auswege aus einem unbefriedigenden Status quo sucht.

Die große europäische Errungenschaft des 20. Jahrhunderts war, dass Architektur, als intelligente Organisation und kultureller Ausdruck unserer Gesellschaft, als Wohnungen, als Arbeitsorte, als öffentliche und Freizeiträume, den breiten Massen der Bevölkerung zugute kam. Dafür haben Politiker, Architekten und Stadtplaner sich eingesetzt, indem sie sich für diese breiten Massen der Bevölkerung interessiert haben. Auch die europäische Architekturtheorie stand weitgehend im Dienst dieses Strebens.

Die Massen gibt es heute vielleicht nicht mehr. Kollektive Interessen, Wünsche und Bedrohungen gibt es aber immer noch – sogar wenn sie uns nicht immer bewusst sind. Umso wichtiger wäre es, dass sich Architekten und Stadtplaner wieder mehr für die gesellschaftliche Rolle ihrer Disziplinen interessieren, damit sie neue Strategien entwickeln und der Politik anbieten können. Genau hier könnte die Architekturtheorie eine wichtige Vorreiterrolle spielen, indem sie wahrnimmt, analysiert, interpretiert, spekuliert und, kurz gefasst, Programme vorschlägt.

Eine solche kritische Architekturtheorie reduziert nicht Träume auf Fakten, sondern formuliert – nach Bruno Latour – auf Grundlage dieser Fakten Dinge von Belang: „Der Kritiker ist nicht derjenige, der entlarvt, sondern der, der versammelt. Der Kritiker ist nicht der, der den naiven Gläubigen den Boden unter den Füßen wegzieht, sondern der, der den Teilnehmern Arenen bietet, wo sie sich versammeln können. Der Kritiker ist nicht der, der beliebig zwischen Antifetischismus und Positivismus schwankt wie der betrunkene Bilderstürmer von Goya; vielmehr ist er derjenige, für den, was konstruiert wird, zerbrechlich ist und der Pflege und der Vorsicht bedarf."[1] Nur aus diesem Verständnis heraus können Architekten und Stadtplaner die Zukunft zurückerobern.

1   Latour, Bruno. „Why Has Culture Run out of Steam? From Matters of Fact to Matters of Concern". *Critical Inquiry* 30, Nr. 2 (2004): 225–48.

MORE MAASTRICHT BEAN COUNTING!

ODER: WAS KÖNNTE HEUTE EINE EUROPÄISCHE ARCHITEKTUR- THEORIE SEIN?

More Maastricht Bean Counting!

1 Koolhaas, Rem. *What Ever Happened To Urbanism?*. In *S, M, L, XL*, von Rem Koolhaas und Bruce Mau, Jennifer Sigler (Hrsg.). Rotterdam: 010 Publishers, 1995.
2 Leonard, Mark. *Why Europe Will Run the 21st Century.* New York: Public Affairs, 2005.

Oder: Was könnte heute eine europäische Architekturtheorie sein?

*Unsere akkumulierte Weisheit ist leicht zu karikieren: Für
Derrida können wir nicht ganz sein, für Baudrillard können
wir nicht wirklich sein, für Virilio können wir nicht da sein.*
Rem Koolhaas[1]

*Samuel Beckett said that if at first you don't succeed
"Fail, fail again, fail better". The genius of Europe is that it
carries on trying.* Mark Leonard[2]

Die große europäische Errungenschaft des 21. Jahrhunderts
war, dass Architektur, als intelligente Organisation und
kultureller Ausdruck unserer Gesellschaft, als Wohnungen,
Arbeits-, öffentliche und Freizeiträume, breiten Massen
der Bevölkerung zugute kam. Dafür haben Politiker,
Architekten und Stadtplaner sich eingesetzt, indem sie
sich für diese breiten Massen der Bevölkerung interessiert
haben. Auch die europäische Architekturtheorie stand
weitgehend im Dienst dieses Strebens. Die Massen
gibt es heute vielleicht nicht mehr. Das bedeutet aber nicht,
dass es keine kollektiven Interessen, Wünsche und
Bedrohungen mehr gibt. Umso wichtiger wäre es, dass
Architekten und Stadtplaner sich wieder mehr für die
gesellschaftliche Rolle ihrer Disziplinen interessieren, damit
sie neue Strategien entwickeln und diese der Politik
anbieten können.

Was könnte in diesem Rahmen eine europäische Architekturtheorie sein? Könnte diese erneut eine Rolle spielen, indem
sie versucht, neue kollektive Interessen zu formulieren?
Wäre diese anders als Architekturtheorien in anderen
Ländern oder auf anderen Kontinenten? Und wenn ja: wie?
Gibt es vielleicht bestimmte Traditionen, die eine europäische
Architekturtheorie weiterführen oder mit denen sie brechen
möchte? Gibt es bestimmte Werte, die sie zum Ausdruck
bringen, oder Ziele, die sie verfolgen möchte? Was hätte sie
der Welt anzubieten? Ist es eigentlich nicht seltsam, sich
gerade in einer globalisierten Welt noch über so etwas
Gedanken zu machen? Meinen wir mit *europäisch* vielleicht
eigentlich etwas anderes, viel Allgemeineres, wofür wir keine
Worte haben?

Ich weiß nicht, ob ich alle diese Fragen hier beantworten
kann. Es gibt für mich aber ein paar direkte Anlässe,

darüber nachzudenken. Zwei davon haben mit einer Haltung dem Zeitgeist gegenüber zu tun. Erstens ist das der Versuch einiger unserer amerikanischen Kollegen, Architekturtheorie als ein fast exklusiv amerikanisches Phänomen zu monopolisieren. Architekturtheorie ist dabei eine kritische Position, die sich gegen den Zeitgeist kehrt, sich zurückzieht aus der Welt und sich vertröstet mit Philosophie. Zweitens ist das die aktuelle kollektive Eigensinnigkeit europäischer Theoretiker, sich, ohne Zweifel inspiriert von Rem Koolhaas, lieber mit Architektur und Städtebau in China oder in den Golfstaaten zu beschäftigen als mit Europa. Die Idee dahinter ist selbstverständlich, dass man den Zeitgeist nirgends so gut spürt wie dort, wo am meisten gebaut wird und/oder die extremsten Formen realisiert werden. Das einseitige Interesse für Nicht-Europäisches hat aber zur Folge, dass sie kaum noch Instrumente zur Beurteilung europäischer Städte haben. Im Moment bleiben hier anscheinend nur Fragen und Forschungsprogramme. Ist die europäische Stadt mehr als ihre Vergangenheit? Ist es wahr, wie Stefano Boeri schon 2001 in Mutations schrieb, dass „der Prozess der politischen Vereinigung in Europa und die Debatten über die besten Formen der *Integration* die Unsicherheit über die Natur des europäischen Territoriums nur verstärkt haben"?[3] Ist Europa nicht mehr als „ein Konstrukt, das ständig neu verhandelt werden muss", wie Markus Miessen es 2007 in The Violence of Participation formuliert?[4]

Geschichte

Das Adjektiv *europäisch* hat im Zusammenhang mit Architektur und Städtebau in den letzten Jahren einen konservativen und sogar reaktionären Anklang bekommen, wenn es um die „Rekonstruktion der europäischen Stadt geht". Mit dieser Rekonstruktion wird allgemein eine Rückkehr zu idealisierten Formen des vormodernen oder sogar mittelalterlichen Städtebaus verstanden. Das Interesse an historischen Beispielen ist vielleicht bis zu einem gewissen Grad verständlich, wenn es sich um eine Art verzögerte Rekonstruktion von (vorwiegend deutschen) Städten handelt, die im Zweiten Weltkrieg zerstört wurden, wie zum Beispiel Berlin. Die Bewegung, die eine Rekonstruktion der europäischen Stadt anstrebt, geht aber viel weiter und will auch architektonische und städtebauliche Interventionen aus der Nachkriegszeit rückgängig machen. Beispiel ist hier immer noch die Rekonstruktion der Innenstadt Stuttgarts, wie sie Rob Krier in seinem Buch Stadtraum in Theorie und Praxis 1975

3   Boeri, Stefano. „Notes for a Research Program". In Kwinter, Nadia Tazi und Hans Ulrich Obrist. Barcelona: ACTAR, 2000.
4   Miessen, Markus. *The Violence of Participation*. Berlin; New York: Sternberg Press, 2007.

5 Krier, Rob. *Stadtraum in Theorie und Praxis.* Stuttgart: Krämer, 1975.
6 Stolz, Matthias. *Historische Altstädte in Deutschland. Die Zeit,* 20. November, 2008, 48.

vorschlug.[5] Hier geht es manchmal gar nicht um eine buchstäbliche Rekonstruktion, sondern um die Konstruktion von Strukturen und Bildern, die vorher nie existiert haben, wie in den meisten Vorschlägen von Krier und Kohl oder Hans Kolhoff. Die *Vorbildlichkeit*, die historische Beispiele in diesem Zusammenhang bekommen, negiert jedoch, dass die historischen Innenstädte nur einen winzigen Teil der gebauten Umwelt ausmachen. Die deutschen Landesdenkmalpfleger erstellten für Die Zeit eine Liste von 300 historisch bedeutsamen, gut erhaltenen Altstädten in Deutschland. „Das Ergebnis: Westsachsen, Thüringen, Nordhessen, Franken und Schwaben sind reich, der äußere Westen und Niedersachsen sehr arm an Altstädten. In der geografischen Mitte, scheint es, liegt der alte Kern des Landes. Im äußeren Westen und im Norden sind die Städte einfach zu jung, oder die Altstädte wurden im Zweiten Weltkrieg zerstört – und in den Jahren danach. Man riss derart manisch ab, als könne man so die Geschichte loswerden. In der DDR passierte das seltener, das Allermeiste überlebte. Viel länger als vierzig Jahre hätte die DDR aber nicht dauern dürfen, sonst wären Mauern, wenn nicht durch Dynamit, von ganz alleine gefallen."[6]

Eine schnelle Berechnung für die fünf größten/wichtigsten österreichischen Städte – Wien, Graz, Linz, Salzburg und Innsbruck – lehrt uns, dass historische Innenstädte normalerweise nicht mehr als ein bis zwei Prozent des Territoriums einer Stadt ausmachen, mit dem Maximum von 3,3% bildet Salzburg hier schon eine Ausnahme. Das wird in Deutschland nicht viel anders sein: Unsere Städte sind zum weitaus größten Teil nach dem Zweiten Weltkrieg zustande gekommen. Die Frage ist also mehr als gerechtfertigt, ob die wirklichen Gründe dafür, dass viele Menschen historische Stadtzentren attraktiv finden, nicht eher mit deren *Knappheit* zu tun haben als mit ihrer absoluten, formalen, sozialen, politischen und ästhetischen Vorbildlichkeit. Selbst wenn es eine lange Tradition gibt, in der Architekturtheorie von historischen Beispielen abgeleitet wird und auch die Tendenz, Interpretationen von historischen europäischen Städten in Projekten zu realisieren, die von *Lifestyle*-Themen bestimmt werden, z. B. auch im New Urbanism bis zu einem gewissen Grad weltweit erfolgreich ist, kann dies alles kaum Argumente liefern, Architekturtheorie nur auf die Lesung historischer Stadtzentren zu gründen. Der mit Abstand größte Teil der gebauten Umgebung wird von anderen Prinzipien bestimmt.

Das kulturelle Kapital einer Stadt

In dem Projekt **Linz Status Quo**, das Katharina Weinberger und ich 2008 für **Linz '09 Kulturhauptstadt Europas** durchgeführt haben, wurde schmerzhaft deutlich, dass es Architekturtheoretikern heute eigentlich an Ideen, Referenzen und Methoden fehlt, mit einer relativ normalen europäischen Stadt umzugehen. Als Kulturhauptstadt veranstaltet **Linz '09** ein breit gefächertes Programm, in dem alle Künste vertreten sind, von Musik, Tanz und Theater bis zu bildender Kunst, Film und Architektur. Kulturhauptstadt Europas zu sein bedeutet jedoch mehr als die Produktion eines Feuerwerks von mehr oder weniger leicht konsumierbaren Veranstaltungen. Unter den Kriterien für die Kür einer Stadt zur Kulturhauptstadt Europas findet sich auch die Anforderung der Ausarbeitung von Vorschlägen für eine nachhaltigere kulturelle Entwicklung, für die Stärkung des sozialen Zusammenhalts und des Tourismus, insbesondere für Programme zur Bewahrung des baulichen Erbes und Stadtentwicklungsstrategien.

In **Linz Status Quo** hat der englische Ausdruck **cultural capital** eine doppelte Bedeutung. In erster Linie geht es natürlich darum, dass Linz gemeinsam mit Vilnius im Jahr 2009 Kulturhauptstadt Europas ist. Die zweite Bedeutung bezieht sich auf das kulturelle Kapital von Linz an sich. Für den Soziologen Pierre Bourdieu, der den Begriff des kulturellen Kapitals prägte, umfasst dieses alle materiellen Güter ebenso wie die Wissensformen, Bildung und Fähigkeiten, die Menschen das Erreichen von Status und Macht erleichtern. Es gibt drei Formen des kulturellen Kapitals. In seinem institutionalisierten Zustand wird kulturelles Kapital durch Einrichtungen, die Diplome und Titel vergeben, anerkannt. Der objektivierte Zustand bezieht sich auf Gegenstände, die von Personen besessen und verkauft werden können, wie Instrumente, Bücher oder Kunstwerke. Im inkorporierten Zustand ist das kulturelle Kapital im Einzelnen verinnerlicht, als vererbte und erworbene Eigenschaften seiner selbst.[7]

Worin kann dann das kulturelle Kapital einer Stadt bestehen? Wenn wir Bourdieus Theorie auf die Stadt Linz anwenden, so stellt die Ernennung zur Kulturhauptstadt eindeutig eine Form der institutionalisierten Anerkennung dar. Die Stadt besitzt eine Reihe von kulturellen Wahrzeichen – Museen, Theater, Konzertsäle, Universitäten –, welche den objektivierten Zustand ihres kulturellen Kapitals darstellen. Am schwersten greifbar ist jedoch das inkorporierte kulturelle Kapital. Wie können wir es bestimmen

7   Bourdieu, Pierre. „The Forms of Capital". In *Handbook of Theory and Research for the Sociology of Education*, von John G. Richardson. New York: Greenwood Press, 1986.

und beschreiben? Wie wertvoll ist dieses Kapital? Und wie kann es ausgebaut werden?

Für die Architekturtheorie wären diese Fragen doch ebenso viele ausgezeichnete Anlässe, sich mit einigen grundlegenden Fragen zu beschäftigen, dachten wir. Theorie heißt Beobachtung, Analyse und Deutung verschiedener Wirklichkeiten. Theorie versucht hier nicht, in eine hypnotische Metaphysik oder komplexe Kosmologien zu flüchten, für die dann der Beweis in sprichwörtlich außergewöhnlichen Gebäuden erbracht werden soll. Vielmehr beschäftigt sich die Architekturtheorie mit der Produktion von Architektur. Sie analysiert die Bedingungen, unter denen diese Produktion stattfindet, und stellt Vermutungen über die möglichen sozialen, politischen und kulturellen Auswirkungen spezifischer Interventionen an. Sie versucht, die tatsächlichen, realen Kräfte, welche die Umwelt formen, selbst in ihrer Mittelmäßigkeit zu verstehen.

Zunächst haben wir, gemeinsam mit der Akademie der bildenden Künste in Wien, in einem Forschungsprojekt den heutigen Zustand der Stadt Linz und ihrer umgebenden Region analysiert. Diese Analysen wurden in Buchform von drei von uns eingeladenen, international anerkannten ArchitekturkritikerInnen – Shumon Basar aus London, Roemer van Toorn aus Amsterdam und Angelika Schnell aus Berlin – zur Verfügung gestellt, ergänzt durch Beiträge von Experten aus Linz. Anschließend verfassten die KritikerInnen Essays über Linz, die in dem Buch <u>Linz Texas</u> von Angelika Fitz und Martin Heller, als Serie in <u>Architektur und Bau Forum</u> und im Webmagazin <u>Architekturtheorie.eu</u> veröffentlicht wurden. Schließlich präsentierten die Autoren ihre Essays in einem öffentlichen Symposium, wo sie von Co-Referenten, Schlüsselpersonen aus der Linzer und oberösterreichischen Kulturwelt, aus Architektur, Städtebau und Politik kommentiert wurden.[8]

Shumon Basar, Angelika Schnell und Roemer van Toorn stehen für eine Richtung der Architekturkritik, die sich nicht mehr ausschließlich mit dem architektonischen Objekt beschäftigt, sondern über ein breites Spektrum an räumlichen Praktiken und immer öfter über Städte reflektiert. Shumon Basar ist (Mit-)Herausgeber und Autor mehrerer Bücher über Städte und räumliche Praxen im mittleren Osten, wie <u>Did Someone Say Participate?</u> oder <u>With/Without</u> und <u>Cities From Zero</u>.[9]

8   Schnell, Angelika. „Déjà Vu."; Shumon Basar, „Wo liegt das Problem? Das ist das Problem."; „Für ein anderes Stadtspektakel". In *Linz Texas: Eine Stadt mit Beziehungen*, von Angelika Fitz und Martin Heller. Wien: Springer, 2008.
9   Miessen, Markus und Shumon Basar. *Did Someone Say participate?*. Cambridge, MA: MIT Press, 2006; Basar, Shumon. *Cities From Zero*. London: Architectural Association, 2007; Basar, Shumon, Antonia Carver und Markus Miessen. *With/Without: Spatial Products, Practices & Politics in the Middle East*. New York: Bidoun, 2007.

10 Schnell, Angelika. „The Phantoms of Rotterdam". In Rotterdam Herzien: Dertig Jaar Architectuur, 1977–2007, Wijnand Galema, Piet Vollaard und Sjoerd Cusveller (Hrsg.), Rotterdam: 010 Publishers, 2007.

11 Vgl. Gstöttner, Erhard. „Linz ist wie Singapur und Mannheim". Oberösterreichische Nachrichten, 12. Juni, 2008.

Angelika Schnell hatte gerade im Rahmen eines ähnlichen Projektes den Text Phantoms of Rotterdam veröffentlicht.[10] Und Roemer van Toorn ist der ruhelose Reisende, Kritiker und Fotograf, der die halbe Welt bereist.

Wir hofften, dass mit Linz Status Quo vielleicht eine Annäherung der Architekturtheorie und Architekturkritik an Stadtplanung und Politik zustande kommen könnte, eine Inventarisierung von Schwächen und Stärken, Problemen und Möglichkeiten, die in einer nächsten Phase des Projektes hilfreich sein könnten, um weitere Programme für die Stadt zu formulieren. In Wirklichkeit wurde diese Annäherung nicht erreicht. Die Kritiker verloren sich in Vergleichen zu anderen Städten (Van Toorn, Schnell) oder sahen sich in aller Ehrlichkeit nicht in der Lage, die richtigen Fragen zu stellen in einer Stadt, die im Vergleich zu vielen anderen Städten in der Welt kaum Probleme kennt, ja sogar erfolgreich ist (Basar). Politiker und führende Persönlichkeiten aus der Linzer Architektur und Stadtplanungsszene zeigten sich entweder beleidigt über die Vergleiche (Van Toorn: Linz ist Singapur ohne Todesstrafe) oder konnten nichts damit anfangen. Die Diskrepanz zwischen einer suchenden Theorie und einer erfolgreichen Alltagspolitik war enorm.[11]

Amerikanische Theorie

Vergleichen wir diese Unsicherheiten mit der amerikanischen Theorie, denn es ist keine Frage, dass amerikanische Theoretiker, oder besser: Theoretiker, „die an amerikanischen Ivy-League-Universitäten lehren", in den letzten 25 Jahren die Debatte dominieren. Mit unnachvollziehbarer Lockerheit wird ein Philosoph durch den nächsten ersetzt, schneller noch als die *Ismen* übereinander taumeln. Besser als Mark Jarzombek in der Einleitung seines Essays The State of Theory könnte ich es kaum formulieren: "In the 1970s, architects were reading Adorno, Wittgenstein, Benjamin, Derrida, Heidegger, and Barthes, creating a movement that has become known, somewhat simplistically, as *theory* but that when taken in its broadest sense aimed to critique Postmodernism's loose attachments to historicism and pop culture. The translation of the work of philosophy into architectural discourse took place primarily in England and the US rather than in Europe. The reason for this are numerous and range from a general dissatisfaction with the profession as well as the creation of new graduate-level masters programs. Another factor was the small size of schools such as the A.A. in

12 Jarzombek, Mark. „The State of Theory". In Architektur & Theorie – Produktion und Reflexion, Luise King (Hrsg.), 262–73. Hamburg: Junius, 2009.

13 Eisenman, Peter. „Afterword". In The Formal Basis of Modern Architecture, von Peter Eisenman. Baden, Schweiz: Lars Müller, 2006.

London, and – in North America – Yale, MIT, McGill, and Columbia, which allowed for a pedagogy that was more flexible and experimental than was possible in the large, government-sponsored architectural schools in Europe. The US publication boom of the 1980s also played a role in that it helped theory gain access to a wide readership."[12]

Wie Boxer, die ihren Titel verteidigen, übereifrig, ihre Überlegenheit zu zeigen, fordern sie Architekten und Theoretiker in der ganzen Welt in Polemiken und Debatten heraus, um immer wieder einfache Siege davonzutragen, wie z.B. in den ANY-Konferenzen. Denn, was man auch sagen darf, die amerikanische Architekturtheorie bietet Methoden an, nicht nur produktive Methoden für Analyse und Kritik, sondern auch Methoden, die Entwurfsprozesse organisieren könnten. Und wenn die amerikanische Theorie vielleicht keinen Konsens anbietet, so wird sie doch gekennzeichnet durch einen klar definierten Diskurs, einen Diskurs, der so deutlich definiert ist, dass er andere komplett ausschließt. Und dies alles nur ein paar Jahrzehnte, nachdem Peter Eisenman, der Pate der amerikanischen Architekturtheorie, sich entschied, in Europa weiter zu studieren, weil ein britischer Studienkollege ihm sagte, dass er keine Ahnung habe, wenn es darum gehe, die theoretischen und ideologischen Grundlagen der modernen Architektur zu verstehen. Also ging Eisenman nach Cambridge, studierte bei Colin Rowe und schrieb eine Doktorarbeit über das, was er als die formelle Basis der modernen Architektur sah.[13] Diese Dissertation ist immer noch ein faszinierendes und fundamentales Buch, das ganze Serien formaler Analysen von Gebäuden aus dem Kanon der Moderne umfasst. Es ist aber vollständig blind für andere als formale Aspekte der Architektur, vor allem für Aspekte, die mit sozialem Wohnungs- und Städtebau zu tun haben, wie demografische, politische, kulturelle und ökonomische Faktoren. Die Analysen behandeln ausnahmslos freistehende Gebäude und ihre interne Kohärenz.

In einem Nachwort zu The Formal Basis Of Modern Architecture – erschienen anlässlich der Veröffentlichung der Faksimile-Ausgabe 2006 bei Lars Müller – positioniert Eisenman das Buch sorgfältig als eine Antwort auf Christopher Alexanders ebenfalls teils in Cambridge entstandene Notes on the Synthesis of Form aus 1964 und den Versuch, sich von Colin Rowes formalen Ideen zu Gunsten eines mehr linguistischen Diskurses zu distanzieren. Dieser linguistic Turn macht es möglich – oder gebietet vielleicht sogar –, zunehmend allerhand Aspekte der Architektur außer Acht zu lassen, als wären sie Formen einer sprachlosen Metaphysik. Die von Eisenman *entdeckte* tiefere, syntaktische Struktur der architektonischen Sprache konstituiert von diesem Moment an die Realität der Architektur. So gesehen ist Eisenmans erstes theoretisches Hauptwerk von Anfang an zu sehen als ein Schachzug (Move) in einem bestehenden Diskurs, der aber in dem Buch selbst nur implizit präsent ist. Jarzombek sieht heute *theory* immer noch als ein *movement*, eine Bewegung innerhalb der dynamischen, sich ständig entwickelnden amerikanischen Architekturdebatte. In diesem Entwicklungsprozess ist eine *pars* – theory – in den Vereinigten Staaten unmerkbar zum *totum* – Theorie – geworden.

Es sind aber nicht nur demografische, politische, kulturelle und ökonomische Faktoren, die dabei aus dem Blickfeld verschwinden (müssen), auch eine ganze Geschichte von architekturtheoretischen Traktaten und Diskursen seit Vitruv wird damit in die Kulissen verwiesen. Stattdessen kapselt sich die amerikanische Theory bewusst in eine Position ein, die kritisch ist gegenüber allem, was sich in der Außenwelt abspielt, so dass sie nur in Ivy-League-Universitäten überleben kann. Spätestens mit Colin Rowes Vorwort zum Katalog <u>Five Architects</u> von 1972 kehrt sie der Diktatur des Zeitgeistes und damit der ganzen Außenwelt definitiv den Rücken.[14] Oder, wie Manfredo Tafuri es 1974 formulierte: "The *disenchanted avant-garde*, completely absorbed in exploring from the comfort of its charming boudoirs the profundities of the philosophy of the unexpected writes down, over and over again, its own reactions under the influence of drugs prudently administered. Its use of hashish is certainly a conscious one: but it makes of their, *consciousness* a barrier, a defense. Of the *perfidious enchantment* of the products that come out of the laboratories of the imaginary it is good to be distrustful. With a smile, we have to catalogue them in the imaginary museum of the bad conscience of our *small age*, to be used as rearview mirror by whoever recognizes himself to be caught in the midst of a crisis that obliges him to remain stuck in the minefield of the *evil present*."[15]

Die Stadt spielt in der amerikanischen Debatte seit <u>Learning from Las Vegas</u> keine Rolle – oder es müsste die der schmutzigen Welt da draußen sein. Erst in den letzten Jahren kommt darin wieder Veränderung, zuerst mit Rem Koolhaas' <u>Harvard</u>

14 Rowe, Colin. „Introduction". In *Five Architects: Eisenman, Graves, Gwathmey, Hejduk, Meier*, Arthur Drexler (Hrsg.), von Colin Rowe, Kenneth Frampton, Philip Johnson und Arthur Drexler. New York: Oxford University Press, 1975.

15 Tafuri, Manfredo. „L'Architecture dans le Boudoir: The Language of Criticism and the Criticism of Language". In *Architecture Theory since 1968*, K. Michael Hays (Hrsg.). Cambridge, MA: MIT Press, 1998.

Project on The City, und weiters in der kollaborativen Arbeit von AMO, Archis, Volume und dem C-Lab an der Columbia University.

La Trahison des Clercs oder Schmutzige Hände?

Rem Koolhaas, der einzige europäische Architekt und Theoretiker, der es für amerikanische Theoretiker noch wert ist, überhaupt erwähnt zu werden, bekommt von Jarzombek sogar noch den Vorwurf zu hören, er vermarkte Avantgardismus als Gebrauchsgut.[16] Mehr als das haben die Europäer in den Augen der Amerikaner offenbar nicht zu bieten. 1999 veröffentlichte Sanford Kwinter einen Essay mit dem Titel La Trahison des Clercs (and other Travesties of the Modern). Der Titel ist ein Verweis auf das gleichnamige Buch von Julien Benda aus dem Jahr 1927, in dem er bestimmten Intellektuellen vorwirft, ihre Unabhängigkeit verloren zu haben, weil sie sich zu sehr mit der Regierung, Staat oder politischen Parteien einließen. Kwinters Attacke bezog sich auf eine Generation (vorwiegend) niederländischer Architekten, die in den neunziger Jahren bekannt wurde und, so Kwinter, Entwerfen zunehmend mit Theorie verwechselte. Er beschuldigte die Gruppe, sie produziere lauter Derivate von Rem Koolhaas' Werk, wobei sie die qualitative Forschung, die Koolhaas in seinem retroaktiven, größtenteils in Peter Eisenmans Institute for Architecture and Urban Studies geschriebenen Manifest Delirious New York präsentierte, durch eine quantitative Forschung ersetzten, die Kwinter nach dem Vertrag von Maastricht über die Europäische Union von 1992 als Maastricht Bean Counting desavouierte.[17] Zur Erinnerung: Mit dem Vertrag von Maastricht wurde die Europäische Union (EU) als übergeordneter Verbund für die Europäischen Gemeinschaften, die gemeinsame Außen- und Sicherheitspolitik sowie die Zusammenarbeit in den Bereichen Justiz und Inneres gegründet.

Nun, einmal abgesehen von der Frage, ob einige der Architekten nicht auch wichtige Beiträge zu Werk und Methoden von Koolhaas' Büros OMA und AMO geliefert haben (statt Arbeitnehmer im Dienst eines einzigen Genies gewesen zu sein) – bevor sie ihre eigenen Büros gründeten, wird hier der blinde Fleck immer problematischer. Denn quantitative Methoden sind die wichtigste Konstante in Architektur und Städtebau des zwanzigsten Jahrhunderts. Abgesehen von vereinzelten Villen, Sakralbauten und öffentlichen Bauten, waren die wichtigsten Pläne, Bauten und Stadtteile, die im zwanzigsten Jahrhundert realisiert wurden, undenkbar ohne quantitative Vorarbeit. Ich erwähne nur Otto Neuraths Arbeit

16 Mark Jarzombek, op. cit.

17 Kwinter, Sanford. „La Trahison des Clercs (and other Travesties of the Modern)". In Far From Equilibrium, Essays on Technology and Design Culture, von Sanford Kwinter, Cynthia D. Davidson und Michael Kubo (Hrsg.). Barcelona: Actar D, 2008.

18 Lootsma, Bart und Mariëtte van Stralen. *Research for Research.* Rotterdam: Berlage Institute, 2001.

19 Soja, Edward W. *Postmodern Geographies: The Reassertion of Space in Critical Social Theory.* London: Verso, 1989.

20 Hacking, Ian. *The Taming of Chance.* Cambridge: Cambridge University Press, 1990.

für die Siedlerbewegung und für das Rote Wien der 1920er Jahre, Le Corbusiers Ville Contemporaine für 3.000.000 Einwohner, Hilberseimers Großstadtarchitektur sowie seine spätere Decentralized City, Ernst Mays Das Neue Frankfurt so wie Van Eesterens und Van Lohuizens Amsterdam (AUP) und so weiter und so weiter.[18] Hier wurden Statistiken interpretiert, extrapoliert und vor allem: verräumlicht d.h. architektonisch und städtebaulich umgesetzt.

Nun mag dieser blinde Fleck vielleicht noch nicht einmal so überraschend sein, vom Standpunkt eines Architekten oder eines Architekturtheoretikers aus gesehen. Viel überraschender ist es, dass ein marxistischer Sozialwissenschaftler und Regionalplaner wie Edward Soja einen ähnlichen blinden Fleck für europäische Theorie hat, wenn er in Postmodern Geographies eine ganze Tradition von Humangeographie negiert, die Basis und Triebkraft der Produktion von sozialem und gefördertem Wohnungsbau, des Städtebaus und der Raumplanung in allen europäischen kommunistischen, sozialistischen und Wohlfahrtsstaaten war und ist: die Tradition des *Surveys.*[19] Denn, wie Ian Hacking es in seinem Buch The Taming of Chance formuliert: Statistiken sind nicht nur essenziell für jede Form von Staatsbürokratie, sie sind die Erfolgsgeschichte des zwanzigsten Jahrhunderts. Sogar Karl Marx wäre undenkbar ohne offizielle Statistiken. "One can ask: who had more effect on class consciousness, Marx or the authors of the official reports which created the classification in which people came to recognize themselves."[20] Aus diesem Grund geht es in Sojas spätmarxistischen Postmodern Geographies nicht so sehr um das erneute Einführen des Raumes in der *kritischen Theorie* – so wie der Untertitel des Buches suggeriert –, sondern um einen Paradigmenwechsel in der Frage, welche Rolle Raum in der Theorie spielt: von einer programmatischen und pro-aktiven zu einer kritischen und retro-aktiven. Dabei sieht Soja von Anfang an von einer tatsächlich planenden Rolle ab.

Tatsächlich war die Generation von Architekten, die Kwinter kritisiert, eine erfolgreiche Generation in dem Sinne, dass sie – anders als ihre amerikanischen Kollegen – auch relativ schnell viel gebaut hat. Zu bedenken ist, ob dies als eine Bendasche *Trahison des Clercs* zu betrachten ist oder als Beweis für die Sartreschen *Schmutzigen Hände.* Umgekehrt sehen wir in Projekten von Adriaan Geuze und West 8, wie z.B. In Holland staat een Huis, oder bei MVRDV auch den Versuch, mit quantitativen und qualitativen Methoden Öffentlichkeit, Politik und Unternehmer zu beeinflussen, auch zu warnen vor fatalen Entscheidungen – mit aktualisierten Formen der Methoden der 1920er Jahre. MVRDVs Datascapes sind dabei nicht nur Visualisierungen statistischer Daten. Diese sind schon längst selbst umgesetzt in Gesetzen und Normen, die unser Verhalten bestimmen. Datascapes sind Visualisierungen der Folgen und Nebenfolgen dessen, was der Soziologe Anthony Giddens *Expert Systems* und *Abstract Systems* nennt.

Die zeitgenössische Gesellschaft wird von einer Vielfalt solcher abstrakten Systeme definiert – so auch die gebaute Umwelt. "Because of tax differences, the borders between Belgium and the Netherlands are occupied with vast numbers of villas generating a linear town along the frontier. In Holland market demands have precipitated a *slick* of houses-with-a-small-garden. Political constraints in Hong Kong generate *piles* of dwellings around its boundaries. The popularity of white brick in Friesland causes a *white cancer* of housing estates alongside all the villages. In its desire for a nineteenth century identity, Berlin forces its new buildings into tight envelopes. This pushes larger programs underground, turning the streets into mere components in the midst of vast programs. Monumental regulations in Amsterdam limit the demand for modern programs, generating *mountains of programs* invisible from the street behind the medieval facades. Throughout the Ruhr, demands of accessibility create virtually enclosed types of infrastructure, precipitating a string of linear towns. In La Défense in Paris, to avoid the high-rise regulations massive programs have manifested themselves as ziggurats with 18-meter high accessible *steps* so that all offices can be entered by the maximum length of the fire ladders. Psychological issues, anti disaster patterns, lighting regulations, acoustic treatments. All these manifestations can be seen as *scapes* of the data behind it", schreibt MVRDV.[21] Diese Systeme sind das Äquivalent der traditionellen Autorität in der zeitgenössischen Gesellschaft. Es sind bürokratische Systeme, wobei das Vertrauen in das System in einer unterstellten Expertise in einem bestimmten Feld liegt.[22] Der Status einer Person, die in dem einen System zuständig ist, sagt nichts über ihren Status in einem anderen. Nicht zuletzt kann sogar die Objektivität der Informationen in den unterschiedlichen Systemen diskutiert werden. Bestimmte Interessengruppen können ihren eigenen Experten einschalten, um die Informationen anderer in Frage zu stellen. Die Ausführung von Gesetzen und Regeln hängt von deren Interpretation ab. Nicht zuletzt finden als Nebenfolgen kollektive Versuche statt, Gesetze zu umgehen, die an sich räumliche Folgen haben. Denn, anders als zum Beispiel Michel

21 MVRDV, *Datascapes*, unveröffentlichtes Manuskript.
22 Giddens, Anthony. „Living in a Post-Traditional Society". In *Reflexive Modernization*, von Ulrich Beck, Anthony Giddens und Scott Lash. Cambridge (UK): Polity, 1994.

Foucault es mit seiner *Biopolitik* oder Giorgio Agamben es in Homo Sacer vorstellt: Die Gesellschaft ist so komplex und die Gesetze sind so voller Widersprüche, dass eine vollständige Kontrolle und die dazu gehörende Disziplinierung nicht erreicht werden können.[23]

Koolhaas' Europa

Interessanterweise ist es gerade Rem Koolhaas, der neulich mit seinen Büros OMA und AMO ein kräftiges Plädoyer für quantitative Methoden gehalten hat in einem Projekt, das Europa geradezu zelebriert. The Image of Europe, das neue Bild Europas, besteht für Koolhaas zuerst einmal aus einem Vorschlag für eine neue gestreifte Fahne, zusammengestellt aus den Farben aller Fahnen der Mitglieder der EU. Es ist ein buntes Ding. Bei Erweiterung der EU können ganz einfach Farben hinzugefügt werden, ohne dass es jemandem sofort auffallen würde. Der Entwurf rief viele Reaktionen hervor. In einem äußerst sarkastischen Kommentar versuchte der Science-Fiction-Autor Bruce Stirling sich vorzustellen, wie die Fahne jungen europäischen Soldaten in einer *Iwo Jima*-artigen Szene einen würdigen Tod schenken würde: "So here I am, dying in battle. My fellow Europeans run by to avenge me, and they're waving this enormous, psychedelic barcode. This great vivid flapping thing with about a hundred vertical stripes. This huge flashy emblem that is all things, to all people, at all times, all at once. That incredible flag! I think I would at least pause for one second in my final agony and think: Damn! Just look at that thing! Maybe it's worth it!"[24] Aber ein europäisches Heer gibt es eben nicht und wird es wahrscheinlich auch nicht so schnell geben, trotz der Vorschläge eines anderen Amerikaners und Europafans wie Jeffrey Rifkin.[25] Ein derartig traditioneller Nationalismus ist Koolhaas fremd und zuwider.[26] Koolhaas' Europa ist eben kein fest begrenztes Territorium, das mit Waffen verteidigt oder sogar erweitert werden soll. Im Gegenteil: Koolhaas sieht Europa als ein Gebilde, das nach 3000 Jahren unterschiedlichster Kriege einen Weg gefunden hat, einen dauerhaften Frieden herzustellen, der schon 60 Jahre währt. Auch Kritik, die Fahne sei *langweilig* und *bedeutungslos*, stört ihn nicht: „Gleichzeitig sagten sie, dass die alte Fahne mit den Sternen doch

23 Foucault, Michel. „Die Geburt der Biopolitik". In *Analytik der Macht*, von Michel Foucault, Daniel Defert, François Ewald und Thomas Lemke. Frankfurt am Main: Suhrkamp, 2005.

24 Sterling, Bruce. „A talk at the Berlage Institute" *Hunch* 5, 2002.

25 Rifkin, Jeremy. *The European Dream*. New York: Jeremy P. Tarcher/Penguin, 2004.

26 Wenn ich mich nur daran erinnere, wie er auf den Titel meines Buches „SuperDutch" reagiert hat: „Stell dir vor, wie wir gekotzt hätten über SuperGermans; gelacht über SuperBelgians, gekichert über SuperFrench, uns beschwert hätten über SuperAmericans." (Rem Koolhaas mit Herman Hertzberger, „Rem, Do You Know What This Is?". *Hunch* 3, 2001.) Mühelos könnte man hinzufügen: „wie wir verwirrt gewesen wären über SuperEuropeans".

27 Liebs, Holger. „Rem Koolhaas über Propaganda". *Süddeutsche Zeitung* (München), 9./10. Oktober, 2004, Ausgabe Wochenende, lt. Das Interview.

28 Koolhaas, Rem. „The Image of Europe". In *AMO History of Europe and the European Union*, Vol. 1, 2005.

viel schöner sei. Ausgerechnet die Briten entdeckten auf einmal ihre Liebe zur traditionellen EU-Symbolik."[27]

Es könnte ja auch ein anderes Bild sein. Wichtig wäre Koolhaas nur, dass es mit der amerikanischen Fähigkeit, mit Symbolen umzugehen, konkurrieren könnte. Schließlich ist es auch kein Wunder, dass die meisten Logos, die AMO für Europa produzierte, ironische Anspielungen auf amerikanische Vorbilder sind. Damit sind sie jedoch sofort auch selbstironisch. In der Ausstellung AMO, im <u>Haus der Kunst</u> in München,[28] konnte man in einem Automaten eine Hülle für seinen Pass kaufen, die mit der Fahne geschmückt ist. *Made in China* stand darauf. Vor nicht langer Zeit wäre dies als Blasphemie empfunden worden. Heute dagegen ist es eine Realität, dass sogar die Euroscheine in China gedruckt werden.

Voller Ironie war auch die Ausstellung. Zwar wirkten die Panoramen der europäischen Geschichte, dargestellt anhand wichtiger Gebäude und Protagonisten, monumental, aber sie enthalten zu viele Kommentare und Manipulationen, um als reines Epos verstanden zu werden. Die Panoramen waren als digitale Drucke von Photoshop-Dateien ausgeführt. Wo Photoshop und andere moderne digitale Technologien es ermöglichen, glatte, fließende Übergänge zwischen Bildern zu produzieren, werden sie bei OMA immer noch auf primitivste Art eingesetzt, um den Effekt einer läppisch ausgeführten Collage zu produzieren, die aus dem Punk-Zeitalter der späten siebziger Jahre stammen könnte. Diese Collagen wurden vor allem dafür eingesetzt, Würdenträger wie die britische Königin zu verspotten, und es fällt schwer, sie nicht auch hier so zu interpretieren. In der Ausstellung wurde die Ironie schließlich auf die Spitze getrieben, indem bestimmte Drucke mit goldenen Bilderrahmen versehen waren. So erschien das Ganze als ein Simulakrum ähnlich pompöser Historienmalereien aus dem 19. Jahrhundert, welche die Verdienste einer Nation verherrlichen sollten. Man soll auch einen Calvinisten keine Bilder entwerfen lassen.

Empire

Koolhaas' Europa ist im Wesentlichen etwas anderes, Unsichtbares und wie so oft sieht er es eben in einer Umkehrung. "Instead of accepting its complex history as an alibi to excuse more turmoil and tragedy, it (Europe) decided to reverse History. After World War II, visionary politicians created a new structure with new codes of behavior for the entire continent in a series of highly improvised steps and arrangements. Because the operation was so radical, it could only take place by stealth; in the initial stages of the European Union's existence, its ulterior motives could never be openly stated. (…) The Image of Europe celebrates an end to its inhibited iconography, its coming out." Schreibt Koolhaas im Vorwort zu AMO's Heft History of Europe and the European Union, um doch irgendwie ironisch hinzuzufügen: "From now on the EU will be bold, explicit, popular…"[29] So einfach kann es natürlich nicht sein und soll es vielleicht auch nicht sein. Eigentlich hätte Koolhaas wahrscheinlich lieber so etwas gefunden wie das Hologramm eines auf der Spitze stehenden Eiffelturms, das die Weltausstellung in Paris hätte schmücken sollen.

Der Politologe Mark Leonard, als Leiter des Foreign Policy Centers der wichtigste Berater für Das Bild Europas, meint: "Europe is open ended, vague, an unidentified political object with no final shape, no clear final borders and no real definition of what it is as a political creature." "In many ways this is still Europe's most attractive feature."[30] Leonard ist Autor des Buches Why Europe Will Run the 21st Century, in welchem er argumentiert, dass "by keeping a low profile at home and working through international structures, Europe has managed to spread its wings without attracting much hostility. (…) The EU's secret weapon is the law. Military power allows you to change the regime in Afghanistan or Iraq, but the EU is changing all of Polish society, from its economic policies to its property laws to its treatment of minorities. Each country that joins the EU must absorb 80.000 pages of new laws on everything from gay rights to food safety."[31] Genau dieser Acquis Communautaire hat AMO für Das Bild Europas versammelt und als vierundein- halb Meter dickes – oder langes – Buch den zentralen Platz in der Ausstellung eingeräumt. „Jeder kann sich Einblick verschaffen", meint Koolhaas. „Hier wird das Zentrum der Macht sehr anschaulich."[32]

Mark Leonard überzeugt, wenn es um die politische Macht der EU geht, wenn er die Effekte auf die vielen anderen Länder, die den Acquis Communautaire übernehmen, beschreibt. In einem Artikel in Wired vergleicht er das Funktionieren der EU mit dem Erfolg einer global operierenden Netzwerkorgani- sation wie Visa. "The emergence of the European model is a paradigm-changing event – it is not about a particular country or region going up or down for a few years. The EU already covers 450 million citizens, but beyond them there are another 1.5 billion people in about 80 countries umbilically

29 Leonard, Mark. „The Project for a New European Century". The Globalist. 27. Mai, 2005. Aufgerufen am 18.04.2016. http://www.theglobalist.com/the-project-for-a-new-european-century/.
30 Siehe 2.

31 Siehe 27.
32 Leonard, Mark. „Combine and Conquer". In „Koolworld". Spezialausgabe, Wired 11, Nr. 06, Juni 2001.

33 Hardt, Michael und Antonio Negri. *Empire*, Cambridge, MA: Harvard University Press, 2000.
34 Hardt, Michael. „Second Empire, The 18th Brumaire of George W. Bush". In *Linz Texas: Eine Stadt mit Beziehungen*, 2008.
35 Idem.

linked to the EU through trade, finance, foreign invest-ment and aid. This is the <u>Eurosphere</u> – Europe's growing zone of influence. Through continued enlargement and the EU's new neighborhood policy, nearly a third of the world has come under the influence of a zone of peace, prosperity and democracy."[33] So gesehen wäre der *Acquis Communautaire* die Software einer friedlichen Alternative zu dem spätkapitalistischen weltumspannenden <u>Empire</u>, das Antonio Negri und Michael Hardt analysieren.[34] Koolhaas hat Negri auch besucht und Michael Hardt ist einer der Autoren von <u>Content</u>.[35] Negri und Hardt deuten auch auf eine Utopie hin, die jenseits des Empires liegt und nur durch Empire hindurch realisiert werden kann. Empire wäre also ein unvermeidbares oder sogar notwendiges Zwischenstadium auf dem Weg zum neuen Kommunismus. Mit Spinoza glauben Negri und Hardt daran, dass die Natur als formlose Kraft die herrschenden politischen Systeme immer wieder überwinden wird. Sie sagen nur nicht, wie diese Umwandlung geschehen wird. Der Acquis Communautaire wäre dann vielleicht die Open Source, Open Ended Software, die wie ein Virus diesen Prozess vorantreiben könnte.

Maastricht Bean Counting

Mit Abstand der größte Teil unserer gebauten Umgebung ist neu, höchstens 50 oder 100 Jahre alt. Architekten und Stadtplaner sollten sich heute vor allem bemühen, diesen größten Teil der gebauten Umgebung zu verstehen. So wie die Beschränkungen und Freiheiten in unserer Gesellschaft auf vielen Ebenen von Gesetzen, Normen, Regeln und *Policies* bestimmt werden, mit all ihren Widersprüchen und Inter-pretationen, so ist dies auch in Architektur und Städtebau der Fall. Wie beeinflussen sie unsere Kultur und wie kann unsere Kultur umgekehrt diese Gesetze und Regeln mit gestalten? Wenn wir Architektur und Städtebau heute verstehen wollen, werden wir uns mit ihren realen Gesetzmäßigkeiten auseinandersetzen müssen.

Eine Architekturkritik, die sich auf eine solche Theorie gründet, reduziert nicht Träume auf Fakten, sondern formuliert nach Bruno Latour auf Grundlage dieser Fakten Dinge von Belang: „Der Kritiker ist nicht derjenige, der entlarvt, sondern der, der versammelt. Der Kritiker ist nicht der, der den naiven Gläubigen den Boden unter den Füßen wegzieht, sondern der, der den Teilnehmern Arenen bietet, wo sie sich versammeln können. Der Kritiker ist nicht der, der beliebig zwischen Antifetischismus und Positivismus

36 Latour, Bruno. *Elend der Kritik: Vom Krieg um Fakten zu Dingen von Belang*, Zürich: Diaphanes, 2007. 55.

schwankt wie der betrunkene Bilderstürmer von Goya; vielmehr ist er derjenige, für den, was konstruiert wird, zerbrechlich ist und der Pflege und der Vorsicht bedarf."[36] Nur aus diesem Verständnis heraus können Architekten und Stadtplaner die Zukunft zurückerobern.

BODY & GLOBE

WOHNEN IM ZEITALTER DER RADIKALEN MOBILITÄT

Wohnen im Zeitalter der radikalen Mobilität

„Mann im Weltall" verkündete die Schlagzeile der Zeitung Dimanche am 27. November 1960. Dies dürfte damals einige Aufmerksamkeit erregt haben. Der Untertitel behauptete, ein Künstler sei ins Nichts gesprungen. Das zugehörige Bild zeigte einen Mann in einem ganz normalen Anzug beim Verlassen eines gewöhnlichen Pariser Vorstadthauses, allerdings durch das Fenster, und zwar aufwärts, ganz so, als sei er Superman, der vor lauter Eile, die Welt zu retten, vergessen hat, sich noch umzuziehen. Auf anderen Bildern sehen wir denselben Mann, den Künstler Yves Klein, vor einem unbestimmten Hintergrund und in einer Pose, die statt dem Schweben eher Fallen nahelegt. Selbstverständlich war die Zeitung eine Fälschung, eine clevere Imitation des Journal de Dimanche, der Sonntagsausgabe der Pariser Tageszeitung France Soir. Doch dies wird vielen noch schlaftrunkenen Parisern wohl entgangen sein.

1965 zeigte Friedrich Kiesler eine Reihe von eben erst fertiggestellten Skulpturen mit dem Titel US, YOU, ME im Kunstmuseum der Universität Iowa. Es war eines seiner letzten Werke und ich bin mir nicht sicher, ob ich es zu seinen besten rechnen soll. Mit dem beigefügten Text aber wird die Arbeit beinahe zum Vermächtnis. Unter den vielen verschiedenen Figuren, die von einem großen, einen Gong umschließenden Ring dominiert werden, ragen zwei wegen ihrer Größe heraus. Nach Kieslers Beschreibung handelt es sich dabei um einen jungen David und einen Mann, der in den Weltraum flieht: „Eine ist ein Bild des jungen David, und auf der anderen Seite ist die fliegende Gestalt eines sich ins All flüchtenden Mannes."[1]

Was immer man von ihnen halten mag: Beide verweisen – in sehr kritischer Absicht, wie wir noch sehen werden – auf die ersten bemannten Raumfahrten der frühen Sechzigerjahre. Kleins Sprung erfolgte kurz vor der ersten bemannten Raumfahrt; Kieslers Skulptur einer ins All fliehenden Gestalt kam kurz danach. Wenn wir sie in Relation zum jeweiligen Gesamtwerk des Künstlers/Architekten stellen, geben uns beide Werke, ganz abgesehen von ihrer Kritik, Einsicht in die Auswirkungen der Raumfahrten auf unsere Weltsicht – beziehungsweise auf die Art und Weise, wie wir die Erde und uns selbst sehen – und auf unser Verständnis vom Wohnen. Diese Wirkung zeigt sich bereits sehr früh in den Künsten und in der Architektur, geht aber noch heute weiter, auch

1   Kiesler, Friedrich. „US, YOU, ME". In *Frederick J. Kiesler: Selected Writings*, Siegfried Gohr (Hrsg.). Stuttgart: Gert Hatje, 1996.

wenn wir das nicht immer bemerken und obwohl Raumfahrten nicht mehr auf den Titelseiten der Zeitungen zu finden sind. Die Raumfahrt hatte Auswirkungen auf unsere Sicht des Körpers, aber auch auf den Ort unseres Körpers im (jetzt) größeren Raum. Dies führte zu einer drastischen Veränderung des Verständnisses von Architektur. Sie band sich in radikaler Manier los, verlor den Aspekt des Markierens von Grund und Boden, und konzentrierte sich lieber auf die physischen Aspekte der Behausung. Oder noch besser: Sie kümmerte sich um körperliches Wohlbefinden und Verbindungen zur Infrastruktur. Die beiden Positionen Kieslers und Kleins können dazu dienen, eine mögliche Alternativgeschichte der jüngeren Architektur zu skizzieren.

Spiegelstadium

Die ersten Raumfahrten könnte man als eine Art Spiegel der Erde interpretieren – ganz buchstäblich, wenn wir betrachten, wie die Satelliten Radiowellen zurückschicken, und vor allem auch deswegen, weil die Raumfahrten es erstmals ermöglichten, die Erde als Ganzes in den Blick zu nehmen. Das Globale Positionsbestimmungssystem (GPS) mit seinen geostationären Satelliten macht es möglich, jeden Ort der Erde sofort lokalisieren zu können.

Für Jacques Lacan ist das Spiegelstadium eine zentrale Periode in der psychologischen Entwicklung eines Kindes. Das zwischen sechs und vierundzwanzig Monate alte Kind erkennt sich erstmalig selbst im Spiegel und identifiziert sich mit seinem Abbild, und das in einem so hohen Maße, dass es, wenn sein Name gerufen wird, in den Spiegel sieht, anstatt von innen heraus zu reagieren. Vor dem Spiegelstadium kann das Kind nur Teile seines Körpers sehen und fühlen. Nun bevorzugt es das Spiegelbild, da es ein ganzheitliches Bild abgibt. In der Rückschau erscheint der Körper, so wie er vor dem Spiegelstadium wahrgenommen wurde, als fragmentarisch, als *corps morcelé*. Das Spiegelstadium ist die Grundlage der Identitätsbildung, da sie auch eine Identifikation mit etwas herstellt, was *nicht* das Kind ist. Natürlich handelt es sich dabei nicht um das Andere, sondern um das identische Andere. Das Spiegelstadium markiert den Moment des Eintretens in den Bereich des Imaginären, der mit dem Bild verschränkt ist. Zur etwa selben Zeit wird das Kind ins Reich des Symbolischen, also der Sprache, eingeführt. Es wird zu einem Namen, mit dem es sich identifiziert, entdeckt, dass alle verschieden sind, und wird mit gesellschaftlichen Tabus und Regeln konfrontiert.[2]

2   Lacan, Jacques. „The Mirror Stage as Formative of the Function of the I". In *Écrits: A Selection*, von Jacques Lacan. New York: Norton, 1977. Siehe auch: Mooij, Antoine. *Taal En Verlangen: Lacans Theorie Van De Psychoanalyse*. Meppel: Boom, 1975.

Wenn es wahr ist, dass Flüge ins All unsere Wahrnehmung der Welt veränderten, dann stimmt das mit Sicherheit auch für die Perzeption und Konzeption des Körpers. Sie taten dies radikal, und auf sonderbare Weise fast ganz gegensätzlich zum Spiegelstadium. Vom Weltall aus gesehen ist der nun auf weniger als Ameisengröße geschrumpfte Körper gar nicht mehr wahrnehmbar. Um die Raumfahrt überhaupt unternehmen zu können, bedurfte es auf Seiten des Körpers zum Überleben allerdings besonderer Anpassungen und Prothesen sowie eines speziellen Trainings. Der individuelle Körper wurde zum Cyborg, zu einem kybernetischen Organismus, zu einem menschlichen Wesen, bei dem gewisse Funktionen von mechanischen, pharmazeutischen oder elektronischen Hilfsmitteln unterstützt, kontrolliert oder gar ersetzt werden. Mehr denn je wurde der Körper zu einem Ding, das unter dem Einfluss externer Kräfte steht und das sich mit technologischen Mitteln an diese anpasst: eine Wunschmaschine. Seltsam, dass es genau in dem Moment, in dem wir die Erde als Ganzes wahrzunehmen und zu denken vermochten, zu einer umgekehrten Bewegung kam, denn durch die Raumfahrten wurde der Körper wiederum zum *corps morcelé* und die Frage der Identität wurde problematischer als jemals zuvor. Identität konnte man nun je nach Willen oder Leidenschaft erschaffen, wurde also etwas, das die Individuen erst selbst erzeugen, in einer Art Experiment zusammenbauen und aufführen müssen.

Verloren im Weltall

Der Dimanche mit dem berüchtigten Artikel über Kleins Sprung kam etwas über drei Jahre nach dem Flug des Sputnik, des ersten Satelliten im All, am 4. Oktober 1957, und dem des Sputnik-2, der am 3. November 1957 mit dem Hündchen Laïka an Bord abhob, heraus. Es war eine Woche nach Beginn der Mission an Sauerstoffmangel gestorben und verbrannte später in der schlecht isolierten Kapsel am 14. April 1958 bei Wiedereintritt in die Atmosphäre. Die uns bekannten Fotos zeigen einen ähnlichen Hund, allerdings nicht Laïka selbst. Seit dieser Zeit befanden sich die Vereinigten Staaten und die Sowjetunion in einem Wettlauf um die Entsendung des ersten Menschen ins All – und darum, falls irgendwie möglich, diesen lebendig zur Erde zurückzubringen. Dieser Kampf erreichte seinen ersten Höhepunkt im September und Oktober 1960 inmitten von Gerüchten, die Sowjets stünden kurz vor dem ersten bemannten Flug ins All. Die Aufregung entstand wegen des Fluges des Sputnik-5. Er hatte einen kompletten Zoo an Bord – diesmal waren es mit Belka und Strelka zwei Hunde, dazu kamen zwei Ratten, vier Mäuse sowie Fliegen, Pflanzen etc. und war zur Erde zurückgekehrt, wenn auch unklar ist, ob die Tiere überlebten. Schon vorher, im August dieses Jahres, war Satellitengucken nach der Entsendung des ersten amerikanischen Kommunikationssatelliten Echo-1, der deutlich sichtbar am Himmel stand, populär geworden. Diese Beschäftigung wurde so beliebt, dass Zeitungen die Zeitpläne der Satellitenbahnen wie Radioprogramme veröffentlichten. Es war eine Zeit, in der alles möglich schien. Die Menschheit hatte gerade erst die Fähigkeit zur Atomspaltung nachgewiesen, und schon war sie drauf und dran, den Kosmos zu erobern. Einige Jahre später, 1968, gelang es Charles und Ray Eames, diesem Gefühl und der Freude, die es auslöste, in ihrem Film Powers of Ten Ausdruck zu verleihen. In diesem Film machen wir eine Fantasiereise vom Ende des Weltraumes zu einem Atom in der Hand eines schlafenden Mannes. Wissenschaft und Technik kannten keine Grenzen. Es muss ein Gefühl gewesen sein, als würde man einem Feuerwerk zuschauen. Allerdings dauerte es mit der ersten erfolgreichen bemannten Raumfahrt bis zum 12. April 1961, als der russische Wostock-1 mit Juri Gagarin abhob.

All dies war in erster Linie eine kollektive Leistung, oder besser: eine Leistung von Kollektiven wie der russischen RNII und der NASA. Natürlich erinnern wir die Namen einiger Helden, wie die der ersten Hunde, Ratten, Affen und Männer im All, aber die Erforschung des Weltraumes kostete viele anonyme Opfer das Leben. Erst in den letzten Jahren wird an einige von ihnen erinnert, wie das beispielsweise im Astronauts Memorial von Cape Canaveral geschieht, das 1990 nach einem Entwurf von Holt Hinshaw Pfau and Jones gebaut wurde. Es besteht aus einer Schicht aus schwarzem Granit, in dem sich der Himmel spiegelt und auf dem die Namen der Astronauten eingraviert sind. Diese Namen werden von hinten durch einen Spiegel, der am Tag die Sonnenstrahlen, und nachts künstliches Licht reflektiert, erleuchtet.

Viele der ums Leben gekommenen russischen Astronauten aber sind vermutlich so verschwunden, als hätten sie niemals existiert. Beispielsweise Ivan Fiodorovich Istochnikov, der 1968 beim Zwillingsflug von Soyuz-2 und Soyuz-3 startete. Mit großer Wahrscheinlichkeit ist seine Geschichte eine Erfindung, eine Täuschung. Doch wen kümmert das, wenn es um ein Thema geht, das von äußerster Geheimhaltung umgeben war, zu einer Zeit, in der Spionage und Spionage- abwehr fast alle Fakten zweifelhaft erscheinen ließen

3 Mraveinik, Piotr. „Episodes in a Life Devoted to Space". In *Sputnik: Catalogue of the Exhibition with the Same Name*. Madrid: Fundación Arte y Technologíia, 1997.

4 Ibid.

5 Ibid.
6 Wolfe, Tom. *The Right Stuff*. New York: Farrar, Straus and Giroux, 1979.

und Fotografien sorgfältig retuschiert wurden?[3] Man denke an Laïka und an <u>Dimanche</u>! Für diesen Essay jedenfalls macht es überhaupt keinen Unterschied.

Jedenfalls wurde Ivan Fiodorovich Istochnikov von dem Hund Kloka begleitet, mit dem er einen Spaziergang ins All machen sollte. Die beiden Soyuz-Kapseln sollten aneinander andocken, doch das gelang nicht und sie verloren den Kontakt. Am darauffolgenden Tag, als sie sich wiederge-funden hatten, war Istochnikov verschwunden und sein Modul wies auf eine Kollision mit einem Meteoriten hin. Tatsache ist, dass weiter völlig unklar ist, was wirklich passiert war, und dieses Rätsel gab zu einer ganzen Reihe von Spekulationen Anlass. Die sowjetischen Machthaber aber ließen keinen Zweifel daran, ein weiteres Fiasko verhindern zu wollen, und warteten mit einer machiavellistischen Erklärung auf: Sie verkündeten, die Soyuz-2 sei ein automatischer, unbemannter Flug gewesen. Den offiziellen Dokumenten zufolge starb Ivan Istochnikov einige Monate später an den Folgen einer Krankheit. Um diese Version aufrechtzuerhalten, wurde seine Familie eingesperrt, wurden seine Kollegen erpresst, die Archive frisiert und Fotografien retuschiert.[4] Seine Witwe wurde in ein <u>Sharaga</u>, eine besondere Art von Gulag oder Gefängnis für Intellektuelle, geschickt. Auf ihre Frage, was geschehe, falls sie irgendetwas sage, antwortete das Verteidigungsministerium, es sei wegen ihrer antikommu-nistischen Vergangenheit und ihrer unpatriotischen Haltung besorgt: „Was ist schon die Ehre eines einzelnen Mannes verglichen mit der Schande eines ganzen Landes? (…) Es täte uns sehr leid, wenn Sie oder einer ihrer Freunde einem Unglück zum Opfer fielen (…), nötigen Sie uns nicht, Sie in die <u>Lubjanka</u> (das KGB, B. L.) zu schicken."[5]

In der Frühphase der Raumfahrt waren Astronauten nichts weiter als Testpuppen, die buchstäblich in Zwangsjacken und Raumanzüge gepresst wurden, in denen sie sich kaum bewegen konnten. Wie ein Mutterschoß halten diese Apparate alles bereit: Schutz, Komfort, Sauerstoff, Wasser, Nahrung, Kommunikationsgeräte und Vorrichtungen zur Entsorgung von Körperausscheidungen. Gleichzeitig schränken sie aber auch die Freiheit der Astronauten ein. Wenn sie sich tat-sächlich frei bewegen könnten, dann wären die Raumkapseln dafür aber viel zu klein. In seinem Buch <u>The Right Stuff</u> erzählt Tom Wolfe, dass die berühmtesten amerikanischen Testpiloten wie Chuck Yeager sich in der Tat weigerten, am amerikanischen Raumfahrtprogramm mitzuwirken, da es für sie nichts zu tun gab, was nicht auch ein Affe hätte leisten können.[6] Die Amerikaner forderten zumindest ein

Fenster in der Kapsel, so dass sie nach draußen sehen konnten, Sprengbolzen in den Türen, so dass man sie selbst betätigen konnte, und eine Art Lenkrad, das ihnen beispielsweise erlaubt hätte, die Position des Shuttles bei Wiedereintritt in die Erdatmosphäre zu kontrollieren. Diese wurden zwar installiert, aber die Lenkvorrichtung machte überhaupt keinen Unterschied aus. Es ging mehr um die Idee.

Wenn man von der Propaganda einmal absieht, dann wäre der ideale Astronaut der NASA ein Cyborg. Es sollte ein wenig spannender werden, als die Astronauten anfangen konnten, außerhalb der Kapsel im Raum umherzuschweifen. Die ersten Raumflüge waren eher *Erfahrungen* und keine *Handlungen*. Niemand wusste so recht, was dort draußen zu erwarten war und wie der menschliche Körper auf die Schwerelosigkeit und die enormen Fliehkräfte bei Start und Landung reagieren würde. John Glenn, 1962 als einer der ersten Amerikaner im All, schrieb, dass er sich ziemlich schnell an die Schwerelosigkeit gewöhne und dass es eine angenehme Erfahrung gewesen sei. Puls und Blutdruck der ersten Astronauten waren nicht besonders hoch oder gar abnormal, und das sogar während der Start- und Landungsphasen. Trotzdem mussten sich Astronauten schwierigen körperlichen Tests und Trainingsprogrammen unterziehen, bevor sie tatsächlich an einem Raumflug teilnehmen konnten. Wir wissen, dass sie in Zentrifugen und unter Wasser trainieren. In letzter Zeit wurden auch Tanzübungen zu einem festen Bestandteil der Trainingsmethoden, da sie den Astronauten ein größeres Bewusstsein von ihrem Körper sowie eine bessere Kontrolle über ihn verleihen. In stärkerem Maße als der Prozess rationaler Identifikation mit Hilfe eines nicht zum Körper selbst gehörenden Spiegels erlangte nun das Trainieren von Tiefensensibilität wieder zentrale Bedeutung.

Schweben

Wenn wir auf Yves Kleins Sprung und seine Behauptung der erste Mensch im Weltall gewesen zu sein zurückschauen, wird nun deutlicher, was er damit erreichen wollte. Kleins Werk wird oft als Versuch gedeutet, Leben und Kunst zu versöhnen, wie das oft in der Kunst der Fünfziger- und frühen Sechzigerjahre zum Ausdruck kam. Kunst sollte die „höheren" Belange fahrenlassen und sich dem Alltag zuwenden. Bei weiterer Überlegung stellt sich diese Behauptung allerdings als ziemlich falsch heraus, und jedenfalls ist diese Behauptung sehr zweideutig. Klein arbeitete zwar mit den

7　Siehe Restany, Pierre. *Yves Klein*. New York: H. N. Abrams, 1982; Wember, Paul. *Yves Klein*. Köln: Du-Mont Schauberg, 1972; Klein, Yves. „My Position in the Battle between Line and Color". *ZERO*, Nr. 1 (1973): 10–11.

8　McEvilley, Thomas. „Yves Klein, Messenger of the Age of Space". *Artforum* 20. (Januar 1982); Wember, siehe Anm. 6, Restany, siehe Anm. 6.

Nouveaux Réalistes zusammen und war eng mit ihnen befreundet, er gehörte aber nicht zu ihnen – zumindest nicht dann, wenn wir den Nouveau Réalisme als französische Variante der Pop Art betrachten, also einer Bewegung, die darauf spezialisiert war, banale Objekte der Konsumgesellschaft in den Kontext der Kunst zu stellen. Dagegen war es Kleins Ziel, Kunst so anzuwenden, dass sie Menschen mit einer höheren Form des Lebens in Berührung bringen sollte. In Kleins Sichtweise war das Leben etwas, das nicht der Menschheit gehörte, sondern etwas, das einer höheren Ordnung angehörte. Es gab allerdings die Möglichkeit, sich dieses Leben anzueignen, und zwar durch, wie er es nannte, „kosmisches Lebensgefühl" (cosmic sensitivity).[7]

Kleins Ideen basierten zu einem beträchtlichen Teil auf denen der theosophischen Kosmologie Max Heindels. Klein gehörte sechs Jahre lang, von 1948 bis 1954, der Bruderschaft der Rosenkreuzer an und studierte und praktizierte auch deren Lehren, wie sie von Heindel formuliert wurden. Gemäß Heindel ist die menschliche Entwicklung am Ende der Epoche der Form und der festen Materie angekommen und wird bald zu einem Zeitalter des Raumes, Geistes und Lebens zurückfinden, das den paradiesischen Zustand wiederherstellen wird.[8]

Kleins monochrome Gemälde sollen nur durch ihre Farbe die Betrachter in ihren Bann ziehen und sie in eine andere Welt transportieren, so dass sie, wenn auch nur kurzzeitig, ihnen eine Ahnung völliger mentaler und körperlicher Freiheit verschaffen. Klein beschränkte sich in seinem Versuch, höhere Sphären anzudeuten, aber nicht nur auf Gemälde. Er gab sich auf vielen Ebenen der Suche nach Techniken hin, um größere kosmische Sensibilität zu erreichen. Das Wort „Techniken" ist hier wörtlich zu nehmen. Zuweilen wirkt es, als stelle Klein in seinem ungeduldigen Verlangen technischen Fortschritt mit spiritueller Transzendenz gleich. Deshalb war es mehr als logisch, dass er sich in den späten Fünfzigern der Architektur zuwenden sollte, die eine umfassendere räumliche Erfahrung zuließ. Gemeinsam mit dem Architekten Werner Ruhnau entwickelte er Pläne für eine „Luftarchitektur". Die Konzepte beinhalteten die klimatische Konditionierung großer Teile der Erdoberfläche und die Nutzung elementarer Energien von Luft, Wasser und Feuer. Man kann Kleins und Ruhnaus Pläne als Ausdruck eines Verlangens nach immaterieller Architektur verstehen, die nicht nur Wohlbefinden versprach, sondern ihre Bewohner auch zu einer höheren Bewusstseinsstufe führen würde. Klein sah die Architektur als mögliches Mittel, um mit Hilfe der Technik das Paradies auf Erden zu schaffen, ein Eden, in dem die Menschheit sich nackt bewegen könnte: „Der technische und wissenschaftliche Abschluss unserer Zivilisation liegt in den Niederungen der Erde begraben und stellt durch absolute Kontrolle des Klimas auf der gesamten Erdoberfläche den Komfort sicher."[9]

Das einfachste Prinzip der Luft-Architektur stellte ein von Luftströmen gehaltenes Luftdach dar. Dieses sollte einen Raum erschaffen, der Schutz vor Regen, Staub und Elektrizität gäbe und doch für die ultraviolette und infrarote Strahlung durchlässig wäre und dadurch die Wärme und das Licht der Sonne nutzbar mache. Die Pläne schlugen zudem ein unterirdisches Ventilationssystem vor, das die Erdtemperatur regulieren könne. Bei der Verwirklichung ihrer Pläne wollten die Architekten so gut wie irgend möglich die natürlichen Gegebenheiten nutzen. In einem Tal sollte es beispielsweise möglich sein, den gesamten Raum zwischen den beiden Hängen durch einen Luftstrom zu decken. Der Raum des einzelnen Menschen wäre von verdichteter Luft bestimmt. Auf diesem Gebiet erdachte Klein unter anderem ein „Luftbett", eine Matratze aus verdichteter Luft, auf der man liegen und sich entspannen könnte. Der Luftstrom würde so auch ständig den Körper massieren.

Luft-Architektur, so wurde suggeriert, würde ein planetarisches Bewusstsein schaffen, mit dem Endziel eines universellen Schwebezustandes: „Der Mensch wird endlich in der Lage sein, das Leben in Gestalt eines dauernden Staunens zu gestalten. Der freie Mensch hat ein Stadium erreicht, in der sogar zu schweben vermag!" Wir werden deshalb Luft-Menschen werden, werden die Anziehungskraft nach oben, dem All entgegen, in Richtung nirgends und überall zur selben Zeit erleben; wenn die Kraft der Erdanziehung erst überwunden ist, dann werden wir buchstäblich in völliger psychischer und spiritueller Levitation existieren.[10]

Aus dieser Perspektive war Kleins Sprung das genaue Gegenteil dessen, was in der technologischen Eroberung des Weltraumes geschah. Wie er in Dimanche schrieb: „Jeder, der heute das All malt, muss wirklich ins All gehen, um zu malen. Aber er muss dorthin ganz ohne Falschheit, und weder in einem Flugzeug, einem Fallschirm, noch einer Rakete. Er muss mit seinen eigenen Mitteln dorthin, durch eine autonome, individuelle Kraft; mit einem Wort: Er muss schweben können."[11]

9 Pierre Restany, siehe Anm. 6.

10 Ibid.

11 Klein, Yves. „Un homme dans l'espace". In Dimanche, 27. November, 1960, zitiert nach: Stich, Sidra. Yves Klein. Stuttgart: Cantz, 1994.

Kleins Beschäftigung mit dem Schweben hielt auch die letzten Jahre seines Lebens an. "He kept practicing breathing exercises and never abandoned the idea of body elevation in a public space. As a result of his development of the leap into the void (and in strange contradiction to his claim that there should be no faking, B. L.), he became enamored with the possibilities of photomontage imagery and other manifestations of space travel."[12] Eine dieser Fotomontagen zeigt einen auf dem Boden sitzenden Klein, der über das augenscheinliche Schweben des Erdballs in seinem Werk „Le globe terrestre bleu" reflektiert. Andere Werke, wie die 1961 geschaffenen "Blue planetary reliefs" zeigen eine Art Landschaft, wie sie aus dem Weltraum gesehen wird. Sowohl in der Art, wie er seinen eigenen Körper einsetzte, als auch durch seine Kunstwerke wie die planetarischen Reliefs oder den Erdball gelang es Klein, ein neues Bewusstsein von Körper und Erde einzufangen, das durch die Raumfahrt ausgelöst wurde. Dieses spezifische Bewusstsein ging vielen danach kommenden Werken voraus, wenn diese auch ohne die kosmologischen Folgen blieben, die Klein ihnen zudachte. Der Körper selbst rückte ins Zentrum und wurde zu einem Werkzeug, um Architektur von innen heraus infrage zu stellen, zu kritisieren und zu überschreiten, während die Betrachtung der Erde vom Weltall aus dem Ort neue Bedeutung als Teil eines größeren Ganzen verlieh.

Endless House

Als Friedrich Kiesler 1965 seine Gruppe von Skulpturen US, YOU, ME schuf, und die „fliegende Gestalt eines in den Weltraum fliehenden Mannes" hervorhob, da hatten die ersten bemannten Raumfahrten schon stattgefunden und das Wettrennen um die Eroberung des Weltraums zwischen den USA und der UdSSR war schon auf seinem Gipfel angelangt. In seiner Erläuterung des Projekts ließ Kiesler keinen Zweifel daran, welche kritische Haltung er damit verfolgte. "The root of the composition is a deep feeling of mine that most people in the western world are immensely active, primarily with the purpose of accumulating tangible wealth, and see in possessions the varied securities of life. This large composition of sculptures shows people rushing about, singularly or in groups, most of them without torso and head, only with their feet dashing about. They go to offices, they rush to lunch, they hurry back, and, in rush hour you can see the scramble and tumble of the masses on the streets, in the subways, in the buses, jammed, into their cars, only to repeat, day after day, year after year, life after life, the same mad hustle and bustle to earn money; property, houses, cars, investments, to secure their survival in case of economic crashes. Nothing is done in depth because they cannot catch depth like a billfold, and deposit it in their bank accounts. They don't realize that every human being is an island born to itself and is its sole keeper. He is both the creator and the gardener of that ever-blooming flower island, glowing in the darkness of his inside."[13] Und in einem Satz, der die Erforschung des Weltraumes und des Mondes beinahe ins Lächerliche zieht, ruft er aus: "Yes! The human body is the most extraordinary universe. It is the summa summarum of the planets. How poverty stricken, by comparison with the human being, is our Earth, without a will of her own, subject to innumerable influences, from hard rocks to invisible forces, living in all its details, from birth to death, from death to birth, and the intervals are called life."[14]

Kiesler kommt also wieder auf den Körper zurück. Für ihn war der Körper mehr als nur eine isolierte Größe. Er war Teil dessen, was er das *Endlose* nannte, und auch Symbol dafür. "All ends meet in the 'Endless' as they meet in life. Life's rhythms are cyclical. All ends of living meet during twenty-four hours, during a week, a lifetime. They touch each other with the kiss of Time. They shake hands, stay, say goodbye, return through the same or other doors, come and go through multi-links, secretive or obvious, or through the whims of memory."[15] Deshalb entwarf er das <u>Endless House</u> – "endless like the human body – there is no beginning and no end to it. The 'Endless' is rather sensuous, more like the female body in contrast to the sharp-angled male body."[16] Das Endless House sieht aus, als sei es organisch gewachsen. Es ist ein durchgängiger Raum, von dem aber dennoch individuelle, kleinere Räume abgetrennt werden können. Nach Kiesler erzeugt die Natur Körper, die Kunst jedoch erst das Leben, das die Bewohner ständig neu erfinden müssen. Deshalb ist das Endless House ein Raum, in dem nichts als gesichert angenommen werden darf. Es gibt keine klare Unterscheidung zwischen Böden, Wänden und Decken. Mechanische Einrichtungen sind Ereignisse und müssen die Inspiration für spezifische Rituale abgeben. In Kieslers Worten ist es "the last refuge for man as man".[17]

Kapseln, Anzüge und Megastrukturen

Raumkapseln und Raumanzüge stellen die elementarste Architektur dar, die man sich vorstellen kann. Ihre Funktionen sind exakt dieselben wie die der Architektur: nämlich in einer unwirtlichen Umgebung Behaglichkeit und Schutz zu

13 Siehe Anm. 1.
14 Idem.

15 Kiesler, Friedrich. „The Endless House: A Man-Built Cosmos". In *Frederick J. Kiesler: Selected Writings*, 1996.
Siehe Anm. 1.
16 Idem.
17 Idem.

18 Arena, Michael und Piotr Muraveinik. „Beregovoi's Report". In *Sputnik*, 1997. Siehe Anm. 3.

19 Cook, Peter. *Archigram*, Basel: Birkhäuser, 1991.
20 Cook, Peter. „Archigram". Vorlesung, das New Babylon Symposium, TU Delft, 26. Januar, 2000.

gewähren und Verbindungen zur Infrastruktur von Wasser, Abwasser, Gas, Kommunikation und Transport herzustellen. Es besteht nur ein Unterschied: Der Astronaut trägt die Kapsel und den Anzug wie eine Schnecke mit sich; besser gesagt: wie eine Muschel. Er bewegt sich in und mit seinem Haus und ist völlig von der Technik abhängig. Er ist an keinen festen Ort gebunden, sondern selbst das Zentrum des Universums. Für die ersten Astronauten war die Einsamkeit das wohl größte Problem, und viele versuchten, wenigstens kleine Insekten oder persönliche Gegenstände mit an Bord zu schmuggeln, die ihnen Gesellschaft leisten konnten. Unser Freund Ivan Fjodorowitsch nahm angeblich neben Kloka und einem kleinen, faltbaren Schachspiel auch eine Wodkaflasche mit, die er, sollte etwas schiefgehen, als Flaschenpost ins All werfen wollte. Russische Ausbilder gaben Astronauten allen Ernstes diesen Rat und sagten, die Astronauten sollten dann geduldig auf Rettung warten.[18]

Natürlich waren Architekten von Anfang an von Raumkapseln und Raumanzügen fasziniert. In den Sechzigerjahren tauchten Kapseln überall in deren Plänen auf. Sie wurden zur Grundeinheit, deren schier endlose Aneinanderreihung ein Urbanismus war, der Infrastrukturen zur kurzzeitigen Ansiedlung bereitstellte. Es gab aber sehr unterschiedliche Denkweisen über diese Kapseln.

Die britische Gruppe Archigram setzte sich am explizitesten damit auseinander: „Egal, von welcher Seite man sie betrachtet: Die Raumkapsel war die Quelle unserer Inspiration", schrieben deren Mitglieder in der Rückschau.[19] Aber sie interessierten sich nicht nur für die Raumkapsel oder die wissenschaftliche Präzision. Sie war auch der Raum für neue Rituale, und erst kürzlich hat Peter Cook deren Arbeit als „Kiesler meets the space capsule" beschrieben.[20] Archigram erkannte, dass die Raumkapsel etwas radikal Neues und eine neue Ebene von Leistungsfähigkeit darstellte. Ihre architektonische Antwort waren die 1964 von Warren Chalk entworfenen Capsule Homes. Dabei handelte es sich um ein völlig neues Konzept des Wohnens in Gestalt einer Kapsel, welche dieselbe Über-Funktionalität und Perfektion einer Raumkapsel erreichte. Die Teile sollten eigens angefertigt und dann industriell produziert werden, das Niveau der zeitgenössischen Technik wiedergeben und leicht veränderbar je nach wechselndem Verlangen der Bewohner sein.

Archigram konzentrierte sich auf Kapseln und deren Beziehung zu Komfort, Mobilität und Infrastrukturen, so, wie im Fall von Plug-in City. Mit Verweis auf Le Corbusier nannten sie

21 Asendorf, Christoph. *Super Constellation – Flugzeug und Raumevolution*. Wien: Springer, 1997.
22 Schöllhammer, Georg. „The Bolted Gesture". In Pichler: *Prototypen/prototypes 1966–69*, Sabine Breitwieser (Hrsg.). Wien: Generali Foundation, 1998.
23 Banham, Reyner. „Triumph of Software". In *Design by Choice*, von Reyner Banham, Penny Sparke (Hrsg.). London: Academy Editions, 1981.
24 McLuhan, Marshall. *Understanding Media: The Extensions of Man*. New York: McGraw-Hill, 1964.

das Haus einen Apparat, den man mit sich trägt, und die Stadt eine Maschine, in die man diesen einstecken konnte.[21] Viele ihrer Pläne nahmen einen Mittelweg zwischen Camping und Raumfahrt, wie im Fall von Michael Webbs Cushicle (1966) und Suitaloon (1968) – Apparate, die sich zwischen Zelt und Raumanzug bewegten. Und schon im Jahr 1965 hatten Rainer Banham und François Dallegret ihr Un-House entworfen, eine Art Ballon mit Fernsehgerät und Stereoanlage im Zentrum, in dem die Künstler sich nackt einzeichneten, und „dadurch McLuhans Aussage illustrierten, dass im Zeitalter des Fernsehens wir die ganze Menschheit auf unserer Haut tragen."[22]

In der optimistischen Vision von Archigram öffnete die Technik das Tor zu einer der Lust und dem Wohlbefinden zugetanen Zukunft. Sie war für sie wie die *Excessive Machine* im Science-Fiction-Film Barbarella: eine Maschine, die Barbarella durch Lust umbringen will, aber stattdessen hilflos ihre Sicherungen durchbrennen lässt und dadurch ihrem Gegner O'Shea die Möglichkeit gibt, den Reyner Banham zufolge besten Satz des Drehbuchs zu sagen: „Have you no shame?" Dieser „Triumph der Software", wie Banham Barbarellas heroische Schamlosigkeit bezeichnet, gab Archigram einen Freibrief, um über all die positiven Möglichkeiten der Technik zu spekulieren.[23]

Mind Expanders

In Österreich schienen die Architekten viel mehr an den körperlichen und physiologischen Auswirkungen und Konsequenzen der Kapsel und des Anzugs interessiert zu sein. Hans Hollein und Walter Pichler, Haus-Rucker-Co und Coop Himmelblau kannten Kiesler – einen früheren Landsmann – aus erster Hand und viele von ihnen besuchten ihn Ende der Fünfziger oder in den frühen Sechzigern in New York als er am Endless House arbeitete. Große Teile ihrer frühen Arbeiten sind formal ganz offensichtlich davon inspiriert. Neben Kiesler waren sie aber auch von Marshall McLuhan, Timothy Leary, Wilhelm Reich und den französischen Existentialisten beeinflusst. In Understanding Media begreift McLuhan Kunst als idealen Gegenpol zur Masse an Information, mit der Menschen bombardiert werden. Besser gesagt: Er hoffte, dass gewisse künstlerische Multimedia-Umgebungen Menschen gegen die immer aggressiver werdende Art immunisieren könnten, mit der sie von ihrem *verlängerten Vermögen* (extended faculties) unter Beschuss genommen wurden. Der Künstler zeige uns wie ein Boxer "how to ride with the punch instead of taking it on the chin".[24]

Dabei handelte es sich um eine Strategie, die dem Training der Astronauten für ihre Raumfahrten vergleichbar war. Im deutlichen Unterschied zu Archigram, deren Pläne das Reißbrett niemals verließen, verwirklichten sie viele ihrer Entwürfe in Gestalt von zeitweiligen Installationen oder Prototypen.

Entscheidende Rollen spielten hier Hans Hollein und vor allem auch Walter Pichler. Wie Archigram bauten auch Hollein und Pichler in ihrer ersten Ausstellung, der Architektur in Wien im Jahr 1963, ein visuelles Panorama von Raketen, Moden, Architekturgeschichte und Technik ein; allerdings zogen sie daraus ganz andere Schlüsse. Sie zeichneten und gestalteten kultische, unterirdische Städte, monumentale Stadtzentren und Gebäude, die eine fast düstere und deutlich repressive oder gar totalitäre Atmosphäre erzeugen, die in deren Texten noch stärker unterstrichen wird.[25] Während eines Aufenthalts in New York arbeitet Pichler 1964 als Grafik-Designer für das MOMA und gestaltete in dieser Funktion Kinderbücher, in denen Bilder von technischen Geräten aus National Geographic und Scientific American in visuelle Beziehung zu historischer Architektur und Kultobjekten gesetzt wurden.[26]

Vielleicht noch interessanter waren die 8 Prototypes, die Pichler einige Jahre später entwickelte und die erstmals 1967 in der Galerie nächst St. Stephan ausgestellt wurden. Neben Kultobjekten mit stark sexuellen Andeutungen, Möbeln und Zeichnungen von Anzügen zeigte er auch den Großen Raum, einen an Banhams und Dallegrets Un-House erinnernden Ballon, der aber dessen multimediale Ausstattung mit einem mysteriöseren Schrein ersetzte, den Kleinen Raum und den Fernsehhelm (Tragbares Wohnzimmer). Die beiden Letzteren waren sehr sorgfältige Prototypen von Geräten, die ganz offenbar für massenhafte Produktion gedacht waren. Der Kleine Raum war eine Art Helm, der den Kopf des Helmträgers in eine Art hochmodernen Radioapparat verwandelte, der aus zwei sich berührenden Kugeln bestand. Mit Hilfe eines integrierten Mikrophons sollte die Stimme von einem externen Lautsprechersystem verstärkt werden. Kleine Löcher, die normalerweise zum Verstecken eines Lautsprechers gedacht waren, ermöglichten es dem Träger, seine Umgebung sehen zu können, ohne selbst gesehen zu werden. Der TV-Helm war das genaue Gegenteil. Hier war der Träger völlig von seiner Umwelt abgeschnitten und konnte nur den kleinen Bildschirm sehen. Das längliche Design gab dem Blick eine eindeutige Richtung vor und weckte so Assoziationen mit Marcuses eindimensionalem Menschen.

25 Siehe Anm. 15.
26 Ibid.

Der Schriftsteller Oswald Wiener widmete Pichlers
Installationen und Zeichnungen, besonders der Intensivbox
(1967), in seinem 1969 erschienenen Buch Die Verbesserung
von Mitteleuropa einen eigenen Appendix. Darin weitete
er Pichlers Fantasien zu einer Apparatur aus, die das
Bewusstsein von seiner organischen und psychologischen
Verankerung im menschlichen Körper befreien würde:
„der bio-adapter bietet in seinen grundzügen die m. e. die
erste diskutable skizze einer lösung aller welt-probleme. es
ist die chance unseres jahrhunderts: die vollständige
befreiung der philosophie durch die technik. sein zweck ist
es nämlich, die welt zu ersetzen, d.h. die bislang völlig
ungenügende funktion der ‚vorgefundenen umwelt' als
sender und empfänger lebenswichtiger nachrichten (nahrung
und unterhaltung, stoff- und geistwechsel) in eigene regie
£zu übernehmen – und seiner individualisierten aufgabe
besser zu entsprechen, als dies die ‚allen' gemeinsame,
nunmehr veraltete sog. natürliche umwelt vermag. (...) der
bio-adapter kontrolliert nun die körperlichen und seelischen
zustände seines inhalts bis ins letzte, d.h., er hat den
platz des staates eingenommen. er kann nunmehr zur
erweiterung (verbesserung) des bewusstseins des bio-
moduls schreiten. der erste wichtige hier interessierende
vorgang ist die heraus-präparierung des nervensystems
verbunden mit der herstellung eines direkteren informations-
flusses zwischen adapter und bio-modul. der abbau beginnt
bei den gliedmassen und schreitet zu den zentraleren
körperteilen langsam fort. der bio-adapter wird mit einem
minimum an anästhesierungen auskommen, da er von den
operationen alle efferenten bahnen an eigene reizwandler
anschließen kann: während z. b. gerade ein bein des bio-
moduls amputiert wird, geniesst derselbe vielleicht einen
erfrischenden fussmarsch durch reizvolle ungarische
landschaften. der adapter simuliert das komplexe wechsel-
spiel der efferenten nerven mit kinästhetischen und
propriozeptiven fasern und ein blick auf seine beine belehrt
den bio-modul höchstens über die tatsache, dass seine
bewegungsfreude dem muskelspiel seiner extremitäten
immer besser bekomme. der abbau wird durch die überlegene
verarbeitungsgeschwindigkeit der adapter-elektronik
sehr begünstigt, da der adapter etwaige fehlgriffe durch
zentraler platzierte kontrollsensoren rechtzeitig erkennen
und rückgängig machen kann, bevor sie ins bewusstsein des
bio-moduls gelangen. (...) das bewusstsein, dieses
kuckucksei der natur, verdrängt also schließlich die natur
selbst. waren früher die gestalten der sinnlichen wahrnehmung bloße produkte bedingter reflexe einer überlegenen
versuchsanordnung, gespenster der menschlichen

27 Wiener, Oswald. *Die Verbesserung von Mitteleuropa, Roman.* Reinbeck bei Hamburg: Rowohlt, 1972.

28 Virilio, Paul. *L'inertie Polaire.* Paris: Christian Bourgois, 1990.

29 Asendorf, Christoph. Siehe Anm. 20. Wolfe, Tom. Siehe Anm. 5.

30 Siehe Anm. 20.

zufallssinne (...) spitzenerzeugnisse des sozialen prozesses, ausgeburten der sprache, so ruht nun das bewusstsein, unsterblich, in sich selber und schafft sich vorübergehende gegenstände aus seinen eigenen tiefen."[27]

In diesem Fall wurden die Folgen davon, die Mentalität der Raumfahrt ernst zu nehmen und sie auf die Architektur anzuwenden, an ihre Grenzen gebracht. Das hier heraufbeschworene Bild erinnert an Paul Virilios, zwanzig Jahre später in L'inertie polaire erfolgte Skizzierung der menschlichen Entwicklung, wo er sich einen untätigen, in einem vollkommenen Cockpit entmündigten Menschen vorstellt.[28]

An Wieners Beschreibung sticht besonders der Aspekt der Simulation ins Auge. Die Raumfahrt kreierte einen Boom in der Simulationstechnologie. Der Großteil der Wirklichkeit von Raumfahrt wurde selbstverständlich indirekt erfahren, doch das ist ja noch nicht alles. Wie Tom Wolfe es ausdrückt, ist das wichtigste Resultat der Raumfahrt, eine ganze Ära vorgefasster Erfahrungen eingeläutet zu haben. Offenkundig erfuhr Alan Shepard während des ersten Mercury-Fluges nichts, was er nicht schon während der Simulationen erfahren hatte, und war sogar etwas enttäuscht: Die Wirklichkeit fühlte sich nicht wirklich an.[29]

Der Chefdesigner des Simulationsprogramms der NASA, Joseph LaRussa, hatte die offizielle Aufgabe, die visuellen Simulationen realer Flüge so perfekt als irgend möglich zu machen. Christoph Asendorf behauptet, dass die NASA dadurch so weit wie damals möglich ein Projekt verwirklichte, das Künstler von der Renaissance bis zur Moderne beschäftigt hatte: "The simulator has achieved the image maker's long, long dream of creating a three-dimensional window into space, a window through which the illusion approximates reality."[30] Asendorf zufolge drängte dies die physiologischen Simulatoren an den Rand – doch das ist nur zum Teil richtig. Es ist zu bemerken, dass die anderen österreichischen Gruppen, Haus-Rucker-Co und Coop Himmelblau, in erster Linie an den rein psycho-physiologischen Aspekten und den Implikationen einer neuen, völlig künstlichen technologischen Architektur interessiert waren. Haus-Rucker-Cos Mind Expander (1967), Gelbes Herz (1967/68), Viewatomizer und Environment Transformers (1968) nutzten alle Helme, Brillen, Licht, Ton und bunte, lichtdurchlässige Membranen, um freudig-lustvolle psychedelische Erlebnisse zu erschaffen – wie das auch die frühen Installationen von Coop Himmelblau wie Villa Rosa (1968) schon taten.

31 Branzi, Andrea. *The Hot House: Italian New Wave Design.* London: Thames and Hudson, 1984.

Die italienischen Gruppen Archizoom und Superstudio interessierten sich viel mehr für die Beziehung zwischen dem Bauen im Weltmaßstab und dem Individuum mit seiner persönlichen Ausstattung, wie das am deutlichsten in Archizooms Non-stop City von 1970 zum Ausdruck kam: Es handelte sich dabei um eine Art riesiges, klimatisiertes Parkhaus, in der die Bewohner sich um mobile Möbel und Einrichtungen herum bewegen würden. In The Hot House erklärt Andrea Barzi, dass "in opposition to the purely formal utopia's of the Archigrams and the Japanese Metabolists, which clung to the old idea of a Machine Civilization by proposing a mechanical architecture and metropolis, the Italian groups conceived of a critical utopia, in so far as their use of a utopian system was purely cognitive and represented a level of clarity beyond that of reality itself. This was an instrumental, scientific utopia, one that did not put forward a different world from the present one, but rather presented the existing one at a more advanced level of cognition."[31] Dies war besonders in Superstudios The Twelve Ideal Cities (1971) der Fall. In der ersten Stadt des Zyklus, der Stadt 2000t, lebten die Menschen in mit sämtlicher Infrastruktur ausgestatteten Zellen. Ein Computer tarierte alle individuellen Bedürfnisse und Wünsche perfekt aus. Die Einwohner durften drei Mal gegen das System aufbegehren, bevor dann die Decke 2000 Tonnen schwer auf sie niederfiele, um die Zelle für einen neuen Bewohner zu leeren. Wenn es sich auch bei den meisten ihrer Arbeiten mehr um eine Art Hochrechnung von Tendenzen in der Bautechnik handelt, so muss doch der globale Blick, wie er am deutlichsten in Superstudios Monumento Continuo, einem die ganze Welt umspannenden Netz, artikuliert wurde, vom Blick auf die Erde aus dem All angeregt worden sein.

Performanceräume

Mit seinem Sprung ins Nichts war Yves Klein einer der ersten Künstler, der seinen eigenen Körper für ein Kunstwerk nutzte. Schon vorher hatte er in seiner künstlerischen Praxis Frauen mit Farbe beschmiert, um mit ihnen in einer Art Ritual Gemälde zu produzieren. Wie wir heute wissen, hat Körperkunst natürlich eine längere Geschichte, die spätestens mit Marcel Duchamp beginnt und vielleicht sogar bis zu Manets erster Vorstellung von Olympia zurückreicht, bei der zwei Wachleute daneben standen. Am Ende der Fünfzigerjahre hatte die körperliche Geste in der Malerei, und da besonders im abstrakten Expressionismus, auch unabhängig von Klein eine solche zentrale Stellung erreicht, dass sie zum wichtigsten Aspekt des Kunstwerks wurde. Infolgedessen ließen sich Maler wie Karel Appel und der Österreicher Hermann Nitsch bei der Arbeit filmen. Arnulf Rainer ließ sich beim Schneiden von Grimassen fotografieren, um eine andere Art nonverbaler Kommunikation zu entdecken, die, so dachte er, im Zivilisationsprozess verloren gegangen war. In den Vereinigten Staaten begann Allan Kaprow live art, von ihm happenings genannt, zu machen, während andere wie Robert Morris eine besondere Art der Skulptur herstellten, mit der er die Beziehung von architektonischen Gegenständen und seinem Körper erforschte. Im Rahmen dieses Aufsatzes, der die neue Beziehung zwischen Körper und dem größeren (bzw. größer werdenden) Raum beleuchtet – also der Erde als Ganzes oder gar dem gesamten Kosmos –, bin ich allerdings vorwiegend an einer Seite der Körper- und Performancekunst interessiert, und zwar daran, was das gewachsene Interesse am Körper für Architektur und Urbanismus bedeutet haben mochte.

Im Lauf der Sechzigerjahre etablierte sich die Performance als neue Kunstform. Alle Seiten des Körpers rückten in den Fokus: vom Körper als Körper bis zu Fragen persönlicher Geschichte, des Geschlechts, von Ritualen, der Beziehung zur Architektur, zu anderen Körpern etc. Es schien, als entdeckten die Künstler den Körper als Grundlage ihrer Existenz neu und begannen, mit ihm die Welt neu zu vermessen, und das gerade in einer Zeit, in der durch den Einfluss der Technik der Körper beinahe zu einer anonymen Testpuppe verkommen war. Künstler schienen zu einer Ära vor dem entfremdenden Spiegelstadium zurückzukehren und dort den Ausgangspunkt für eine neue Kohärenz in der Welt zu finden. Der Körper wurde selbst zum Raum, bewegte sich im Raum, dehnte sich im Raum aus, befand sich mit dem Raum im Widerstreit, erfüllte den Raum mit Sinn und Energie. Anders gesagt: Er erschuf den Raum durch sich selbst.

Diese Erschaffung des Raumes durch den Körper stand oft im Gegensatz zur Architektur, wie man das in den Performances von Charlemagne Palestine und vor allem auch Ulay und Abramovic beobachten kann. Abramovic und Ulay installierten in Expansion in Space, einer Performance auf der Documenta 6 in Kassel im Juni 1977, zwei mobile Säulen zwischen den fest eingerichteten. Indem sie sich mit ihren nackten Körpern dagegenwarfen, bewegten sie sie zur Seite und schufen dadurch neuen Raum. In Imponderabilia, einer anderen Performance aus dem Jahr 1997, kreierten sie einen psychologischen Wall, indem sie sich nackt im

Eingang zu einer Ausstellung in Bologna platzierten und die Besucher dadurch zwangen, sich zwischen ihnen hindurchzubewegen. Vito Acconci „belud" Räume gleichermaßen mit seiner körperlichen Präsenz und konfrontierte die Besucher mit körperlicher Aggression. Oder mit Sex, wie er das 1972 in der berüchtigten Performance Seedbed getan hatte, als er versteckt unter dem Boden lag und masturbierte, während er sich mit den Besuchern unterhielt. Mit der Zeit begannen einige dieser Performance-Künstler auch architektonische Konzepte zu entwickeln, wie im Fall von Vito Acconci und Hermann Nitsch. Letzterer erstellte eine Reihe von Zeichnungen für sein Orgien Mysterien Theater: eine Art Unterwelt, in denen seine Schlachtfeste stattfinden sollten.

In den späten Siebzigerjahren war es vor allem der Architekt Bernard Tschumi, der die grenzüberschreitenden Folgen der Performance-Kunst für die Architektur erkannte und in einer Reihe von Schriften, Installationen und Werbungen für Architektur erforschte. Dies kulminierte schließlich in einer Theorie der Architektur als Erlebnisraum (event space). Der Text zu seiner berühmtesten Werbung lautet: „Um Architektur wirklich schätzen zu können, müssen Sie womöglich gar einen Mord begehen. Architektur ist ebenso bestimmt von den Geschehnissen, die sie bezeugt, wie durch die Umgrenzung durch ihre Mauern. Mord auf der Straße unterscheidet sich vom Mord in der Kathedrale in derselben Weise wie Liebe auf der Straße von Straße der Liebe. Radikal."[32] Darin zeigt sich, dass Architekten sich immer stärker der Spannung zwischen ihren Entwürfen und dem darin stattfinden sollenden Leben bewusst wurden, zwischen der organisierenden und disziplinierenden Macht der Architektur und dem Verlangen der Menschen nach Selbstorganisation und einem Leben in Freiheit. Selbstverständlich spielte Michel Foucaults Interpretation von Architektur in Bewachen und Strafen ebenfalls eine wichtige Rolle in diesem Prozess.[33] Zuerst versuchten Architekten – inspiriert von Jacques Derrida – in bescheidener Manier so etwas wie freie Zonen zu erschaffen, Zwischenräume und Heterotopien als Ränder innerhalb des Systems.[34]

Körper, Technologie, Landschaft

In den letzten Jahren gab es zahlreiche Versuche, den Körper mit dem riesigen Ausmaß seiner Umwelt auszusöhnen. Die Theorie des glatten und des gekerbten Raumes im Werk von Gilles Deleuze und Félix Guattari

32 Tschumi, Bernard. *Architecture and Disjunction.* Cambridge, MA: MIT Press, 1994.
33 Foucault, Michel. *Surveiller et Punir, Naissance de la Prison.* Paris: Gallimard, 1975.
34 Derrida, Jacques. „Maintenant, Point de Folie – Maintenant l'architecture". *Forum* 32, Nr. 2 (Mai 1988).

35 Siehe auch Lynn, Greg (Hrsg.). „Folding in Architecture". *Architectural Design Profile*, Nr. 102 (1933).

sowie die späteren Gedanken von Deleuze über die Falte inspirierten Architekten zur Entwicklung einer Architektur und eines Urbanismus, die gekerbte Formen so weit als möglich zu eliminieren versuchten. Stattdessen basierten sie in stärkerem Maße auf einer endlosen Faltung des Raumes, die diejenige Art der nomadischen Existenz ermöglichen sollte, die spontane und wechselnde Gruppierungen von Menschen erlaubt.[35]

Im Rahmen dieses Essays stellen Raoul Bunschotens Arbeiten das vortrefflichste Beispiel dar. Für seine Installation Soul's Cycle der 1989 in Fort Asperen erfolgten Ausstellung Architecture and Imagination stellte Bunschoten eine Serie von großen Kugeln mit faltigen Oberflächen her, die im kreisförmigen Korridor der Festung angebracht wurden und dadurch auf das Planetensystem verwiesen. Durch die großartigen Schwarzweißfotografien seiner Frau, der Fotografin Hélène Binet, wurde dieser Aspekt der Kugeln noch weiter verstärkt. Die von ihr aufgenommenen Details sahen bis hin zum weichen, blassen Licht wie die ersten während der Raumfahrten geschossenen Bilder des Mondes aus. In seinem Projekt The Skin of the Earth ging Bunschoten 1990 noch einen Schritt weiter und suchte nur einzelne Fragmente dieser faltenreichen Oberfläche auf ihr architektonisches Potenzial hin ab. Die implizite Behauptung war die, dass diese von selbst schon als Wohnraum taugten. In seinen jüngsten Werken nimmt Bunschoten dies beim Wort: Er studiert die Erdoberfläche, Städte und Regionen, in großem Maßstab, wozu er Luft- und Satellitenaufnahmen benutzt wie auch stärker situationistisch geprägte Untersuchungsmethoden zum Verhalten kleiner Gruppen von Menschen. Die diese Prozesse regulierenden Kräfte werden durch weitreichende Feldstudien im jeweiligen Gebiet entdeckt und auf größeren Karten verzeichnet. Die resultierenden Zeichnungen am Ende der Projekte ähneln wiederum Satellitenbildern, allerdings nun mit spezifischen Hinweisen zu den die Landschaft verändernden Prozessen.

Während Bunschoten sich hauptsächlich für die Enormität der Erdoberfläche zu interessieren scheint, konzentrieren sich zeitgenössische Architekten nur auf das Bauen der Falten beim Versuch, konkrete architektonische Formen im kleineren Maßstab zu errichten. Beispiele dazu lassen sich in den Werken so verschiedener Architekten wie OMA, MVRDV, Ben van Berkel, NOX und Greg Lynn finden.

Die ersten beiden Büros wenden sich vorwiegend minimaler, offener Architektur zu, die es Menschen gestattet, sich spontan zusammenzufinden und zu organisieren. Deshalb sind sie auch wie Bernard Tschumi an Performances und an Film interessiert. Rem Koolhaas sieht beispielsweise seine Bauwerke als Filmstudios, in denen für bestimmte Programme vorübergehend Sets aufgebaut werden können, und MVRDV beziehen sich in erster Linie auf Abramovic und Ulay. Greg Lynns Interesse gilt dagegen weiterhin den Analogien von Körper und architektonischen Formen, wie das schon bei Kiesler ähnlich der Fall war: Es geht hier um die Darstellung des Unendlichen. Dasselbe trifft auch auf NOX zu. Dessen Vertreter aber nutzen ganz bewusst die Faltung der Landschaft als Mittel gegen die drohende Untätigkeit, die Virilio zufolge von Entwicklungen in Technologie und Medien herrührt. So gesehen kommt deren Arbeit den Absichten Kieslers und seinem Endless House am nächsten. Der H2O Pavilion von NOX in Zeeland, ein dem Wasser gewidmeter Ausstellungspavillon, ist im Inneren hügelig und mit allen möglichen Formen interaktiver Technologie ausgestattet. Die Besucher werden gezwungen, hinauf- und hinabzusteigen, um nicht die Orientierung zu verlieren, wodurch sie aktiv bleiben müssen und ihren Körper in Relation zu ihrer Umgebung erfahren können. Im V2 Medialab in Rotterdam sieht es ähnlich aus. Der Boden ist eine Art Relief, auf dem gar verstellbare Spezialstühle notwendig werden, um stabil sitzen und arbeiten zu können – wenigstens für eine Weile. In diesen hochtechnologischen Umgebungen mit ihrer Verwischung der Grenzen von körperlich und virtuell, Boden und Decke, Konstruktion und Maschine, innen und außen, werden wir immer wieder daran erinnert, dass wir uns einzig und allein auf die Konstante unseres Körpers verlassen können. Lars Spuybroek von NOX ist der Ansicht, dass wir dessen Propriozeption andauernd üben müssen, um den Gefahren einer Technologie, die zwar förderlich scheint, uns aber letztlich bequemlich und schläfrig macht und zu einer polaren Reglosigkeit führt, zu entkommen. Das Einzige, in dem wir wohnen, in dem wir verweilen können, ist unser Körper.

TON AUS UND FILM ZURÜCK

KOOLHAAS, CONSTANT UND DIE NIEDERLÄNDISCHE KULTUR DER SECHZIGERJAHRE

1 Koolhaas, Rem. „The Terrifying Beauty of the Twentieth Century". In S,M,L,XL, von Rem Koolhaas und Bruce Mau. Rotterdam: 010 Publishers, 1995.

2 Noviant, Patrice und Bruno Vayssiére. „Interview with Rem Koolhaas". AMC, Dezember 1984.

Ton aus und Film zurück

Koolhaas, Constant und die niederländische Kultur der Sechzigerjahre

Jedem Bastard einen Stammbaum.[1] *Rem Koolhaas*

... In Indonesien haben wir in dem Pferdestall eines sehr großen Hauses gewohnt; umgegeben von einer Mauer. Auf der anderen Seite der Mauer war ein Waschplatz, mit einigen sehr langen, parallelen Becken. Es waren dort sehr schöne Frauen, die mit sehr langsamen, sehr erotischen Bewegungen Laken wuschen ... auf das Zeichen einer Pausenglocke hin, zum Mittagstisch, verschwanden die Frauen. Dann kamen Männer, zogen sich aus, pissten in das Wasser und begannen zwischen den Laken zu schwimmen. Es war ein großartiges Erlebnis ...[2]
Rem Koolhaas

Es ist ein faszinierendes Foto. Ganz links sehen wir den Künstler und Architekten Constant Nieuwenhuys in seinem Amsterdamer Atelier. Er weist auf eine komplexe Konstruktion im Hintergrund; neben ihm, auf dem rosa Zeitungspapier fast bis zur Unkenntlichkeit verblichen, zwei weitere Personen. Das Foto erschien 1966 zusammen mit einem Interview in der Haagse Post, einem führenden niederländischen Wochenmagazin, anlässlich der Präsentation der Arbeiten Constants im Niederländischen Pavillon auf der Biennale in Venedig.[3] Die Interviewer sind die Kunstkritikerin Betty van Garrel und – ganz rechts im Bild, 22 Jahre alt, mit Beatlesfrisur – Rem Koolhaas. Es mag zunächst nicht weiter verwundern, Rem Koolhaas zusammen mit Constant zu sehen; aus heutiger Sicht erscheint sein Interesse für die Arbeiten Constants fast zwingend. Seinerzeit jedoch war Koolhaas Journalist bei der Haagse Post. Es wies nichts darauf hin, dass er sich in besonderer Weise für Architektur interessieren würde. Nach Auskunft seiner ehemaligen Kollegen zeichnete er sich in erster Linie dadurch aus, die Klatschseite „Menschen, Tiere und Dinge" mit der „Erfindung der unwahrscheinlichsten Details" zu füllen.[4] Ein weiterer, wichtiger Teil seiner Arbeit war das End-Layout des Magazins, das wie eine Zeitung in Bleisatz gedruckt wurde. Sein Arbeitsplatz war im Setzerraum der Tageszeitung De Telegraaf.[5]

3 Koolhaas, Rem und Betty van Garrel. „De stad Van De Toekomst. HP-gesprek Met Constant over New Babylon". Haagse Post, 6. August 1966, 14–15.

4 Koolhaas, Rem. „Cherry Duyns Als Geciteerd Door Annejet Van Der Zijl". HP/De Tijd, 23. Okt. 1992, 30–41.

5 Im Gespräch mit dem Autor beschreibt Rem Koolhaas dies als wichtige Erfahrung für seine Karriere als Architekt, da er sehr schnell mit Materialien umgehen musste, die verschiedene Verfasser an seinen Tisch brachten. Eine Entscheidung hatte unmittelbare Konsequenzen für die nächste Seite.

Zudem stammen von Koolhaas aus der Zeit eine ganze Reihe längerer Artikel und Interviews, die vom Schlager-Festival in Knokke über Literatur, Film und Motorsport (24 Stunden von Le Mans) bis zu Politik (PROVO-Bewegung) und Sex reichten. Nur zwei seiner Texte behandeln Architektur: einer zu Le Corbusier, ein weiterer zu H. Th. Wijdeveld. Das Interview mit Constant scheint demnach eine Ausnahme gewesen zu sein. Wie haben wir sein damaliges Interesse an Constant zu verstehen? Was bedeutet dies heute?

In den letzten Jahren haben Akademiker aus Europa und insbesondere den Vereinigten Staaten wieder verstärktes Interesse an den Situationisten gezeigt. Einige ihrer grundlegenden Texte – Die Gesellschaft des Spektakels von Guy Debord oder The Revolution of Everyday Life von Raoul Vaneigem – sind erst kürzlich ins Englische übersetzt oder neu verlegt worden. Auch der Beitrag von Constant Nieuwenhuys, einem weiteren Ex-Situationisten, wurde anlässlich einer großen Ausstellung im Rotterdamer Witte de With von Mark Wigley neu publiziert: Constant's New Babylon: The Hyper-Architecture of Desire.[6]

Wie kaum überraschen kann, ist auch viel über den Einfluss der Situationisten auf Rem Koolhaas spekuliert worden.[7] Dabei ruft es meist Irritation hervor, dass sich Koolhaas von der radikalen Kritik des „Spektakels" und des Kapitalismus, wie sie die Situationisten auszeichnet, so fernhält; bzw. er diese Kritik zumindest anders formuliert, wenn er z.B. für „die künstlich labyrinthischen, kitschigen Atmosphären, wie sie in den modernistischen Containern der Flughäfen und Einkaufszentren eitern ..." den Begriff des Junk-space (TM) prägt.[8] Wie der Artikel in der Haagse Post belegt, wusste Koolhaas um die Ideen Constants; er beantwortet nicht, wie er dazu stand. Mit Blick auf die etablierte Stellung, die Constant heute in der Architekturgeschichte einnimmt, scheint es für viele schwer vorstellbar, dass Koolhaas ein zumindest zwiespältiges Verhältnis zu ihm gehabt haben könnte.

Koolhaas selbst liefert zu möglichen Verbindungen mit den Situationisten nur wenige Anhaltspunkte und kultiviert stattdessen jenen Mythos, wie er in seinem autobiografischen „Roman" S,M,L,XL angelegt ist; dieser beginnt mit seinem Architekturstudium an der AA in London und dem Verfassen von Delirious New York – als ob vorher nichts

6   Siehe i. a. Debord, Guy. The Society of the Spectacle. New York: Zone Books, 1994; Vaneigem, Raoul. The Revolution of Everyday Life. Welcombe: Rebel Press, 1994; Wigley, Mark. Constant's New Babylon: The Hyper-architecture of Desire. Rotterdam: Witte De With, 1998.

7   Mark Wigley, siehe Anm. 6; Kwinter, Sanford. „question after a lecture of Rem Koolhaas", Architectural Association, London, 26. Januar, 1999; Van den Heuvel, Dirk. „Occupation of Desires, Concerning the Sudden topicality of the Situationists". ARCHIS, Februar 1999, 72–78; Ruyters, Domeniek. „Playstation, Constant's New Babylon". MetropolisM, Januar 1999, 28–33.

8   Koolhaas, Rem. „Junkspace". In Content, von Rem Koolhaas, 162–71. Köln: Taschen, 2004.

9 Siehe Anm. 1.

10 PROVO ist eine schwer fassbare Bewegung, die einerseits, inspiriert von Fluxus und Situationisten, für eine Reihe von „Happenings" steht, andererseits für die spontane Massenbewegung vornehmlich junger Menschen. Stimuliert von „repressiven Maßnahmen" der örtlichen Behörden hatte die Bewegung prägenden Einfluss auf die Amsterdamer Lokalpolitik und deren langjähriges Dogma der „Repressiven Toleranz". Auf nationaler Ebene beeinflusste sie stark die Mentalität einer ganzen Generation.

11 Siehe Wigley, Anm. 6.

geschehen sei.[9] Tatsächlich hatte Koolhaas, bevor er die Entscheidung traf Architekt zu werden, bereits zwei bemerkenswerte Karrieren hinter sich: eine als Journalist, eine weitere als Filmemacher. Für ein besseres Verständnis seiner Einstellung zu Constant lohnt ein Blick auf den besonderen Kontext der Sechzigerjahre, der Hintergrund vor dem sich ihre Aktivitäten überschneiden.

Constant

Constant war in den Niederlanden der Sechzigerjahre eine einflussreiche Stimme; er verkörperte das Gewissen der progressiven Architekten und galt als Guru der PROVO-Bewegung.[10] Sein Projekt New Babylon, das er über 20 Jahre hinweg mit Zeichnungen, Gemälden, Karten, Texten und – vor allem mit großen Modellen aus Metall, Draht und Plexiglas vorangetrieben hat, war in den verschiedenen Phasen seiner Entwicklung immer wieder in Museen, Kunstmagazinen, Vorlesungen und im Fernsehen präsent.

New Babylon ist das Modell einer Stadt der Zukunft: vollständig überdacht, künstlich klimatisiert und beleuchtet, auf mächtigen Stützen hoch über der Erde schwebend. Die Bewohner verfügen über wirkungsvolle „Umwelterzeugende Ressourcen", die es ihnen erlauben, sich jederzeit und jederorts mit den Räumlichkeiten ihres Bedarfs zu versorgen. Licht, Akustik, Farbe, Belüftung, Textur, Temperatur und Feuchtigkeit sind beliebig veränderbar. Bewegliche Böden, Trennwände, Rampen, Leitern, Brücken und Treppen konstruieren ein veritables Labyrinth der vielfältigsten Formen und sich wechselseitig beeinflussender Bedürfnisse. Die „Neuen Babylonier" vergnügen sich vor einer von ihnen selbst gestalteten Kulisse in der permanenten, spielerischen Neuerfindung ihrer selbst.[11] Die Stadt selbst setzt sich aus der Verkettung dieser mehrgeschossigen, über die Landschaft gespannten Strukturen zusammen. Unterhalb befinden sich vollautomatisierte Fabriken, fahren Autos und Züge. Oberhalb fliegen Helikopter. Die verschiedenen Transportmittel ermöglichen ein „radical dérive": ein Leben ohne festen Ort, umhertreibend in einer unermesslichen urbanen Landschaft von sich ständig verändernden Atmosphären. Arbeit ist durch den technologischen Fortschritt überflüssig geworden; die freiwerdende Energie wird zu „kollektiver Kreativität" gebündelt. Die Zukunft gehört nach Constant „nicht dem Arbeiter, sondern dem Spieler, nicht dem ‚Homo Faber', sondern dem ‚Homo Ludens'".[12] Sein Spielplatz heißt New Babylon.

Constant hat seine Vision häufig in filmisch konzipierten Diashows präsentiert; kombiniert mit Ton-Collagen, die bis heute wenig an Glaubwürdigkeit gewonnen haben: „Nur wenige Menschen sind sichtbar, gedrängt an die Ränder gewaltiger Räume, während das Auditorium von einem großstädtischen Gewirr an Stimmen, Verkehr, Maschinen, Tieren und sonderbarer Musik erfüllt ist. Wir hören die Klänge eines Lebens, das wir nicht sehen und unserer Vorstellung überlassen bleibt."[13]

Künstler oder Architekt

Mark Wigley bezeichnet Constant als „Über-Architekten": „Tatsächlich hatte sich er sich so viele Charakterzüge des ‚typischen' Architekten angeeignet und übersteigert, dass er mehr als jeder Architekt zum Architekten geworden war."[14] Doch so zentral die Werkzeuge und Methoden der Architektur in seinem Werk gewesen sind, so räumlich seine Vorschläge waren, wie viel er auch dozierte und theoretisierte, so intensiv seine Bekanntschaft mit Aldo van Eyck war, so weit er in des Verkörperung des Architekten gegangen sein mag, Constant kam von der Kunst und wurde in den Fünfziger- und Sechzigerjahren als Künstler wahrgenommen. Wenn er seinerzeit von Architekten derartig ernst genom-men wurde, so war dies die Folge der CIAM-Debatten der Vierziger- und Fünfzigerjahre, wo Künstler – in ihrer vermeint-lichen Fähigkeit, die Stadt mit monumentalen Symbolen ihres Gemeinwesens zu versehen – als unverzichtbar für den Städtebau betrachtet wurden. Nach dem Zweiten Weltkrieg war es eine gängige Einschätzung, dass die Moderne in den Dreißiger- und Vierzigerjahren auch deshalb an Boden verloren hatte, weil das neoklassizistische Revival jener Jahre, unter großmaßstäblicher Beteiligung von Künstlern, in der Bereitstellung von, wenn auch reaktionären, Symbolen, eben sehr viel erfolgreicher gewesen ist.

In dem Glauben, diese Aspekte in ihrem Streben nach Funktionalität und Nüchternheit vollständig übersehen und unterschätzt zu haben,[15] wurde Constant – seinerzeit noch CoBrA-Mitglied – von niederländischen CIAM-Mitgliedern in ihre Treffen eingeführt. Niederländische CIAM-Gruppen waren der Zusammenarbeit mit Künstlern gegenüber aufgeschlossener als andere. Dies mag historisch darin

12 Idem.
13 Idem.
14 Idem.

15 Siehe i. a. Lootsma, Bart. „Kunst Onder De Vleugels Van De Architectuur". ARCHIS, Nr. 12, 1987.

begründet liegen, dass bereits De Stijl aus der Malerei hervorgegangen ist und nach dem Krieg auch CoBrA-Maler wie Karel Appel regelmäßig eingeladen waren, sich an Bauten von J. J. P. Oud, H. A. Maaskant und anderen zu beteiligen. Vielleicht waren für Constant seine Kontakte zu Architekten der Anstoß, Gemeinschaftlichkeit in radikalerer Weise zu denken, und – nach seiner Begegnung mit den Situationisten – schließlich in seine urbanistischen Projekte münden zu lassen. Auf dem Höhepunkt des erfolgreichen Wiederaufbaus der kriegszerstörten Niederlande bot Constant nicht nur eine kritische Lesart von Architektur und Städtebau der Moderne, sondern auch eine sehr viel weiter reichende, optimistische, idealistische und künstlerische Zukunftsvision.

Die Haagse Post

Als Koolhaas 1963 für die Haagse Post zu arbeiten begann, war er 19 Jahre alt. Die Haagse Post, oder auch „HP", war damals ein – insbesondere nach niederländischen Maßstäben – rechtsliberales Magazin. Sein Chefredakteur G. B. J. Hiltermann ist noch heute für seine Radio-Kolumne „Die Lage in der Welt" berüchtigt, in der er jeden Sonntag mit voluminöser Stimme für Kapitalismus und freie Märkte gestritten hat. Mehr noch als Konservativismus schätzte Hiltermann Unabhängigkeit; sich selbst betreffend ebenso wie im Magazin. Hiltermanns Frau, Sylvia Brandts Buys, verband diese Unabhängigkeit zudem mit Abenteuerlust. In dem Versuch, eine jüngere Leserschaft zu gewinnen und die „HP" nach dem Vorbild von L'Express und Time umzugestalten, engagierte sie eine Reihe junger, non-konformistischer Journalisten. Es war eine seltsame Mischung aus Intellektuellen und Ragamuffins, die heute allesamt der Avantgarde der Sechzigerjahre zugerechnet werden. In der Summe bot die HP eine schizophrene Mischung aus Konservativismus und Exzentrik. Es kam vor, dass sich ein Redakteur weigerte, an einem bestimmten Schreibtisch zu arbeiten, weil ein Kollege die Nacht zuvor dort Sex hatte.[16]

Unter den Redakteuren und Journalisten der Haagse Post hatten viele eine zweite Karriere in Kunst, Literatur oder Film.[17] Die Zeitschrift war geradezu die Deckorganisation der „Nulbeweging" (die niederländische Variante der deutschen Bewegung ZERO und der französischen Nouveaux Réalistes) und seiner literarischen Entsprechung des „De Nieuwe Stijl" („Der Neue Stil"). Der

16 Jansen van Galen, John und Hendrik Spiering. *Rare Jaren. Nederland En De Haagse Post 1914–1990.* Amsterdam: Nijgh & Van Ditmar, 1993.

17 So ist Jan Cremer zum Beispiel als Bestsellerautor und Maler bekannt, Jan Vrijman ist Filmemacher, Trino Flothuis und Cherry Duns sind die Macher unkonventioneller Dokumentarsendungen und später – gemeinsam mit Armando – der absurden Programme des Fernsehsenders VPRO.

leitende Kulturredakteur Armando war als Maler und Schriftsteller bekannt, ebenso als Boxer, der in einer Zigeunerband Violine spielte. Seinerzeit bemalte er mit Industrielacken Bleche, um minimalistisch-monochrome Oberflächen herzustellen und diese anschließend mit Stacheldraht zu umwickeln oder mit einigen sorgfältig gesetzten Schrauben geometrische Muster herzustellen. Seine Skulpturen bestanden aus Reifenstapeln. Unter den Mitgliedern der Nulbeweging und des Nieuwe Stijl, die für die HP schrieben, waren auch Hans Sleutelaar und Hans Verhagen; beides Poeten mit einem scharfen Blick für Alltagsleben und -kultur.

Nul und De Nieuwe Stijl waren Reaktionen auf den gefühlsgeladenen Stil von CoBrA und der entsprechenden literarischen Bewegung der Niederlande, den Vijftigers.[18] Die Mitglieder der Bewegung Nul waren bei der HP als „de Heertjes" (die Herren) bekannt, da sie sich dem unter Künstlern und Journalisten üblichen „alternativen" Stil verweigerten und stattdessen elegante Anzüge trugen – wie auch Koolhaas auf dem verblichenen Foto mit Constant. Armandos Manifest, „Een internationale primeur" fasst zusammen, wofür die Nul-Bewegung stand: „Kein Moralisieren oder Interpretieren der Wirklichkeit, sondern ihr Verstärken. Ausgangspunkt: die kompromisslose Akzeptanz der Wirklichkeit. Arbeitsweise: Isolieren, Aneignen. Ergebnis: Authentizität. Nicht die des Schöpfers, sondern der Information. Der Künstler ist nicht länger Künstler, sondern ein kaltes, rationales Auge."[19] Die Bedeutung von Nul und De Nieuwe Stijl bestand, anders gesagt, in der Arbeit „ohne Stil" – um eine Wendung aufzugreifen, wie sie Koolhaas später in architektonischem Kontext verwenden sollte.[20]

Der neue Stil der Haagse Post versuchte Ähnliches. „Schreib alles auf, kommentarlos staunend, wie jemand, der gerade vom Mars kommt", instruierte Armando Betty van Garrel.[21] In dem gemeinsam mit Sleutelaar verfassten Manifest „Anleitungen für die Presse" für De Nieuwe Stijl geht er noch weiter: „Fakten sind interessanter als Kommentare und Mutmaßungen." „Das geschichtliche Bewusstsein ist der einzige verlässliche Berater." „Informationen bleiben unerlässlich: nicht als Meinungen, sondern als Fakten." „Es muss so bald wie möglich klar werden, daß die meisten Kritiker die Bastarde des Journalismus sind." „Diese Bastarde müssen von der Bühne."[22]

18 Armando und Sleutelaar bestreiten im Übrigen, dass es sich bei De Nieuwe Stijl um eine Reaktion auf CoBrA und De Vijftigers handelt. Siehe: Armando + Sleutelaar. „Aanwijzingen Voor De Pers (1965/66)". In De Nieuwe Stijl, 1959–1966, Sjoerd Van Faassen und Hans Sleutelaar (Hrsg.). Amsterdam: Bezige Mij, 1989.

19 Armando. „Een internationale primeur", 1964, erneut publiziert in De Nieuwe Stijl, 1959–1966, siehe Anm. 17.

20 Rem Koolhaas war einer der Initiatoren und Juroren des Wettbewerbs für ein „House With No Style", organisiert vom Japan Architect Magazine, 1992.

21 Siehe Anm. 14.

22 Armando, „Aanwijzingen voor de pers", siehe Anm. 17.

23 Jan Kuitenbrouwer, wie zitiert in: Rare Jaren, siehe Anm. 14.

24 Koolhaas, Rem. „Architectuur/Een woonmachine. Le Corbusier kreeg f 5000,–". *Haagse Post*, 3. Okt., 1964, 24.

25 Siehe Anm. 17.

Die Journalisten der HP äußerten demnach weniger ihre Meinung, sondern versuchten, neutral und präzise, das Geschehene wiederzugeben. Der Kassettenrekorder wurde zu einem unverzichtbaren Werkzeug: Interviews wurden so wörtlich wie möglich transkribiert, das Gesagte so wenig wie möglich editiert. Trino Flothuis ging sogar so weit, überhaupt keine Fragen mehr zu stellen und bei eingeschaltetem Mikrofon einfach zu warten, was seine Opfer sagen würden. Einer weiteren Regel der Nul-Journalisten zufolge ist die „offizielle" Hierarchie von Informationen zufällig und demnach zu vernachlässigen: Die Kellnerin auf der Pressekonferenz des Premierministers ist genau so sachdienlich wie der Premier selbst.[23] Im Kulturbereich entfiel die Unterscheidung zwischen Hoch- und Alltagskultur; beide wurden in der gleichen Weise behandelt.

Der erste längere Aufsatz von Koolhaas, 1964 über Le Corbusier, besteht denn auch zu weiten Teilen aus der Beobachtung einer ungeduldigen Zuhörerschaft, die auf den Architekten warten muss, da sich sein Flugzeug verspätet hat. Dann das Porträt des Architekten: „Le Corbusier, 76, trocken und kratzbürstig im Auftreten, ein Gesicht mit hellblauen Augen, in dem sich nur die Unterlippe bewegt, macht einen verbitterten Eindruck. Die längste Zeit seines Lebens hat er an revolutionären Projekten gearbeitet, die, sofern sie Erfolg hatten, verspottet wurden, doch heute großen Einfluss haben." Danach eine einfache, aber zutreffende Zusammenfassung der Arbeiten und Ideen Le Corbusiers.[24]

Schreiben ohne Stil

Für diesen neuen Journalismus war die Wahl des Subjekts entscheidend: Was wird freigestellt, was wird angefügt? Armando betrachtete Poesie als das Ergebnis einer (persönlichen) Auswahl der Wirklichkeit.[25] Bei einigen Mitarbeitern der HP war Mitte der Sechzigerjahre zwischen der journalistischen und der literarischen Arbeit kaum ein Unterschied auszumachen; von einem Nachrichtenmagazin war die HP weit entfernt. Zu einer Zeit, als unter Journalisten die Verwendung von Aufnahmegeräten noch weitgehend unüblich war, waren diese nicht nur als Werkzeug, sondern sehr wohl auch als manipulative Waffe einsetzbar. Koolhaas, beispielsweise, war ein Meister darin, Tatsachen zu färben – und möglicherweise ein wenig zu ergänzen. So sagt allein die detaillierte Beschreibung der Kleidung seines Gegenübers viel darüber aus, was er von der Person hält. Am allerwichtigsten ist es für den Nul-Journalismus jedoch, „etwas auf die Tagesordnung zu

26 Lootsma, Bart. „Rem Koolhaas, In Search of the New Modernity". *domus*, Januar 1998.
27 Armando + Sleutelaar, *De SS'ers*. Amsterdam: Bezige Bij, 1967.

setzen" anstatt auf vorhandene Themen nur zu reagieren. Die Aufmerksamkeit auf ansonsten vernachlässigte, als trivial oder unpopulär geltende Themen zu lenken, wurde damit zu einer bewussten, kritischen Handlung – exakt jene Art kritischen Handelns, die Koolhaas heute auszeichnet, wenn er Themen wie das Pearl River Delta, Afrika oder Shopping auf die architektonische Tageordnung hebt.[26]

Das beeindruckendste Ergebnis der Symbiose von Haagse Post und Nul ist zweifellos das 1967 erschienene Buch „De SS'ers" (Die SS-Angehörigen) von Armando und Sleutelaar. Es besteht aus einer Folge von Interviews mit niederländischen Freiwilligen in der deutschen Armee des Zweiten Weltkriegs. Die Interviews sind praktisch nicht editiert; sämtliche Aussagen sind wörtlich wiedergegeben. In ihrem Vorwort schreiben Armando und Sleutelaar, dass ihr Buch aus Neugierde entstanden sei; nur die Opfer und Widerstandskämpfer waren bislang zu Wort gekommen. Weiterhin weisen sie auf die Gemeinsamkeiten zwischen den Freiwilligen, die auf der richtigen, und denjenigen, die auf der falschen Seite kämpften: beide hofften, dass ihr Land am Ende besser dastehen würde als vorher.[27]

Das Buch verursachte gewaltige Aufregung, noch bevor es in Druck ging; viele hielten es für gefährlich und moralisch verwerflich. Zu dieser Zeit versuchten die Niederländer gerade zu vergessen, dass ein nennenswerter Teil der Bevölkerung vor dem Krieg die niederländischen National-sozialisten gewählt, anschließend kollaboriert oder einfach weggeschaut hatte. Weil die Niederländer, im Allgemeinen obrigkeitshörig und effizient, die Deutschen mit vorbildlichen Karteien versorgt hatten, wurde letztlich ein höherer Prozentsatz der jüdischen Bevölkerung in Konzentrationslager deportiert als in jedem anderen Land Europas. Dem entgegen stand der Mythos eines kleinen, heldenmutigen Volks, das sich gegen einen übermächtigen, teuflischen Unterdrücker auflehnt und wo ein jeder, der nicht im Widerstand aktiv war, zumindest doch Juden versteckte. Dieser Mythos war Bestandteil des Geschichtsunterrichts und wurde mit dem Widerstand gegen die Spanier im 16. Jahrhundert in Verbindung gebracht, auf den die Unabhängigkeit und die Staatsgründung der Niederlande folgten.

Es war dieser Mythos, dessen sich in den Sechzigerjahren die PROVOs bedienten, als sie das rechte „Establishment" der verborgenen Fortsetzung des Faschismus beschuldigten. Eine ihrer berüchtigtsten Aktionen, der Brandanschlag auf den Hauptsitz des De Telegraaf von 1966, galt einer Zeitung,

die auch über den Krieg hinweg erschienen war und die der
PROVO kritisch gegenüberstand; andere Tageszeitungen und
Magazine, die aus dem Widerstand hervorgegangen waren,
bewerteten die Bewegung wohlwollender. Ausgelöst hatte die
Unruhen ein Bericht des De Telegraaf, der den Tod eines
Arbeiters auf einen von Demonstranten geworfenen Stein
zurückführen wollte, während der Mann in Wahrheit von
der Polizei getötet worden war. Der Vorfall besticht in erster
Linie durch Gewalt und Zerstörung im Namen der guten
Sache. Die Aktionen der PROVOs lassen sich zynischerweise
auch als Spiegelbild ähnlicher Aktivitäten der Nazis lesen.

Die Redakteure des HP hatten von ihren Büros aus einen
hervorragenden Blick auf die Ausschreitungen; Koolhaas
hingegen, der sein Büro in der Druckerei des Telegraaf hatte,
war dort von Demonstranten eingeschlossen und musste
über Dächer und einen Friseurladen entkommen. Hiltermann
und Brandts Buys betrachteten die Unruhen als den
Höhepunkt einer Reihe von Vorfällen, die das Establishment,
die königliche Familie und die Kirche geschwächt hatten.
Auch wenn sich einige Beiträge der HP auf die Seite der
Kampagne stellten, wurde sie von Hiltermann selbst in seinen
wöchentlichen Kolumnen auf reaktionärste Weise verurteilt.
Als Brandts Buys von Sleutelaar eine kritische Story zu
den Unruhen verlangte, und dieser sich weigerte, wurde er
entlassen.[28] Stattdessen machte Koolhaas den Job, gemeinsam mit seinen Kollegen Flothuis und Van Wansbeek.

Es war insbesondere der Einsatz von Gewalt, der Koolhaas
veranlasste, die PROVOs auf das zynischste und sarkastischste
anzugreifen. Unter dem Titel Langeweile und Freizeit
in der neu gegründeten Spezialrubrik Soziologie/Politik
porträtiert er die PROVOs als einen Haufen verwöhnter
Halbwüchsiger, die Constants Ideen zum Homo Ludens ein
wenig zu wörtlich genommen haben. Die PROVOs erscheinen
in ihrer Argumentation konfus und wenig progressiv.
In der wörtlichen Wiedergabe des Interviews verstärkt sich
dieser Effekt: „HP: Es ist kein Wunder, wenn euch Soziologen
als reaktionär bezeichnen: Ihr seid wie die Leute, die 1825
lamentierten, als in England zwischen Stockton und
Darlington der erste Zug fuhr.

Tuynman: Nein, das Individuum ist definitiv von der
Zivilisation bedroht. Entschuldigung, meine Zigarettenasche
ist in das Mikrofon gefallen. Der Mensch ist in seiner
Individualität durch die Entwicklungen der Kommunikation
und der Wissenschaften bedroht. Auf dieser Bedrohung der
Individualität gründet sich unser Gefühl der Gemein-

29 Koolhaas, Rem, Trino Flothuis und Van Wansbeek. „Sociologie/Politiek Verveling & Vrijetijsbesteding. HP-Interview door Flothuis, Van Wansbeek En Koolhaas Met De Provo Actiegroep". *Haagse Post*, 9. Juli, 1966, 6–7.

30 Siehe i. a. Rem Koolhaas, siehe Anm. 25; Rem Koolhaas, siehe Anm. 3; Koolhaas, Rem und Trino Flothuis. „Politiek/Literatuur, Honingbijen & Horzels, HP-gesprek Met Harry Mulisch". *Haagse Post*, 24. September, 1966, 8; Koolhaas, Rem „Amsterdamse Hippies: Liefde Voor Iedereen". *Haagse Post*, 29. Juli, 1966, 8–9.

schaftlichkeit. Ich gebe zu, es klingt ein wenig paradox."[29]

Das begleitende Foto zeigt in der Bildmitte einen elegant gekleideten Rem Koolhaas, der misstrauisch eine Gruppe langhaariger, schmuddeliger, bärtiger und rauchender PROVOs betrachtet. Koolhaas war von diesem Artikel an sehr viel prominenter in der HP vertreten. Vor allem mit einer Reihe von Artikeln, die PROVOs und Hippies kritisierten, und diejenigen, die sie inspirierten – wie Constant – oder mit ihnen sympathisierten – wie der Schriftsteller Harry Mulisch.[30]

1,2,3 enz.

Wie viele seiner Kollegen bei der HP hatte auch Koolhaas eine zweite Karriere: mit der Gruppe 1,2,3 enz. („1,2,3 etc.") machte er einen Film. 1,2,3 enz. war eine Gruppe um Renee Daalder, ein Freund Rems aus gemeinsamen Schulzeiten, und einige seiner Kommilitonen von der Amsterdamer Filmakademie. Rems Vater, Anton Koolhaas – ein niederländischer Romanautor, berühmt für seine Tiergeschichten – war seinerzeit Direktor der Akademie. Zusammensetzung und Größe der Gruppe variierte zwar (deshalb „enz."), aber die wichtigsten Mitglieder waren: Frans Bromet – ein Kameramann, der landesweit als Macher innovativer TV-Dokumentationen bekannt werden sollte; Kees (heute: Samuel) Meyering, der als Erfinder der Rolykit, einer faltbaren Werkzeugkiste, reich geworden ist; und Jan de Bont – bekannt als Kameramann von Black Rain und Macher von Blockbustern wie Speed, Twister und zuletzt The Haunting. Auch Regisseur Pim de la Parra und Kameramann Robby Müller – bekannt für seine Arbeiten mit Wim Wenders, Jim Jarmusch und anderen – waren zwischenzeitlich Mitglieder.

1,2,3 enz. verachtete alles, was in den Sechzigerjahren als modisch betrachtet wurde – insbesondere alles, was persönlich, künstlerisch, idealistisch oder intellektuell daherkam, wie etwa das Arthouse- oder Autorenkino. Die Zuschreibung eines Films zu einem einzigen Autor erschien ihnen als Idee des 19. Jahrhunderts. In drei Manifesten, die parallel übereinander montiert in dem niederländischen Filmmagazin Skoop erschienen, argumentierten Meyering, Daalder und Koolhaas, dass Filme als Teamwork betrachtet

31 Meyering, Kees. „Naar een Vérité"; Daalder, Rene. „Naar een kompromisloze bioskoopfilm-avantgarde"; Koolhaas, Rem. „Een Delftsblauwe toekomst"; alle drei in Skoop, Mai 1965, 14–21; Siehe auch Daalder, Rene. „Rond een misverstand: Greta Garbo". Skoop, Juni 1965, 32–33.

32 Idem.
33 Idem.
34 Idem.
35 De Bont, Jan. „The Battle of Britain". Skoop, März 1969, 24–37.

werden sollten; Schauspieler, Regisseure, Kameraleute, Drehbuchautoren usw. würden gleichermaßen zum Endergebnis beitragen.[31] Die verschiedenen Funktionen sahen sie als Spezialisierungen innerhalb des gleichen Prozesses und meinten, dass eine Person ebenso mehrere Funktionen ausüben könne wie auch von einer Funktion in die andere wechseln. Dies erlaube es zudem, die Crew dem verfügbaren Budget anzupassen und, wie in einer Jazz-Band, spontan mit Arbeit und Improvisation zu beginnen. In ihrem ersten Film, 1,2,3 Rhapsodie von 1965 rotierte jeder Mitwirkende von Kameramann zu Schauspieler zu Regisseur. Aber es war nicht nur Spiel und Anarchie. Im Gegenteil: Die Gruppe war sehr ambitioniert und glaubte, in Europa könne eine Filmindustrie ähnlich der der Vereinigten Staaten entstehen.

Die Filmcombo

Für 1,2,3 enz. war klar, dass Filmemachen eine kollektive Anstrengung bedeutet. In den drei miteinander verflochtenen Manifesten in „Skoop", sprach Meyering von einem neuen Typ des Regisseurs – der nicht notwendigerweise daran interessiert ist, persönliche Filme zu machen, wie es etwa Antonioni zu unterstellen ist[32]; Daalder betonte die Rolle des einzelnen Schauspielers[33], während Koolhaas auf die Bedeutung des Drehbuchschreibers hinwies. Koolhaas meinte, der niederländische Film habe mehr mit dem britischen Kino als der französischen Nouvelle Vague gemeinsam, und sprach hauptsächlich von Harold Pinter.[34] Einige Jahre später analysierte Jan de Bond Aufbau, Kameraführung und Spezialeffekte von Guy Hamiltons The Battle of Britain und publizierte seine Erkenntnisse in einem umfassenden Artikel in Skoop.[35] Mit Blick auf ihr Interesse an Teamwork und Professionalität scheint es kein Zufall, dass sich die Fotografen de Bond und Bromet zu vollwertigen Filmemachern entwickelt haben bzw. der Regisseur Daalder einer der Pioniere Hollywoods für digitale Filmtechnik werden konnte.

1965 veröffentlichte Koolhaas in der HP einen langen Artikel über Frederico Fellini, den Meyering in seinem Manifest dem neuen Typ des Regisseurs zugerechnet hatte. Anlass des Artikels war Fellinis neuester Film Giulietta degli spiriti (Julia und die Geister) um seine Frau Giulietta Masina, die bereits in La Strada mitgewirkt hatte. Koolhaas' Artikel ist ein sehr gutes Beispiel für den Stil der HP in den Sechzigerjahren. Er musste es sein, denn wie im Verlauf des Textes deutlich wird, wollte Fellini absolut nicht mit Koolhaas sprechen. Koolhaas

36 Koolhaas, Rem und Lili Veenman. „Film. Een dag Fellini. „Hij doet altijd dingen die men niet Dag'". *Haagse Post*, 31. Dezember, 1965, 39–41. Der Artikel hat einige strukturelle Ähnlichkeiten mit Koolhaas' Porträt von John Portman in „Atlanta, Journalism, 1987/1994". In *S,M,L,XL*, siehe Anm. 1.

37 Hermans, Willem Frederik. *Het Sadistische Universum*. Amsterdam: Bezige Bij, 1964.

widmet sich daher mit aller Energie der ausführlichen und bizarren Schilderung von Fellinis Erscheinung, seinem Büro, der Art und Weise, wie er ein Playboy-Interview korrigiert, seinem Umgang mit anderen Menschen, namentlich seinem Friseur, einem Anwalt und Koolhaas selbst, der des Raumes verwiesen wird, während der Meister offensichtlich sinnlose Dinge tut. „Das Mysteriöse, vermutlich Fellinis meistgeliebtes Attribut, kommt ins Spiel ..."

Da Fellini selbst nicht zu reden bereit ist, führt Koolhaas ein Interview mit Masina, die einiges an Bösartigkeiten zum Besten gibt, sowie Fellinis „Meisterdekorateur" Piero Gheradi, der ebenso von dem „unwahrscheinlichsten Tratsch erfüllt" ist und „gerade seine Flitterwochen feiert, mit falschen Zähnen, die sein Lispeln umso teuflischer erscheinen lassen".[36] Alles in allem wird Fellini als rätselhaftes, halsstarriges Genie geschildert, umgeben von Idioten und Parasiten, die merkwürdig großen Einfluss auf seine Arbeit zu haben scheinen – mit allen Vor- und Nachteilen.

Ein sadistisches Universum

Neben den Ideen der Gruppe 1,2,3 enz. gibt es einen weiteren, wichtigen Einfluss auf Koolhaas' Denken: das Werk Willem Frederik Hermans'. In den Arbeiten Hermans', der als der wichtigste niederländische Schriftsteller der Nachkriegszeit gilt, ist die menschliche Existenz von Unsicherheit bestimmt: ein chaotisches, sadistisches Universum – so der Titel einer seiner provokantesten Essaysammlungen[37] –, in dem zwischen Freund und Feind nicht zu unterscheiden ist und der der Feind von heute zum Freund von morgen werden kann. Die Helden handeln rücksichtslos, ohne dafür bestraft zu werden; Idealismus ist ein Glücksspiel, bei dem man leicht auf die falsche Karte setzen kann. Es überrascht nicht, wenn Hermans zu den wenigen Unterstützern von Armando und Sleutelaars De SS'ers zählte: Er war der Erste, der in vielen seiner Romane, Kurzgeschichten und Theaterstücke den Mythos vom niederländischen Heldentum im Zweiten Weltkrieg in Frage gestellt hatte.

Hermans' Romane sind in den Fünfziger- und Sechzigerjahren vielfach als Grundlage für Drehbücher verwendet worden. Hermans, der solchen Versuchen grundsätzlich skeptisch gegenüberstand, veranlasste dies zu einer Reihe polemischer Artikel über den niederländischen Film – zur großen Genugtuung der Gruppe 1,2,3 enz.

38 Hermans, Willem Frederik. „Antipathieke Romanpersonages". In *Het Sadistische Universum*. Siehe Anm. 38.

39 Idem.

40 Hermans, Willem Frederik. *De donkere kamer van Damocles*. Amsterdam: Van Oorschot, 1958.

Neben Wittgenstein, dessen Tractatus er 1975 ins Niederländische übersetzte, war Hermans von Freud und seiner Entdeckung des Unterbewussten fasziniert.[38] Wir können, Hermans zufolge, von Werbung nicht nur hypnotisiert werden, sondern selbst unser Widerstand gegen die „posthypnotische Wirkung" erfolgt zwanghaft, wie bereits „eine oberflächliche Betrachtung von Alkoholikern, Vegetariern, Abstinenzlern, Idealisten, Kriminellen und Künstlern zeigt". „Kein Exzentriker kann etwas wirklich Neues hervorbringen und, nebenbei bemerkt, wer würde es zu schätzen wissen? Widerstand wird nur gebilligt innerhalb der Konstruktion eines schwächlichen Ganzen. Die traditionelle Gesellschaft erduldet die Künstler, so wie manche Hochhäuser einen Barock-Turm oder eine maurische Villa auf dem Dach zu ertragen haben."[39]

Hermans' Roman De Donkere Kamer van Damocles (Die Dunkelkammer des Damokles) von 1958 erzählt von dem jungen, charakterschwachen Henri Osewoudt, der während der deutschen Besatzung einen gewissen Dorbeck kennenlernt.[40] Dorbeck ist in jeder Beziehung Osewoudts Gegenpart; sie ähneln sich, laut Osewoudts Frau, „wie Negativ und Positiv derselben Fotografie". Dorbeck wegen wird Osewoudt ein Held des Widerstands – oder glaubt es zumindest. Denn, wie häufig in Hermans Werk, erfährt die Handlung gegen Ende eine entscheidende Wendung: Unmittelbar nach dem Krieg wird Osewouldt des Verrats angeklagt und inhaftiert. Seine Unschuld könnte nur Dorbeck beweisen, der jedoch unauffindbar bleibt. Osewoudts letzte Hoffnung ist eine Fotografie, die er, vor einem Spiegel stehend, von sich und Dorbeck gemacht hat. Als der Film auftaucht und er ihn schließlich entwickeln kann, findet sich dort nur ein einziges Bild, das ihn mit einem SS-Obersturmführer zeigt. Als er in ungläubiger Verzweiflung wegläuft und seinen Anklägern zuruft, sie sollten Dorbeck finden, wird er von Gefängniswärtern erschossen. Die Ankläger lachen, SS-Häftlinge brüllen „Mörder!" und nur ein Priester, der Osebeck glaubt, eilt ihm zu Hilfe. Der Leser bleibt im Unklaren, ob Osewoudt Held oder Kollaborateur war oder alles aus ganz anderen Gründen getan hat. Alle Beweise – und seien es nur Indizien – sprechen gegen ihn. Das Buch erklärt nicht, warum Osewoudt den Anweisungen Dorbecks folgt, ohne sie zu hinterfragen; der niederländische Leser – konditioniert vom Mythos niederländischen Widerstands – nimmt selbstverständlich an, dass Osewoudts Handlungen gegen die Deutschen gerichtet sind. Letztendlich prüft der Roman das Verhältnis des Lesers zu diesem Mythos: Ist er Pessimist oder Optimist?

41 Bildunterschrift – The Raft of Medusa, in Koolhaas, Rem. „Welfare Palace Hotel (1976)". In *Delirious New York: A Retroactive Manifesto for Manhattan*. New York: Oxford, 1978.

42 Koolhaas, Rem. „The Story of the Pool", siehe Anm. 41.

De Donkere Kamer van Damocles beginnt mit einer Geschichte, die ein Lehrer seiner Klasse erzählt. Sie handelt von einem Schiffbrüchigen, der sich auf ein Floß rettet, aber ohne etwas zu trinken zu haben. Das Meerwasser verachtet er, weil er es nicht trinken kann. Als jedoch ein Blitz in seinen Mast einschlägt und in Brand versetzt, kann er das Wasser nicht schnell genug verwenden, um das Feuer zu löschen. Der Lehrer und die Schulklasse lachen. Ob er das Feuer löscht oder nicht, er ist so oder so verloren. Diese Parabel taucht in veränderter Form wieder bei Koolhaas auf: seine dekadente Kunststoff-Version des „Floß der Medusa" spielt in der fiktiven Schlusssequenz von Delirious New York eine rätselhafte und entscheidende Rolle. Dort, wie Koolhaas in einer Bildunterschrift erläutert, haben die schiffbrüchigen Soldaten nur Wein zu trinken und beginnen einander bereits am zweiten Tag voreilig und betrunken zu kannibalisieren. „Am 7. Tag schließlich gerettet, hätten sie ohne weiteres überleben können, ohne etwas zu essen."[41] In **Delirious New York** kollidiert das „Floß der Medusa" schließlich mit dem Pool der Konstruktivisten. „Optimismus vs. Pessimismus. Der stählerne Pool schneidet durch die Plastikskulptur wie durch Butter", endet Koolhaas.[42]

Rem Koolhaas hat Hermans in den Sechzigerjahren sehr bewundert und der Einfluss auf sein Denken kann kaum überbewertet werden. Bereits in seinem Manifest „Een Delftsblauwe Toekomst" (Eine Zukunft in Delfter Blau) in Skoop schlägt Koolhaas vor, einen der Romane Hermans' zu verfilmen.[43] Als 1966 Hermans' Roman **Nooit meer slapen** (Nie mehr schlafen) erscheint, besucht Koolhaas den Autor in Groningen und preist das Buch anschließend in einer Rezension in der **Haagse Post**.[44] Nicht sehr viel später, 1967, wurde Hermans regelmäßiger Kolumnist der **Haagse Post**; seine ersten Beiträge galten vornehmlich dem Film, was kaum Zufall gewesen sein wird.

Renee Daalder

Die treibende Kraft hinter 1,2,3 enz. war Koolhaas' Jugendfreund Renee Daalder. Daalders erste Kurzfilme wurden von der Presse und auf Festivals weithin gepriesen; er und Kameramann Jan de Bont galten als die größten Talente, die das niederländische Kino je hervorgebracht hatte. Daalders erster Kurzfilm, **Body and Soul** (1966), spielt auf einer Party von Intellektuellen, die sich über einen anwesenden Bodybuilder und seine Obsession für das Körperliche lustig machen. Sie zwingen ihn schließlich sich auszuziehen – bzw. reißen ihm die Kleider vom Leib – und lassen ihn

43 Siehe Anm. 31.

44 Koolhaas, Rem. „Ik ben heel zielig. W. F. Hermans en zijn „Nooit meer slapen"". *Haagse Post*, 12. März, 1966, 22.

mit einem Globus als Atlas posieren. Als die Party aus den Fugen gerät und der Scherz in Gewalt umschlägt, ist es der Bodybuilder, der den Globus vor der Zerstörung rettet. Der Film hat keinerlei Dialoge, sondern nur einen Off-Sprecher, der die Handlung kommentiert. Der Film gewann verschiedene Preise auf niederländischen Festivals und ermöglichte Daalder die Finanzierung größerer Projekte.

Noch mehr Anerkennung fand Body and Soul II von 1967; ein Film über eine Frau und ihren jüngeren Liebhaber. Verschiedene Rezensenten bezogen sich bei der Besprechung des Films auf Hermans – nicht nur aufgrund seiner melo-dramatischen Elemente, sondern auch der sich wendenden Handlung wegen, die den Film von einer Parodie am Ende zur Satire einer Satire werden lässt. Was Intellektuelle sonst als Klischees und Kitsch bezeichnen würden, wird so dem Spott entzogen und erscheint als der Menschen tiefste und aufrichtigste Wünsche.

Daalders ambitioniertestes Projekt, De Blanke Slavin (Der weiße Sklave) ist der bis heute teuerste in den Niederlanden produzierte Film. Das Drehbuch hatte Daalder gemeinsam mit Koolhaas verfasst. Kameramänner waren Oliver Wood, der zuletzt an Filmen wie Face Off mitgewirkt hat, und Jan de Bont. Die Premiere (die Produzenten hatten auch ein Kamel gemietet) fand 1969 im Amsterdamer Tuschinski Theater statt, wobei Daalder und Koolhaas ihre Plätze in der ersten Reihe nicht einnehmen konnten, da sie nach Meinung der Platzanweiser zu jung waren, um Regisseur und Drehbuchautoren zu sein.

Protagonist des Weißen Sklaven ist ein „guter Deutscher" mit dem unwahrscheinlichen Namen Günther Unrat, verkörpert von einem, damals populären, deutschen Schauspieler mit dem nicht minder unwahrscheinlichen Namen Günther Ungeheuer. Unrat kehrt zu Beginn des Films dorthin zurück, wo er sich während des Krieges in den Niederlanden versteckt hatte. Er ist eine Art Simon Wiesenthal, der jedoch nicht Kriegsverbrecher, sondern andere „gute Deutsche" sucht. Dies erweist sich als schwierig, da Unrat dazu bestimmt ist, für alles zu büßen, was die Deutschen während des Krieges an Untaten begangen haben. Es entwickelt sich ein Drama, oder besser Melodrama, das insbesondere in seinen Wendungen an Hermans erinnert. Unrat wird von einem mysteriösen Ostler (ein vermeintlich ehemaliger Assistent Albert Schweitzers, gespielt von dem Israeli Issy Abrahami) dazu überredet, ihm bei der Auswahl von Mädchen für ein afrikanisches Bordell behilflich zu sein, die dort als weiße Sklavinnen arbeiten sollen. Unrat und die Mädchen sind über ihr Schicksal natürlich im Unklaren; sie glauben, die Mädchen würden eine Schulung für Krankenschwestern in karitativen Überseeprojekten durchlaufen – eine wunderbare Idee. Nach einer kurzen Einführung in Berlages Jagdhaus im Park Hoge Veluwe, die für Unrat eine verwirrende Berührung mit der Freikörperkultur beinhaltet, werden die Mädchen von Abrahami in ein arabisches Wüstenbordell mitgenommen, wo sie zu Filmmusik von Antoine Duhamel – bekannt aus Filmen von Truffaut u. a. – Bauchtänze aufführen. Weiterhin bietet der Film Sexszenen mit Darstellern über fünfzig – eine Provokation – und eine Pistole in der Schublade, die nie genutzt wird – nach Hitchcock eine drehbuchtechnische Todsünde sowie ein Insiderwitz bezogen auf ein Essay von W. F. Hermans über den niederländischen Film.[45] Letztlich entwickelt sich alles anders als erwartet, sowenig auch überraschen kann, dass alle Ideale Unrats am Ende in Scherben liegen und binnen einer Nacht sein Haar ergraut.

Obwohl heute allgemeiner Konsens darüber besteht, dass das niederländische Kino mit dem <u>Weißen Sklaven</u> erwachsen geworden ist, und Jan de Bonts Kameraführung weithin gerühmt wurde, war der Film ein gigantischer Flop. Ironischerweise belegt das Scheitern des Films seine eigene These, wonach Ideale immer auch entgegen ihrer Absicht wirken können, da die wirklichen Motive der Menschen immer im Verborgenen bleiben.

Architektur

Als Koolhaas 1966 das Interview mit Constant führt, weist also nichts darauf hin, dass er daran interessiert sein könnte, Architekt zu werden. Als die <u>HP</u> ein Jahr später einen neuen Chefredakteur bekommt und seine Reihe von vier langen Artikeln zu <u>Sex in den Niederlanden</u>, die auf intensiven Recherchen beruht, heftig kritisiert wird, kündigt Koolhaas.[46] Neue Inspiration findet er in einem Seminar zu Architektur und Film an der TU Delft. Einer der dortigen Tutoren, Gerrit Oorthuys, hatte die Gruppe 1,2,3 enz. eingeladen, da er, wie er gestand, eifersüchtig auf ihre Arbeit und den – wie er vermutete – ausschweifenden Lebenswandel war. Koolhaas versuchte ihn zu überzeugen, dass Filme-machen bei weitem schwieriger, schmerzhafter und langweiliger sei als Architektur und der Beruf des Architekten bei weitem der Wichtigere. Möglicherweise

45 Hermans, Willem Frederik. „De filmmakers en de Witte Paters". In *Het Sadistische Universum.* Siehe Anm. 38.

46 Siehe Anm. 14; Koolhaas, Rem und Henk Meulman. „Sex in Nederland, Deel 1". *Haagse Post,* 5. August, 1967, 6–8; „Sex in Nederland Deel 2, De Adviseurs. Straks voorlichting via tv". *Haagse Post,* 12. August, 1967, 14–15; „Sex in Nederland Deel 3, De Afwijkingen". *Haagse Post,* 19. August, 1967, 16–17; „Sex in Nederland Deel 4, De Meisjes". *Haagse Post,* 26. August, 1967.

war sein Vortrag so überzeugend, dass er anfing sich selbst zu glauben; kurze Zeit später begann er sein Studium an der AA in London.

Auch während des Studiums sollte Koolhaas noch gelegentlich mit Daalder an Drehbüchern arbeiten. In einem Interview mit AMC hat Koolhaas erklärt, während dieser Zeit an Projekten mit Russ Meyer, dem „König des Soft-Pornos" (Zitat Koolhaas) gearbeitet zu haben, was jedoch eher ein Mythos sein dürfte.[47] In Meyers Filmen werden verschiedene Genres wie Porno, Action und Exploitation zu grotesken Collagen montiert, in denen Frauen mit riesigen Brüsten nietzscheanische Über-Frauen verkörpern: Superhelden, die physisch und mental totale Kontrolle ausüben. Meyer war bei seinen Filmen vielfach Regisseur, Kameramann und Drehbuchautor in einer Person. Für Daalder und Koolhaas verkörperte er den nahezu idealen Filmemacher der Sechziger- und Siebzigerjahre. Daalder hat mit Meyer über viele Jahre hinweg zusammengearbeitet und sich schließlich in Hollywood niedergelassen. Koolhaas besuchte ihn dort gelegentlich für die Arbeit an einem Treatment zu dem Film Hollywood Tower, in dem Russ Meyer als der letzte Patriarch der Filmbranche hätte auftreten sollte. Daalder zufolge, der sogar Chet Baker für die Filmmusik angefragt hatte, „drehte sich die Geschichte um einen Schlüsselmoment in der Zukunft Hollywoods, wenn menschliche Schauspieler von computergenerierten Darstellern ersetzt werden. Selbstverständlich mit digitalem Hintergrund, Beleuchtung etc. – alles wird künstlich hergestellt. Russ Meyer – ‚King of the Nudies' höchstpersönlich – ist die letzte Hoffnung der Menschheit. Edy Williams, seine damalige Freundin und riesenbrüstige Sexgöttin, und Tippi Hedren (aus Hitchcocks Die Vögel und Marnie) sollten in Russ' Film im Film die letzten menschlichen Filmstars spielen."[48]

Die Wege von Koolhaas und Daalder haben sich von da an zunehmend getrennt. Koolhaas war nicht sonderlich angetan von Los Angeles und Hollywood. Er schrieb Delirious New York, etablierte sich in der Architektur und kehrte schließlich in die Niederlande zurück. Daalder entschied sich in Hollywood zu bleiben, arbeitete unter anderem mit Malcolm McLaren und den Sex Pistols, drehte einige Filme, die Kultstatus erreichten, und wurde ein Pionier in Musik und digitaler Filmtechnik.

47   Siehe Anm. 2.

48   Rene Daalder in einer E-Mail an den Autor, 7. August, 1999.

Ein Romancier

Auch wenn Koolhaas seit seinem autobiografischen Roman S,M,L,XL diesen Teil seines Werdegangs kaum noch erwähnt, hat das kulturelle Klima im Kontext von Haagse Post, Filmemachern und dem Werk von W. F. Hermans nachhaltigen Einfluss auf seine Arbeit gehabt, die zu großen Teilen literarischer und journalistischer Natur ist. Für Hermans, nebenbei bemerkt, besteht der einzige Unterschied zwischen „journalistisch" und „literarisch" darin, dass der Journalist schreibt, was die Masse denkt, während der Schriftsteller ans Licht befördert, was sie nicht zu denken wagt. Das bedeutet nicht, dass der Schriftsteller über der Masse steht, sondern verweist auf eine tiefverborgene Solidarität: „Der Leser hasst im Schriftsteller sich selbst, der Schriftsteller hasst sich selbst in seinen Protagonisten."[49] In diesem Sinne ist Koolhaas mehr Schriftsteller als Journalist.

Es ist ein Echo von Armandos Manifest hörbar, wenn Koolhaas bezüglich der Methoden von OMA von einer „systematischen Idealisierung der systematischen Überschätzung des Bestehenden" spricht.[50] Eine seiner frühesten Beschreibungen der Stadt als „einer Fläche Asphalt mit ein paar Punkten von Intensität"[51] könnte sich gleichermaßen auch auf ein riesiges Gemälde von Armando beziehen; sein in S,M,L,XL veröffentlichter Text Typical Plan zieht Parallelen zwischen den standardisierten Grundrissen der anonymen amerikanischen Hochhausarchitektur der Sechzigerjahre und zeitgleichen Bewegungen in der Kunst: „Das ist Zero-Architektur, Architektur, die alle Spuren einer Einzigartigkeit und Eigenheit abgestreift hat."[52]

Viel ist von Koolhaas' Hintergrund als Filmemacher die Rede gewesen, aber noch der wichtigste Beitrag zu betonen, der diesem Feld entstammt: das Szenario. Es organisiert bei Koolhaas nicht nur das Raumprogramm als Geschichte entlang einer Handlung, sondern macht das Gebäude selbst zum Bestandteil einer größeren Handlung. In Roman oder Film wächst entlang der Handlungen der Protagonisten eine mögliche, mythologische Ordnung der Realität – ohne die Realität selbst jemals zu berühren.[53] Das Bewusstsein dieser unwirklichen literarischen Ordnung kommt bei Koolhaas in seiner Vorliebe für Paradoxon und Oxymoron zum Ausdruck – beides Verbindungen zwischen scheinbar verschiedenen oder gar gegensätzlichen Phänomenen.

49 Hermans, Willem Frederick. Siehe Anm. 38.
50 Siehe Anm. 1.
51 Rem Koolhaas in einem unveröffentlichten Beitrag für die Architectural Association School of Architecture, London, 1969, zitiert nach Elia Zenghelis in einer Vorlesung an der Architectural Association School anlässlich des 150. Jubiläums der AA, London, 1996.
52 Koolhaas, Rem. „Typical Plan", siehe Anm. 1.
53 Hermans, Willem Frederik. „Een Nederlandse detectivefilm". Siehe Anm. 36.

Forschung

Der Eindruck, den Constant und die Situationisten auf Koolhaas gemacht haben, ist gefiltert von den Erfahrungen, die er vor seiner Zeit als Architekt gemacht hat. Zwar sind die formalen Ähnlichkeiten zwischen den Arbeiten von OMA und den Modellen und Zeichnungen für New Babylon frappierend: die kontinuierlich gefalteten Ebenen, der Gebrauch von Konstruktion zur Definition von Räumen, das Collagieren bestehender Stadtpläne zu neuen Stadtentwürfen; die skulpturale Qualität vieler Modelle von OMA, die handwerklichen Details, der Maßstab, die verwendeten Materialien; weiterhin die vielen von OMA nur für Fotografien erstellten Modelle, während diese bei Constant „sorgfältig so gebaut waren, dass sie den Sinn für das Vergängliche verstärken"[54]; und trotz des gemeinsamen Interesses für Megastädte, deren Entwicklung Constant bereits in den Sechzigerjahren vorhersah, ist festzuhalten, dass all diese Parallelen oberflächlicher Natur sind.

Diese Entsprechungen sind verschiedenen Zusammenhängen entnommen und basieren auf der unterschiedlichen Lesart ähnlicher Realitäten. Constants New Babylon ist ein idealistischer, künstlerischer Vorschlag für die Architektur einer zukünftigen Gesellschaft – gegründet auf der Interpretation und Hochrechnung von Aspekten der Gegenwart sowie den optimistischen Glauben an das Gute im Menschen. Sein übergeordnetes Ziel ist die Freisetzung individueller Kreativität – den impliziten Beweis für das Gute im Menschen –, die von der modernen Gesellschaft und einer Architektur der Charta von Athen unterdrückt wird. Constant war davon überzeugt, mit seinen Vorschlägen eine Veränderung zum Besseren bewirken zu können.

Koolhaas' Architektur besteht aus der Interpretation und Hochrechnung aktueller Tendenzen und beschäftigt sich statt guter Absichten und idealer Ordnungen sehr viel mehr mit den unterbewussten Kräften, die einer Entwicklung zugrunde liegen. Sein kritisches Handeln besteht darin, diese Kräfte auf die Tagesordnung zu stellen – wie ein Journalist es mit einem vergessenen Krieg oder der Aufdeckung eines politischen Skandals tut: reingehen, die Sache untersuchen und berichten. Diese Art der Forschung hat sich, mehr als die konkreten architektonischen Projekte, zu Koolhaas' wesentlichem Beitrag zum Architekturdiskurs entwickelt.

Mit Blick auf die vielen verdeckten und unkontrollierbaren Einflussgrößen – vielfach in den Bereich der Soziologie

54 Wigley, Mark. Siehe Anm. 6.

und Psychologie fallend – und auch einer gewissen Skepsis gegenüber seinen eigenen Motiven stellt Koolhaas fest, dass es sinnlos und unmöglich ist, die Zukunft vorhersagen oder kontrollieren zu wollen – was paradoxerweise exakt das Anliegen der Architektur ist. Der Wirklichkeit kann nur rückblickend eine mögliche Erklärung gegeben werden. Delirious New York ist ein retroaktives Manifest und seine Schlussfolgerung ein fiktionaler, literarischer Vorschlag; S,M,L,XL ist ein Roman, der mit einem Filmszenario endet und einem Postskriptum, der Bibliothek von Jussieu, die nie gebaut wurde.[55]

Constant 2

In der kurzen Einführung des Interviews in der Haagse Post porträtiert Koolhaas – mit einer so tödlichen Überdosis an irrelevanten Details, wie es für seinen damaligen Stil charakteristisch war – Constant als die vergnügte Karikatur eines prototypischen Künstlers, wie ihn die „Heertjes" zu hassen liebten. Wir erfahren, dass Constant eine „Ente" fährt (einen Citroën 2CV, das typische Attribut alternativen Lebensstils der Sechzigerjahre); dass er ein „enthusiastischer, dunkelhaariger, biertrinkender Gelehrter" sei, der mit seiner Frau und seiner Tochter eine Erdgeschosswohnung in einem kleinbürgerlichen Viertel von Amsterdam bewohnt; dass sie die Wohnung mit einem Deutschen Schäferhund mit Namen Hertha, einem großen haarigen Affen, der „unglücklicherweise lebensbedrohlich gefährlich geworden war", einigen Papageien und drei Katzen teilen; dass er in seiner Freizeit Harfe, Violine, Hackbrett, Balalaika und vor allem Gitarre spielt; dass es im Haus kein Fernsehen gibt; dass dieser „Sohn eines Staatsdieners, der gelegentlich Marx zitiert" eine Jesuitenschule besucht hat und glaubt, dass die Leute in New Babylon nicht auf Drogen abdrehen werden, „weil es bereits das Paradies selbst ist."[56]
Der Stil des Porträts ist ähnlich dem, wie er von Koolhaas' früherem Kampfgefährten, dem Kameramann Frans Bromet, in seinen Aufnahmen für den Sender VPRO verwendet werden sollte: Die Kamera zeigt nicht den Kopf, sondern unsinnige Handbewegungen oder lächerliche Details der Inneneinrichtung, um so die Autorität des Sprechenden vollständig zu unterminieren. Dies impliziert, dass Koolhaas Constant eindeutig als eine solche Autorität betrachtet hat. Koolhaas Einführung in der Haagse Post enthält als einzig bemerkenswerte Information den Hinweis, wonach Constant das riesige Modell für einen Film verwenden möchte, da dies „ihm zufolge, der ideale Weg ist, um der Realität von New Babylon nahe zu kommen."[57]

55 Koolhaas, Rem. Siehe Anm. 8 und Anm. 40.

56 Siehe Anm. 3.
57 Idem.

58 Koolhaas, Rem. „Exodus". Siehe Anm. 1;
„Superstudio Gli Dodici Città Ideali". Casabella,
Januar 1972.

59 Koolhaas, Rem. Generic City, siehe Anm. 1.
60 Siehe Anm. 6.
61 Siehe Anm. 6.

Das eigentliche Interview beginnt mit zynischen Fragen:
„Was wäre der Zweck einer Welt, in der jedermann spielen
und kreativ sein kann, wenn die Leute dies gar nicht
wollten?" und: „Wir können uns vorstellen, dass, wenn man
überall hingehen kann und darf, es auf lange Sicht keine
Herausforderung mehr darstellt, sich überhaupt noch zu
bewegen. Insbesondere wenn die Unterschiede in der Natur
verschwinden. Wäre Reisen dann nicht so sinnlos, dass
niemand mehr den Antrieb dazu hätte?" In diesem Sinne lässt
das Interview die Kritik an der radikalen Architektur der
Sechzigerjahre erahnen, die Koolhaas in seinem Abschluss-
projekt Exodus an der AA formulieren sollte. Tatsächlich lässt
sich Exodus eher als Kritik an New Babylon als an Archigram
lesen: London ist von einer Megastruktur in eine Sequenz von
Sektoren mit unterschiedlichen künstlichen „Atmosphären"
unterteilt, in denen „Happenings" stattfinden können.
Exodus ist in einer literarischen Handlung gefangen, die sich
selbst, wie auch die Erwartungen und Schlussfolgerungen
des Lesers in Frage stellt und auf diesem Wege sowohl
W. F. Hermans als auch Superstudios' The Twelve Ideal Cities
Tribut zollt.[58]

Doch das Interview erfährt eine Wendung. Im Verlauf
des Gesprächs gelingt es Constant, die sarkastischen Fragen
auf brillante Weise umzudrehen: New Babylon, erläutert er,
ist nicht dazu da, die Welt zu verändern, sondern ist das
Ergebnis einer gegebenen Entwicklung der Welt und ihrer
Lebensstile. Im Verlauf des Interviews wird New Babylon so
von einem utopischen Projekt zu einer realen Zwangsläufig-
keit, die kommen wird – mit oder ohne Architekt. New Babylon
scheint plötzlich deckungsgleich mit dem Konzept der
Akzeptanz und Intensivierung von Realität, wie es Armando
in seinem Manifest postuliert hatte. Und nahe dem, was
Koolhaas 30 Jahre später über die „Generic City" schreiben
sollte: Es ist „Soziologie, die passiert."[59]

Und nun, Film zurück

Koolhaas' Generic City ist auch lesbar als ein Remake –
um in der Terminologie des Kinos zu bleiben – der 1967
erstmals veröffentlichten Gesellschaft des Spektakels von
Constants Weggefährten Guy Debord.[60] Selbst die Art der
Nummerierung von Aphorismen und Textstücken ist ähnlich.
Was völlig fehlt, ist Debords moralistische Interpretation
und Kritik. Guy Debord hat 1973 auf Grundlage des Textes
einen gleichnamigen Film gedreht. Koolhaas fordert uns
am Ende von Generic City auf, sich „einen Hollywood-Film
über die Bibel vorzustellen".[61] Wie in einem Drehbuchentwurf

zeichnet er für eine Stadt im Heiligen Land eine überdrehte und chaotische Marktszene, überladen mit Einzelheiten („Haarteile triefend vor Klebstoff") und einem Lokalkolorit, das als Metapher für Debords Film verstanden werden kann. Die Moral von Generic City ist, wie bei vielen Hollywood-Remakes europäischer Filme, deutlich verschieden von der des „Originals". Zum Schluss bittet uns Koolhaas, den Ton auszuschalten und den Film zurückzuspulen: „Die jetzt stummen, aber sichtbar erregten Männer und Frauen stolpern rückwärts; der Zuschauer sieht nicht länger nur Menschen, sondern beginnt die Räume zwischen ihnen wahrzunehmen. Die Mitte leert sich; die letzten Schatten räumen das Rechteck des Bildrahmens, vermutlich unter Beschwerden, doch glücklicherweise hören wir sie nicht. Die Stille wird nun von der Leere verstärkt: das Bild zeigt verlassene Buden, auf dem Boden zertrampelter Unrat. Erleichterung ... es ist vorbei. Dies ist die Geschichte der Stadt. Die Stadt besteht nicht mehr. Wir können das Theater jetzt verlassen ..."[62]

Dies ist nicht länger ein Hollywoodfilm über die Stadt aus der Sicht von Debord, sondern ein Hollywoodfilm über die Stadt aus der Sicht eines zeitgenössischen Alexis de Tocqueville. Hat uns Tocqueville in Über die Demokratie in Amerika nicht aufgefordert, „die andere Seite" einer von ihm als mittelmäßig beschriebenen amerikanischen Literatur zu betrachten? Einer Literatur, deren Autoren „aus der Brust der heterogenen und agitierten Masse" entspringen? Und legte er nicht dar, dass, wenn sich die Römer besser mit den Naturgesetzten vertraut gemacht hätten, sie keine monumentalen Städte gebaut hätten? „Völker, die nicht mehr als ein paar bleierne Rohre in der Erde und ein paar eiserne Stangen auf ihrer Oberfläche zurücklassen, sind möglicherweise eher die Herren der Natur als die Römer", formuliert er zur Verteidigung der amerikanischen Architektur.[63] Die Generic City wird den Archäologen praktisch nichts zurücklassen. Koolhaas warnt uns bereits im ersten Kapitel: „Sie ist oberflächlich wie ein Hollywoodstudio. Sie produziert jeden Montagmorgen eine neue Identität."[64] In der Generic City ist Debords Gesellschaft des Spektakels ebenso Realität geworden (und niemand hat sich beschwert) wie Constants New Babylon. Einzig mit dem Unterschied, dass die künstlich erzeugten Umwelten und kollektive Kreativität einen kommerziellen Junkspace (TM) erzeugt haben und seine räumliche Qualität irgendwo auf der Strecke geblieben ist. Es muss der Null-Punkt des Urbanismus sein: „Nietzsche verliert gegen Soziologie 1. Semester."[65]

62 Idem.

63 De Tocqueville, Alexis. „Literary Characteristics of Democratic Times and Why the Americans Raise Some Insignificant Monuments and Others That Are Very Grand". In Democracy in America, Volume 2, übersetzt von Henry Reeve. New York: Vintage Books, 1990.

64 Siehe Anm. 6.

65 Idem.

REALITY BYTES

DIE BEDEUTUNG VON FORSCHUNG IN DER ZWEITEN MODERNE

Reality Bytes

Die Bedeutung von Forschung in der Zweiten Moderne

Wahrscheinlich haben sich in der Architekturgeschichte immer Perioden, in denen die autonomen Regeln der Disziplin gesucht, konsolidiert und verfeinert werden, mit solchen Perioden abgewechselt, in denen Regeln zur Diskussion gestellt werden angesichts von Veränderungen außerhalb des Fachs: gesellschaftlichen, ökonomischen, technologischen und kulturellen Veränderungen. Allerdings ist der Architekt selbst auch Teil der gesellschaftlichen Konstellation. Darum kann mit gleichem Recht behauptet werden, dass die Veränderungen aus dem tiefsten Innern des Fachs kommen: daraus, wie der Beruf des Architekten organisiert ist, aus der Rolle, die ihm von der Gesellschaft zugeteilt wird, wie deutlich sie definiert ist und wie hoch das Maß an Mitsprache ist, das ihm zugestanden wird.

Zweite Moderne

Es gibt Anzeichen dafür, dass auch heute die Architektur unter Druck steht und die Rolle des Architekten im Begriff ist, sich zu verändern. Die Sozialstruktur steht im Zeichen neuer Umwälzungen nach der Industriellen Revolution und man spricht bereits von einer Zweiten Moderne. Wie der erste Modernisierungsschub der Industriellen Revolution gehen auch jetzt technologische Innovationen und gesellschaftliche Veränderungen Hand in Hand. Sie sind so eng miteinander verwoben, dass es schwer ist zu sagen, was zuerst war. Es ist auch längst nicht sicher, worauf diese zweite Modernisierung hinauslaufen wird. Wir befinden uns mittendrin. Gerade darum ist es dringend nötig, einige Einzelaspekte dieser Modernisierung zu erforschen, Hypothesen zu formulieren und sie zu testen. Architektur und Städtebau bilden, global gesehen, eine Art Abguss des Sozialen. Das meint auch Rem Koolhaas, wenn er schreibt: „The Generic City is sociology happening."[1]

Die Relation zwischen der Gesellschaft, Architektur und dem Städtebau ist freilich komplex und nicht so eindeutig und direkt, wie wir es gerne hätten. Sicher ist auch, dass sich das Leben heute zu einem erheblichen Teil in Gebäuden abspielt, die in ferner oder jüngerer Vergangenheit errichtet und für ein anderes Zusammenleben erdacht waren. Aber auch die Spannungen und Reibungen zwischen beispielsweise dem ursprünglichen Programm für ein Gebäude oder eine Stadt und den aktuellen Anforderungen bieten immer einen

1   Koolhaas, Rem. „The Generic City". In S, M, L, XL, von Rem Koolhaas und Bruce Mau, Jennifer Sigler (Hrsg.). Rotterdam: 010 Publishers, 1995.

2 Boeri, Stefano, Arturo Lanzani, Edoardo Marini und AIM (Mailand). *Il territorio che cambia, ambienti, paesaggi e immagini della regione milanese.* Mailand: Abitare Segesta, 1993.

3 „Domaine de l'Esprit Nouveau". *Esprit Nouveau,* Nr. 1, Oktober 1920.

4 Le Corbusier. *L'Art décoratif d'aujourd'hui.* Paris: Éditions Crès, 1925.

Ausgangspunkt für neue Entwürfe. Jeder Entwurf ist eine Hypothese, die verifiziert oder falsifiziert werden kann und der ausführliche Voruntersuchungen und Feldarbeit vorangegangen sein müssen. Das stets schnellere und in manchen Teilen der Welt geradezu explosive Wachstum der Städte zwingt uns, genau über unseren Ausgangspunkt nachzudenken. Mit einem Anteil von mehr als 70 Prozent nach dem Zweiten Weltkrieg erstellter Bauten sind die Niederlande sicher eine Ausnahme in Europa, aber diese Zahl verblasst im Vergleich zu Asien, Afrika und Südamerika. Einfach so weiterbauen nach bewährtem Muster, mit kleineren oder größeren Ad-hoc-Anpassungen in der Typologie und in der städtischen Struktur, ist allein keine Garantie mehr für Erfolg. Das beweist die Friedrichstraße in Berlin, hinter deren Fassaden und teils unterirdisch sich ein Netz von Shoppingmalls verbirgt, das mit der historischen Struktur der Stadt nichts zu tun hat. Das beweist auch die Untersuchung von Stefano Boeri über die Mailänder Region, in der er die Methoden der morphologischen und typologischen Untersuchung an ihre Grenzen führt.[2]

Esprit Nouveau

Forschung spielte auch in der ersten Phase der Moderne eine wichtige Rolle. Denken wir zum Beispiel an die gigantische Unternehmung, die Le Corbusier mit Esprit Nouveau im Sinn hatte. „Gemäß dem Geist dieser Zeitschrift wird wissenschaftliche Forschung mit Beifall begrüßt", steht als Programm dieser Zeitschrift in der ersten Nummer zu lesen.[3] Obwohl es weitergeht mit einem manifestartigen Bekenntnis zum Glauben an eine experimentelle Ästhetik, vergleichbar mit der experimentellen Psychologie, war das Programm von Esprit Nouveau um vieles breiter angelegt und umfasste auch Beiträge über Entwürfe anderer. Le Corbusier selbst schrieb in L'Art Décoratif d'Aujourd'hui: „Die großartige Entwicklung des Buches und des Buchdrucks und die präzise Auszeichnung der ganzen letzten archäologischen Phase haben uns überfüttert und geblendet. Wir befinden uns in einer völlig neuen Situation: Alles ist uns bekannt."[4] Das gesamte damals bekannte Wissen musste auch eingesetzt werden für die Erneuerung der bildenden Kunst, des Designs, der Architektur, des Städtebaus. Das ging über das Zeigen der Fotos von Autos, Flugzeugen und Ozeandampfern, mit denen Le Corbusier in Vers une architecture seinen Zeitgenossen den Schlaf aus den Augen reiben wollte, weit hinaus. Dazu gehörte eine Vision der Geschichte, inspiriert von der Evolutionstheorie, wie sie im naturhistorischen Museum präsentiert wird; eine politische und ökonomische

5 Le Corbusier, *Urbanisme*. Paris: Éditions Crès, 1924.
6 Siehe Lootsma, Bart. „Kunst onder de vleugels van de architectuur, Le Corbusier en de Synthese des Arts". *ARCHIS*, Nr. 11, 1987.

Vision, gegründet auf den Siegeszug der Industrie; dazu gehörten Statistiken über das städtische Leben, dem er in Urbanisme ein ganzes Kapitel widmete: „Die Statistik zeigt uns die Vergangenheit und eröffnet uns den Blick auf die Zukunft; sie versorgt uns mit den nötigen Zahlen und ermöglicht die Deutung unserer mathematischen Kurven. Die Statistik hilft uns, das Problem zu formulieren."[5]

Und all diese Voruntersuchungen zusammen mündeten in eine Hypothese, die 1925 in dem temporären Pavillon de l'Esprit Nouveau auf der „Exposition Internationale des Arts Décoratifs" in Paris Gestalt annahm. Hier kamen alle Teilgebiete – Kunst, Design, Architektur und Städtebau – in einer vorläufigen Synthese zusammen. Die vorläufige, fragmentarische Synthese war kein neues *Gesamtkunstwerk*, auch noch keine *„synthèse des arts"*, wenn es hochkommt eine *„synthèse de pensée"*, wie Le Corbusier in den Dreißigerjahren einräumte.[6] Es war eine Synthese, die noch reifen musste und die oft etwas voreilig „Manifest" genannt wurde. Manifest war eigentlich vor allem der Glaube an Forschung.

Statistische Untersuchung spielte eine wichtige Rolle im Gutachten für den Allgemeinen Erweiterungsplan für Amsterdam von 1935, an dem der Stadtplaner C. Van Eesteren und der Empiriker Th. K. van Lohuizen intensiv zusammenarbeiteten. „Van Eesteren war 1927 zu der Einsicht gelangt, dass sich neue Regeln für den Städtebau nur finden ließen, indem man sorgfältig erkundet, welche Gegebenheiten entscheidend sind für das Fortbestehen von Siedlungen", schreibt Vincent van Rossem. „Auf den äußerst funktionalen und zugleich ästhetisch sehr befriedigenden Charakter alter Siedlungen und Kulturlandschaften hinweisend, folgerte er [in einer Vorlesung in Berlin 1928, B. L.], dass die Menschen bei der Ausstattung und Gestaltung ihrer Umgebung intuitiv handelten (…). Van Eesteren hielt es durchaus für möglich, das Chaos der modernen Stadt zu beherrschen, ohne das städtische Leben unmöglich zu machen. Dies war aber nur unter der Bedingung möglich, dass man bereit war, alle obsolet gewordenen Entwurfstheorien und die damit zusammenhängenden ästhetischen Vorurteile beiseitezuschieben. Der Stadtplaner wird also gezwungen, wieder ganz von vorn anzufangen, genauso wie diejenigen, die vor langer Zeit, bei der Schaffung der ersten Kulturlandschaften mit ihren Siedlungen fundamentale städtebauliche Arbeit geleistet hatten. (…) Van Eesteren kreierte keinen ‚modernen' Stil, sondern versuchte lediglich, systematisch die kleinste Spur ästhetischer Voreingenommenheit

7   Van Rossem, Vincent. „Introduction". In *Het idee van de functionele stad: een lezing met lichtbeelden 1928. The idea of the functional city: a lecture with slides 1928*, von Cornelis van Eesteren und Vincent van Rossem. Rotterdam: NAi, 1997.

8   Van Lohuizen, Theodoor Karel. „De eenheid van het stedebouwkundig werk". Antrittsrede, TU Delft, Rotterdam, 11. Februar, 1948.

auszuschließen. Er präsentierte [in seiner Vorlesung in Berlin, B. L.] Elemente der modernen Welt, die, allen architektonischen und städtebaulichen Normen folgend, absolut formlos sind, nicht um sie dann doch – pour épater le bourgeois – sehr schön zu nennen, sondern weil sie notwendig sind. Er vermittelte ein Bild der modernen Stadt als städtebauliches Debakel, als Chaos, aber gleichzeitig, so Van Eesteren, gab es keinen Grund anzunehmen, dass moderne Elemente wie Eisenbahn, Industriegebiete und Freizeiteinrichtungen für einen befriedigenden Städtebau weniger Möglichkeiten bieten sollten als Polderdeiche, Windmühlen und Kanäle."[7]

Integraler Bestandteil des Werks von Van Eesteren und Van Lohuizen ist die wissenschaftliche Analyse bestehender Städte, die mit dem Druck der Modernität konfrontiert werden. Die Analyse und die Norm, die daraus resultierte, konnten eingesetzt werden für den Entwurf völlig neuer Städte oder jedenfalls großer Stadterweiterungen oder im Rahmen von Anpassungen bestehender Städte. Van Lohuizen knüpfte große Erwartungen an diese Untersuchungen und die Normen, die von ihnen abgeleitet werden könnten. Er glaubte, dass diese Normen „die Einheit der Stadtplanung" befördern könnten, wobei freilich einige Fachleute hinzugezogen wurden. „Eine Reihe von Fragen kommt auf und weist die Richtung für die sozial-ökonomische und demografische Untersuchung. Gleichzeitig beginnt die Untersuchung Richtlinien zu liefern: Mal bestätigt sie die Richtigkeit einer intuitiv gefundenen Idee, mal zeigt sie ihre Unhaltbarkeit oder bringt eine Modifikation, dank der sie sich besser an die tatsächliche Situation anpasst, mal offenbart sie ganz neue Möglichkeiten. In jedem Fall ermöglicht sie präzise Vorstellungen von dem benötigten Umfang des Plans und zeigt die erwünschten Flächenverhältnisse und die konkreten Abmessungen, die der Entwurf, der schließlich gänzlich in Maß und Zahl festgelegt wird, benötigt. So gibt es eine fortwährende Wechselwirkung zwischen Intuition und Wissen, ein zunehmendes Vertiefen der Einsicht und damit ein Reifen der Form des Entwurfs. Es ist ein fortwährend die Relation umkehrendes Spiel zwischen der Widerspiegelung des Wahrgenommenen und dem Kreationsvermögen des Künstlers. Und so wird am Ende aus der Mannigfaltigkeit der Fakten und Umstände, die den Entwurf bestimmen, die Synthese gewonnen, in der alle ästhetischen, technischen, sozial-ökonomischen und psychologischen Faktoren in einem innerlich und äußerlich harmonisch geformten Organismus Gestalt bekommen haben."[8]

Der Einfluss von Van Lohuizen und Van Eesteren kann – zumindest für den niederländischen Städtebau – gar nicht überschätzt werden. 1948 wurden sie gleichzeitig Hochschullehrer in Delft, Van Lohuizen als städtebaulicher Sozialforscher und Van Eesteren als Städtebauer. Nicht wenige Planer und Architekten stürzten sich auf die Untersuchung. Wie improvisiert und unbefangen die Forschungsmethoden waren, die in den Dreißigerjahren entwickelt wurden, zeigt die Methode, die eine Gruppe Rotterdamer Architekten entwickelte, um Zugriff zu bekommen auf das Freizeitverhalten, um einer traditionell kunstmäßigen Aufgabe wie dem Entwerfen von Parks einen neuen Inhalt zu geben. „1935 beschloss der ‚Opbouw', das Freizeitproblem der Stadt Rotterdam zu studieren. Im Lauf von zwei Jahren wurden Wanderungen durch die Stadt unternommen, um die Erholungsneigungen der Rotterdamer Bevölkerung auf Fotos festzuhalten. Wertvolles Material wurde gesammelt, aus dem die Freizeitbedürfnisse, nach Altersstufen geordnet, abgeleitet wurden. Daraufhin wurden die minimalen Abstände für die Erholungsgebiete der einzelnen Altersgruppen und die Benutzungsintensität dieser Terrains untersucht. Die Bevölkerung wurde unterteilt in Altersgruppen, und dann wurden Normen aufgestellt für die Fläche, die man für die verschiedenen Arten von Erholungsgebieten benötigt, per Kopf der Bevölkerung. Die gewonnenen Befunde wurden dann für einen ‚Ideenplan' ausgearbeitet, in dem schematisch die Einrichtungen, die für Rotterdam für notwendig gehalten wurden, unterteilt nach Nachbarschafts-, Viertel- und Stadtparks angegeben werden. Schließlich wurden drei Realisierungspläne aufgestellt, für die drei verschiedene Typen Park, zur Verdeutlichung des Ideenplans."[9] Die Methode von Opbouw wurde vorgestellt auf den CIAM-Kongressen von La Sarraz 1936 und von Paris 1937.

Institutionalisierung

Van Rossem schreibt über Van Eesteren, ohne dass er ihn nennt und explizit auf ihn eingeht, eigentlich als einen Vorläufer von Rem Koolhaas und OMA. Und mir scheint, dass darin viel Wahrheit steckt: Das Vermeidenwollen jeglicher Voreingenommenheit und vor allem eines Stils, die Umarmung der Modernität und eine Plangestaltung, die vor allem im Übereinanderlegen verschiedener Planlagen besteht. Und doch ist es – wie verführerisch es auch sein mag – zu einfach und sogar gefährlich, diese Verbindung so direkt zu ziehen. Der Unterschied liegt darin, dass Rem Koolhaas und OMA in einer Situation zu arbeiten begannen, als die Normen, die Van Eesteren und seine Nachfolger formuliert

9   Van Gelderen, Wim. *De 8 en Opbouw*, August 1939, zitiert von Louwerse, David. „De Wederopbouw en de vormgeving van het stedelijk groen". In *Nederlandse Landschapsarchitectuur: tussen traditie en experiment*, Gerrit Smienk (Hrsg.). Amsterdam: Thoth, 1993.

hatten, mittlerweile institutionalisiert waren. Damit meine ich nicht nur realisiert, in zahllosen modernen Wohnvierteln, Städten und Landschaften, sondern auch, dass die Normen zu Gesetzen erstarrt waren, die Architektur und Städtebau, vom Platz des Zählerkastens bis zur Art und Anzahl bestimmter Wohnungsarten – überwiegend Familienwohnungen, Freizeiteinrichtungen, Bausysteme, Besonnung etc. – derart festlegten, dass jeder Entwurf sich danach richten musste, und dass sich die Gesellschaft mittlerweile drastisch verändert hatte.

Bewunderung und Kritik für die Tradition von Van Eesteren und Van Lohuizen kommen zum Ausdruck in der Auseinandersetzung Rem Koolhaas' mit dem Bijlmermeer – zuerst im Rahmen eines Entwurfsprojektes mit Studierenden an der TU Delft und später (1986/87) im Zusammenhang mit dem Auftrag für einen Entwurf, der geeignet sein sollte, das Viertel vor dem Untergang zu bewahren. Gebaut in den Siebzigerjahren als die letzte großmaßstäbliche modernistische Stadterweiterung von Amsterdam, war das Bijlmermeer zu einem angsteinjagenden Ghetto heruntergekommen. Das Problem lag OMA zufolge nicht so sehr in dem, was sichtbar war: den modernistischen Wohnungen in wabenförmiger Anordnung, sondern in dem fast völligen Fehlen von Einrichtungen für das neue gemeinschaftliche, soziale, kommerzielle und kulturelle Leben. Art und Menge solcher Einrichtungen waren bestimmt durch die Untersuchungsergebnisse aus den Dreißigerjahren, während sich das Freizeitverhalten in den letzten Jahrzehnten radikal gewandelt hatte. „Aus diesen Gründen ist das wesentliche Problem des Bijlmer die Homogenität der Bodenoberfläche: Noch nie in der Geschichte hat man versucht, eine städtische Bevölkerung von 50 000 Menschen [und mehr, B. L.] mit einem städtischen Leben zu beglücken, das besteht aus eingehakt Spazierengehen, Füßebaden, Angeln, Spielemachen etc.; mit anderen Worten, aus nichts als unschuldigen Aktivitäten. Folgerung: Das Spektrum von Urbanität, das Bijlmer bietet, bestimmt durch die Form der Bodenoberfläche, ist zu begrenzt. Es hat keinen Kontakt zur zeitgenössischen Kultur, der Konsumgesellschaft („Culture of Congestion") und ist bezüglich der momentanen charakteristischen Vielfalt schlicht ein Anachronismus. Für ein lebendiges Bijlmer ist es unverzichtbar, dass dieses Spektrum erweitert wird."[10]

Erste und Zweite Moderne

In den letzten zwei Jahrzehnten hat sich das soziale Leben durch Einflüsse von außen und innen drastisch verändert.

10 Office for Metropolitan Architecture. *Studie Herinrichting Bijlmer.* 1987.

Die Folgen der Globalisierung und die Individualisierung treten in vollem Umfang zutage. Nicht mehr nur in den großen Städten, sondern unter Einfluss der internationalen Mediennetze und der stark gestiegenen individuellen Mobilität buchstäblich überall. Die Stadt ist nicht mehr synonym mit der räumlichen Manifestation einer Gemeinschaft mit einer deutlichen – vorzugsweise hierarchischen – Struktur.

Das beinhaltet auch, dass aus der morphologischen Struktur einer Stadt nicht mehr ohne weiteres auf die Struktur der Gesellschaft zu schließen ist. Die Stadt ist nicht so sehr eine Aufzählung von immer demselben. Das Wort *Stadt* möchte ich hier im weiteren Sinn von „verstädtertem Gebiet" verwenden. Eine Anzahl von kleineren und größeren Gemeinschaften finden in diesem ausgedehnten, beinahe unbegrenzten Gebiet in stets wechselnden Kombinationen nebeneinander und vermischt Platz, wobei die Gemeinschaften nicht länger bestimmt werden durch ihre fortdauernde räumliche Nähe in einem begrenzten Territorium. Gemeinschaften werden in zunehmendem Maß gebildet durch eine aktive, bewusste Wahl und eine Nähe gemessen in Zeiträumen. Das führt weiter als die unausgereiften und vagen Andeutungen von etwas, das man „multikulturelle Gesellschaft" nennt und, wie wohlwollend auch immer formuliert, doch immer die „Invasion" von Fremden, von Ausländern meint.

11 Geuze, Adriaan und Onze Flat. *Jaarverslag stimuleringsfonds voor architectuur 1994.* Rotterdam, 1995.

12 Siehe Lootsma, Bart. „Designing for the New Communities". In Adriaan Geuze, West 8: *Landscape Architecture,* von Bart Lootsma und Inge Breugern. Rotterdam: 010 Publishers, 1995; Geuze, Adriaan. „Accelerating Darwin". In Gerrit Smienk, siehe Anm. 9; Geuze, Adriaan. „Wildernis". In *De Alexanderpolder, waar de stad verder gaat.* Anne-Mie Devolder (Hrsg.). Bussum: Thoth, 1993; Lerup, Lars. „Stim and Dross: Rethinking the Metropolis". *Assemblage,* Nr. 25, 1994.

Adriaan Geuze hat in einem Text über die Einwohnergeschichte der Maaskantflat in Rotterdam gezeigt, dass enorme Unterschiede in Homogenität und Gemeinschaftsgefühl bestehen zwischen den ursprünglichen Bewohnern und denjenigen, die in den vergangenen Jahren in die freigewordenen Apartments gezogen sind. Dabei handelt es sich im Allgemeinen nicht um Menschen aus anderen Ländern, sondern um meist jüngere Menschen mit einer individualistischeren Lebensweise.[11] Allseits individuell zugängliche Kommunikationsmedien und die stark gestiegene individuelle Mobilität spielen eine zentrale Rolle in der Ausprägung neuer und ganz und gar nicht nur zeitweiliger Gemeinschaften wie Adriaan Geuze und Lars Lerup deutlich gemacht haben.[12]

Soziologen wie Ulrich Beck und Anthony Giddens sehen die Individualisierung als eine unvermeidliche und notwendige

13 Beck, Ulrich. „The Reinvention of Politics: Towards a Theory of Reflexive Modernization". In *Reflexive Modernization: Politics, Tradition and Aesthetics in the Modern Social Order*, von Ulrich Beck, Anthony Giddens und Scott Lash. Cambridge (UK): Polity, 1994.

Zwischenphase auf dem Weg zu neuen sozialen Lebensformen. Bestand in der klassischen industriellen Gesellschaft ein direkter Zusammenhang zwischen Klasse, Familie, Geschlechterrollen, Arbeitsteilung zwischen Männern und Frauen, familiären und architektonischen Typologien, haben nun viel mehr Menschen die Möglichkeit, die Standard-biografie zu ersetzen durch eine selbstgewählte: eine *do it yourself biography* (Ronald Hitzler) oder wie Giddens sagt, eine *reflexive Biografie*. Ulrich Beck zufolge bedeutet Individualisierung denn auch den Ersatz der für die Industrie-gesellschaft typischen Lebensformen durch neue Lebensformen, in denen der Einzelne seine Biografie selbst hervorbringen und zusammensetzen muss.[13] Das reflexive Element besteht in diesem Fall vor allem in der Konfrontation und Auseinandersetzung mit anderen. Das spielt selbst-verständlich eine immer zentralere Rolle in dem Maße, wie das soziale Leben sich gleichzeitig verdichtet.

All dies stellt unsere Vorstellung von Kultur im weitesten Sinn auf den Kopf, besonders wenn es um die Aspekte von Kultur geht, die im öffentlichen Raum zum Tragen kommen und der Öffentlichkeit ihre Legitimation verdanken, wie Architektur und bildende Kunst. Architektur vermittelt traditionell zwischen den individuellen Wünschen eines Auftraggebers und den allgemeinen Belangen. Bildende Kunst im öffentlichen Raum produziert traditionell Symbole, in denen sich die Gesellschaft insgesamt wiedererkennen können soll. Ist diese Äußerung auch noch so individuell, ist sie doch legitimiert dank der besonderen Position des Künstlers. Architektur und Kunst werden stets legitimiert aufgrund eines sich ständig verändernden Diskurses über „die Kunst" und „die Architektur", die von oben herab ausgelegt wird als möglicher Teil „der Kultur". Heute empfängt jeder zu Hause 20 bis 30 Fernsehsender, und es gibt mindestens schon genauso viele Subkulturen. Jede dieser Kulturen sucht ihr eigenes Programm oder stellt den eigenen Mix aus verschiedenen Programmen zusammen. Jede dieser Kulturen horcht auf ihren eigenen Musik-Mix und kleidet sich mit einem Mix aus Kleidungsstücken, die einzeln und gemeinsam eine Geschichte über die Stellung ihres Trägers im Leben erzählen. Dasselbe gilt für Autos, die gekauft werden – häufig noch mit signifikanten Accessoires maßgeschneidert –, sowie für die Interieurs, für die Gärten und Wohnungen.

Roemer van Toorn charakterisiert diese neue Gesellschaft als die Gesellschaft des Und (The Society of the And), im Gegensatz zur Gesellschaft des Entweder/Oder (The Society of

14 Van Toorn, Roemer. „The Society of the And, Constructing Progressive Reflexivity in the And". Unveröffentlichtes Manuskript, 1998.

15 Koolhaas, Rem. „Berlin Wall". Siehe Anm. 1.
16 Koolhaas, Rem. „Exodus, or the Voluntary Prisoners of Architecture". Siehe Anm. 1.
17 Koolhaas, Rem. Delirious New York: A Retrospective Manifesto of Manhattan. London: Academy Editions, 1978.

the Either/Or): „Das Denken in Gut und Böse legitimiert nicht mehr unseren Zivilisationsprozess. Entweder/Oder-Kategorien wie Ost/West oder Links/Rechts sind zerfallen. Nach dem Kalten Krieg ist der Westen in eine Siegeskrise geraten, weshalb was ein sozialer Möglichkeitssinn sein könnte, völlig neu auf die Tagesordnung gesetzt werden muss. Früher waren Abgrenzung, Spezialisierung, Transparenz und Berechenbarkeit die dominanten Kriterien, nun reden wir über die Qualität von Simultaneität, multikultureller Gesellschaft, Unsicherheit, Verfremdung, Chaos, Theorien, Netzwerken, Knotenpunkte, Interaktion, hybrider Ambivalenz, Paradoxien, Schizophrenie, den verflüssigbaren Raum, Cyborgs und immer so weiter."[14] The Society of the And ist ein großes Rhizom, bestimmt durch endlose libidinöse Koppelungen, die mit technologischen Mitteln hergestellt werden.

Rem Koolhaas

Im Werk von Rem Koolhaas ist das Umschlagen von der Either/Or Society zur Society of the And sehr gut ablesbar. Anfänglich, in den Siebzigerjahren, galt Koolhaas' Interesse vor allem den „Either/Or"-Bedingungen, wie der Berliner Mauer, doch entdeckte er schnell das Problematische daran. „Die Berliner Mauer demonstrierte auf überaus graphische Weise die Macht der Architektur und einige ihrer unerfreulichen Konsequenzen. Waren nicht Teilung, Einschließung (d. h. Einkerkerung) und Ausschluss – die ja den Zweck der Mauer ausmachten und ihre Effizienz erklärten – die zentralen Strategeme jeder Architektur? Im Vergleich dazu erschienen die Träume von einem befreienden Potential der Architektur, denen auch ich als Student in den 60er Jahren lange anhing, wie ein schwächliches rhetorisches Spiel. Sie lösten sich schon bald in Dunst auf."[15]

In dem polemischen Projekt Exodus, or the Voluntary Prisoners of Architecture rechnete Koolhaas denn auch schonungslos ab mit der Architektur der Sechzigerjahre. Es handelte sich um einen Streifen quer durch London, bewohnt von „freiwilligen Gefangenen", die in einer paradoxen, ekstatischen Freiheit lebten, wie sie auch in den Projekten von Archigram zum Ausdruck kommt.[16] Dann zog Koolhaas nach New York, um ein „retroaktives Manifest" für diese Weltstadt zu verfassen, die von der Architekten-Profession zu jener Zeit nicht ernst genommen wurde. Delirious New York wurde geschrieben als eine „Blaupause" für eine Kultur der Dichte (Culture of Congestion).[17]

Es war das erste Buch, das Zugriff zu bekommen versuchte auf eine Kultur, die bestimmt wird durch die Konsumgesellschaft, Technologie, Verdichtung und chronische Instabilität, mit anderen Worten, durch all das, was gegenwärtig als die Wesensmerkmale der Zweiten Moderne angesehen wird. Koolhaas' New York ist beinahe das Symbol für die Society of the And: Fahrstühle, Verkehr, die unterirdischen Leitungen und Schnellbahnen – bei Koolhaas das Unter- bewusstsein der Stadt – generieren eine Situation, in der sich neue Verhaltensformen bilden können wie das berühmte „nackt Austern essen mit Boxhandschuhen auf der n-ten Etage".

Und genauso wie Le Corbusiers Untersuchung in Esprit Nouveau in eine mit Architektur formulierte Hypothese mündete, beschloss auch Koolhaas sein Buch mit einer Reihe von architektonischen Hypothesen, Modellen, die später in anderen Situationen angewendet werden sollten und reifen mussten: The City of the Captive Globe, Hotel Sphinx, New Welfare Island, Welfare Palace Hotel und The Story of the Pool. Die Entwürfe für den Parc de La Villette und die Weltausstellung in Paris 1982 und 1983 waren die ersten Gelegenheiten für Koolhaas und OMA, diese Hypothese auf eine konkrete Auftragssituation außerhalb New Yorks anzuwenden. In der Praxis von OMA war Forschung jahrelang untrennbar verbunden mit Entwerfen. „Wenn es in unserer Arbeit eine Methode gibt, dann ist es die einer systematischen Idealisierung, einer spontanen Überschätzung des Vorhandenen, einer theoretischen Bombardierung, in der mit den retroaktiven konzeptionellen und ideologischen Vorstößen sogar noch das Mittelmäßige erfasst wird," schreibt Koolhaas 1985.[18]

Die Arbeit von OMA kann weitgehend als „entwerfende Forschung" oder „forschendes Entwerfen" angesehen werden. Dabei werden bei jedem Entwurf die Randbedingungen – Verordnungen, Gesetze, Programme – präzise kartiert, um die äußersten Grenzen dessen, was möglich ist, zu erforschen. Innerhalb dieser Grenzen wird dann ein Entwurf angefertigt, der sowohl spezifisch ist innerhalb des Kontextes, als auch innerhalb der Grenzen des Möglichen eine neue Typologie einführt. Das konkrete Resultat dieser Untersuchung besteht teils aus realisierten Projekten, vor allem aber aus einer Reihe architektonischer Konzepte und neuen Typologien, die entweder von OMA selbst oder von anderen in die Praxis eingeführt worden sind, als wichtigstes Beispiel das große Gebäude als gefaltete und gestapelte Fortsetzung der Landschaft.

18 Koolhaas, Rem. „Die erschreckende Schönheit des zwanzigsten Jahrhunderts". In OMA. Rem Koolhaas, Jacques Lucan (Hrsg.). Paris: Electa Moniteur, 1990; Mailand: Electa, 1991; Zürich: Verlag für Architektur, 1991.

19 OMA. „Point City/South City". In De Alexanderpolder: waar de stad verder gaat. Anne-Mie Devolder (Hrsg.), Bussum: Thoth, 1993; OMA und NYFER. MAA$VLAKTE. Den Haag: Sdu Uitgevers, 1997.

20 Koolhaas, Rem. „Atlanta"; „Singapore Songlines"; „The Generic City"; alle siehe Anm. 1.

Obwohl in vielen Fällen darauf hingewiesen wird, dass diese Entwürfe auf Entwürfen aus der ersten Phase der Moderne beruhen, muss von Neuem auf die Fallgrube einer Situation aufmerksam gemacht werden, in der die erste Modernität institutionalisiert ist und so nicht nur als „Werkzeug" („toolkit") existiert, sondern auch durch das Gesetz und Vorschriften aufgezwungen wird. Eine Reihe spezieller polemischer Entwürfe ist außerdem im Rahmen von Entwurfsstudien entstanden, wie zum Beispiel Point City/South City im Rahmen von AIR (Architecture International Rotterdam) und MAA$VLAKTE im Rahmen einer Untersuchung über den Rotterdamer Hafen.[19] Diese Projekte generieren Information nicht nur durch Forschung, die OMA selbst investiert, sondern auch durch die Reaktionen der Politik und Gesellschaft.

Das Harvard-Projekt über die Stadt

In den letzten Jahren wird ein deutlicherer Unterschied gemacht zwischen der „entwerfenden Forschung" des Büros und einer grundlegenderen architektonischen und vor allem städtebaulichen Forschung von Rem Koolhaas selbst. Ein Grund für die Unterscheidung könnte sein, dass die Realisierung von Gebäuden spezifische Kompromisse notwendig macht, so dass innerhalb einer spezifischen Auftragssituation größere, allgemeine Themen nicht ausreichend vertieft werden können. Beispiele für solche tiefergehenden Untersuchungen finden sich in S, M, L, XL und finden ihren Niederschlag in Essays und Zeitungsartikeln wie Atlanta, Singapore Songlines und The Generic City.[20] Diese Forschung, in der Linie von Delirious New York, aber ohne die architektonische Fictional Conclusion, hat Rem Koolhaas in den letzten Jahren in verstärktem Maße fortgesetzt im Rahmen des Harvard Project on the City. Dieses Projekt, inoffiziell bekannt unter dem Namen „Projekt für die einstmals so genannte Stadt", untersucht in Studentengruppen die Auswirkungen der Modernisierung auf die Urbanität und soll in den kommenden Jahren in eine Reihe von Vorlesungen, Büchern und Ausstellungen münden. Untersuchungsthemen, die momentan bekannt sind, sind: „China – das Delta des Pearl River", „Shopping", „Afrika" und „Rom". Obwohl das Projekt von viel Stimmengewirr umgeben ist, beeindruckende und neugierig machende Dummies der Bücher zirkulieren und viele sich nach den ersten Resultaten die Hälse recken, weiß Rem Koolhaas momentan zu verhindern, dass allzu viel Material nach außen dringt.

21 Koolhaas, Rem. „PEARL RIVER DELTA". In *Politics: Documanta X, the Book*, von Catherine David und Jean-François Chevrier. Ostfildern-Ruit: Cantz, 1997.

22 Ibid.

Das am meisten ins Auge springende erste Forschungsresultat wurde als <u>Pearl River Delta</u> auf der Documenta X 1997 in der Form einer Ausstellung und eines Katalogbeitrags präsentiert. Die Ausstellung war eine impressionistische Collage aus zahllosen Fotos der neuen Städte im Pearl River Delta, Statistiken und Texten. Der Katalogtext <u>PEARL RIVER DELTA</u> besteht aus einer Reihe von Begriffsdefinitionen, bezogen auf für das Pearl River Delta charakteristische Phänomene. „Das PEARL-RIVER-DELTA-Projekt basiert auf Feldforschung und besteht aus einer Reihe zusammenhäng-ender Studien, die gemeinsam einen Überblick über die neuen Bedingungen in einer chinesischen Region zu geben versuchen, deren Einwohnerzahl nach verlässlichen Prognosen bis 2020 auf 34 Millionen anwachsen soll und die allein schon aufgrund ihrer Größe im 21. Jahrhundert eine wesentliche Rolle spielen wird. (...) Diese Studien beschrei-ben neue städtische Bedingungen, eine neue Form urbaner Koexistenz, der wir die Bezeichnung CITY OF EXACERBATED DIFFERENCE (Stadt der gesteigerten Unterschiede) oder COED gegeben haben. Neben den Besonderheiten der im Einzelnen festgestellten Bedingungen führt das COED-Projekt eine Reihe neuer, durch Copyright geschützter Konzepte ein, die unseres Erachtens den Beginn eines neuen Vokabulars und eines neuen Rahmens zur Beschreibung und Interpretation der heutigen Stadt markieren."[21]

Die Notwendigkeit, das Wesen dieser COED zu erforschen, ergibt sich aus ihrer Definition: „Die herkömmliche Stadt strebt nach Gleichgewicht, Harmonie und einem gewissen Grad an Homogenität. Die COED dagegen basiert auf dem größtmöglichen Unterschied zwischen ihren – komplementären oder konkurrierenden – Teilen. In einem Klima permanenter strategischer Panik kommt es für die COED nicht darauf an, ein methodologisches Ideal zu schaffen, sondern glückliche oder unglückliche Zufälle und Unvollkommenheiten opportunistisch auszunutzen. Obwohl das Modell der COED grob erscheinen mag – weil diese Stadt von der primitiven Robustheit ihrer Teile abzuhängen scheint –, ist es in Wirklichkeit doch sehr feingesponnen und sensibel. Die geringste Veränderung eines Details verlangt eine Anpassung des Ganzen, damit das Gleichgewicht der komplementären Extreme nicht verloren geht."[22] Mit anderen Worten: Diese neue Form von Verstädterung erfordert ein ständiges Messen und Regulieren, wobei das Regulieren mit auf mit Marktforschung vergleichbarer Forschung basierenden Ad-hoc-Eingriffen geschieht. Weniger prominent wurde im Rahmen der Ausstellung <u>Cities on the Move</u> das <u>Shopping</u>-Projekt präsentiert. Der Katalogbeitrag – getrennt von OMAs

23 Hanru, Hou und Hans Ulrich Obrist. „Harvard Project on the City: Shopping". In *Cities on the Move.* Ostfildern-Ruit: Hatje, 1997.

24 Lootsma, Bart. „Rem Koolhaas. In Search of the New Modernity". *domus,* Januar 1998.

Beitrag über das „Hyperbuilding" präsentiert – besteht aus 198 Literaturhinweisen, die mit Shopping zu tun haben, einer Collage aus Fotos von Shoppingmalls und einer Collage aus Schnitten von großen Shoppingmall-Projekten in Seoul, Jakarta, Schanghai, Fukuoka, Tokio und Osaka. Die Untersuchung über Shopping wird dadurch motiviert, dass es sich um ein Gebiet handelt, das den Initiatoren zufolge für die „offizielle" Architektur- und Städtebauriege relativ unsichtbar bleibt „mit der jeweils eigenen Logik, Sprache und Geschwindigkeit. In der Erforschung dieser Logiken zeichnet sich eine Idee der Stadt ab, die reicher, mächtiger und effizienter und auf einen exponentiell größeren Teil des Städtebaus anwendbar ist als die Theorien, die den Architekten und Stadtplanern vertraut sind. Das überaus veränderliche, parasitäre und robuste Shopping nimmt solche Ausmaße an, dass es fast schon mit der Stadtentwicklung gleichzusetzen ist – ein Phänomen, das sich besonders ungehemmt in der asiatischen Stadt zeigt, wo die vertikale Ausdehnung, die veränderten Querschnitte, die öffentliche Faszination und die sanfte Verführung des Einkaufens die These stützen, dass Modernisierung inzwischen von Asien her verstanden werden muss."[23]

Obwohl noch nicht viele konkrete Resultate des Harvard Project on the City bekannt sind, hat es bereits großen Einfluss auf die Profession. Rem Koolhaas sieht schon einen wichtigen kritischen Aspekt der Untersuchung darin, dass die Entwürfe auf die Tagesordnung gesetzt werden, und das scheint geglückt.[24] Ausstellungen und Publikationen über Weltstädte sollen einander in den kommenden Jahren in hohem Tempo folgen. Der Niederländische Fonds für individuelle Subventionen organisierte schon in den vergangenen Jahren eine Reihe von Bildungsreisen nach Japan, Los Angeles, Brasilien und Südostasien, womit man mit Gruppen von zwanzig Architekten der Spur von Koolhaas folgte. Bereits hieraus sind eine Reihe von Vorlesungen, Publikationen und Ausstellungen hervorgegangen. Unter seinem Einfluss wird das Berlage-Institut in Amsterdam sich in den kommenden Jahren noch mehr als bisher der Forschung widmen, wobei es um vergleichende Untersuchungen der niederländischen Randstad, Los Angeles und Tokio gehen soll. Und nicht zuletzt gibt es ehemalige Mitarbeiter von OMA sowie OMA nahestehende Architekten, die ihr eigenes Büro gegründet haben und in deren Arbeit nicht nur „entwerfende Forschung" ausführlich betrieben, sondern Forschung auch als eine selbstständige Aktivität gepflegt wird.

Datascapes

25 Maas, Winy, Jacob van Rijs und Richard Koek (Hrsg.).
MVRDV – FARMAX: Excursions on Density. Rotterdam:
010 Publishers, 1998.

MVRDV, ein gutes Beispiel für ein solches Büro, setzt
einerseits die Methode entwerfender Forschung/forschenden
Entwerfens fort, wie sie von OMA eingeführt wurde, wo Winy
Maas und Jacob van Rijs beide einige Zeit gearbeitet haben.
Im Entwurfsprozess macht MVRDV eine genaue Inventari-
sierung aller Verordnungen, Gesetze, Vorschriften und
Wünsche, die einen Einfluss auf den Entwurf haben. All diese
Faktoren werden visualisiert in Gestalt räumlicher Behälter,
die übereinander geschichtet werden, so dass eine abstrakte
Form entsteht, die die äußersten Möglichkeiten des Entwurfs
markiert. In der Folge werden durch das Büro räumliche
Konzepte vorgeschlagen, es wird, wo irgend möglich, mit den
verschiedenen betroffenen Parteien verhandelt, und so
entwickelt sich allmählich der Entwurf. Insofern kann man
von einer Ausweitung dessen sprechen, was gewöhnlich „die
Entwurfssituation" genannt wird. Daneben treibt MVRDV
aber auch autonome Forschung, die aus der Arbeitsweise des
Büros nahtlos hervorgeht. Eine erste Kostprobe bietet das
unlängst erschienene Buch FARMAX, Excursions on
Density.[25] FAR steht für Floor Area Ratio, das Verhältnis
zwischen der gesamten Fläche in einem bebauten Gebiet und
den Abmessungen des Baugrundstücks, und FARMAX meint
eine Reihe von Untersuchungen über das Bauen mit einer
maximalen Dichte, d.h. mit der maximalen Anzahl Personen
auf einer begrenzten Fläche. Naturgemäß wird die maximale
Dichte zu einem großen Teil auch bestimmt und begrenzt
durch Gesetzgebung und Bauvorschriften und Rentabilitäts-
rechnungen. FARMAX präsentiert eine Reihe von Beispielen
aus dem eigenen Büro, von Projekten und einer Reihe von
Studien gemäß der Methodologie der „Datascapes", wie sie
von MVRDV entwickelt worden ist und der das folgende
Buch gewidmet sein wird, das kommendes Jahr erscheinen
soll.

Datascapes sind visuelle Darstellungen aller quantifizierbaren
Kräfte, die einen Einfluss haben können auf die Arbeit des
Architekten oder die sie sogar bestimmen und steuern können.
Diese Einflüsse können Planungs- und Bauvorschriften sein,
technische Zwänge, natürliche Verhältnisse wie Sonne und
Wind, aber auch die Gesetzgebung, etwa zu den Mindest-
standards der Arbeitsbedingungen, oder politischer Druck
von Interessengruppen innerhalb wie außerhalb der Organisation, die den Auftrag erteilt. Jede Datascape behandelt
jeweils nur einen oder zwei dieser Einflüsse und enthüllt
deren Einfluss auf den Entwurfsprozess, indem sie dessen
extremste Effekte aufzeigt. Deshalb umfasst jeder Standort

26 Giddens, Anthony. „Living in a Post-Traditional Society". Siehe Anm. 13.

in der Regel mehrere Datascapes. Im Rahmen von Studien, die von Winy Maas an der Architectural Association School of Architecture und am Berlage-Institut geleitet wurden, entwickelten Studenten eine kubische Stadt von 100×100×100 Metern und einer Geschossflächenzahl von mindestens 10, wie es Hongkong entspricht. Datascapes offenbaren, wie sehr der Traum Van Lohuizens, dass Statistiken und Normen den integrierenden Faktor des Städtebaus bilden mögen, Wirklichkeit geworden ist. Der Traum ist institutionalisiert, und im Moment der Verdichtung des sozialen Lebens nimmt er greifbare Form an.

Aber Datascapes sind mehr als Illustrationen. Tatsächlich handelt es sich um Visualisierungen dessen, was der Soziologe Anthony Giddens „expert systems" und „abstract systems" nennt: bürokratische Systeme, in denen das Vertrauen in das System auf der unterstellten Fachkenntnis auf einem spezifischen Gebiet gründet.[26] Der Status einer Person in dem einen System sagt nichts über ihren Status in einem anderen. Aber nicht nur das: Auch die Information der verschiedenen Expertensysteme ist anfechtbar. Die heutige Gesellschaft wird durch eine Vielzahl solcher „abstrakter Systeme" beherrscht.

Marktdemokratie

Im Zusammenhang mit dem Ideal eines möglichst freien Marktes bei einem Minimum an staatlichem Einfluss wird die neue Gesetzgebung vielleicht einerseits charakterisiert sein durch Deregulierung, aber andererseits auch durch die Auswirkungen von Einspruchsprozeduren und die individuelle Möglichkeit, Beschwerde einzulegen gegen Initiativen, die vom Staat oder von Privatpersonen ergriffen werden. Der Staat und die Industrie treffen gemeinsame Absprachen über Produktionsnormen, selbstorganisierte Interessengruppen verhandeln über Normen und Vorschriften sowohl mit dem Staat als auch mit der Industrie. Neben der staatlichen Gesetzgebung entwickeln Investoren auf der Basis ökonomischer Analysen und Prognosen noch eine Art „Erfahrungsgesetze", die in nicht geringem Maße bestimmend sind für die Steuerung des sozialen Lebens. All diese Parteien verwenden „wissenschaftliche" Forschung für ihre Argumentation, um sie so „objektiv" und stark wie möglich zu machen. Gegnerische Parteien fechten dabei die Methoden und Befunde der jeweils anderen an. Das Einzige, was sie gemeinsam haben, ist, dass all diese Untersuchungen in Form von Zahlenreihen, Statistiken und Grafiken präsentiert werden. Selbst Emotionen, soweit sie für Entscheidungen relevant werden, sind quantifizierbar – zum Beispiel weil die Argumente von einem Kollektiv getragen werden, etwa in Referenden vorgebracht oder in Meinungsumfragen oder durch Marktforschung ermittelt. Mit etwas Zynismus könnte man diese Situation eine Marktdemokratie nennen.

Quantifizierungen sind die neue Sprache dieser international verbreiteten Staatsform. Der Computer ist nicht nur das geeignete Werkzeug für Quantitäten, sondern er macht diese Sprache als Kommunikationsmittel auch international zum Standard. Die neue Marktdemokratie hat Folgen für jedermann, aber insbesondere für Architekten und Städteplaner. Ihr Arbeitsfeld ist immer komplexer, unübersichtlicher und instabiler geworden. In den Prozess eines architektonischen oder städtebaulichen Entwurfs und seiner Realisierung sind zahlreiche Parteien involviert. Einige von ihnen können mit dem Architekten am selben Verhandlungstisch sitzen, wie der Auftraggeber oder dessen Vertreter, die Gemeinde, der Stadtplaner, die technischen Berater, die Unternehmer und Subunternehmer. Andere Parteien wirken im Hintergrund und tauchen im unerwarteten Moment auf, um den Architekten auf frischer Tat zu ertappen. Dies können Bewohner des Viertels oder zukünftige Angestellte des Auftraggebers sein, Versorgungsbetriebe, Journalisten, Lokalpolitiker oder andere direkt oder indirekt Betroffene.

Daneben gibt es auch in der Architektur eine ganze Anzahl von Gesetzen, Normen, Erfahrungswerten und Rechtsprechung. Diese haben enormen Einfluss auf die Architektur – eine größere vielleicht als der einzelne Architekt oder Stadtplaner. Datascapes sind deshalb so faszinierend, weil sie vielfach Schemata erzeugen, die einem Bauprojekt sehr nahe kommen. Als solche besitzen sie ohne Zweifel einen eigenen ästhetischen Reiz. Außerdem zeigen Methode und Ergebnisse manchmal deutliche Ähnlichkeiten etwa mit Greg Lynns Entwürfen. Datascapes sind jedoch keine Bauprojekte. Der Unterschied liegt darin, dass ein Architekt wie Greg Lynn den Input selbst auswählt, um eine bestimmte räumliche oder formale Wirkung zu erzielen, während die Datascapes gegeben sind, so dass jeder Architekt mit ihnen arbeiten muss, ob er will oder nicht. „Datascapes unterscheiden sich vom ‚normalen' Bauprojekt unserer Zeit durch die bewusste Abkehr von den endlosen Bemühungen um einen Ausgleich zwischen konkurrierenden Kräften, Bestimmungen und Planungskriterien, also von dem Planungsprozess, durch den jeglicher Raum heute verwaltet wird; in dem von Tafuri beschriebenen Sinne einer komplexen

27 Steele, Brett. „Data-Escape". Unveröffentlichtes Manuskript, Vorlesung, AA-150, London, 1997.

28 Detlef Martins an Winy Maas, Brief, 1997, unveröffentlichtes Manuskript, London.

29 Siehe Anm. 27.

Managementaufgabe, die den Beruf des Architekten heute weitgehend kennzeichnet und die wichtigsten Arbeitsformen in diesem Bereich definiert."[27] Mit der Visualisierung der Datascapes, die in einem Projekt eine Rolle spielen und die einander oft widersprechen, beginnt der Verhandlungsprozess zwischen allen Beteiligten, der am Ende möglicherweise zu dem Projekt führt oder der zumindest zu erkennen erlaubt, was möglich ist, wenn der Architekt einen anderen Ausgangspunkt wählen möchte.

Durch das Übereinanderlegen der verschiedenen für diesen Ort relevanten Datascapes, die nicht selten vollkommen gegensätzliche Konsequenzen haben, entsteht ein komplexes räumliches Gebilde, das nicht nur die Begrenzungen, sondern auch die Möglichkeiten und die äußersten Grenzen des Entwurfs aufzeigt. Aber nicht nur das, denn, wie Detlef Martins es ausdrückte: „Genau hier, an den Grenzen des Möglichen, muss die Architektur Farbe bekennen, dort, wo das Vernünftige unvernünftig, das Normale anormal wird und umgekehrt."[28] Brett Steele zeigt andererseits, dass die Datascapes, wie das Wort schon nahelegt, auch Möglichkeiten zur Flucht (escape) bieten können und letztlich auch die Möglichkeit, den Raum als eine Produktkategorie zu behandeln, auf die sich die üblichen Taktiken des Produktdesigns und des Marketings anwenden lassen.[29]

Die Rolle des Architekten beginnt sich in diesem Kontext erheblich zu verändern. Dabei wird deutlich, dass der Architekt nicht mehr der visionäre Baumeister ist, der er am Anfang des Jahrhunderts in gewissem Maße noch gewesen sein mag, und dass er seine einstige Macht zum großen Teil eingebüßt hat. Der Architekt scheint nur zwischen folgenden beiden Rollen wählen zu können: Entweder wird er ein Experte, der Konzepte anbietet oder sich spezialisiert auf die Form – die Rolle, die Greg Lynn und einige andere amerikanische Architekten anzustreben scheinen –, oder er versucht durch intensive Zusammenarbeit und geschicktes Verhandeln mit den verschiedenen involvierten Parteien eine Art Manager zu werden, der letzte Generalist in einer Gesellschaft von Experten – die Rolle, die MVRDV zu wählen scheint.

DER STIL DER WAHL

Der Stil der Wahl

In <u>The Generic City</u> schreibt Rem Koolhaas: „Der Stil der Wahl ist die Postmoderne *und wird dies immer bleiben.* Die Postmoderne ist die einzige Bewegung mit einer Praxis der Panik. Die Postmoderne ist nicht eine Doktrin, die auf einer höchst zivilisierten Interpretation der Geschichte der Architektur beruht, sondern eine Methode, eine Mutation der professionellen Architektur, die Ergebnisse schnell genug hervorbringt, um mit der Entwicklung der Generic City Schritt halten zu können. Anstelle von Bewusstsein, wie die ersten Erfinder vielleicht gehofft haben, schafft sie ein neues Unbewusstsein. Sie ist der kleine Helfer der Modernisierung. Jeder kann es machen – ein Hochhaus auf der Grundlage einer chinesischen Pagode *und/oder* ein toskanisches Hügeldorf." Und Koolhaas setzt fort: „Jeder Widerstand gegen die Postmoderne ist antidemokratisch." Er schaffe eine *falsche* Hülle um die Architektur, die sie unwiderstehlich macht, wie ein Weihnachtsgeschenk von einer karitativen Organisation.[1] Mit anderen Worten: Die Postmoderne ist zum globalen Jargon der Architektur, einer Urbanität, unserer neuen Folklore geworden. Wie hat dies überhaupt begonnen? Und wie sollten wir damit umgehen? Das Akzeptieren einer Situation ist nur der erste Schritt in jeder Therapie.

Whahappened & Whodunit

Tatsächlich ist die Postmoderne als ein architektonischer Stil, der aus Kollagen und Assemblagen von Bauelementen aus verschiedenen historischen Stilrichtungen besteht, zusammen mit dem davon abgeleiteten Zweig des Dekonstruktivismus, zum vorherrschenden Stil der Welt geworden – vergleichbar mit der Entwicklung, die den Kapitalismus zum dominanten politischen und wirtschaftlichen Betriebssystem werden ließ. Wohin immer man geht, sei es in die entlegenen Winkel des Inlay Sees in Myanmar, einem Land, das der Globalisierung mit fast allen Mitteln zu widerstehen versucht, oder wo auch immer: Man wird bestimmt auf postmoderne Gebäude stoßen. Gegenwärtig scheint die Architektur geradezu zerrissen zu sein zwischen den seltenen brillanten und außergewöhnlichen Entwürfen, die in diesem und jenem Zusammenhang hervorstechen, wobei es gänzlich unklar ist, was, um mit Georges Canguilhem zu sprechen, <u>Das Normale und das Pathologische</u>[2] ist. Zeigen uns diese Abweichungen etwas über das, was normal ist, definiert das Normale eigentlich diese Abweichungen oder sollen wir sie als eine Droge, Heilung oder Therapie (eine Form von Akupunktur

1 Koolhaas, Rem. „The Generic City". In *S,M,L, XL*, von Rem Koolhaas und Bruce Mau, Jennifer Sigler (Hrsg.). Rotterdam: 010 Publishers, 1995.

2 Canguilhem, Georges. *The Normal and the Pathological.* New York: Zone Books, 1991.

oder Homöopathie) verstehen? Es ist unmöglich geworden, diese Frage zu beantworten. Die Arbeiten des Künstlers Dionisio González, Bilder und Videos, die aus einfachen Photoshop-Montagen von postmodernen Strukturen inmitten von Elendsvierteln oder traditioneller Architektur in entlegenen Teilen der Welt stehen, lassen sich kaum als Karikatur oder Vision sehen. Sie führen nur den globalen Status quo in der Architektur an einen Punkt, wo sie als eine Art Veranschaulichung der Generic City dienen. In einer Welt, in der mehr als 50% der Menschen in Elendsvierteln leben – ein Prozentsatz, der noch immer ansteigt –, ist es klar, dass individuelle architektonische Interventionen, die auf Schein beruhen – in welchem Stil auch immer –, die Situation nicht wirklich verändern können und dazu verurteilt sind, schrecklich verloren zu wirken. Bemerkenswert ist das virtuelle Nicht-Aufscheinen der neuesten digitalen Architektur, die von Greg Lynn, Asymptote, KolMac und ihren manieristischen Anhängern in diesem Zusammenhang inspiriert wurde. Doch wenn sie aufscheint, dann scheint sie in einer ähnlichen Weise wie oben beschrieben auf, wie das Culture Village in Dubai beweist. Der wirkliche Erfolg des digitalen Zeitalters in diesem Punkt lässt sich bisher nicht in den Möglichkeiten der Hervorbringung von neuen und unbekannten Formen finden, sondern in der weltweiten Präsenz und Verfügbarkeit von Bildern in den Medien, den Printmedien, Film und Fernsehen bis hin zu Google Image Search, Flickr, Youtube usw.

Die Postmoderne wurde von Anfang an von neuen Entwicklungen in den Medien begleitet und unterstützt. Am Ende der siebziger Jahre wurde ihr Erfolg zunächst vom plötzlichen Rückgang in den Kosten des Farbdrucks gefördert. Über Nacht änderte sich das langweilig graue Aussehen der Architekturzeitschriften, als Vollfarbbilder die körnigen Schwarzweiß-Abbildungen von im Stil des Brutalismus errichteten Bauten und der Szenen vom städtischen Verfall ersetzten. Mitten in der schweren Wirtschaftskrise konnten vormals unbekannte Architekten, die fast gar keine gebauten Werke vorzuweisen hatten, ihre mit Farbstift akribisch gezeichneten oder gemalten Bilder veröffentlichen. Mit der neuen Präsenz der Architektur in den Medien veränderte sich das Wesen der Architektur. Die traditionelle Verbindung zwischen der Architektur und dem Bauen wurde weniger offensichtlich. „Architekten bauen nicht, sie entwerfen", sagten verschiedene Architekten wie etwa Robin Evans und Bernard Tschumi. Wie zutreffend dies als Analyse der Arbeitsteilung auch war, so hatte es auch viel weiter reichende Konsequenzen. Die Architektur war selbst in erster Linie zu einem Kommunikationsmedium geworden. Die Frage, die nun blieb, war: *Was* genau vermittelt die Architektur?

„Abgesehen von all ihren Differenzen, teilten die hier genannten Architekten – Moore, Venturi, Rossi und Ungers – alle ein gemeinsames Ziel. Sie wollten nicht nur symbolische und typologische Formen ausschließlich als eine Form der Kommunikation in den Vordergrund stellen, sie wollten sie auch als fiktiven Stoff einsetzen, womit ein Gebäude wieder zu einem Kunstwerk, einer *gerechten Illusion* werden konnte, wie Heinrich Klotz in einem Artikel, der im 1984 Zusammenhang mit der <u>Revision der Moderne</u>, der Eröffnungsausstellung des Deutschen Architekturmuseums in Frankfurt, erschien, einer Ausstellung, die damals und vielleicht bis heute die größte Retrospektive der postmoderne Architektur war. „Sie haben eine grundlegende Rolle gespielt, eine Struktur nicht der Form, sondern der Fiktion hervorzubringen. [...] Das Motto der Postmoderne, das gegen den *Funktionalismus der Bauer* gerichtet ist [...], lässt sich so zusammenfassen: Nicht nur Funktion, sondern Fiktion."[3]

So detailliert die Zeichnungen von vielen frühen postmodernen Architekten auch waren, in vielen Fällen schien es kaum erheblich zu sein, ob diese Projekte tatsächlich gebaut wurden oder nicht. In diesem Sinne war die Bewegung in vieler Hinsicht eine unmittelbare Fortsetzung der spekulativen Zeichnungen der radikalen Architektur der Fünfziger und Sechziger des 20. Jahrhunderts. Tatsächlich ist dieses frühe Modell des Architekten, der mit verschiedenen Medien arbeitet, als jemand, der zeichnet, Vorträge hält, veröffentlicht, ausstellt, Filme macht und von seiner Unterrichtstätigkeit lebt, zum gängigen Verständnis der zeitgenössischen Praxis geworden und dies in einem solchen Ausmaß, dass sogar Mark Wigley einen der ersten Vorläufer der radikalen Architektur, Constant Nieuwenhuys – ein Künstler, der tatsächlich einer der Ersten war, dessen Architekturwerk nur aus Zeichnungen, gemalten Bildern, Modellen, Multimedia-Installationen, Texten und Vorträgen bestand – als einen *Hyper-Architekten* beschreiben konnte. Denn „tatsächlich assimilierte und überzeichnete er so viele Merkmale des typischen Verhaltens des Architekten, dass er mehr Architekt wurde als jeder andere Architekt".[4]

Doch dann plötzlich begannen die Klone der radikalen und postmodernen Architekten – zunächst unbemerkt – zu bauen, nachdem sie die Arbeiten der frühesten Generation gesehen hatten. Heute, nach dem Bauboom der letzten Jahrzehnte,

3 Klotz, Heinrich. „The Revision of the Modern". In *De Collectie, Architectuur 1960–1988*, von Herman Kossmann, Reyn van der Lugt und Nína Bos. Utrecht: Veen Reflex, 1988.

4 Wigley, Mark. *Constant's New Babylon: The Hyper-architecture of Desire*. Rotterdam: Witte De With, 1998.

sind sie überall auf der ganzen Welt verstreut. Nach den Ergebnissen zu urteilen sieht es so aus, als hätten sie die Lektionen von Las Vegas fast zu ernst genommen. Bereits am Ende der achziger Jahre konnte Dietmar Steiner anlässlich des Heavy Dress Projekts von Matteo Thun, einem Architekten und Designer, der von der ersten Stunde an Mitglied des italienischen postmodernen Kollektivs Memphis war und 1987 eine Modekollektion für Gebäude und Wolkenkratzer schuf, in geradezu baudrillardhafter Manier über die Stadt schreiben. Steiner behauptet: „Echte Häuser stehen nicht mehr zur Debatte." (…) „Alles, was wir sehen sind vage Umrisse. Das übermüdete Auge wurde durch die vibrierende Quadratur der Leinwand konditioniert, langsame und bedeutungslose Bildern werden reflexlos eliminiert. Nur ab und an bleibt das Auge einmal stehen und unterbricht sein automatisiertes Tempo, beginnt zu sehen und hält an, für ein wunderschönes Kleid. Dies ist die Situation, in der ein Skelett seine verborgene Haut aufs Spiel setzt. Dies ist Heavy Dress. Das ist unsere Position heutzutage. Diese Transformation, dieser Selbstmord der Häuser hat sich mit unwahrnehmbarer Geschwindigkeit vollzogen. Dies kann sich nur in einer einzigartigen Konjunktur oder in einer Architektur vollziehen, die bisher nicht möglich war. Die Architektur ist in! Die besten Architekten sind wie Opernstars, sie jonglieren mit Einsätzen und der Planung ihrer Termine. Die Städte sehnen sich nach den großen Zauberern ihres Images, die in den Werbestrategien des *Wettbewerbs zwischen den Städten* zum Einsatz gebracht werden können. Alles, überall, muss schöner sein, denn nichts lässt sich mehr verbessern", setzt Steiner fort. „Matteo Thuns Heavy Dress Collection ist die erste realistische Antwort auf die gegenwärtige und künftige Rolle der Repräsentation der Stadt. Er setzt sich stark ein für die Mode. Die Mode, die Manifestation der Oberfläche, befreit die Repräsentationen der Bauten von der Einseitigkeit ihrer Anwendung und ihrer Bedeutung."[5] Angesichts der heute immer billigeren und energieeffizienteren Lösungen, mit denen man ganze Gebäude in Videoeinwände verwandeln kann, könnte die Fassadenmode in die nächste Phase treten.

Die Folgen dieser Entwicklungen lassen sich anhand vieler Arbeiten in der Ausstellung Insiders, organisiert von Arc en Rêve in Bordeaux in 2009, ablesen. Sogar in den Bauten von Gramazio & Kohler und Hildundk, die in der Ausstellung jene Beiträge waren, die fast die stärkste Tektonik auf-wiesen, erkennt man eine Betonung des Dekorativen und einer bestimmten Pixelierung in den Fassaden – wobei die Pixels von Ziegeln ersetzt wurden. Aber es gibt auch die

6 McLuhan, Marshall. *Understanding Media: The Extensions of Man*. New York: New American Library, Mentor Series, 1964.

Tendenz, nach der die Gebäude immer mehr ephemere Behälter für Ideen werden. Anna Galtarossas & Daniel González' <u>Chili Moon Town Tour</u> zum Beispiel ist eine schwebende Installation in der Form eines aus Wolkenkratzern bestehenden städtischen Häuserblocks. Galtarossa & González schreiben dazu: „Es war die utopische schwebende Stadt der Träume, die keine Grenzen kennt. Sie wurde als freie Stadt ohne Grenzen geboren. Ihre Bewohner wandern nicht ab. Die Stadt selbst wandert und trägt die Träume ihrer Menschen mit." Apropos Ephemeres: Hier gibt es die überraschende Rückkehr des Aufblasbaren, die Ikone der 1970er Jahre, in MMWs <u>Kiss The Frog Gallery</u> und Raumlabors Küchenmonument. Es gibt auch Teams wie Interbreeding Field, das mit Projekten wie <u>Jello Maze</u> wieder psychodelische Multimedia-Environments realisiert, um uns in der Tradition von Haus-Rucker-Co und Coop Himmelblau im Umgang mit den Bombardierungen über unsere *erweiterten Fähigkeiten*, wie Marshall McLuhan es sagen würde, zu schulen.[6] Die nächste Phase, in der die Architektur bestimmt zu einer *gerechten Illusion* wird, sind die Parallelarbeiten in Second Life und dergleichen. Stephan Doesingers <u>Bastard Space</u> und Speedisms <u>Whitehouseparadise</u> sind Beispiele von Projekten, die diese Entwicklungen mit ihrer Oberflächlichkeit und Geschwindigkeit als Ausgangspunkt für weitere Erkundungen nehmen.

Ab den 1990er Jahren kam es zum wachsenden Einfluss der neuen elektronischen Medien und des Internets, was zusammenfiel mit dem explosiven Wachstum der Weltbevölkerung und deren Konzentration in Städten, wodurch es zur Entstehung von endlosen Seen von Gebautem gekommen ist, wo Differenz und Differenzierung nur vor Ort wahrnehmbar sind und in einem größeren Maßstab in einem endlosen See von Häusern und Gebäuden verschwinden. In einer Installation, die 800.000 Einzelhäuser darstellte, welche von der niederländischen Regierung bis zum Jahre 2005 errichtet werden sollten, zeigte Adriaan Geuze bereits 1995, dass mit solchen Dimensionen sich jeglicher Versuch der Individualisierung endgültig auflösen würde. In den Fotoarbeiten von Kai Vöckler in Priština und den Dokumentationen von Bauten auf Dächern und Flussbooten in Belgrad von Dubravka Sekulić & Ivan Kucina, wird Ähnliches gezeigt. Die Orientierung in den heute entstehenden neuen Städten und Ballungszentren ist nur möglich mit Hilfe von Google Earth und Google Maps oder Tomtom. Ganz anders als in den 1960er und 1970er Jahren, als die Hauptfeinde der Architekten die Langeweile und die Monotonie waren, die durch die industrielle Wohnungsproduktion entstanden, wird heute die Langeweile in einem noch größeren Ausmaß erzeugt durch die verzweifelten Versuche der Menschen – nicht unbedingt Architekten –, individuelle Objekte zu produzieren, die nun anders sind als alles andere. In seinem Video Thinking Hanoi aus dem Jahre 2009 legt Dionisio González die Ähnlichkeit mit dem Meer, mit den Wellen und der Stadt dar, die sich in einer beständigen Bewegung hin- und herwälzt.

Um Koolhaas wieder zu zitieren, könnte man sagen: „Die Generic City ist das, was übrig bleibt, wenn große Teile des städtischen Lebens in den Cyberspace übergingen." „Es ist ein Ort schwacher und forcierter Empfindungen, ein Ort, wo Gefühlsausbrüche selten sind, verschwiegen und geheimnisvoll, wie ein großer, nur von einer Bettlampe beleuchteter Raum. Verglichen mit der klassischen Stadt ist die Generic City *sediert* und wird meistens von einer statischen Lage wahrgenommen. Anstelle von Konzentration – simultaner Präsenz – sind in der Generic City die einzelnen *Momente* voneinander weit entfernt platziert, so dass man eine Trance von fast unmerklichen ästhetischen Erfahrungen schaffen kann: die Farbvariationen im fluoreszierenden Licht eines Bürogebäudes kurz vor Sonnenuntergang, die Subtilitäten der kaum unterschiedlichen Schattierungen von Weiß an einer Leuchttafel in der Nacht. Wie bei japanischem Essen können die Empfindungen im Geiste neukonstituiert und intensiviert werden oder nicht – sie könnten vielleicht einfach ignoriert werden. (Es gibt eine Wahl.) Dieser verbreitete Mangel an Dringlichem und Nachdrücklichem wirkt wie eine starke Droge: sie produziert eine Halluzination des Normalen."[7]

Therapien & Strategien

Dass die Postmoderne weltweit der Stil schlechthin ist, hat zur Konsequenz, dass es einer Avantgarde-Bewegung nie gelingen wird, die Werte in der Architektur und in der Stadtplanung insgesamt so neu zu setzen, wie es die Moderne und insbesondere die moderne Architektur und die Stadtplanung gemacht haben. Man könnte natürlich argumentieren, dass sogar die Moderne es nie geschafft hat, auch wenn sie noch so erfolgreich war und es immer unmittelbar Gegenreformen gab, die lokale und nationale Interessen und Traditionen bevorzugten und nicht die geradlinige Monumentalität, die der größte Feind jeder modernen Architektur ist. Avantgardebewegungen wurden durch das Star-Sein, das nur im Dienste der Protagonisten selbst steht, ersetzt.

7 Siehe Anm. 1.

8 Manaugh, Geoff. BLDGBLOG. 2004. Aufgerufen am 25. April, 2016. http://bldgblog.com/.

9 Barthes, Roland. „The Death of the Author". In *Image, Music, Text*, übersetzt von Stephen Heath. New York: Hill and Wang, 1977.

Nach einer Phase, in der die Architektur der Kulturindustrie am stärksten ähnelte und *Stararchitekten* zu noch nie dagewesenem Ruhm gelangen konnten, verblassen heute die Stars immer schneller. Studierende in Architekturschulen haben schon die Namen der Pritzker-Preisträger von vor wenigen Jahren vergessen. Die derzeit wahrscheinlich faszinierendste zeitgenössische Publikation zur Architektur, der BLDG BLOG, behandelt diese Art von Architektur kaum, und wenn doch, dann gibt es keinen Unterschied in der Art, wie diese im Vergleich zu anderen Artikeln über die gebaute Umgebung behandelt wird. Grundsätzlich zeigt BLDG BLOG, dass die gebaute Umgebung genauso faszinierend und spektakulär ohne Stararchitekten oder eine architecture d'auteur ist.[8] Roland Barthes' Forderung nach dem Tod des Autors – eine Position, die von vielen Architekten und Theoretikern (die sich zugleich stolz in Paparazziartigen Schnapsschüssen in der anspruchsvollen Zeitschrift Log zur Schau stellen) eisern verteidigt wird – erfüllt sich von selbst in dem Sinne, dass ikonenhafte Architektur in einem sie umgebenden Bildermeer ertrinkt.[9] Diese Architektur, die Architektur, die die Generic City ausmacht, ist daher in vieler Hinsicht unsere neue Sprache, unsere moderne Architektur ohne Architekten.

Dreißig Jahre nach Laurids Ortners Aufsatz scheinen wir nur etwas wieder zu benötigen wie eine neue „Amnestie für konstruierte Realität". 1978, nach mehr als zehn Jahren wilder, fantastischer Experimentiertätigkeit mit der österreichischen Gruppe Haus-Rucker-Co, von der er ein Gründungsmitglied war, schrieb Ortner: „Die Diskussion über unsere gebaute Umwelt ist in erster Linie zu einer Frage des ästhetischen Urteils geworden. Es sind viel mehr die visuell wahrnehmbaren Kriterien als die Faktoren der physischen Bedrohung, die uns Schwierigkeiten bereiten; was wir allgemein als unsere Umgebung beobachten, ist durch Adjektive gekennzeichnet, die je nach Grad des Anspruchs von emotional geladenen Begriffen wie *hässlich*, *eintönig* und *chaotisch* bis hin zu den sogenannten objektiven Begriffen wie *unzugänglich* und *monoton* reichen. Es hat sich seit damals grundsätzlich nichts geändert: die Architektur wird nach wie vor hauptsächlich auf der Grundlage der sichtlichen Außenerscheinung beurteilt. Das Einzige ist, dass das postmoderne Regime etwas mehr Farbe gesät hat." Ortners manifesthafte Schlussfolgerungen, dass „es notwendig sein wird, die Totalität dieser unangenehmen Realität anzunehmen und der weiteren Entwicklung mit einer Haltung der Unvoreingenommenheit zu begegnen" und dass „die triviale potenziale Gegenwart hier der

10 Ortner, Laurids. „An Amnesty for Built Reality". Forum 31, Nr. 1, 1986.

11 Debord, Guy. The Society of the Spectacle. New York: Zone Books, 1994.

12 Baudrillard, Jean. Les Stratégies Fatales. Paris: Grasset & Fasquelle, 1983.

Rohstoff ist, aus dem die Kultur der neuen Epoche geschaffen wird", haben noch immer Gültigkeit.[10]

Am Ende von Koolhaas' Text The Generic City, der vor fünfzehn Jahren als ein „détournement" von Guy Debords Die Gesellschaft des Spektakels geschrieben wurde, findet der Leser ein Exposé für einen Film.[11] Anstelle von Debords Klagen und Kritik, die in seinem Film von einer depressiven Off-Stimme vorgetragen werden, schlägt Koolhaas vor, dass man „den Ton ausschaltet [...] und den Film umdreht". Die Menschen stolpern nun rückwärts, wobei sie die von ihnen ursprünglich aufgebaute Markt-szene zurücklassen, „vermutlich klagend, doch zum Glück müssen wir sie nicht hören". „Die Stille wird jetzt durch die Leere verstärkt. Das Bild zeigt leere Verkaufsstände, etwas Abfall, auf dem getrampelt wurde." Der Stil von Koolhaas' Kritik ist als „Hyperbestätigung" bekannt, eine „fatale Strategie", in den Worten von Jean Baudrillard.[12] Es ist aber klar, dass die Absicht von Koolhaas die ist, dass wir für einen Augenblick den Markt, den Kapitalismus und all die damit einhergehende künstliche Aufregung vergessen und unseren Blick auf das dem zugrunde liegende Essenzielle richten, und das mag als eine Art von temporärem Pompei erscheinen – einer seiner bevorzugten Verweise.

Die in Insiders ausgestellten Architekten haben zu einem hohen Grad die neuen Bedingungen übernommen, unter denen Architekten arbeiten müssen, und ihre viel bescheidenere Rolle darin. Sie arbeiten in verschiedener Weise mit dem Rohstoff der Stadt und ihren Abfallstoffen. Ihr Stil der Wahl ist ihre Wahl des Stils vergleichbar mit dem Wählen aus einem Katalog, dem Wählen in einem Geschäft oder der Auswahl eines Fernsehkanals oder einer Website. Alexander Brodsky baut zum Beispiel seinen Vodka Pavillon komplett aus alten Fenstern zusammen, während Richard Graves manische Produktion von Totems und Häusern – die wie eine Mischung von Buster Keatons Haus in One Week, Kurt Schwitters Kathedrale des erotischen Elends und der Architektur im Kabinett des Dr. Caligari aussehen – völlig aus Abfall und Sperrmüll zu bestehen scheint. Harbour me, Celia!, die Verwandlung eines bayrischen Bauernhauses von Peter Haimerl, nimmt das wie vorgefunden-Prinzip von Smithson, indem er sein neues Haus in einer bereits bestehenden Ruine baut.

Die Sicht, welche die Teilnehmer in Insiders auf die Stadt haben, wird weitgehend von der Wahrnehmung durch die

Medien bestimmt. Auch wenn die Authentizität des alten Bauernhauses Harbour me, Celia! in ironischen Fotografien, die an Lifestyle-Magazine erinnern, dargestellt wird, wo eine Frau in einer unbequemen Pose ein Buch liest, so als würde sie beten, und durch die Tür schreitet, als wäre sie betrunken, mit einer Vase auf dem Kopf. Fujimori Ternunobus Tagasuigan oder Too-High Tea House erinnert, so poetisch und märchenhaft es zwischen den Kirschblüten erscheinen mag, an Efteling, den Märchenpark in einem Wald in den Niederlanden, der von Anton Pieck in den frühen fünfziger Jahren entworfen wurde, der offensichtlich Disney als Inspiration für sein Disneyland diente. Dabei wird die Position von Insiders immer weiter entfernt von sowohl dem utopischen Geist als auch der bitteren Kritik der Generationen vor ihnen. Stattdessen zeigen sie Haltungen, die von Euphorie und Ironie, über therapeutische Akzeptanz bis hin zur völligen Akzeptanz oder *Gelassenheit* reichen. Ihre Arbeit zeigt tatsächlich auf vielfache Weise eine Art von Amnestie für konstruierte *und* virtuelle Realität.

Das Verständnis und das Akzeptieren einer Situation ist der beste Ausgangspunkt, um daran zu arbeiten und diese zu verbessern. Abgesehen von der Wiederverwendung und der Transformation des Alltäglichen und der allgemeinen Amnestie gibt es aber andere Ebenen, die thematisiert werden könnten und auch sollten. Es gibt andere die Architektur bestimmende Bereiche, wo Veränderungen und Verbesserungen sehr wohl möglich, wünschenswert und notwendig sind. Die Politik, die Finanzierung, die Organisation, kurzum alles, was zum Funktionieren der Megalopolis hinter der Szenerie, die uns die postmoderne Stadt präsentiert, beiträgt.

In der Architektur und der Stadtplanung geht es nicht nur um Ästhetik und Erfahrungen, sondern in erster Linie um die hoffentlich intelligente Organisation von Zeugs, Menschen und Materialien. Es gibt aber wenige Büros in dieser Ausstellung, die ein aktives Engagement und weiterreichende Ambitionen in diesem Bereich zeigen. Gramazio & Köhler organisieren das Bauen mit Hilfe von Robotern. Doch sie machen zu starken Gebrauch von Robotern als Werkzeug im Dienste der Ideen oder Ideale anderer Architekten – und es sind oft ziemlich konservative Architekten –, anstatt dem wirklich auf den Grund zu gehen, was die Computerisierung des Bauprozesses in unserer Gesellschaft bedeuten könnte. Crimson ist das einzige Büro, das Interesse für die Organisation der Stadt in größerem Maßstab und auf einer tieferen Ebene zeigt und die Stadtplanung, die Staatsführung und die alltägliche Gemeindepolitik einbezieht. Crimsons Haltung scheint die eines Kurators zu sein, der aus dem Stehgreif verschiedene Architekten (NL, FAT) und Stadtplaner (Max Wan) wählt, um ihren ziemlich eklektischen Zielen Vorschub zu leisten. In Hoogvliet präsentieren sie ihr WIMBY! IBA Projekt in einem Panorama, das auffallende Ähnlichkeiten mit Dionisio González' Fotomontagen hat.

Viele der Büros in Insiders betrachten exemplarische Praktiken aus der zweiten Hälfte des zwanzigsten Jahrhunderts, insbesondere die Geschichte der radikalen Architektur aus den 1960er und 1970er Jahren wie etwa Archigram, Archizoom, Ant Farm, Haus-Rucker-Co, dem frühen Himmelblau, Whole Earth Catalogue, Global Tools, Memphis und Alchymia. Trotz all ihrer Verspieltheit ist es dennoch unwahrscheinlich, dass sie dieselben Forschungsziele verfolgen wie ihre Vorgänger. Es gibt den *Retro*-Aspekt in den zahllosen Zitaten der radikalen Architektur. Sie sind von Ironie und Melancholie durchtränkt, denn die Architekten merken offensichtlich, dass die radikale Architektur – ob unbesorgt positiv oder kritisch düster – wieder vor dem Hintergrund eines Zeitalters des naiven Optimismus erscheint, der auf einem noch nie dagewesenen wirtschaftlichen und technologischen Wachstum, das jetzt für immer vorbei ist, basierte. Auf den ersten Bericht des Club of Rome aus dem Jahr 1972 folgte die erste Erdölkrise von 1973, die diesem Wachstum ein Ende setzte, womit auch die Ära der radikalen Architektur ein Ende fand. Heute haben wir ein noch größeres Bewusstsein für die Bedrohungen der Umwelt, die in dieser Zeit angekündigt wurden. Doch mit diesen Zitaten der radikalen Architektur können wir zumindest vorübergehend einige Hoffnungen dieser Zeit wieder beleben und es uns darin bequem machen – oder sehen, ob es nicht noch irgendwelche verborgenen Möglichkeiten gibt.

Schluss

Für die Architektur und die Stadtplanung gibt es auch neue Aufgaben und Herausforderungen. Das Bedürfnis nach Lebensstilen mit größerer Nachhaltigkeit wirft einige davon auf, während sich andere aus den Konsequenzen des postkolonialen Zeitalters ergeben. Die Globalisierung besteht nicht nur aus zunehmenden Strömen von Menschen, Daten, Geld und Gütern auf der ganzen Welt. Sie bedeutet auch, dass wir den wachsenden Prozentsatz von Siedlungen in der Welt, die aus Elendsvierteln bestehen, nicht mehr ausblenden können. Sie sind Teil – und mit über 50% der Weltbevölkerung, die dort lebt, ist das sicher ein immer größer werdender Teil –

des Kontexts der Architektur. Es ist daher unumgänglich, dass die Architektur und die Stadtplanung ihre Rollen in der Welt neu denken müssen, wobei sie sich in den Dienst der dort lebenden Menschen stellen sollten. Die großangelegten Wohnbauprogramme der Moderne, die zum Beispiel in den 1950er und 1960er Jahren in Hongkong und Singapur erfolgreich waren, sind heute aufgrund der enormen Investitionen, die dafür notwendig wären, nicht mehr möglich. Wenn wir die wachsende Anzahl von quasi-vorübergehenden Lagern in unseren Städten beobachten, die Flüchtlingszentren, die Obdachlosen, die in Zelten in Paris und in den Vereinigten Staaten schlafen, die Roma in italienischen Städten, die Opfer von Erdbeben in Italien und der Türkei, die Opfer von Katrina in New Orleans; oder wenn wir die explosive Zunahme von unstrukturierten, informellen Siedlungen in der Türkei und in den ehemaligen jugoslawischen Ländern betrachten und so weiter und so fort, dann rückt dieser Kontext immer näher und näher. Die rückwirkende Legalisierung von illegalen und ungeregelten Stadterweiterungen, die von Institutionen wie der Weltbank und der Europäischen Union finanziert werden, stellt eine dringliche Aufgabe dar. Es ist aber nur der erste Schritt in Richtung einer neuen Form der Amnestie, die uns ermöglichen wird, auf proaktive Weise daran zu arbeiten.

Mehr als jedes andere historische Beispiel könnten Otto Neurath und die Wiener Siedlungsbewegung aus der Zeit unmittelbar nach dem Ersten Weltkrieg uns helfen, neue Perspektiven für den Umgang mit unserer jetzigen Situation zu entwickeln. 1919 war Wien in einem verzweifelten Zustand: hunderttausende Familien, sowohl von außerhalb der Stadt als auch aus der Stadt selbst, suchten Zuflucht zu den Schrebergärten an der Peripherie, um ihre eigenen Lebensmittel anzubauen, damit sie nicht verhungerten. „Für viele Beobachter der Stadt waren diese Zigeunersiedler die idealen Bürger-Planer in dem Sinne, dass sie sich auf ihr Knowhow und Instinkte stützten und alles um sie herum benutzten, von städtischem Abfall bis zu Wildtier, um ihr Überleben zu sichern. Sie zeigten die Kraft der Gemeinschaft als ein Mittel städtischer Reform und als Kraft hatte sie das Potenzial, das Leben in der Metropole viel umfassender zu verbessern.[13] Die regierende sozialdemokratische Partei akzeptierte und unterstützte diese Bewegung von Anfang an, denn sie wusste, sie könnte sich nie eine kollektive Infrastruktur leisten. Als einer der wichtigsten Akteure im österreichischen Verband für Siedlungs- und Kleingartenwesen, der Gemeinnützigen Bau-, Wohnungs- und Siedlungsgenossenschaft (GESIBA), dem österreichischen

13 Vossoughian, Nader. *Otto Neurath: The Language of the Global Polis.* Rotterdam: NAi Publishers, 2008.

Siedlungs-, Wohnbau- und Bauverein Österreichs und später im Forschungsinstitut für Gemeinwirtschaft, suchte Neurath nach einem umgekehrten Taylor-System, in welchem er aus der Industrie entlehnte *bottom-up* und *top-down*-Strategien zu kombinieren versuchte.[14] Solange er konnte, hielt Neurath an der *Naturalienwirtschaft* fest, in der Menschen ihre Häuser bezahlten, indem sie kollektive Aufgaben wahrnahmen, wie zum Beispiel die Errichtung von Straßen. Architekten wie Adolf Loos, Margarethe Schütte-Lihotzky und viele andere waren an diesem ehrgeizigen, erfolgreichen Unternehmen beteiligt, das nach den dreißiger Jahren leider völlig in Vergessenheit geriet, als Neurath und sein Freunde ins Exil gehen mussten.

Information und Kommunikation in Form von Zeitungen und Ausstellungen waren entscheidende Aspekte von Neuraths Ansatz. Zusammen mit dem Künstler und graphischen Designer Gerd Arntz entwickelte er Isotype, eine Zeichensprache, mit der man auf leichte und auffallende Weise statistische Daten über die Stadt – und später über die Welt – mitteilen konnte, um den Bürgern die komplexe Struktur ihrer Stadt nahezubringen.

In der Ausstellung *Insiders* ist EqAs Studie über den experimentellen Wohnbau (PREVI) in Lima, Peru, eines der ehrgeizigsten Wohnprojekte, das je realisiert wurde, an dem berühmte Architekten wie Aldo van Eyck, Charles Correa, James Stirling, Christopher Alexander und Atelier 5, Candilis, Josic und Woods unter anderem mitwirkten, das einzige Projekt, das bewusst diese Thematik behandelt. Ähnlich wie die Projekte von Candilis, Woods und andere in Casablanca Marokko zeigt EdA, wie die Bewohner weiterhin bauen und ihren Grundbesitz im Laufe der Zeit erweitern, nachdem sie zuerst das einfache Haus als Ausgangskapital erhalten haben.

Die Kommunikation kann heute auch ein Schlüsselthema sein. Wer einmal ein Elendsviertel besucht hat, hat sicherlich die überaus große Anzahl von Satellitenschüsseln bemerkt. Auch wenn sie für viele noch immer unerschwinglich sind, bieten Mobiltelefone und mobile Rechner Möglichkeiten für die Bewohner dieser Städte, da sie weniger Investitionen in Infrastruktur als traditionelle Kommunikationssysteme erfordern. In diesen chaotischen Städten ist GPS naheliegend für die Orientierung.

Innovationen in der Produktion sind möglich und notwendig, wenn nicht unbedingt ausschließlich in der Form von

14 Idem.

CAD-/CAM-Prozessen, die Massenproduktion durch die Maßanfertigung, die kundenspezifische Anpassung ersetzt, aber zugleich zu viele der Werte und Ziele der Industriegesellschaft beibehalten hat. Die improvisierten Strukturen der Textilindustrie in der Türkei mit ihrer auf den Moment gerichteten Organisation scheinen einige ernst zu nehmende Alternativen für die Massenproduktion in Asien zu bieten.

All dies hat nicht unmittelbar mit dem Aussehen von Bauten und Stadtvierteln oder mit Baustilen zu tun. „Es gibt eine Wahl", bemerkt Koolhaas fast zwischen den Zeilen in <u>Generic City</u>.[15] Unser Stil der Wahl sollte ein anderer Lebensstil sein. Er wird kaum eine Wahl sein, so nebenbei gesagt.

15 Siehe Anm. 1.

INDIVIDUALISIERUNG

Individualisierung

Spätestens seit den sechziger Jahren des 20. Jahrhunderts ist die Individualisierung ein implizites, heimliches Movens des architektonischen Diskurses. Die Herangehensweise an dieses Phänomen hat sich jedoch im Laufe der Zeit entscheidend verändert. In den Sechzigern, Siebzigern und Achtzigern betrachtete man Individualisierung als ein Ziel, das bewusst angestrebt werden musste – und viele sehen das auch heute noch so. Die Hauptaufgabe der progressiven Architektur bestand also darin, ästhetische und organisatorische Unterschiede zu finden und zu erzeugen, ja sogar darin, solche Unterschiede bewusst zu provozieren. In Zukunft – und diese Zukunft hat bereits begonnen – wird Individualisierung etwas sein, mit dem man sich auseinandersetzen muss, dem man Rechnung zu tragen hat. Dies ist ein völlig anderes Programm und wir schlagen uns bereits damit herum. Einige der größten Probleme in der Architektur und im Urbanismus, etwa der städtische Wildwuchs oder die Ungewissheit darüber, was öffentlicher Raum sei, hängen unmittelbar mit der Individualisierung zusammen. Die Individualisierung geht jedoch weit darüber hinaus: Sie bedroht den Wesenskern unseres heutigen Verständnisses von Architektur und Stadtplanung. Dies mag, für sich genommen, kein Problem sein, doch es gibt in der Gesellschaft einige grundlegende Verantwortungen und Aufgaben, die neu verteilt werden müssten, vor allem auf dem Gebiet des Urbanismus und der Stadtplanung. Diese vor uns liegende Aufgabe ist immens, wird aber vor allem von Architekten noch immer nicht richtig ernst genommen. Es ist heute eine so immens wichtige Aufgabe, weil, so Ulrich Beck, „jeder Versuch, mit einem neuen Konzept sozialen Zusammenhalt zu erzeugen, von dem Wissen ausgehen muss, dass Individualismus, Vielfalt und Skeptizismus tief in der westlichen Kultur verankert sind".[1]

Was ist Individualisierung?

Laut Ulrich Beck zählt das Phänomen der Individualisierung, zusammen mit der Globalisierung, zu den bedeutsamsten Veränderungen, die während der letzten Jahrzehnte in den Gesellschaften der westlichen Welt vonstattengegangen sind – eine Veränderung, die sich in absehbarer Zukunft noch deutlicher herauskristallisieren dürfte. Globalisierung und Individualisierung sind eng miteinander verwoben. Bis zu einem gewissen Punkt sind sie zwei Seiten derselben Münze. Beides sind Prozesse. Pauschal formuliert bedeutet Individualisierung, dass die Menschen verschiedener werden – aber das wird man bereits geahnt haben.

1   Beck, Ulrich. „Je eigen leven leiden in een op hol geslagen wereld". ARCHIS, Nr. 2, 2001.

So verstanden, scheint Individualisierung eine gute Sache zu sein, etwas, das richtig ist, etwas, das mit Freiheit zu tun hat. In der westlichen Welt sind wir alle dazu erzogen worden, die Menschen auf diese Weise zu sehen: als Individuen, mit gleichen Rechten möglicherweise, aber mit ihren jeweiligen persönlichen Besonderheiten. Sie erklärt zum Beispiel die Faszination, die Portraits auf uns ausüben: nicht bloß die Portraits von Kaisern und Königen, von Generälen und Philosophen, sondern auch die Portraits von gewöhnlichen Menschen, die in Ausstellungen wie <u>The Family of Man</u> präsentiert werden, die Portraits von Menschen, die wir in der Zeitung sehen, und die Portraits unserer nächsten Angehörigen, die in unseren Wohnzimmern hängen oder auf unseren Schreibtischen stehen. Diese Fotografien scheinen Gefühle zu vermitteln, die wir als einmalig erachten.

Gleichzeitig sorgt die Individualisierung jedoch zwangsläufig auch für kleinere oder größere Reibereien, da es sehr schwierig wird, jemandem seine individuelle Freiheit zu garantieren, wenn diese mit der Freiheit eines anderen in Konflikt gerät. Dann kann die Individualität von Menschen aus Sicherheitsgründen oder für Kontrollzwecke urplötzlich instrumentalisiert werden: für Reisepässe, Fahndungsfotos, Fingerabdrücke, Iris-Scanner und dergleichen.

Dies sind jedoch Aspekte der Individualisierung, mit denen ich mich hier nicht befassen werde, obwohl viele der damit verbundenen Wertvorstellungen im Hintergrund zweifellos eine Rolle spielen dürften. Mein Thema ist die Individualisierung als soziologischer Prozess: Ich möchte mich vor allem auf die menschlichen Beziehungen und auf die Art und Weise ihrer Organisation konzentrieren, denn hierbei kommen auch Architektur und Urbanismus zum Tragen. In der Architektur und im Urbanismus werden die menschlichen Beziehungen räumlich organisiert.

Eins sollte jedoch von vornherein klar sein: Individualisierung bedeutet nicht, dass die Menschen immer autarker werden, obgleich dies manchmal ein Ziel zu sein scheint. Individualisierung bedeutet vielmehr, dass man vielfältigen Netzwerken und komplexen abstrakten Systemen zum Beispiel der sozialen Vorsorge angehört, wie es Anthony Giddens nennt.[2] Aus diesem Grund – weil die Menschen in der Regel nicht auf dieselbe Kombination von Netzwerken zurückgreifen – kommt es zur Individualisierung. Medien und Mobilität spielen in diesem Zusammenhang eine entscheidende Rolle. Betrachten wir die Individualisierung

2   Giddens, Anthony. „Living in a Post Traditional Society". In *Reflexive Modernization: Politics, Tradition and Aesthetics in the Modern Social Order*, von Ulrich Beck, Scott Lash und Anthony Giddens. Cambridge (UK): Polity Press, 1994.

auf diese Weise, so gibt es prägnante Veränderungen zwischen der Industriegesellschaft und der Gesellschaft, in der wir heute leben.

Bis vor kurzem schien die Individualisierung etwas zu sein, um das man kämpfen musste. Im Namen der individuellen Freiheit wurden buchstäblich Kriege geführt. Und ich spreche hier nicht bloß von Kriegen im Namen des Kapitalismus. Linke Intellektuelle aus den Sechzigern und Siebzigern fochten ebenfalls für die individuelle Freiheit, meinten damit aber etwas völlig anderes.

Heute gibt es in diesem Kontext jedoch auch einen Unterschied, denn wir erkennen zunehmend, dass uns die Individualisierung irgendwie aufgezwungen wird – sei es durch die sanften Verführungsstrategien der Medienindustrie und der Politiker oder durch die ökonomischen und politischen Kräfte, welche die weltweite Migration hervorrufen. Paradoxerweise basiert die Individualisierung nicht nur auf der ewigen Sehnsucht nach einer Traumwelt der Freiheit, sondern zugleich auch auf der Angst vor Armut, Hunger und Krieg. Sie entsteht nicht nur durch Wohlstand und ein hohes Erziehungsniveau, das die Menschen in die Lage versetzt, Entscheidungen zu treffen und für sich selbst zu sorgen, sondern gleichzeitig auch durch das wirtschaftliche Elend, das die Menschen aus ihren traditionellen Bindungen, Familien und Gemeinschaften herausreißt. Die neoliberale Marktideologie forciert die Atomisierung mitsamt ihren politischen Konsequenzen.[3]

Reflexive Modernisierung

Politische Theoretiker wie Antonio Negri und Michael Hardt[4], aber auch Soziologen wie Ulrich Beck und Anthony Giddens sehen die Individualisierung als eine unvermeidliche und notwendige Zwischenphase auf dem Weg zu neuen Formen des menschlichen Zusammenlebens. Sie sprechen von einer *Ersten Moderne*, die mit den Folgen der Industriellen Revolution verknüpft war, und einer *Zweiten Moderne*, die mit solchen Phänomenen wie dem Auftauchen des Computers, den postfordistischen Produktionsmethoden, der Biotechnologie und den weltweiten Transport- und Kommunikationsnetzen verbunden ist. Während in der klassischen Industriegesellschaft ein unmittelbarer Zusammenhang zwischen Klasse, Familie, Ehe, Geschlechterrollen, Arbeitsteilung zwischen Männern und Frauen und architektonischen Typologien – die Fabrik, der Bahnhof, der Wohnblock – bestand, haben nun sehr viel mehr

3 Siehe Anm. 1.
4 Hardt, Michael und Antonio Negri. *Empire.* Cambridge, MA; London: Harvard University Press, 2007.

5 Beck, Ulrich, Scott Lash und Anthony Giddens. „The Reinvention of Politics: Towards a Theory of Reflexive Modernization". In *Reflexive Modernization: Politics, Tradition and Aesthetics in the Modern Social Order*, 1. Cambridge: Polity Press, 2007.

6 Idem.
7 Lootsma, Bart. *SuperDutch – New Architecture in the Netherlands*. New York (NY); London: Princeton Architectural Press; Thames and Hudson, 2000.
8 Beck, Ulrich. Siehe Anm. 5, aber die Ausgabe von 1996

Menschen die Möglichkeit oder werden dazu gezwungen, Biographien zu leben, die von diesem Grundmuster abweichen: *Do-it-yourself-Biographien*, wie Roland Hitzler sie nennt, oder, wie Giddens es formuliert, *reflexive Biographien*. Im letzten Fall besteht das reflexive Element vor allem in der Konfrontation und Auseinandersetzung mit dem anderen. Nach Ulrich Beck bedeutet Individualisierung auch „erstens die Auflösung und zweitens die Ablösung industriegesellschaftlicher Lebensformen durch andere, in denen die einzelnen ihre Biographien selbst herstellen, inszenieren, zusammenflickschustern müssen".[5] An dieser Stelle lohnt es sich, darauf hinzuweisen, dass Ulrich Beck sich in Reflexive Modernization, dem Buch, das er 1994 gemeinsam mit Anthony Giddens und Scott Lash veröffentlichte, noch ziemlich optimistisch über die Ablösung der Industriegesellschaft und ihre neue Einteilung äußerte und großes Vertrauen in die Fähigkeit der Individuen zur Selbstorganisation setzte. Beck glaubte, dass sich die Menschen in einer dichter werdenden Gesellschaft mit Problemen konfrontiert sähen, welche sie dazu zwingen würden, sich neue, kollektive Lösungen einfallen zu lassen. Als Beispiel nannte er ein Schild, das Münchner Autofahrer an einem ständig verstopften Verkehrsknotenpunkt lesen können: „Sie stecken nicht im Stau. Sie sind der Stau!" Er glaubte, dass eine solche Bewusstseinsänderung das kollektive Verhalten verändern würde, dass Menschen sich von der Basis her neu organisieren würden.[6] Dieser Optimismus korrespondierte mit den Überzeugungen und Strategien, die einige niederländische Architekturbüros wie OMA, West 8 und MVRDV etwa zur selben Zeit entwickelten, als sie die niederländische Gesellschaft und die dortigen Politiker mit den Folgen ihrer Sehnsüchte und Wünsche konfrontieren wollten.[7] Beck wurde wegen seiner Ansichten heftig kritisiert und als Neoliberaler diffamiert. Und OMA und MVRDV sehen sich zunehmend einer ähnlichen Kritik ausgesetzt.

Zu meiner Überraschung fand ich heraus, dass Beck in Reflexive Modernisierung, der 1996 erschienenen deutschen Fassung des oben genannten Buches, seinen Originaltext durch einen völlig neuen Beitrag ersetzt hatte, dessen Grundtenor wesentlich pessimistischer war. In diesem Text spricht Beck nicht mehr von der Fähigkeit der Gesellschaft zur Selbstorganisation. Stattdessen widmet er sich ausgiebig den negativen Begleiterscheinungen der Zweiten Moderne: soziale Unsicherheit, mangelnde Sicherheit aufgrund von Umweltverschmutzung, Gewalt und Kriminalität, Ungewissheit, hervorgerufen durch den Glauben an Fortschritt, Wissenschaft und Expertentum.[8] In einem neueren Text

9 Siehe Anm. 1.

10 Bird, Colin. *The Myth of Liberal Individualism*. New York: Cambridge University Press, 1999.

spricht Beck auch von Risiko-Biographien und gebrochenen oder unterbrochenen Biographien.[9] Das Leben, das illegal Eingewanderte führen, ist ein gutes Beispiel dafür. Es ist zweifellos ein Exempel für Selbstorganisation – doch es findet buchstäblich an den Rändern oder, besser, auf der Schattenseite der Gesellschaft statt und ist auf vielfältige Weise mit dieser verknüpft.

Amerikanisierung

Individualisierung wird häufig mit Amerikanisierung in Verbindung gebracht und tatsächlich scheint der Prozess der Individualisierung in Europa den Zusammenbruch der kommunistischen Welt in Osteuropa und den Fall der Berliner Mauer beschleunigt zu haben, so als habe Westeuropa über Nacht sein traditionelles Gegengewicht verloren. Das Hauptziel der Europäischen Union scheint in der Entwicklung und Ausweitung einer Freihandelszone zu bestehen, die mit jener der Vereinigten Staaten konkurrieren kann. Die ideologische Basis des politischen und ökonomischen Systems der USA ist schon immer der liberale Individualismus gewesen – der Glaube, dass individuelle Freiheit, im Sinne einer unverletzlichen Privatsphäre, und individuelles Unternehmertum Hand in Hand gingen und die Gesellschaft nicht durch einen starken Staat, sondern auf *organische* Weise durch eine *unsichtbare Hand* gelenkt werde. Wie Colin Bird in seinem Buch The Myth of Liberal Individualism schreibt, dürfen wir selbstverständlich glauben, dass die Gesellschaft organisch sei, doch dieser Glaube helfe uns nicht dabei, all jene Entscheidungen zu treffen, die wir tagtäglich in eben dieser Gesellschaft treffen müssen. Eine Qualle mag organisch sein, doch das verleihe diesem Tier nicht den moralischen Status, den man Menschen normalerweise zubilligt.[10] Dieses Argument lässt sich sehr gut auf Architektur und Stadtplanung übertragen. Niemand scheint zu erkennen, dass die Abschaffung von Regeln und Gesetzen lediglich eine Verlagerung zur Justiz bewirkt, denn jeder wendet sich bei Konflikten sofort an die Gerichte – oder an die Medien. Dies führt letztlich nur zu einem Chaos in der Rechtsprechung und zu Entscheidungsprozessen, die noch verzwickter sein dürften als diejenigen, die wir bereits zur Genüge kennen. In einer Zeit, wo sich die Entscheidungsprozesse in den Niederlanden verlangsamen und wo gleichzeitig massive Deregulierungen und Privatisierungen stattfinden, schreit trotzdem jeder, in einer Art pawlowschem Reflex, sofort nach dem Staat oder der Regierung. Diese Prozesse erzeugen eine schizophrene Welt, die paradoxerweise gleichzeitig glatt und zerstückelt ist: die Art von Speise, die man ungern essen möchte.

Aspekte der Amerikanisierung mögen bei der Individualisierung durchaus eine Rolle spielen, doch in Europa ist die Krise des Wohlfahrtsstaates und der Sozialdemokratie von größerer Bedeutung. Tatsächlich könnte man sagen, dass der Wohlfahrtsstaat seine Krise selbst produziert. Wir sind so wohlhabend und so gut ausgebildet, dass die Mittelschicht zur vorherrschenden Klasse geworden ist. Sie fühlt sich sicher und möchte nun von ihrem eigenen Reichtum profitieren.

Sozialdemokraten waren noch nie an einer Revolution interessiert. Stattdessen propagierten sie schon immer eine gerechtere Verteilung des Reichtums in der Gesellschaft. Sozialer Wohnungsbau, Bildung, medizinische Versorgung und soziale Sicherheit sollten den Menschen bessere Startbedingungen in einer Gesellschaft verschaffen, die nach wie vor eine kapitalistische war.

Es ist interessant zu verfolgen, wie sozialdemokratische Strategien in einem Land wie den Niederlanden nicht mehr funktionieren – und die Politik, die Armand Akdogan in Rotterdam untersucht hat, demonstriert dieses Scheitern auf exemplarische Weise. Einwanderer, die ein eigenes Geschäft gründen wollen, erhalten eine staatliche Beihilfe, um die Läden in den aus dem 19. Jahrhundert stammenden Wohngebieten am Binnenweg zu renovieren. Aber während die Läden im Stadtzentrum nur so florieren, weil immer größere Publikumsattraktionen einen regelrechten Menschenstrom vom Hauptbahnhof ins Herz der Einkaufszone locken, sind im Binnenweg keine solchen Anziehungspunkte geplant und zwischen ihm und dem Lijnbaan, dem zentralen Einkaufsviertel von Rotterdam, klafft eine riesige Lücke. Die Einwanderer dürfen also ihre eigenen kleinen Geschäfte gründen, möglicherweise weil dort die ganze Familie arbeitet, aber gleichzeitig wird die Segregation verfestigt – mögen die Politiker noch so stolz auf ihre multikulturelle Straße sein.

Nach dem Zusammenbruch des kommunistischen Imperiums gab es in Europa, wie Slavoj Žižek schreibt, zu keinem Zeitpunkt eine echte Wahlmöglichkeit, keine wirkliche Entscheidungsfreiheit in dem Sinne, dass man die bestehende Situation tatsächlich hätte überwinden können. Die Bürger der europäischen Wohlfahrtsstaaten mögen sich der Risiken und Nebenwirkungen, von denen Beck spricht, durchaus bewusst sein, doch die Politiker des so genannten Dritten Wegs geben ihnen das Gefühl, sie seien stark genug, um diese Probleme in den Griff zu bekommen. Wer gibt schon gerne zu, dass er oder sie in Wahrheit ein Feigling ist?

Žižek plädiert für eine Neuinterpretation von Lenins Was tun?: Man müsse wieder den Mut zu haben, sich die Hände schmutzig zu machen.[11] Es scheint tatsächlich so, als wollten sich die Politiker des Dritten Wegs die Hände nicht schmutzig machen, doch in Wirklichkeit tun sie das natürlich, wenn sie die von Beck aufgezählten negativen Begleiterscheinungen produzieren, mögen sich diese auch in anderen Regionen der Welt manifestieren.

Einmal abgesehen von einer immer vorhandenen, vagen Skepsis, kann im Grunde nicht bezweifelt werden, dass sich die Individuen organisieren. Wenn eine Sache klar geworden sein dürfte, dann die, dass die Individualisierung nichts zu tun hat mit dem Individuum als einem unverwechselbaren Einzelwesen. Damit meine ich das Individuum als ein Gesicht, als einen Fingerabdruck oder als was auch immer. Im besten Fall ist das Individuum eine DNA-Struktur, deren Gene aus allen möglichen Bereichen stammen. Es ist ein Moment in einer Landschaft, vergleichbar mit den komplexen Einzelwesen, die der Anthropologe Arjun Appadurai beschreibt. Appadurai bedient sich einer ganzen Reihe von anthropologischen Ansätzen, doch wenn man sein Buch Modernity at Large liest, bleibt unter dem Strich der allgemeine Eindruck von Landschaftsgemälden zurück.[12] Im Fall von Appadurai besitzen sie, in warmen Tönen gemalt, eine Art Biedermeier-Charakter, bieten eine Beschreibung indischer Menschen, die international Erfolg erzielt haben und dennoch starke familiäre Bindungen pflegen. Es ist aber nicht schwierig, sie auch in einem anderen Licht zu sehen, als romantische Landschaftsgemälde, mit winzigen, weniger erfolgreichen Individuen vor dem Hintergrund oder umgeben von einer grandiosen Natur: auf einem Berggipfel, den sie gerade unter größten Anstrengungen erklommen haben, am Rand einer Schlucht, in die sie hinabzustürzen drohen, gefangen im Packeis eines gefrorenen Ozeans. Bei Appadurai ist die Landschaft ein komplexes Gebilde aus kulturellen, finanziellen, ethnischen, technologischen und vielen anderen, einander überlappenden und häufig im Konflikt miteinander liegenden Sphären und die winzige Figur im Vordergrund ist eine Maschine, angeschlossen an unterschiedliche Ströme, die sie, wie der Deleuze'sche Schizo[13], ein- oder

11 Žižek, Slavoj. „Was kann Lenin uns heute über die Freiheit sagen?". In B&K+, Political Landscape. Tagungsbericht. Köln: Walter König, 2001.

12 Appadurai, Arjun. Modernity at Large: Cultural Dimensions of Globalization. Minneapolis, MN: University of Minnesota Press, 1996.

13 Deleuze, Gilles und Félix Guattari, Capitalisme et Schizophrénie 1: L'Anti-Œdipe. Paris: Les Éditions De Minuit, 1972.

ausschalten kann. In architektonischer und urbanistischer Hinsicht verfolgen die diversen Fallstudien, die Stefano Boeri bei seinem Multiplicity/USE-Projekt für die Ausstellung und das Buch <u>Mutations</u> zusammengestellt hat, einen ähnlichen Ansatz und das Gleiche gilt für viele der Forschungsprojekte, die das Berlage Institut während der letzten Jahre durchgeführt hat.[14] Während Boeri sich auf bestimmte Territorien konzentriert, widmet sich das Berlage Institut eher den Organisationsprozessen als solchen. Diese Fallstudien zeigen auch, dass Individuen sich völlig anders organisieren, als sie es traditionellerweise tun würden, wenn sie ihr Leben lang auf ein bestimmtes Territorium beschränkt blieben. Mediennetze und Mobilität erlauben ihnen das in zunehmendem Maße, wie Diego Barajas' Untersuchung über kapverdische Immigranten belegt. Menschen aus den Kapverden hat es in aller Herren Länder verschlagen, doch das Interessante daran ist, dass die sie verbindenden Organisationsstrukturen noch immer stark denen der ursprünglichen Inselbewohner ähneln. Es gibt einige größere Ansiedlungen von Kapverdiern, traditionellerweise in größeren Hafenstädten wie Porto, Lissabon, Rotterdam und Boston. Was diese Ansiedlungen jedoch verbindet, ist ihr eigenes System von Banken, Reisebüros, Radiosendern, Zeitschriften, Friseuren, Musikgruppen et cetera. Die Musikgruppen zum Beispiel klappern die verschiedenen Städte ab, so wie sie es früher per Boot von Insel zu Insel getan hätten. Aber auch innerhalb der jeweiligen Städte sind die Organisationen, Läden und Institutionen verstreut und miteinander verbunden wie kleinere Archipele. Die Kapverdier wirken, wie die Chinesen es in einem viel größeren Ausmaß tun, als eine transnationale Gemeinschaft oder fast schon als eine transnationale Gesellschaft. Im Fall von Bin Ladens Al Qaida-Netzwerk stellen wir fest, dass solche Netzwerke heute beachtliche politische und militärische Macht erreichen können, dass sie sogar traditionelle räumliche Zusammenhänge überschreiten und ebenso Architektur zerstören können.

Urbanismus

Für die Stadt bedeutet die Individualisierung, dass sie nun nicht mehr identisch ist mit der räumlichen Manifestation einer Gemeinschaft, die eine klare – vorzugsweise hierarchische – Struktur besitzt. Dies bedeutet, dass wir nun nicht mehr, so wie früher, aus der physiomorphologischen Struktur einer Stadt Schlussfolgerungen über die Struktur einer Gesellschaft ziehen können, und genauso wenig können wir erwarten, dass die traditionelle Gesellschaft oder

14 Boeri, Stefano und Multiplicity. „USE Uncertain States of Europe". In Mutations. Barcelona: ACTAR, 2000.

die traditionellen Formen des Zusammenlebens wieder zurückkehren werden, wenn wir die Stadt gemäß den traditionellen Typologien bauen. Die Stadt ist nun nicht mehr die Addition von ewig gleichen Dingen und Programmen; sie ist die Addition von vielen verschiedenen Dingen und Programmen. Viele dieser neuen Programme sind innerhalb der bestehenden, traditionellen Strukturen versteckt und verändern diese von innen heraus. Tatsächlich besteht die Stadt aus vielen Städten und diese Städte wiederum sind in eine Vielzahl unterschiedlicher Netzwerke eingebunden.

Angesichts des Wachstums der Weltbevölkerung werden die Folgen der Individualisierung jedoch am sicht- und greifbarsten in den neuen Teilen der gebauten Umwelt. Architektur und Urbanismus haben sich immer mit der Interdependenz dieser Dinge und Programme befasst. Doch was geschieht mit der Architektur und dem Urbanismus, wenn beide zerrissen werden zwischen dem kleinen, intimen Maßstab des rein Individuellen und dem enormen, abstrakten Maßstab der global vernetzten Medien, der globalen Mobilität und der globalen Wirtschaft? Wie gehen die Menschen damit um? Wie organisieren sie sich?

Wenn ich hier weiterhin den Terminus „Stadt" gebrauche, dann nur deshalb, weil es noch keine besseren oder präziseren Termini gibt. Ich möchte ihn hier im allgemeinsten Sinn benutzen: als „urbanisiertes Gebiet". Eine Vielzahl von kleineren und größeren Gemeinschaften findet auf diesem sich permanent ausweitenden, praktisch grenzenlosen Areal Platz, Seite an Seite und in ständig wechselnden Kombinationen. Diese Gemeinschaften werden hier nicht mehr definiert durch ihre feste räumliche Nähe innerhalb eines klar umrissenen Territoriums. In zunehmendem Maße werden Gemeinschaften durch eine aktive, bewusste Entscheidung und durch eine in Zeitspannen gemessene Nähe gebildet. Dies geht über die unausgegorenen und vagen Vorstellungen von einer so genannten *multikulturellen Gesellschaft* hinaus, die, wie gut ihre Verfechter es auch meinen mögen, stets den Beigeschmack einer *Invasion* von Fremden hat.

Statt nach Differenzen Ausschau zu halten, werden wir wieder nach *Gleichartigkeit* suchen müssen, aber vielleicht auf einer völlig anderen Ebene, als wir es früher getan haben. Die von Peter Trummer und Penelope Dean durchgeführte Untersuchung über die Royal Flying Doctors in Australien ist ein gutes Beispiel dafür. Der Outback Australiens ist eine Metropole, der das traditionelle Erscheinungsbild einer Stadt

15 Trummer, Peter und Penelope Dean. „Time Sharing Urbanism". *Daidalos*, Nr. 69/70, Doppelausgabe, Dezember 1998/Januar 1999; siehe auch „The Need for Research". *OASE*, Nr. 53 (2000).

entbehrt. Die herkömmliche Infrastruktur aus Straßen und Telefonleitungen ist vollständig durch eine Infrastruktur aus Flugzeugen und einem offenen Radiosystem, die Stadtverwaltung durch ein riesiges Wohlfahrtssystem, den Royal Flying Doctors Service, ersetzt. Aber die Analyse von Trummer und Dean zeigt, dass eine Stadt, die formlos beziehungsweise gar keine Stadt zu sein scheint, ganz offensichtlich eine Form auf einem höheren, virtuellen Level besitzt – eine Form, die durch eine Veränderung der Parameter visualisiert und modifiziert werden kann. Das heißt, dass es eine Form ist, die entworfen werden kann und tatsächlich entworfen ist. Die Instrumente und Mittel, um das zu machen, sind jedoch radikal anders als die traditionellen Wurzeln der Stadtplanung.[15]

Architektur

Statt jedoch nach neuen Formen von *Gleichartigkeit* zu suchen, hat sich die Architektur während der letzten vier Jahrzehnte darauf konzentriert, alle möglichen Techniken zur Erzeugung von Differenzen zu finden. Dies war eine Reaktion auf die moderne Architektur.

Die moderne Architektur wurde – und wird – mit dem Vorwurf konfrontiert, sie verursache monotone Wohnquartiere und Städte, in denen man noch nicht einmal seine eigene Wohnung erkennen könne, da sie alle gleich seien. Nach dem Zweiten Weltkrieg wurde die moderne Architektur, die einst als eine Art Befreiungsbewegung begonnen hatte, Teil eines Systems, das sich zunehmend der Kritik ausgesetzt sah, unterdrückerisch zu sein. Tatsächlich wurde sie so sehr zu einem Teil dieses Systems, dass sie nicht nur als das perfekte Symbol dieses Systems galt – und manchmal noch gilt –, sondern auch als dessen wichtigstes Werkzeug. Und obwohl der Glaube, die Architektur könne die Gesellschaft verändern, vor allem in den achtziger Jahren weitgehend aufgegeben und offiziell zu Grabe getragen wurde, glaubten die Architekten natürlich insgeheim weiter an die gesellschaftsverändernde Kraft der Architektur. Dies war, von der Postmoderne bis zum Dekonstruktivismus, die geheime Agenda der Architektur. Also musste die Architektur dekonstruiert werden. Bei Grundrissen und Querschnitten mussten Irritationen eingefügt werden, in Form von Zwischenzonen und unerwarteten Konfrontationen von Programmen, die traditionellerweise unvereinbar waren. Wurden diese Konfrontationen nicht erzwungen, so schlug man glatte, gefaltete, offene Grundrisse vor, auf denen sich die Bevölkerung mehr oder weniger spontan organisieren könnte.

Neben diesen allgemeinen Herangehensweisen im architektonischen Diskurs wird die Individualisierung jedoch fast ausschließlich im Zusammenhang mit dem Thema Wohnungsbau und -markt diskutiert. Diese Debatte ist politisch völlig überfrachtet mit ideologischen Themen, die noch mit der guten alten Links-Rechts-Debatte aus der Zeit des Kalten Krieges zusammenhängen. Die Argumente der Linken besagen, dass die Menschen das Recht haben sollten, den von ihnen gewählten Lebensstil zu verfolgen, gegen die disziplinierende Unterdrückung durch das *System*, und ihre Kultur und Kreativität in ihrem unmittelbaren Lebensraum zum Ausdruck zu bringen. Die Argumente der Rechten basieren auf der liberalindividualistischen Position, die nicht nur die Unverletzlichkeit der Privatsphäre, sondern auch die Bedeutung des Privateigentums als Voraussetzung des individuellen Unternehmertums betont.

Es ist kein Wunder, dass in Ländern, die von Politikern des Dritten Wegs regiert werden – zum Beispiel Großbritannien, die Niederlande und Deutschland –, das öffentliche Bekenntnis zum privaten Hausbesitz zu einer Art *Effekthascherei* geworden ist, mit der Politiker leicht Punkte machen können. Das extremste Beispiel für diese Effekthascherei und für den dadurch erzeugten politischen Druck ist zweifellos die propagandistische Debatte um Het Wilde Wohnen (Das Wilde Wohnen), die der Architekt und ehemalige BNA-Vorsitzende Carel Weeber Mitte der neunziger Jahre in den Niederlanden entfachte. Das Thema wurde sofort von linken Politikern wie Adri Duyvestein aufgegriffen, um die Macht der Wohnungsbaugesellschaften und der Bauindustrie zu brechen, aber auch von dessen Kollegen von der Rechten, zum Beispiel von Staatssekretär Remkes, um die Zahl der Eigenheimbesitzer zu erhöhen. Der propagandistische Effekt dieser Debatte wird noch verstärkt durch semi-staatliche Kulturinstitutionen, wie den Dutch Architecture Fund und das Netherlands Architectural Institute, die Architekten dazu ermuntern, verführerische, schön bebilderte Pläne für private Eigenheime zu entwickeln. Zur Zeit findet im Netherlands Architectural Institute eine Ausstellung statt, auf der man zum ersten Mal in der niederländischen Architekturgeschichte die große Tradition des Eigenheimbaus präsentieren möchte, obwohl dieses Thema noch bis vor kurzem als peripher oder als politisch inkorrekt galt. Es wurde sogar eine Messe organisiert, wo potenzielle Bauherren ihren Architekten treffen konnten.[16] Gegenstimmen, wie man sie in den frühen Neunzigern noch hören konnte – eine solche Entwicklung, so hieß es, würde große Teile der Landschaft schlucken

16 *Domestic Delights, The finest examples from the NAI's collection of house architecture*, Ausstellung, Netherlands Architecture Institute, Rotterdam, 14. Oktober, 2001–27. Januar, 2002.

und das Ökosystem zerstören; sie würde zu einer neuen Segregation und zu forcierter Mobilität führen –, sind heute fast vollständig zum Verstummen gebracht worden. In den kommenden Jahren wird der private Eigenheimbau in den Niederlanden auf 30 Prozent der gesamten Bauproduktion steigen.

Charles Bessard hat am Beispiel von Almere untersucht, wie diese neuen individualisierten Wohngebiete beschaffen sind. Bei dieser Stadt ist Individualisierung tatsächlich von Anfang an die architektonische und städteplanerische Strategie gewesen. Fährt man durch Almere, merkt man nicht einmal, dass man sich in einer Stadt befindet. Die einzelnen Wohnareale sind durch Deiche und Büsche verdeckt, das heißt, von der Straße aus nicht zu sehen, und wiederum durch Deiche, Büsche und Kanäle voneinander getrennt. Almere hat mit Bedacht kein Stadtzentrum: Stattdessen gibt es dort einen Teich. Die neuen Wohnareale und die auf ihnen befindlichen Einzelparzellen sind nach verschiedenen, einfachen Themen differenziert: Bauernhäuser, traditionelle Häuser und moderne Häuser, denn anfangs sorgte ein modernes Haus inmitten von traditionellen Häusern für Unstimmigkeiten. Da es nur eine begrenzte Zahl von Parzellen gibt, können Interessenten an einem Losverfahren teilnehmen. Wer ein modernes Haus haben möchte, nimmt am Losverfahren für den modernen Bezirk teil, doch angesichts des Mangels an Parzellen nimmt er auch an den Auslosungen für die anderen Bezirke teil. So kann es passieren, dass jemand, der ein modernes Haus bauen möchte, in einem Bezirk landet, der für Bauernhäuser konzipiert ist, oder umgekehrt, und er muss alle möglichen Tricks anwenden, um seinen Traum zumindest teilweise realisieren zu können. Am Ende sieht natürlich alles mehr oder weniger gleich aus. Bessard untersuchte auch die tatsächlichen Wunschträume der Menschen und fand heraus, dass sich diese in aller Regel auf exotische Urlaubsziele bezogen: eine Farm in Afrika, ein Herrenhaus in Schottland, ein Apartment in New York ... Was dann aus diesen Träumen wird, ist jedoch ziemlich enttäuschend. Das Endresultat richtet sich mehr denn je danach, was die Bauindustrie den Bauherren für deren Budget liefern kann.

Kulturelle Implikationen

In der kulturellen Debatte lassen sich ähnliche Tendenzen beobachten. Wir erleben derzeit einen Wechsel von einer Politik, bei der Kultur mit einem großen K geschrieben und die Bevölkerung dazu erzogen wurde, diese Kultur zu

verstehen, zu einer Politik, die alle möglichen kulturellen
Manifestationen gleich ernst nimmt und Subventionen nach
dem Gießkannenprinzip verteilt. Wieder bilden die Argumente
der traditionellen Linken und die der traditionellen Rechten
eine Koalition, denn beides, multikulturelle Initiativen und
kommerzielle Initiativen, wird gleichermaßen gefördert.
Vor diesem Hintergrund sind Subventionen eher so etwas wie
Auszeichnungen geworden: ein offizieller Regierungssegen
für kulturelle Initiativen. Subventionen sind heute keine
Steuerungsmittel mehr, sondern bloße Beweise dafür, dass
der Staat oder die städtischen Behörden so viele Initiativen
wie möglich offiziell anerkennen. Rotterdam ist viele Städte –
so lautet der sorgfältig gewählte offizielle Slogan für die
europäische Kulturhauptstadt des Jahres 2001. Ähnlich wie
die neue Wohnungsbaupolitik nimmt die Kulturpolitik die
Form einer Generalamnestie an. Ich bin O.K., du bist O.K.,
wie wir in den Siebzigern zu sagen pflegten. Sollten wir die
Kulturhauptstadt jedoch als das besondere Ereignis
einschätzen, das zu produzieren man eigentlich von ihr
erwarten dürfte, sei es in Form einmaliger Veranstaltungen
oder als etwas, das mehr ist als die Summe seiner Teile,
so scheint in Rotterdam nichts zu passieren, was dort nicht
ohnehin passieren wäre. Eine interessante Beobachtung,
wie ich finde.

Auf einer offiziellen politischen Ebene wird die Individualisierung also akzeptiert, ja sogar gefördert, und alle scheinen
zufrieden zu sein. Wer möchte schon als elitärer Schnösel
gelten? Oder gar der Diskriminierung bezichtigt werden?
Niemand möchte sich vorwerfen lassen, er beschneide die
persönliche Freiheit anderer, oder? Aber warum erscheint die
derzeitige Politik dann so zahn- und geschmacklos? Warum
zeitigt sie so mediokre Ergebnisse? Und warum scheint sich
niemand für die negativen Begleiterscheinungen zu
interessieren? Antonio Negri und Michael Hardt schreiben in
Empire, dass „Guy Debords vor mehr als dreißig Jahren
vorgelegte Analyse der Gesellschaft des Spektakels vor
diesem Hintergrund immer zutreffender und zwingender
erscheint. In der imperialen Gesellschaft [die gegenwärtige
globale Gesellschaft, die Negri und Hardt beschreiben, B. L.]
ist das Spektakel ein virtueller Ort, oder präziser, ein Nicht-
Ort der Politik. Das Spektakel ist dermaßen uniform und
zugleich diffus, dass man das Innere unmöglich vom Äußeren
unterscheiden kann – das Natürliche vom Gesellschaftlichen,
das Private vom Öffentlichen. Die bürgerlich-liberale
Vorstellung vom Öffentlichen, jene äußere Sphäre, wo wir in
der Gegenwart anderer handeln, ist in den virtuellen Räumen
des Spektakels nicht nur universalisiert (weil wir nun immer

17 Negri und Hardt, siehe Anm. 4, eigene Übersetzung. Debord, Guy. *The Society of the Spectacle.* New York: Zone Books, 1994.

dem Blick anderer ausgesetzt sind, von Sicherheitskameras überwacht werden), sondern auch sublimiert und entaktualisiert worden." Laut Negri und Hardt, und mit einem ähnlichen Optimismus, wie ihn Ulrich Beck ursprünglich an den Tag legte, „bedeutet das Verschwinden des Äußeren das Verschwinden der bürgerlich-liberalen Politik."[17] Es bleibt natürlich abzuwarten und es ist unklar, welche Art von Gesellschaft ihrer Ansicht nach die gegenwärtige ablösen wird. Dies wird nicht einfach von sich aus geschehen. Und genau deshalb ist es notwendig, das Phänomen der Individualisierung genauer unter die Lupe zu nehmen. Andreas Gurskys monumentale Fotografie Montparnasse zeigt einen riesigen modernen Wohnblock, der in den siebziger Jahren in Paris hochgezogen wurde. Die Fassade ist ein regelmäßiges Raster, das die dahinter liegenden Wohnungen erkennen lässt; diese haben praktisch alle die gleiche Größe und den gleichen Grundriss. Eine Liste mit den Namen der Bewohner zeigt, dass dieses ursprünglich für französische Durchschnittsfamilien mit anderthalb Kindern konzipierte Gebäude heute Menschen aus aller Welt beherbergt. Wirft man einen näheren Blick auf die Fotografie, so erkennt man, dass jeder Bewohner seine Wohnung auf eine völlig andere Weise nutzt. In der Wirklichkeit macht sich die Krise solcher öffentlich geförderter Wohnbauten noch deutlicher bemerkbar: Sie präsentiert sich als ein kaleidoskopisches Tohuwabohu unterschiedlicher Lebensstile. Charles Bessard, wohnte eine Zeit lang in jenem Gebäude und er erzählte mir, dass man dort wegen der schlechten Schallisolierung ständig mit den Musikgeschmäckern seiner Nachbarn konfrontiert werde, mit einem Soundmix, wie ihn selbst der coolste DJ von Paris nie hinbekommen würde. Ob cool oder enervierend – dies beweist in jedem Fall, dass die Menschen dazu neigen, ihre Privatsphäre über die tatsächlichen Grenzen ihrer jeweiligen Behausung auszu-dehnen.

Eine der Fallstudien in der Mutations-Ausstellung in Bordeaux untersucht einen ähnlichen Fall. Hier beherbergt die unter dem Namen Italie oder les Olympiades bekannte moderne Scheibe im 13. Pariser Arrondissement ein komplettes Chinatown, dessen Bewohner das Gebäude auf eine unglaublich kreative Weise nutzen: Die im Keller befindlichen Parkdecks dienen als öffentlicher Raum und Marktplatz und die Wohnungen fungieren tagsüber als sweat shop (Ausbeuterbetrieb) oder Restaurants und nachts als Schlafquartiere. Die Aufzüge kommen nie zur Ruhe: Sie verbinden die verschiedenen Wohnungen und Funktionen innerhalb dieser Stadt in der Stadt und sie transportieren

18 Geuze, Adriaan. „Onze Flat". In *Over Rotterdam.* Rotterdam: 010 Publishers, 1994.

blitzschnell Menschen, Gegenstände und Möbel, um diese der Kontrolle durch die Pariser Polizei zu entziehen. Diese Beispiele sind jedoch nur ein Aspekt der Geschichte. Die echte multikulturelle Gesellschaft entwickelt sich auch von innen heraus. In einem Text zur Geschichte des Maaskantflat in Rotterdam, eines der gelungensten Beispiele für den modernen Wiederaufbau der Stadt nach dem Krieg, hat Adriaan Geuze[18] gewaltige Unterschiede in der Homogenität und dem Gemeinschaftsgefühl zwischen den ursprünglichen Bewohnern und den Leuten aufgezeigt, die in den letzten Jahren in dort frei gewordene Wohnungen eingezogen sind. Hier handelt es sich nicht um Menschen aus anderen Ländern oder Kulturkreisen, sondern vor allem um junge Leute mit einem individuelleren Lebensstil. Wenn man die Donaucity und die Copa Cagrana in Wien besucht, oder die Umgebung von Graz oder Linz, so stößt man dort auf ganz ähnliche Phänomene. Bei all diesen Fällen lässt sich das Resultat eines aggressiven Individualismus erkennen, der sich auf parasitäre Weise in der öffentlichen Architektur und in den urbanen Zusammenhängen einnistet, die so typisch für die westeuropäischen Wohlfahrtsstaaten sind. Häufig manifestiert sich dieser Individualismus auch in einem aggressiven kapitalistischen Unternehmertum, das, auf scheinbar paradoxe Weise, in vielem der Mentalität von Hausbesetzern und Computer-Hackern ähnelt, die wir bislang für antikapitalistisch oder anarchistisch gehalten hatten. Joep van Lieshouts AVLVille ist der wohl radikalste Ausdruck dieser Tendenz: ein Künstler, der sein Atelier zu einer größeren Firma weiterentwickelt hat, aus der ein Dorf wird, welches er zu einem Freistaat mit allem Drum und Dran machen möchte, inklusive bewachten Zufahrtstoren und Schusswaffen.

Wir mögen von derlei Entwicklungen und Experimenten fasziniert sein, ähnlich wie von den vitalen Prozessen der Selbstorganisation in China, in Lagos, in den Shanty-Towns von Südamerika, Afrika und Indien oder in der Ummauerten Stadt von Hongkong – aber sind diese Dinge in Wirklichkeit nicht bloß die augenfälligere Rückseite jener Tendenz, welche die so genannten Common Interest Developments hervorbringt, also jene nach einem bestimmten Thema gestalteten und in der Regel mit Zäunen und Zufahrtstoren gesicherten Wohnsiedlungen, die sich neureiche Mitglieder der Mittelschicht in jüngster Zeit bauen lassen?

Die Individualisierung hat weitreichende Auswirkungen auf die Art und Weise, wie wir über Kultur denken. Dies kommt derzeit vor allem in den Debatten zwischen

Kulturrelativisten und Kulturpessimisten zum Ausdruck:
Erstere akzeptieren eine Vielzahl von Kulturen (ethnische,
religiöse, *hohe* und *niedere*), die in ihren Augen gleichbe-
rechtigt nebeneinander stehen, und sie betrachten diese
Vielfalt als einen Wert an sich, während Letztere bestimmte
(*abendländische*) Werte und Errungenschaften, die sie,
insgeheim oder ausdrücklich, als den übrigen überlegen
betrachten, auf jeden Fall erhalten wissen möchten. Manche
sagen, die Individualisierung sei zu weit gegangen,
andere wieder behaupten, sie gehe nicht weit genug, weil die
Menschen in Zukunft – in einem vereinten Europa und,
noch allgemeiner, in einer globalisierten Welt – mehr
Verantwortung auf sich nehmen müssten.

Die kulturellen Implikationen der Individualisierung gehen
allerdings weit über diese Debatte hinaus. Dies gilt
insbesondere für all jene Bereiche der Kultur – etwa die
Architektur, den Urbanismus oder die visuellen Künste –, die
sich auf den öffentlichen Raum auswirken und einen Großteil
ihrer Legitimität der öffentlichen Sphäre verdanken.
Schließlich vermittelt die Architektur seit jeher zwischen den
individuellen Wünschen desjenigen, der ein Bauwerk in
Auftrag gibt, und dem öffentlichen Interesse. Öffentliche
Kunst muss von weiten Teilen der Gemeinschaft verstanden
werden. Und der Urbanismus schafft vor allem die
physischen Voraussetzungen für die öffentliche Sphäre.

Multinational operierende Firmen scheinen, was das Design
ihrer Produkte betrifft, eine Teillösung gefunden zu haben.
Eine andere Fotografie von Andreas Gursky (Untitled V,
gemeinsam mit Nina Pohl, 1997) illustriert dies. Sie zeigt
eine Jahreskollektion von PRADA Sportschuhen in einer
Vitrine: eine geradezu verwirrende Vielfalt von Modellen.
Ursprünglich wurden diese Schuhe für bestimmte Sportarten
hergestellt, doch inzwischen tragen die Menschen sie, um
einen Aspekt ihrer Identität herauszustreichen und aus
Modezwecken. In einer Art Demokratisierungsprozess
haben diese Sportschuhe im Grunde die Rolle übernommen,
die prestigereiche Modemarken wie PRADA einmal
innegehabt haben: Sie ermöglichen es den Menschen, sich
von anderen zu unterscheiden. Sportschuhe verschiedener
Hersteller bringen eine Vielzahl von Stilen zum Ausdruck.
Heute, nur wenige Jahre nach dem Entstehen dieses Fotos,
wird die Mehrzahl der Sportschuhe nicht mehr hergestellt,
um sportlichen Betätigungen zu dienen, sondern um eine
kulturelle Identität zu artikulieren. Auf der Nike-Website kann
man sogar seinen eigenen Schuh entwerfen – mit gewissen
Einschränkungen. Nike behält sich das Recht vor, manche

19 Vgl. die E-Mail-Korrespondenz von Jonah H. Peretti mit Nike in Bezug auf seinen Wunsch, einen Nike-Schuh mit dem Wort „Sweatshop" bestickt herstellen zu lassen.

Entwürfe abzulehnen.[19] Es ist interessant, dass die neuen, von OMA entworfenen PRADA-Shops eine Strategie verfolgen, die in vielerlei Hinsicht derjenigen ähnelt, die Nike schon seit längerem in seinen größeren Filialen praktiziert.

Über kurz oder lang wird man deshalb die Vorstellung vom öffentlichen Interesse, eine bestimmte Form von Gleichartigkeit, neu formulieren müssen. In einer globalisierten Welt, in der nationale Grenzen und somit auch nationale politische Initiativen zunehmend an Bedeutung verlieren, dürfte dies jedoch zusehends schwieriger werden.

Die langfristigen architektonischen und urbanistischen Konsequenzen dieser Entwicklung sind noch immer nicht absehbar. Architekten wie Greg Lynn, Lars Spuybroek und Kolatan/Mac Donald beschäftigen sich mit Methoden zum Entwurf, zur Produktion und zur Vermarktung von nichtstandardisierten, individualisierten Haustypen, im Versuch, ähnliche Strategien wie Nike anzuwenden.

Obwohl sie bestimmte gemeinsame Interessen und Vorgehensweisen teilen – etwa die intensive Nutzung von Computern im Planungsprozess, die neuesten flexiblen Produktions- und Marketingtechniken sowie die Berücksichtigung der Beziehung zwischen Architektur und natürlicher Umwelt –, nähern sich diese drei dem Thema des individualisierten Wohnens auf ihre jeweils eigene Weise.

In seiner eigenen Firma (FORM) und an der Columbia University, der UCLA und der ETH in Zürich hat Greg Lynn Spezialuntersuchungen durchgeführt, um zu eruieren, inwieweit die computergesteuerten, flexiblen Produktionsmethoden, wie sie in der Autoindustrie entwickelt worden sind, auch beim Bau von Wohnhäusern Anwendung finden könnten. In der Autoindustrie ist es schon seit längerem gängige Praxis, dass sich eine einzelne Fabrik nicht darauf beschränkt, lediglich Autos eines einzigen Typs herzustellen. Stattdessen werden unterschiedliche Modelle und sogar Marken an ein und demselben Fließband produziert. Und das ist längst nicht alles: Die Modelle werden samt und sonders maßangefertigt, um den jeweiligen Wünschen der Kunden zu entsprechen, so dass praktisch kein produziertes Auto dem anderen gleicht. Diese Produktionsweise erfordert, dass die Autos einen mehr oder weniger identischen *genetischen Code* haben, d.h. einen gemeinsamen Bestandteil von Grundkomponenten. Dies müsste auch auf Häuser zutreffen: Sie sollten eine bestimmte Zahl gemeinsamer Bauelemente enthalten. In Lynns Fall sind das 2.048 Bautafeln, 9 Stahlrahmen und 72 Aluminium-Rippenkonstruktionen. Mit diesen Grundkomponenten können Häuser in einer nahezu unbegrenzten Vielfalt von Formen und Dimensionen gebaut werden. Wie bei den Autos basiert die Konstruktion dieser Häuser auf einem in sich geschlossenen Monocoque (d.h., einer Schalenkonstruktion, die beim Auto das Chassis und den Rahmen ersetzt) und das erklärt auch den Namen des Projekts: Embryologischer Wohnbau. Sulan Kolatan und William Mac Donald (Kolatan/Mac Donald Studio) legen den Schwerpunkt auf die Vermarktung von Häusern. Die von ihnen entwickelten unterschiedlichen Haustypen beziehen sich auf die diversen derzeit existierenden Lebensstile, die man auf dem amerikanischen Immobilienmarkt beobachten kann – zum Beispiel das Golf Course House, das Hot Tub House, das Infinity Pool House, das Ramp House, das Bungalow House und das Shingle House –, gestatten es den Bewohnern aber gleichzeitig, ihre Individualität im Rahmen der baulichen Vorgaben zum Ausdruck zu bringen. Kolotan/Mac Donald gehören, wie Greg Lynn, zu jener ersten Generation amerikanischer Architekten, die an der Columbia University Untersuchungen zum Einsatz von Computern in der Architektur durchführt (vgl. 128 ARCH+, S. 40 ff). Sie präsentieren ihre Arbeiten auf dem Wege des *product placement*, das heißt, sie fügen sie, wie es in der amerikanischen Filmindustrie bei Spielfilmen üblich ist, in Werbespots für alle möglichen Produkte ein: Die Werbespots bleiben dieselben, aber irgendwie wird eins der Kolatan/Mac Donald-Häuser in die vertraute vorstädtische Umgebung eingefügt.

Bei einem von Lars Spuybroek (NOX) entwickelten Projekt mit dem Titel Off-the-road 5-speed geht es darum, ein neues System für die Errichtung eines Wohnviertels zu finden, das ausschließlich aus individuellen, verschieden-artigen, industriell produzierten Häusern besteht, welche den unterschiedlichen Lebensstilen und Wohnvorstellungen der Bewohner Rechnung tragen, aber dennoch eine geschlossene Einheit im Sinne der Stadtentwicklung bilden. Tatsächlich war der Ausgangspunkt für dieses Projekt ein stadtplaner-isches Problem: Der ursprüngliche Auftrag seitens des Staatsbeeld Committee beinhaltete den Entwurf einer Lärmschutzmauer. Mittels eines Computermodells konnte NOX jedoch demonstrieren, dass eine sorgfältige, dem Weg der Schallwellen Rechnung tragende Anordnung der Häuser den Bau einer solchen Mauer erübrigen würde. Die anschließend entwickelten Konturen ermöglichten die Errichtung eines Wohnviertels, in dem sich jedes Baugrund-stück und die Form des darauf befindlichen Gebäudes von allen anderen unterschied. Die Trudo-Wohnungsgenossenschaft war von dieser Idee dermaßen angetan, dass sie NOX bat, den Plan weiterzuentwickeln. Das Resultat ist ein Wohnviertel, das nur aus individuellen Häusern besteht, welche dennoch auf der Basis eines einzigen Entwurfsprinzips beruhen – dem des *flüssigen Rasters*. Zur Zeit sucht man noch nach den besten industriellen Methoden zum Bau dieser Häuser, doch im Moment scheint es so, dass das Projekt nur dann realisierbar wäre, wenn noch sehr viel mehr Häuser mit denselben Maschinen gebaut würden, um die Kosten zu senken.

Im Unterschied zu der Zeit, wo die Nationalstaaten den Wohnungsbau kontrollierten und wo Architekten beim Wohnungsbau eine maßgebliche Rolle spielten, werden Ansätze dieser Art heute zunehmend an den Rand gedrängt. Zu den Veränderungen, die der Prozess der Individualisierung mit sich bringt, zählt das offenkundige Faktum, dass Qualitätsarchitektur nicht mehr in der Lage sein wird, jene Art von Macht zu erringen, welche die moderne Architektur einst besaß. Der Löwenanteil der Produktion für den Markt geht in eine völlig andere Richtung. Dass Architekten wie die oben genannten bei dieser Entwicklung kaum eine Rolle spielen werden, soll uns hier nicht interessieren – es wird sicherlich eine Marktnische geben, die ihr Überleben gewährleistet. Die Frage ist vielmehr, ob das Marktsystem, das wir uns alle so bereitwillig zu Eigen machen, tatsächlich jene individuelle Freiheit gewährt, die es verspricht. Wenn wir uns Charles Bessards Analyse von Almere vor Augen führen, so muss die Antwort lauten: Nein, nicht wirklich. Lynn, Spuybroek und Kolatan/Mac Donald werden die PRADAs der Zukunft bleiben.

Aber wie organisieren sich Individuen in Gruppen? Inwieweit sind sie abhängig von Gruppen? Wie verbinden sie sich mit Gruppen? Und wie zum Beispiel manifestiert sich all dies in räumlicher, repräsentativer oder ästhetischer Hinsicht? Welche Organisationsformen sind wünschenswert und welche nicht (wie etwa die oben erwähnten zugangskontrollierten Common Interest Developments)? Dies sind letztlich politische Entscheidungen.

Welche Rolle können Architekten und Stadtplaner bei diesem Prozess zukünftig spielen? Auch dies ist eine Frage, die sich zurzeit nur schwer beantworten lässt. Eins steht jedoch für mich fest: Die wirklichen, uns am Herzen liegenden Veränderungen in der Architektur und im Urbanismus hängen nicht so sehr von den individuellen Entwurfsvorschlägen von

20 Clarke, K. C., S. Hoppen und L. Gaydos. „Methods and Techniques for Rigorous Calibration of a Cellular Automaton Model of Urban Growth". In Proceedings der Third International Conference/Workshop on Integrating Geographic Information Systems and Environmental Modeling, 21.–25. Januar, 1996, Santa Fe, NM.

21 Siehe i. a. Tack, Frank. „Emulating the Future. An Approach to Simulating Urban Growth for Long Term Planning and Policy Decision Making". Masterthesis, Berlage Institute, Amsterdam/Rotterdam 1999.

Architekten ab, da auch diese Ansätze immer individualisierter werden, so dass sie schlicht und einfach in der Masse der Vorschläge und realisierten Projekte untergehen. Ich glaube jedoch, dass auf einem bestimmten Level der Stadtplanung den administrativen Maßnahmen eine viel größere Aufmerksamkeit gebühren sollte als dem eigentlichen Entwurf. Zumindest in den schneller wachsenden Regionen der Welt werden wir einfach nicht mehr in der Lage sein, alles zu entwerfen und zu kontrollieren. Aber wenn wir in der Lage sind, das Wachstum von Städten zu simulieren – etwa mit den Modellen, die auf Cellular Automatons, wie dem von Keith Clarke entwickelten[20] basieren –, dann müssten wir auch heraus finden können, wo wir eingreifen müssen, um Probleme zu vermeiden oder um gewisse andere Entwicklungen voranzutreiben.[21] Wir müssten diese Simulationen demokratischen Körperschaften präsentieren können, damit diese dann eine Entscheidung treffen.

Aber auch in der Architektur wird man große Sorgfalt in Vorschriften, Normen und neue Bautechniken investieren müssen. Neue Bautechniken müssen entwickelt werden, um auf die Nachfrage nach Individualisierung und nicht-standardisierten Produkten reagieren zu können. Dies ist jedoch nicht so leicht, weil die gegenwärtigen Vorschriften, Normen und Bautechniken allesamt während des Aufstiegs der modernen Architektur entwickelt wurden. Technologien wurden oft von Nationalstaaten subventioniert und die Gesetze von denselben Nationalstaaten erlassen, im Rahmen der Politik des sozialen Wohnungsbaus, um die Wohnungsnot so schnell wie möglich zu lindern. Das bedeutet, dass unsere gegenwärtigen Normen und Vorschriften von ihrem Wesen her mit der industriellen Produktion verknüpft sind. Sie sind untrennbar mit der Standardisierung verbunden. Wenn wir eine andere Architektur und einen anderen Urbanismus wollen, werden wieder beträchtliche Investitionen im Bausektor nötig sein. Doch wer wird diese Investitionen tätigen? Und warum sollte sich jemand dazu veranlasst sehen? Deshalb wird Architekturpolitik in den kommenden Jahrzehnten zu einem entscheidenden Schlüsselfaktor werden – allerdings auf eine völlig andere Weise, als wir es von der Politik gewohnt sind, die wir im vergangenen Jahrzehnt erlebt haben.

DIE N-TE TYPOLOGIE

DIE TYPOLOGIE DES UND, ODER DAS ENDE DER TYPOLOGIE?

Die n-te Typologie

Die Typologie des Und, oder das Ende der Typologie?

Ideen über das Kollektive im Zusammenhang mit dem Thema Wohnbau wurden schon immer anhand von Typologien artikuliert – sowohl auf der Ebene der Einzelbehausung als auch auf der Ebene der Stadtplanung. Heute jedoch ist dieses Verhältnis nicht so offensichtlich wie einst. In seinem berühmten Aufsatz mit dem Titel Die Dritte Typologie unterschied Anthony Vidler 1977 zwischen drei verschiedenen Arten von Typologien in der Architektur und der Stadtplanung. Zuerst gibt es eine auf das 18. Jahrhundert zurückgehende Typologie, die versucht, die Architektur auf ihre natürlichen Ursprünge zurückzuführen. Die primitive Hütte von Laugier wäre dafür ein Beispiel. Das chaotische Paris jener Zeiten ließe sich demnach als Wald betrachten und die Idealstadt wäre ein Garten – womit André le Nôtre, der Versailles unter anderem plante, zum Idealstadtplaner aufsteigen würde. Die zweite Typologie, die aus dem 19. Jahrhundert stammt, gehört der industriellen Revolution an. Ein Prototyp ist Benthams Panoptikum, ein Gerät, das Verhaltensweisen hervorbringt. Doch auch die Bauten selbst werden industriell aus Standardteilen produziert. Man könnte hinzufügen, dass sich diese Typologie auch auf die Natur bezieht, doch am Ende der Evolutionskette sieht man die Entstehung von Idealtypen, die durch die Maschine und die industrielle Produktion beschleunigt werden kann. „L'homme type a des besoins types", schrieb Le Corbusier. Und so entstand auch der Bedarf nach *objets types*, *meubles types* und *maisons types*. Bei diesen beiden Typologien gab es eine jedenfalls eindeutige Beziehung zwischen dem Ganzen und den Teilen.

Die dritte Typologie, die Vidler unterscheidet, ist ganz anders als die ersten beiden, denn der Bezug hier ist nicht die Natur, sondern die Stadt selbst. Ab den siebziger Jahren des letzten Jahrhunderts wurde die Stadt als ein Ganzes betrachtet, das in seiner physikalischen Struktur sowohl ihre Geschichte als auch ihre Präsenz verkörpert. Das Ganze lässt sich in seine Fragmente zerlegen, *Urban Facts*, wie Aldo Rossi sie bezeichnet, können auch Typologien sein. Diese Fragmente können auf viele verschiedene Arten wieder zusammengesetzt werden. Dadurch lässt sich ein bestimmter Typ auch für andere Funktionen als jene, für die er ursprünglich entworfen und geschaffen wurde, verwenden, etwa wie der Diokletian-Palast in Split, der heute ein ganzes Stadtviertel beherbergt. Als bewusster Akt des Entwerfens bringt dieses

neue Zusammensetzen Bedeutung hervor. Erstens durch die
ursprünglich dem Fragment zugeschriebene Bedeutung,
zweitens vom spezifischen Fragment und von seinen Grenzen
abgeleitet und drittens durch die neue Zusammensetzung der
Fragmente in einem neuen Kontext. In Aldo Rossis Werk
insbesondere ermöglichte dies dem Architekten kritische und
kulturelle Kommentare ins Spiel zu bringen, in dem
Typologien, wie etwa das Gefängnis, für ein öffentliches
Gebäude verwendet wurden. „Die Dialektik ist so eindeutig
wie ein Märchen", schreibt Vidler. „Die Gesellschaft, die den
Bezug zum Gefängnis versteht, wird die Erinnerung daran
noch benötigen, doch wenn das Bild schließlich ihre ganze
Bedeutung verliert, wird die Gesellschaft entweder selbst zu
einem Gefängnis geworden sein oder vielleicht genau das
Gegenteil. Die metaphorische Opposition, die in diesem
Beispiel zum Tragen kam, lässt sich in vielen von Rossis
Plänen und im Schaffen der Rationalisten insgesamt
zurückverfolgen, nicht nur in der institutionalisierten Form,
sondern auch in den Räumen der Stadt." Im Gegensatz zur
Fragmentierung, die durch die grundsätzlichen, institutionellen
und mechanistischen Typologien der Architektur und der
Stadtplanung des 20. Jahrhunderts hervorgerufen wurde,
hatte diese Typologie ihren Ursprung in einer kritischen
Position, die eine Kontinuität betonen wollte. Es ist diese
Typologie, die heute noch am stärksten in der Schweiz und in
Österreich präsent ist, wenn auch in einer abgeschwächten,
subtileren, nuancierten Ausprägung. Diese Zurückhaltung
heißt auch, dass die kritischen Ideen, welche die Bauten und
die Projekte von Aldo Rossi und vieler seiner Zeitgenossen
prägten, fast verschwunden sind.

Heute, dreißig Jahre nach Vidlers Aufsatz, können wir sehen,
wie die Fragmentierung, auf welche uns die Rationalisten
aufmerksam machten, sich außerhalb der politischen Grenzen
der Städte weiter verbreitet. Wir wissen, zumindest seit
den Analysen von Stefano Boeri, Arturo Lanzani und Edoardo
Marini in ihrem Buch Il territorio che cambia. Ambienti,
paesagi e immagini della regione urbana milanese, dass wir
sicher bestimmte neue Typologien finden können, die sich wie
überall in Europa in einer neuen verstreuten Urbanität herauskristallisieren. Einige weitere Typologien jüngsten Datums –
sogenannte Common Interest Developments, Gated
Communities, Holiday Resorts – spiegeln die Ideen über das
Kollektive wieder. Diese Ideen sind aber ganz anders als
jene Vorstellungen, die den von Vidler unterschiedenen drei
Typologien zugrunde liegen, die – auch wenn Vidler dies
nicht ausdrücklich erwähnt – alle mit der Befreiung der neuen
Klassen verbunden sind. Auf eine faszinierend perverse

Weise taucht die ursprünglich kritische Designmethodik von Vidlers dritter Typologie hier im Dienste der *thematischen Gestaltung* (*theming*) wieder auf.

Die Krise des Wohlfahrtstaats ist das Ergebnis seines eigenen Erfolges. Programme des öffentlichen Wohnbaus, aber auch im Bereich der Bildung, Gesundheitsvorsorge und Sozialsicherheit wurden entwickelt, um den Menschen bessere Ausgangslagen in einer Gesellschaft zu geben, die letztendlich kapitalistisch geblieben ist. Dieses Ziel wurde in Westeuropa auch weitgehend erreicht. Jetzt wollen selbstbestimmte Staatsbürger aus dieser Ausgangsposition Kapital schlagen und scheinen dazu bereit zu sein, persönliche Risiken auf sich zu nehmen, wobei sie kollektive Interessen hinter sich lassen. Während es in der klassischen Industriegesellschaft eine unmittelbare Beziehung zwischen Klasse, Familie, Ehe, Geschlecht, Arbeitsteilung und architektonischen und städtischen Typen – Fabrik, Bahnhof, Häuserblock – gegeben zu haben scheint, haben heute immer mehr Menschen die Gelegenheit, von diesen Grundmustern abzuweichen, oder werden dazu gezwungen, dies zu tun. Entweder fordern sie einen individuellen Wert für ihr individuelles Geld oder sie erschaffen sich dies aus existierendem Material wie echte *bricoleurs*. Die Gemeinschaft erlebt sich und organisiert sich in vielfachen Netzwerken, die sich nicht auf unmittelbar sichtbare Weise räumlich manifestieren. Auch wenn in letzter Zeit die Unterschiede, was Einkommen und Wohlstand betrifft, zunehmen mögen, setzen diese Entwicklungen den großen statistisch mehr oder weniger gleich großen Gruppen ein Ende. Dies führt zu einer Krise des kollektiv organisierten Wohnbaus und damit auch zu einer Krise der Typologien der Wohnbauten.

Fast hat es den Anschein, als wären die traditionellen Städte für Kollektivbauten da, während die früheren ländlichen Gebiete von Einzelpersonen benutzt werden, um dort ihre eigenen Wohnhäuser zu errichten. Es ist faszinierend zu beobachten, wie einige der jüngeren kollektiven Wohnbauprojekte in österreichischen und schweizer Städten darauf reagieren, indem sie individuellere Wohnformen entwickeln, die auch Qualitäten aufweisen, die potenzielle Bewohner sonst eher in ländlichen Gegenden finden würden. Umso mehr beziehen sich diese neuen Typologien auf (das Leben in der) Natur oder führen die Natur in neuer Weise wieder ein. Die Nachhaltigkeit bietet in diesen Projekten nicht nur ein starkes Argument für kollektive Aspekte, sondern kann auch zu einem antreibenden Prinzip des Designs werden. So führt Markus Pernthaler verschiedene Gärten in seinem Grazer Marienmühle-Projekt ein, während Miller & Maranta ihr Gebäude in Schwarzpark in Basel als ein *baumähnliches* Objekt vorführen und Splitterwerk ihr Black Tree Frog in Bad Waltersdorf völlig mit Efeu tarnen und den Innenraum sogar in einen faszinierenden, künstlichen Grüngarten verwandeln. Tatsächlich hat es den Anschein, wie Deleuze und Guattari vorhergesagt haben, als würden sich Natur und Stadt wieder ineinander falten in einem Prozess des *retroaktiven Glättens*. Und nach einem Umweg kehrt das typologische Denken wieder zurück zu dem Punkt, von dem es ausging, nämlich zur Bezugnahme auf die Natur, den Park und die primitive Hütte.

DIE NEUE LANDSCHAFT

Die neue Landschaft

1 Koolhaas, Rem. Unveröffentlichtes Manuskript, Architectural Association School of Architecture, 1969.

Eine Stadt ist eine Asphaltfläche mit einigen rot glühenden Punkten der Intensität. Rem Koolhaas, 1969[1]

Während ich mir über die neue Stadtlandschaft und den neuen öffentlichen Raum Gedanken mache und mich frage, wo ich anfangen soll, erinnere ich mich plötzlich daran, wie ich als Junge meinen ersten Kristallempfänger gebaut habe. Ich muss etwa zwölf Jahre alt gewesen sein. Es war ein einfaches Gerät, eingebaut in eine alte Zigarrenschachtel meines Großvaters, der mir außerdem einen prähistorischen Kopfhörer zur Verfügung gestellt hatte. Man setzte sich den Kopfhörer auf, drehte am Potentiometer und schon hörte man allerlei undeutliche Geräusche von verschiedenen Rundfunksendern. Sie wurden allmählich klarer und verklangen wieder, was für einen geheimnisvollen Effekt sorgte und einem das Gefühl vermittelte, dass die Schallquellen weit weg waren. Das Frappierendste dabei war, dass sie immer schon und gleichzeitig da waren. Sie waren so zahlreich, dass der Kristallempfänger nachts, wenn die meisten Stationen nicht mehr sendeten, am besten funktionierte. Ganz für mich allein im Dunkeln unter meiner Bettdecke pflegte ich die Luft nach Schallwellen abzusuchen. Öffentlicher Rundfunk, öffentlicher Raum war überall: Man brauchte nur den Stecker hineinzustecken.

Ich weiß nicht, ob Zehnjährige heute noch ihre eigenen Kristallempfänger bauen. Ich nehme an dass das langweilig ist, wenn man zwischen mindestens zwanzig Fernsehsendern hin- und herzappen oder, wenn man ein Wunderkind ist, im Internet surfen kann. Vielleicht hat der Fernseher die Rolle des Rundfunkempfängers übernommen. In dem Film <u>Poltergeist</u> ist das der Fall: Nach Mitternacht, wenn die Fernsehsender ihr Programm beendet haben und die Erwachsenen eingeschlafen sind, funktioniert das Fernsehgerät wie ein Kristalldetektor und empfängt Nachrichten aus einer anderen Welt. „Sie sind da!", sagt das kleine Mädchen und in ihrer Stimme schwingt eine seltsame Faszination mit, etwas zwischen Begeisterung und Resignation.

In David Lynchs Film <u>Lost Highway</u> scheinen ebenfalls alle elektronischen Geräte verhext zu sein. Videorecorder fangen zum Beispiel von selbst aufzunehmen an und können nicht nur abspielen was in der Vergangenheit passiert ist, sondern auch was in der Zukunft passieren wird. Das atemberaubendste aber ist, dass ein Handy es einigen Menschen anscheinend ermöglicht, zur gleichen Zeit an verschiedenen Orten zu sein,

wie der Hauptdarsteller herausfindet als auf einer Party
ein fremder Mann auf ihn zukommt der behauptet er wäre in
seinem Haus gewesen. Tatsächlich war jemand in seinem
Haus gewesen, denn er hatte Videos vom Innenraum und
sogar von sich selbst und seiner Frau beim Schlafen erhalten.
Aber es war nicht eingebrochen worden. „Um die Wahrheit zu
sagen, ich bin jetzt gerade dort," sagt der Mann, und lädt
den Hauptdarsteller ein gleich vor Ort seine eigene Nummer
mit einem Handy anzurufen. In der Tat ist er verblüfft die
Stimme des Mannes am anderen Ende der Leitung zu hören.
Der Mann bricht in teuflisches Gelächter aus.

Als ich einmal bis spät in die Nacht arbeitete, hatte ich
selbst ein gespenstisches Erlebnis. Aus dem Abfalleimer in
unserer Küche drangen seltsame Geräusche. Sie hörten
sich an wie Fetzen von Gesprächen im Polizeifunk. Als ich
den Deckel öffnete, verschwanden die Stimmen. Als ich ihn
wieder zumachte, kamen sie allmählich wieder. Zunächst
dachte ich, dass mein Nachbar in der Wohnung unter mir, ein
Staatsanwalt, vielleicht einen Polizeieinsatz verfolgte,
mit dem er zu tun hatte. Doch als ich ihn am nächsten Tag
fragte, lachte er mich aus und meinte, ich hätte zuviel
ferngesehen – er wiederum kann von seinem Schlafzimmer
aus meinen Fernseher hören. Monate später stellte sich
heraus, dass es meine andere Nachbarin aus der Neben-
wohnung gewesen war, eine einsame geschiedene Hausfrau.
Seitdem sie einmal nachts ihr Haus räumen musste,
weil das Nachbarhaus in Flammen stand, schaltet sie in der
Nacht den Polizeifunk-Scanner ein und hört die Polizei-
frequenzen ab. Sie hat einen leichten Schlaf; aber wenn der
Name unserer Straße fällt, ist sie sofort hellwach, zieht
sich an und wartet darauf, gerettet zu werden. Der
Abfalleimer in meiner Küche muss wie eine Art Verstärker
funktioniert haben, als ob man ein Glas an die Wand presst,
um zu hören, worüber im Nebenraum gesprochen wird.

Wozu diese Beobachtungen? Zunächst einmal machen sie
anschaulich, wie Medien die herkömmliche Organisation des
städtischen und architektonischen Raums und insbesondere
die traditionelle Trennung zwischen privatem und öffentlichem Raum von Grund auf zersetzen. Gleichzeitig lassen
sich ihnen vielleicht Anhaltspunkte für eine neue, höhere Art
der Organisation in der Stadt entnehmen. Sie handeln von
der paradoxen Erfahrung einer Vereinzelung oder eines
Fürsichseins (der Einzelne allein in seinem Zimmer, während
alle anderen schlafen, in einem Haus, um das sich unermess-
liches Dunkel ausbreitet) bei gleichzeitigem Bewusstsein,
dass sie, die anderen, ständig da sind, weit weg oder auch

nicht so weit weg, bemüht, Kontakt herzustellen, verzweifelt bemüht, sich kenntlich zu machen, Fühlung aufzunehmen.

Es ist ein schlummerndes Bewusstsein, aber wir teilen es alle. Jeder von uns hat diese Erfahrung gemacht aufzuspringen wenn das Telefon läutet, selbst wenn es sich in einem anderen Raum befindet, in einem anderen Haus oder im Fernsehen. Der Unglaube und die Enttäuschung wenn es nicht für dich ist. Um sicherzugehen dass jeder jederzeit mit uns in Verbindung treten kann tragen wir Handys und Piepser mit uns herum.

Das Radio- und das Fernsehgerät funktionieren wie Medien, wie eine Art Kristallkugel, und der Scanner ist ihre institutionalisierte Form. Dennoch gibt es gleichzeitig den Zweifel oder die Skepsis, ob sie, die anderen, wirklich da draußen sind oder waren. „Diese Sendung wurde live vor Publikum im Studio aufgezeichnet." Wäre das nicht erwähnt worden, hätte man sich fragen können, ob die Sache wirklich stattgefunden hat. Das Lachen und Beifallklatschen hätte man nachträglich einsynchronisieren können, wie es oft gemacht wird. Das Studiopublikum dient als Zeuge für das Publikum zu Hause. Die Polizei, das sind die amtlichen, institutionalisierten Zeugen, die es so interessant machen, den Polizeifunk abzuhören: über die Ängste, die Verbrechen, die Ungewissheiten zu hören und offiziell bestätigt zu bekommen, dass es alles wirklich geschieht – oder auch nicht.

Hier tut sich uns die Welt von Marcel Duchamps Großem Glas auf, in dem die Braut im oberen Teil die Aufmerksamkeit der einsamen Junggesellen unten zu erregen versucht, indem sie sich entkleidet und die Milchstraße hinter sich lässt, während die Junggesellen ihrerseits verzweifelt versuchen, durch die Okulistenzeugen mit ihr in Verbindung zu treten.

Das Große Glas ist häufig zur Beschreibung, Ermittlung oder Andeutung eines neuen Zusammenhangs im urbanen Leben herangezogen worden. Es scheint die einzige Metapher, der einzige Mythos unserer Zeit zu sein, die bzw. der komplex genug ist, um die neue Komplexität der Beziehungen innerhalb der Großstadt widerzuspiegeln. Als Metapher oder Mythos eignen sich gleichzeitig eine schematische Klarheit und eine äußerste Verschwommenheit, nicht zuletzt weil das Werk unvollendet ist. Es wartet mit einer quasimechanischen Hardware und einer verstörenden, surrealistischen Software auf. Die Begierde ist der Treibstoff dieser Junggesellenmaschine.

2   Deleuze, Gilles und Félix Guattari. *Capitalisme et Schizophrénie 1: L'Anti-Œdipe*. Paris: Les Éditions de Minuit, 1972; *Capitalisme et Schizophrénie 2: Mille Plateaux*. Paris: Éditions de Minuit, 1980.

3   Koolhaas, Rem. *Delirious New York*. London: Academy Editions, 1978.

4   Lerup, Lars. „Stim & Dross: Rethinking the Metropolis". *Assemblage*, Nr. 25, 1994.

Gilles Deleuze und Felix Guattari erweitern den Begriff und die Bedeutung der Junggesellenmaschine im Anti-Ödipus, dem ersten Teil ihrer monumentalen Untersuchung über Kapitalismus und Schizophrenie, deren zweiten Teil Mille Plateaux darstellt.[2] Sie verstehen den Schizophrenen weniger als jemanden, der Probleme mit seinen Eltern, sondern vielmehr als jemanden, der Probleme mit der kapitalistischen Gesellschaft hat – daher Anti-Ödipus. Für den Schizophrenen bestehe die Welt aus Prozessen, im Zuge derer sich die Dinge verwandelten. Deleuze und Guattari verbinden alle möglichen Prozesse miteinander wie Maschinen: Produktionsmaschinen und Wunschmaschinen. Diesen endlosen Ketten von Wunschmaschinen entgegengesetzt sei der „organlose Körper", der keinerlei Verbindung mehr ertragen könne. Die Junggesellenmaschine ist das Modell, das die beiden Extreme schizophrenen Verhaltens in einem Prozess der Anziehung und Abstoßung miteinander verknüpft. Es ist insbesondere dieses erweiterte Verständnis der Junggesellenmaschine, das geeignet erscheint, Stellung und Verhalten des einzelnen Bewohners der neuen Stadtlandschaft zu beschreiben.

Rem Koolhaas zum Beispiel spricht in Delirious New York vom Downtown Athletic Club mit seinen reizenden Meeresbrisen und der eindrucksvollen Aussicht, (...), einem idealen Zuhause für Männer die frei von Familienpflichten sind und in der Position, den letzten Schrei des luxurösen Lebens zu genießen, was zum Beispiel bedeutet mit Boxhandschuhen Austern zu essen, als einer Maschine für großstädtische Junggesellen, deren äußerste Topform sie außer Reichweite der fruchtbaren Bräuten erhoben hat.[3]

Zuletzt diente das Große Glas Lars Lerup als eine Art Folie für seine faszinierende, paraliterarische Beschreibung von Houston bei Nacht in seinem Aufsatz Stim & Dross: Rethinking the Metropolis.[4] Auch hier geht es um die schlagartige Erkenntnis einer isolierten Einzelperson in der Intimität ihres Zimmers. Sie betrachtet durch ihr Fenster das Panorama der Stadt und wundert sich, was da draußen ist. Das Zimmer ist ein Zentrum, aber es ist nicht *das* Zentrum schlechthin. Es ist vor allem nicht das Stadtzentrum und ebenso wenig das Zentrum der Macht. Der Einzelne beobachtet, er ist ergriffen und hingerissen. Lerup beschreibt genau genommen eine ähnliche Erfahrung wie jene, der die Landschaftsgemälde Caspar David Friedrichs bildliche Gestalt verleihen – mit dem Unterschied allerdings, dass bei Lerup eine Stadtlandschaft beschrieben wird und wir nach wie vor das unüberwindliche Bedürfnis haben, diese in einem mechanischen Sinne zu verstehen, *zu wissen, wie sie funktioniert.* Das unvollendete mechanische Modell des Großen Glases mit seinen zum Teil urkomischen und surrealistischen Erklärungen ist nicht nur ein solcher, verzweifelter Versuch, sondern, *gerade weil* es so verzweifelt ist, zugleich eine Metapher für unser Unvermögen, das Wesentliche zu begreifen. Es ist ein Ausdruck unseres Staunens und unserer Drangsal.

In einer Art Karikatur verknüpft Lerup die Namen von Elementen der Stadtlandschaft Houstons mit den verschiedenen Teilen des Großen Glases. So stehen die Männlichen Formen für die Wolkenkratzer in der City. Das Gefährt, auf dem sie stehen, ist ein <u>Chevy Suburban</u>, ein typischer Straßenkreuzer. Die Braut schwebt über dem Flugplatz, der, nach den Fotos, die den Text bebildern, zu urteilen, nicht nur ein Stück erhabener Natur ist, hin und wieder mitsamt schweren Wolken und Blitzstrahlen, sondern auch von startenden und landenden Flugzeugen auf dem Weg von und zu unbekannten Orten: wimmelt Duchamps vierte Dimension. Der Wetterbericht wird auf den Schleier der Braut projiziert. Die Junggesellen versuchen die Braut zu erreichen, indem sie auf einem Platz mit neun Löchern Golfbälle schlagen, ganz so, wie Duchamp mit einer Spielzeugkanone und in Farbe getunkten Zündhölzern arbeitete. In dem Bereich unterhalb der Okulistenzeugen markiert Lerup eine Stelle für Autounfälle. Denn wir sollten nicht vergessen, dass eine Junggesellenmaschine laut Michel Carrouges „ein unheimliches Bild" ist, „das aus der Liebe einen Todesmechanismus macht".[5] Dieser Aspekt der Metropole, wie er sie beschreibt, muss Lerup bewusst gewesen sein, da den Umschlag des Assemblage-Heftes, in dem sein Beitrag abgedruckt ist, das Foto eines Stockcarrennens ziert, bei dem Autos verzweifelt versuchen, sich gegenseitig zu rammen.

Die Metropole neu zu denken bedeutet für Lerup zuallererst, einen Wechsel der Perspektive zu vollziehen und ein neues Vokabular zu finden. Er bringt die Begriffe *stim* und *dross* ins Spiel. Obgleich seine Sicht der neuen Stadtlandschaft in erster Linie von der Erfahrung des Autofahrens geprägt ist, scheint den beiden Begriffen eine allgemeinere Bedeutung zuzukommen. *Stim* kommt von Stimulation – nach William Gibsons Gebrauch des Wortes in seinem Roman Mona Lisa Overdrive, in dem *stims* eine Art Mischung aus Seifenopern, wie wir sie vom Fernsehen kennen, und virtueller Realität sind. In den anderen Romanen des Neuromancer-Zyklus benutzt Gibson den Begriff *simstim*, der noch enger mit der

5   Carrouges, Michel. „Mode d'emploi". In *Junggesellen- maschinen/Les Machines Célibataires*, Jean Clair und Harald Szeemann (Hrsg.). Venedig: Alfieri, 1975; siehe auch Carrouges, Michel. *Les Machines Célibataires*. Paris: Arcanes, 1954.

6 Gibson, William. *Neuromancer.* New York: Ace Books, 1984; *Count Zero.* New York: Arbor House, 1986; *Mona Lisa Overdrive.* Toronto; New York: Bantam Books, 1988.

7 Bunschoten, Raoul. „The Skin of the Earth". *A+U,* August 1992.

8 Gibson, William. *Mona Lisa Overdrive.* Siehe Anm. 6.

9 Koolhaas, Rem und Bruce Mau. *S, M, L, XL.* 1995.

10 Debord, Guy. *The Society of the Spectacle.* New York: Zone Books, 1994.

Computertechnologie verknüpft ist und die Künstlichkeit oder *Simulation* des *stim* zusätzlich betont.[6] Doch in dem Wort *stim* klingen, wie Lerup mit Recht sagt, außerdem die deutschen Wörter *Stimme* und *Stimmung* an. *Dross* (Schlacke) wiederum steht für das Abfallprodukt oder die Unreinheiten, die sich auf der Oberfläche von flüssigem Metall beim Schmelzvorgang bilden, wird aber auch gebraucht, um wertlosen Abfall, den Abschaum, im Gegensatz zu Wertgegenständen oder Wertvollem, zu bezeichnen.

Mit Hilfe dieser Begriffe entwickelt Lerup eine wunderbare Beschreibung der neuen Stadtlandschaft, wie wir sie überall auf der Welt entstehen sehen: ein Bild vom Leben als Blasen ziehendem Flüssigmetall, das mit einer schmutzigen Haut überzogen ist, durch die es gelegentlich durchbricht und nach außen tritt. Sein Bild erinnert an die faszinierenden Bilder von Teilen einer sich faltenden Landschaft, die Raoul Bunschoten im Rahmen seines Projektes The Skin of the Earth isoliert hat.[7] Und es erinnert an einige Methoden, die Duchamp bei der Herstellung des Großen Glases anwandte: die Staubbildung und die Verwendung von geschmolzenem Blei zur Fixierung des Staubes. Lerup scheint zwar eine weitere wesentliche Schicht zu vergessen, nämlich die der Medien, doch liegt es auf der Hand, sie als die Dämpfe zu verstehen, die über der Haut aus *Schlacke* treiben.

Kaum nötig zu erwähnen, dass der Großteil unseres städtischen Umfeldes Schlacke ist oder, um erneut Gibson zu paraphrasieren, „einem eingeschalteten Fernsehgerät gleicht, das auf einen toten Kanal eingestellt ist".[8] Hier besteht eine gewisse Nähe zu dem, was Rem Koolhaas Generic City nennt, vielleicht ist es aber auch die unübertroffene Erfahrung der Bigness.[9] Unverkennbar sind außerdem Anklänge an Guy Debord, der in Die Gesellschaft des Spektakels von der Vereinheitlichung und Trivialisierung des Raums durch das kapitalistische System der Massenproduktion spricht, das sämtliche rechtliche und regionale Grenzen gesprengt habe und dadurch die Unabhängigkeit und Qualität von Orten zersetze.[10]

Doch in dieser Generic City, dieser Schlacke, dieser Größe oder, wie Koolhaas es manchmal auch nennt, diesem Plankton, in dieser endlosen Summierung von Nichtorten sind die Stims das, worauf es für die Bewohner ankommt. Sie sind irgendwo da draußen und wollen mit allen zu Gebote stehenden elektronischen Mitteln auf die jeweils interessanten Informationen hin gefiltert werden. In der Hitze von Lerups Houston sind die Stims die kühlen Stellen – Orte, die mittels einer massiven technologischen Infrastruktur, durch Klimaanlagen und Kühlschränke kühl gehalten werden. Sie sind die Orte, an denen sich die Menschen zunächst' treffen. Dabei kann es sich um eine Bar handeln oder um ein Restaurant, um ein Einkaufszentrum oder um eine Kunstparty in einem wunderschönen Haus. Doch wenn die Party zu Ende geht und die Lichter verlöschen, wird der Stim wieder zu Schlacke. „So wie sich die Wasseroberfläche eines Sees bei einem heftigen Regenguss in konzentrischen Wellen tausendfach kräuselt", schreibt Lerup, „so wird die Metropole durch eine Million Stims bombardiert, die im Verlauf der rhythmischen Zyklen der Stadt aufflackern und erlöschen. Diese Stims dampfen und atmen, vibrieren und locken, doch jede spezifische Stimme pflanzt sich auf höchst selektive Art und Weise durch die Metropole fort: Die oben erwähnte Kunstparty lockt ein ganz bestimmtes Publikum an, desgleichen die Zydeco-Tanzschuppen in East Houston. Beide sind unentbehrliche, lebenswichtige Elemente der ausgewachsenen Metropole. Die Stimmung oder Atmosphäre, die jede Stim ausstrahlt, wird nur von Insidern richtig erfasst und erlebt. Obgleich die Zydeco-Tanzbar als Stimulus gelegentlich auch Gäste (Armutstouristen?) aus besseren Kreisen anziehen kann (die gnädig geduldet werden), bleiben diese, auch wenn der Tanz mit seinen trägen Stimulanzien sie noch so bewegt und anrührt, am Ende doch Fremde."[11]

In seinem programmatischen Text Accelerating Darwin (Darwin beschleunigen) behauptet der Landschaftsarchitekt Adriaan Geuze, der Unterschied zwischen Stadt und Natur existiere im Grunde nicht mehr: Die Stadt sei „eine luftige Metropole mit Dörfern, Stadtzentren, Vororten, Industriegebieten, Häfen, Flughäfen, Wäldern, Seen, Stränden, Naturschutzgebieten und der Monokultur von hochtechnologisch bewirtschaftetem Land".[12] Die Stadt ist zu einer ausgedehnten Stadtlandschaft gewachsen. Die Stadtbewohner haben sich verändert und beschränken sich nicht mehr auf ihre unmittelbare Umgebung. Aus Geuzes Sicht sind sie keine Opfer der Situation, sondern haben sich bewusst auf sie eingestellt und sie selbst in die Hand genommen: „Eine Minderheit der Stadtbewohner lebt in Familienverhältnissen. Der Stadtbewohner ist nicht das bemitleidenswerte Opfer der Stadt, das in einer wohltuenden und grünen Umgebung gehegt und beschützt werden muss. Der Stadtbewohner entpuppt sich vielmehr als ein selbstbewusstes, forschendes Individuum, ist äußerst mobil, verfügt über die Errungenschaften der Technologie und hat Zugang zu mehreren Medien. Das Umfeld muss nicht immer den vermeintlichen Bedürfnissen des Stadtbewohners

11 Siehe Anm. 4.
12 Geuze, Adriaan. „Accelerating Darwin". In Nederlandse Landschapsarchitectuur, tussen traditie en experiment, Gerrit Smienk (Hrsg.). Amsterdam: Thoth, 1993.

13 Geuze, Adriaan. „Wildernis". In *De Alexanderpolder: waar de stad verder gaat*, Anne-Mie Devolder (Hrsg.), Bussum: Thoth, 1993.

14 Siehe Anm. 12.

angepasst werden, sondern dieser passt sich seinem Umfeld an. Die eigene Wohnung ist für ihn nicht länger eine persönliche Welt. Er wechselt ständig sein Erscheinungsbild und seine Umgebung, sucht Erholung auf der Maasvlakte (einem Industriegebiet im Rotterdamer Hafen) und in den Alpen, durchschreitet seelenruhig dunkle Gassen, streicht durch die Landschaft, schläft und arbeitet an verschiedenen Orten und seine Freunde und Verwandten leben nicht in der gleichen Straße. Der Stadtbewohner benutzt die gesamte Landschaft, hat mehrere Adressen und lebt lieber in einem Wasserturm, einem alten Bauernhaus oder einem Speicher als in einem Einfamilienhaus."[13]

Das entsprechende Bild der Landschaft ist eines der ausgeprägten Differenzierung vielfältiger Ballungen und Kulturen. Diese Landschaft, die wir bis vor kurzem als Peripherie zu bezeichnen pflegten, ist inzwischen derart ausgedehnt, dass die alten Stadtzentren nur mehr Akzente unter gleichwertigen anderen darstellen. Wie Adriaan Geuze festgestellt hat, ist die Maasvlakte nicht bloß ein vergessenes Industrie- oder Hafengebiet. Sie beherbergt vielmehr eine eindrucksvolle Familie von Waisen: eine künstliche, 25 Meter hohe Düne, die die Öltanks gegenüber dem Strand von Hoek van Holland dem Blick entzieht, einen Uranerz-Umschlagplatz, einen Rangierbahnhof, ein Dutzend zu Versuchszwecken aufgestellte Windturbinen, den Meeresarm und die Baggerpumpe des Hafens, eine Sondermülldeponie für chemische Abfallstoffe, einen Containerterminal, das Sprenggelände des Sprengstoffentsorgungsdienstes und eine Forellenzucht. Der bizarrste Komplex ist das <u>World Disaster Center</u>, ein Gelände, auf dem Nachbildungen von Apartmenthäusern, einer Ölplattform, eines Eisenbahnzuges, Lkws, einer Raffinerie, Lagertanks und dergleichen mehr gebaut und anschließend mit Hilfe von Benzin in Brand gesteckt werden. Feuerwehrleute und Katastrophenschutzteams üben hier rund um die Uhr. Doch das ist noch nicht alles. An Feiertagen ergießen sich Menschenmassen über das Gebiet, um neue, abenteuerliche Formen der Erholung zu praktizieren: „Sie betrachten diese Sandebene als ein Übungsgelände für Schlittenhunde oder für Motocross, die Aufschüttung der Baggerpumpe als Startrampe für Drachenflieger, die Mole aus Steinen als Fundstätte für Fossilien, die Salzwassersandgrube als Ort zum Tieftauchen."[14]

Für Adriaan Geuze birgt diese vernachlässigte, aber äußerst lebendige Landschaft den Keim der zukünftigen europäischen Stadt, in der die Bewohner keine Illusionen oder Lückenfüller mehr brauchen, sondern ihre eigene exotische Kultur definieren. Ihr Verhalten kann oder braucht nicht mehr vorprogrammiert zu sein, da es sich auf Anarchie, Erkundung und den Ausdruck der eigenen Persönlichkeit stützt. Diese Landschaft kommt dem Houston nahe, das Lars Lerup beschrieben hat.

Auf den ersten Blick erinnert die spontane, scheinbar chaotische Art und Weise, in der sich die Schlacke bildet und Städter darin einrichten – eine radikale, fast situationistische Dynamik des ständigen Wechsels von einem Ambiente zum anderen – an die action paintings von Jackson Pollock oder sogar an die piss paintings von Andy Warhol. Aber noch einmal: Es ist nicht nur die erhöhte Mobilität, die es den Städtern erlaubt, ihre Stadt auf diese Weise zu benutzen. Sie kennen ihr Ziel nur aufgrund der Information, die sie aus den Medien herausfiltern bzw. mit der die Medien sie zu bombardieren wissen. Es sind die Medien, die die Neugier wecken und Verlangen erzeugen, und die Existenz vieler verschiedener, sich überlappender Mediennetze verrät, dass das schizophrene Verhalten der Städter nicht so planlos und verzweifelt ist, wie es scheint, und in Wirklichkeit tagtäglich neue Beziehungen und Gemeinschaften gebildet werden.

Man denke etwa an die Schwulenszene. Ihre Einrichtungen sind nach wie vor sorgfältig versteckt, nahezu unsichtbar im Gewebe der Stadt. Von außen wirken sie wie jedes andere Gebäude und manchmal haben sie nur einen über eine Gasse erreichbaren Hintereingang. Einmal im Innern, findet man Orte aller Art, von einfachen Bars und Restaurants, die nur aufgrund geringfügiger Unterschiede zu normalen Bars und Restaurants für Schwule interessant sind, bis hin zu luxuriösen Klubs und Saunen, vielleicht sogar mit verdunkelten Zimmern oder eigenen SM-Kellern, die sämtliche *Stims* bieten, die man sich nur denken kann. Doch so verborgen und geheim sie für die meisten Leute sein mögen, wenn man, wie Jan Kapsenberg vorgeschlagen hat, sämtliche Schwuleneinrichtungen in den Niederlanden in einer Stadt konzentrieren würde, so wäre diese mindestens so groß wie Utrecht.[15] Sicher: Mit der richtigen Nase könnte man ein paar dieser Orte auf Streifzügen durch die Stadt entdecken oder man könnte sie finden, weil man durch einen Freund von ihnen gehört hat. Im Grunde aber braucht man ein Magazin, Anzeigen, eine Website oder einen Spezialführer, um zu erfahren, wo sich die Einrichtungen befinden, für die man sich jeweils interessiert. Der Spartacus-Führer ist zum Beispiel solch ein Führer, der alle Schwuleneinrichtungen mit ihren genauen Eigenschaften auflistet, ihre Adressen und

15 Kapsenberg, Jan. „Erotic Manoevres". Thesis. Berlage Institute, Amsterdam, 1998.

16 Ammann, Karl und Giuseppe Mantia. „Nowhere,
Recommendations for the Analysis of Urban Reality".
Daidalos, Nr. 69/70, Spezial-Doppelausgabe „Research",
Dezember 1998/Januar 1999.

sogar kleine Straßenkarten oder Wegbeschreibungen angibt.
In diesen Führer aufgenommen zu werden stellt den ersten
Schritt auf dem Weg ein Treffpunkt für Schwule zu werden
dar. Man kann sich den einsamen Homosexuellen vorstellen,
der verzweifelt versucht den Park in seiner Nachbarschaft
auf die Liste zu bekommen. Und diese Dinge passieren
tatsächlich. Als Witz haben einige Schwule in einer
Schwulenzeitung geschrieben, dass der regelmäßige
Jahrmarkt in Bergen op Zoom in den Niederlanden ein Ort
sei, an dem sich viele Homosexuelle treffen. Seitdem ist
er das wirklich.

Oder man denke an Technopartys. Sie finden in
unregelmäßigen Zeitabständen und häufig an unvermuteten
Orten statt. Gleichwohl sorgt ein raffiniertes, um
ausgesuchte Mode- und Musikgeschäfte aufgebautes
Handzettelverteilernetz dafür, dass jedes Mal eine große
Fangemeinde hinfindet.[16]

David Cronenbergs Film <u>Crash</u> ist von Anfang bis Ende
an Nichtorten gedreht: auf Highways, in Parkhäusern mit
Aussicht auf einen Verkehrsknotenpunkt von gewaltigen
Dimensionen, auf einem Flughafengelände, in einem
Hangar und in einem verlassenen Flughafenkrankenhaus, das
eigens zur Versorgung von Opfern eines Flugzeugabsturzes
errichtet wurde. Die Protagonisten in diesem Film bilden
eine höchst absonderliche Gruppe von <u>Insidern</u>, die irgendwie
zusammenfinden. Die meisten von ihnen verbindet die
traumatische Erfahrung eines Autounfalls und sie haben
festgestellt, dass sie diese Erfahrung immer wieder
nacherleben wollen. Im Film wird suggeriert, dass sich zwei
Menschen bei einem Autounfall noch näher kommen, als
wenn sie miteinander schlafen, ja, dass bei einem Autounfall
zu sterben einen Orgasmus übertrifft. Während sie in einem
Lincoln Continental, dem Auto, in dem Kennedy erschossen
wurde, auf den Schnellstraßen herumfahren, hören die
Protagonisten unentwegt den Polizeifunk ab. Sie wollen
erfahren, wo sich spektakuläre Unfälle mit Toten ereignet
haben, und so schnell wie möglich dorthin gelangen.
Mit voyeuristischer Faszination beäugen sie die demolierten
Autos und die Opfer, dokumentieren sie mit Hilfe einer
Fotokamera, um in der Lage zu sein, die Unfälle nachzuinszen-
ieren, so wie sie es mit den Autounfällen tun, die berühmten
Filmstars wie James Dean den Tod gebracht und sie
unsterblich gemacht haben. Damit sind wir wieder in der
Welt des Großen Glases.

All dies zeigt, dass die Metropole nicht einfach eine bestimmte Form oder ein Mehr vom Gleichen ist. Sie ist eine Gestimmtheit, eine Lebensart und eine neue Art der Gemeinschaft – eine Gemeinschaft, die durch eine Vielzahl verschiedener Gemeinschaften gebildet wird. In der Metropole entstehen neue Gemeinschaften an völlig unvermuteten Orten. Manche brauchen sogar keinen konkreten Ort: Im Internet bilden sich so genannte virtuelle Gemeinschaften. Sie führen Leute aufgrund gemeinsamer Interessen zusammen, die von Kinderbetreuung bis zur Musik der Rockgruppe Grateful Dead, von der Diskussion über Politik bis zu elektronischem Sexchat reichen. In seinem Buch The Virtual Community: Homesteading on the Electronic Frontier beantwortet Howard Rheingold die Frage, weshalb er die von ihm beschriebene virtuelle Gemeinschaft WELL so oft aufsucht, wie folgt: „Man trifft dort immer auf eine andere menschliche Seele. Es ist wie die Kneipe an der Ecke mitsamt den alten Kumpeln und interessanten Neulingen, neuen Anwendungen zum Downloaden, neuen Graffitis und neuen Messages, nur dass man sich nicht den Mantel überzieht, den Computer abschaltet und sich zur Ecke in die Kneipe begibt, sondern stattdessen einfach die Internetadresse anklickt, und schon sind alle da. Es ist ein Ort." Rheingold gibt natürlich zu: „Viele Menschen sind schon angesichts der Idee einer virtuellen Gemeinschaft aufgebracht, fürchten dass sie ein weiterer Schritt in die falsche Richtung ist, dass sie noch eine weitere Ressource oder menschliche Freiheit gegen mehr technologischen ,ersatz' eintauscht. Diese Kritiker verleihen oft ihrer Traurigkeit darüber, auf was das Handeln des Menschen in einer Gesellschaft die Technologie vergöttert reduziert worden ist Ausdruck, sie prangern die Umstände an die manche Menschen in ein derart pathetisches, abgekoppeltes Leben führen dass sie es vorziehen ihre Gesellschaft auf der anderen Seite eines Computerbildschirms zu suchen. Dieser Angst liegt eine Wahrheit zugrunde, denn virtuelle Gemeinschaften bedürfen irgendwann mehr als Worte auf einem Bildschirm wenn sie etwas anderes werden wollen als ,ersatz'." [17]

In einer Fußnote schreibt Lars Lerup: „Es ist seltsam, dass am Ende eines Jahrhunderts, das durch die irrsinnigsten Wandlungen der Stadt in der Geschichte der Menschheit gekennzeichnet ist, der akademische Lernstoff (abgesehen von Autoren wie Banham und Koolhaas) und städtebauliche Projekte (insbesondere in Nachkriegsstädten wie Houston) nach wie vor den irrelevanten Geist der historisch überholten europäischen Zentrumsstadt atmen (...) Der Hegemonie des Fußgängers, des öffentlichen Platzes,

17 Rheingold, Howard. The Virtual Community: Homesteading on the Electronic Frontier. Reading, MA: Addison-Wesley, 1993.

der Straße und des Zeilenbaus muss der Kampf angesagt werden, nicht weil die Werte, die sie verkörpern, keine Gültigkeit mehr besäßen, sondern weil sie sich auf eine Reihe zutiefst irriger Vorstellungen vom Wesen der heutigen Zivilisation und von deren Außenseite stützen, die zu einem falschen Verständnis des Ganzen führen. Pointierter ausgedrückt: Selbst die anspruchsvollsten Interpretationen der (...) Stadt und ihrer Nachkriegserweiterungen (und deren vereinzelte Realisierung) basieren, ob sie von den Geistern der Vergangenheit heimgesucht werden und paranoid sind (...) oder sich unverhohlen nach dem bürgerlichen Fußgänger zurücksehnen (...), auf einer mehr oder weniger unterschwelligen, aber absoluten Setzung, die, wenn erfüllt, uns Gemeinschaft bringen würde, oder genauer: die uns die amerikanische Version der europäischen Stadt wiederbringen würde. Doch die Stadt ist ein für alle Mal durch die Metropole und ihre ganzen Gegebenheiten überholt worden (...).“[18]

Es ist ein Missverständnis zu behaupten, die Moderne habe den öffentlichen Raum vernachlässigt, wie dies Rob Krier in seinem Buch <u>Stadtraum</u> und Colin Rowe und Fred Koetter in <u>Collage City</u> tun.[19] Architekten und Stadtplaner haben sich spätestens seit dem Ersten Weltkrieg darum bemüht, dem öffentlichen Raum einen zentralen Stellenwert zuzumessen – siehe zum Beispiel Bruno Taut und die Expressionisten. Nach dem Zweiten Weltkrieg wurde er im CIAM sogar zu einem Hauptthema. Auf der Suche nach einer neuen Monumentalität schlugen Siegfried Giedion, Jose Luis Seit und Fernand Leger einen leeren Platz im Herzen der Stadt vor. Die diesen Platz umgebenden (öffentlichen) Gebäude und Werke moderner Kunst sollten als Kulisse für die dort jeweils stattfindenden Ereignisse – etwa Massendemonstrationen – dienen, in Analogie zu den Feuerwerkspektakeln, Wasserspielen und Licht- und Klanginszenierungen auf den Weltausstellungen von 1937 in Paris und 1939 in New York. Giedion zog zwar den Einfluss von Massenmedien wie Rundfunk und Fernsehen auf den öffentlichen Raum in Betracht, war aber der Ansicht, dass die Erfahrung der Gemeinschaft, wie er sie sich vorstellte, durch nichts ersetzt werden könne.[20] Wie wir heute wissen, irrte er. Die entscheidende Veränderung in der westlichen Gesellschaft nach dem Zweiten Weltkrieg war das Verschwinden der Massen, die sich auf den Straßen urplötzlich zu einem als Kollektiv agierenden Ganzen organisieren konnten. Die Medien, die erhöhte Mobilität und die zunehmende Flächenausdehnung der Städte spielten dabei eine wesentliche Rolle. Die einzigen heute noch

18 Siehe Anm. 4.

19 Krier, Rob. *Stadtraum in Theorie und Praxis.* Stuttgart: Krämer, 1975; Rowe, Colin und Fred Koetter. *Collage City.* Basel; Boston; Berlin: Birkhäuser, 1984.

20 Giedion, Siegfried. *Architecture, You and Me: The Diary of a Development.* (Enthält Siegfried Giedion, José Luis Sert, Fernand Léger, „Nine Points on Monumentality"). Cambridge, MA: Harvard University Press, 1958.

21 Sennett, Richard. *The Fall of Public Man*. New York: Knopf, 1976.

22 Flusser, Vilém. „Nächstenliebe". In *Kunstforum International*, März/April 1991.

errichteten Monumentalbauten, in denen Menschenmassen zusammenkommen, sind Sportstadien und sogar deren Realisierung hängt von weltweit ausgestrahlten massenmedialen Spektakeln wie den Olympischen Spielen und der Fußballweltmeisterschaft ab.

Das Problem des öffentlichen Raums ist nicht die Architektur oder der leere Raum an sich. In ihrem Fachegoismus und ihrer Fixierung auf konkrete räumliche Lösungen neigen Architekten dazu, das Pferd beim Schwanz aufzuzäumen. Das Problem war – und ist –, dass völlig unklar bleibt, was genau in diesem Raum stattfinden sollte. Deshalb ist die Hoffnung, das alte Gemeinschaftsgefühl würde wiederkehren, wenn wir uns nur auf eine bestimmte Art von Architektur mit einer bestimmten Art von öffentlichem Raum besinnen würden, eine Illusion. Die Gesellschaft ist immer stärker als die Architektur.

Manche Kommentatoren, etwa Richard Sennett in <u>The Fall of Public Man</u>, meinen, das Problem des öffentlichen Raums habe seine Wurzel in einem narzisstischen Individualismus, der von weit reichenden Veränderungen des Kapitalismus und der Religion herrühre.[21] Bis zu einem gewissen Grad trifft diese Analyse natürlich zu, doch auch sie ist unbefriedigend in ihrer unausgesprochenen Sehnsucht nach Wiederherstellung einer Gesellschaft, die einfach nicht mehr existiert. Der Philosoph Vilém Flusser hat auf der anderen Seite die Auffassung vertreten, die ganze neue Technologie der Telephone und Faxgeräte sei nicht so sehr ein Symptom der Entfremdung, sondern bringe im Gegenteil die tief gehende Liebe der Menschen zueinander und ihr ungeheures Bedürfnis nach Kommunikation zum Ausdruck.[22]

Für das Verständnis der heutigen Stadtlandschaft wäre es daher wesentlich aufschlussreicher, das Aufkommen neuer Gemeinschaften zu untersuchen und den Fragen nachzugehen, was diese zu bieten haben, worin ihr Reiz besteht und wie sie sich zu neuen übergreifenden Einheiten verhalten, anstatt immer nur den Verlust des öffentlichen Lebens und der Gemeinschaft zu beklagen, ohne sagen zu können, was uns da eigentlich genau verloren gegangen ist. Die klassischen Disziplinen der Architektur und Urbanistik reichen nicht mehr aus, um diese Stadtlandschaft und das Verhalten ihrer Bewohner zu begreifen, zu planen und zu lenken. Wir müssen die Wirkung der neuen Medien verstehen – nicht nur, um informiert zu sein und Staus zu vermeiden, sondern auch, um zu wissen, wo wir stehen und wohin wir gehen wollen. Sie wecken unser Verlangen. Sie sagen uns nicht nur, wo wir etwas kaufen, sondern auch, wo wir uns treffen und wo wir uns küssen sollten. Sie sind ein entscheidendes Element des öffentlichen Raums.

9 PUNKTE ZUM ÖFFENTLICHEN RAUM

8 PUNKTE ZUM
ÖFFENTLICHEN RAUM

1: Es scheint so, als werde es in der neuen urbanen Landschaft, wie sie jetzt Gestalt annimmt, weniger öffentlichen
Raum im traditionellen Sinne geben als in den altehrwürdigen
europäischen Stadtzentren. Aneinanderreihungen von
Einkaufsgalerien (Shopping-Malls), häufig in Kombination
mit Indoor- Vergnügungsparks, Tiefgaragen, Hotels, Wohnungen
und vor allem sehr vielen Restaurants und Stehbistros,
haben vollständig die Rolle der Abfolgen von Straßen und
Plätzen übernommen, denen Rob Krier vor 20 Jahren in
seinem Buch „Stadtraum" eine so wesentliche Bedeutung
andichten wollte.[1] Wenn wir ehrlich sind, müssen wir sogar
einräumen, dass selbst der gutgemeinte Versuch Berlins
historisches Gefüge von Plätzen und Straßen zu rekonstruieren,
untergraben wird von einer zunehmenden Anzahl von
Geschäftsstraßen im Innern der Gebäude und im Untergrund.

Der neue Stadtraum ist nicht nur so weit wie möglich
überdacht, sondern auch vollklimatisiert. Und das ist in vielen
Gegenden der Welt, in denen es die meiste Zeit zu kalt
oder zu warm ist, ein Segen. Die internen Ladenstraßen sind
an sich nicht so spektakulär oder gut gestaltet. Alles dient
dazu, die Überfülle an Artikeln in den Schaufenstern so gut
wie möglich zur Geltung zu bringen und so viel Quadratmeter
Ladenfläche wie möglich zu gewinnen. Allein die Treppen-
häuser sind umständlich zu Atrien umgestaltet, manchmal
sogar zu fantasievollen Räumen, in denen spiegelnde
oder transparente Rolltreppen die Hauptrolle spielen. Die
Hauptebene ist reserviert für spezielle Produktpräsentationen
und den überdimensionierten Weihnachtsbaum – Zeichen
für Konsum.

Aber das wirkliche Spektakel spielt sich in den Lobbys
und Atrien der großen Hotels ab. John Portman ist der
Meister solcher Räume. Seine Atrien (er baute drei Mega-
Hotels nebeneinander in Singapurs Marina Bay) sind etwas
zwischen einem intimen städtischen Platz mit diversen
Sitzgelegenheiten, Bars und Brunnen, einem Klub und einer
Kathedrale – einer geselligen, aber trotzdem wirklich
großen Kathedrale. Dies sind Räume, deren Atmosphäre
den großen Mutterröcken, worunter Kinder sich verstecken
können, noch am nächsten kommt – nur sind sie ein paar
hundert Mal vergrößert. "Close your eyes and imagine
an explosion of beige. From its epicenter bursts the color of
vaginal labia (unaroused), metallic, matted, eggplant,
khaki-tobacco hues, moldy pumpkin ..."[2] In der Mitte dieser
Atrien schießen transparente Fahrstuhlkabinen auf dem

1 Krier, Rob. *Stadtraum in Theorie und Praxis an Beispielen der Innenstadt Stuttgarts*, Stuttgart: Karl Krämer, 1975.

2 Koolhaas, Rem. „The Generic City". In *S,M,L,XL*, von Rem Koolhaas und Bruce Mau, Jennifer Sigler (Hrsg.). Rotterdam: 010 Publishers, 1995.

neuesten Stand der Technologie geräuschlos auf und ab. Abends sind sie erhellt von goldenen Glühlämpchen. Die Atrien sind dann nur schummrig beleuchtet. Meistens hört man von irgendwo das gedämpfte Spiel eines Salonorchesters. Dann werden diese Räume unvermutet zu Hybriden zwischen einem Nachtclub und der Piazza San Marco – wie in einem Traum.

In welchem Maße diese Räume tatsächlich öffentlich sind, hängt ab von den Verhandlungen zwischen Gemeinde und Entwickler. Was wir öffentlichen Raum zu nennen gewohnt sind, wird ein überwiegend transitorischer Raum sein, geformt und reguliert von den Verkehrsregeln und dem bürgerlichen Gesetzbuch. Doch daneben tut sich schon jetzt, parallel zu dem alten, ein riesiger neuer öffentlicher Raum auf. Der Cyberspace braucht aber ebenso die entwerferische Hand, damit man sich in ihm zurechtfinden kann. Hier liegt zweifellos eine Herausforderung für den Architekten.

2: In jenen amerikanischen und japanischen Städten, von denen es scheint, als würden sie einen Hinweis darauf geben, wie eine neue Stadtlandschaft aussehen könnte, sehen wir Gebäude, die immer stärker in sich gekehrt sind und isoliert wirken. Ich glaube, es war Peter Wilson, der sie als treibende Unterseeboote im Cyberspace bezeichnete.[3] Oder besser noch: Ähnlich wie im Falle von Computern oder anderen komplexen Maschinen scheint es auch bei diesen Gebäuden keine wie auch immer geartete Beziehung mehr zwischen innen und außen, zwischen dem Innenraum und dem unmittelbaren Umraum zu geben. Die spektakulären öffentlichen Gebäude wie etwa jene von Philip Starck und Shin Takamatsu in Japan stehen dort wie gigantische, enigmatische Haushaltsgeräte, jedes für sich, mit der überwiegend unsichtbaren Stadtinfrastruktur nicht verbunden. Es macht den Eindruck, als seien sie dort nur für kurze Zeit abgestellt worden. „Mit Atrien als ihren privaten Minizentren sind Gebäude nicht länger an spezifische Standorte gebunden. Sie können überall stehen. Und wenn sie überall stehen können, warum sollten sie in der Innenstadt stehen?"[4]

3: Auch Wohnhäuser ziehen sich immer mehr in sich selbst zurück. Ein Grund dafür ist die zunehmende Dichte, in der wegen mangelnden Baulandes heute gebaut werden muss. Diese Kausalität lässt sich auch an den neuen Wohnbauprojekten in Wien und den Niederlanden ablesen. Doch ein weiterer Grund ist, dass die Wohnung immer stärker zu einem Basislager wird, wo wir übernachten.

3   Siehe Verstegen, Ton. „Het tastende gebouw, de metaforische animaties van Peter Wilson. The Groping Building. The Metaphorical Animations of Peter Wilson". ARCHIS, Nr. 5, 1993.
4   Koolhaas, Rem. „Atlanta", siehe Anm. 2.

5 Toyo Ito in Roulet, Sophie und Sophie Soulié. „Towards a Post-ephemeral Architecture. Interview with Toyo Ito". In *Toyo Ito: ARchitecture of the Ephemeral.* Paris: Editions du Moniteur, 1991.

Sind wir endlich zuhause, ist es draußen schon dunkel. Dann gucken wir nicht mehr aus dem Fenster, sondern in den Fernseher. Wollen wir etwa eine malerische Landschaft sehen, schalten wir einfach den <u>Landscape Channel</u> ein. (Das Komische am Landscape Channel ist nebenbei, dass fast immer, wenn man einschaltet, nur ein Testbild zu sehen ist, mit einem abstrakten Muster leuchtender Farben, das aussieht wie die Simulation eines Mondrian-Bildes oder einer holländischen Landschaft im Frühling mit all den Blumenfeldern).

4: Öffentlicher Raum ist eigentlich der freigelassene Raum zwischen Gebäuden. Er ist doppeldeutig, weil dort Luft und Licht zwischen den Dingen fließen.[5] In Japan und Amerika sieht man, wie diese selten gewordenen öffentlichen Räume – oder sollte man sagen: Rest-Räume? – zu umzäunten Sportfeldern umfunktioniert werden. In den Vereinigten Staaten spielt man darauf überwiegend Basketball, in Japan dominieren die grünen Netze der Trainingszentren für Golf und Baseball sogar schon die Skyline der Städte. Sport scheint neuerdings der wichtigste Grund für die Menschen zu sein, sich in der Öffentlichkeit zu treffen.

5: Ein öffentlicher Raum wird nicht mehr notwendigerweise der schöne Platz zwischen öffentlichen Gebäuden im Stadtzentrum sein. Ebenso könnte es ein Parkplatz unter einer Autobahn oder an einer Eisenbahnlinie in der Nähe eines wichtigen Bahnhofs sein. Ein solcher Platz nach einem Entwurf von Adriaan Geuze und West 8 wurde in der Nähe des Bahnhofs Sloterdijk, innerhalb des Teleport-Geländes in der Nähe von Amsterdam, 1996 fertiggestellt. Es ist eine Landschaft für kreatives Parken, aufgelockert durch Grünzonen, die mit Baumstümpfen bestückt sind, die ihrerseits Bezug nehmen auf den Wald von Betonsäulen. Ein Teil der Baumstümpfe ist aus Gusseisen und wird nachts angeleuchtet, was nicht nur einen surrealen Effekt ergibt, sondern ebenso die seltsame Künstlichkeit der Situation verstärkt.

6: Wohin wir in einer Stadt gehen wollen, hängt nur von der spezifischen Qualität und der Menge von *Stims* ab, die uns ein bestimmter Platz bietet. (Der Terminus *Stim* wurde von Lars Lerup eingeführt. Das Wort kommt von Stimulation, so wie William Gibson es in seinem Roman Mona Lisa Overdrive benutzt. Dort sind *Stims* eine Art Mischung aus Seifenopern und virtueller Realität. In anderen Büchern seines Neuromancer-Zyklus greift Gibson gar zum Ausdruck *simstim*, der noch stärker mit der Computertechnologie

6   Lerup, Lars. „Stim & Dross: Rethinking the Metropolis". *Assemblage*, Nr. 25, 1994; Gibson, William. *Neuromancer*. New York: Ace Books, 1984; *Count Zero*. New York: Arbor House, 1986; *Mona Lisa Overdrive*. Toronto; New York: Bantam Books, 1988.

7   De Sola Morales, Manuel. „Openbare en collectieve ruimte. De verstedelijking van het prive-domein als nieuwe uitdaging". *OASE*, Nr. 33, Sommer 1992.

verbunden ist und den *Stim* noch künstlicher, noch *simulierter* macht.)[6] Wohin wir gehen, hat nichts mit der Tatsache zu tun, ob der Raum nun öffentlich, halböffentlich oder privat ist. Eher im Gegenteil: Halböffentliche Räume wie Bars, Restaurants, Discotheken oder Einkaufspassagen gewinnen in der Stadt zunehmend an Bedeutung. In größeren Städten wachsen komplexe halböffentliche Netze, die man so benutzt, als würde man zwischen einzelnen Fernsehkanälen hin und her zappen. Wir bedienen uns dieser Netze ganz intuitiv, sind aber auch schnell gelangweilt. Wir jagen ununterbrochen den neuen, womöglich noch stärkeren Reizen hinterher. "It is cool or it sucks", um es mit der MTV-Terminologie von Beavis und Butthead zu sagen.

Die Bars und Discotheken, die in Barcelona von Alfredo Arribas ausgestattet wurden, können diese Entwicklung geradezu perfekt illustrieren. Der Innenraum von Network, einem seltsamen Pasticcio aus Hamburgerbude, Restaurant, Bar, Schwimmbad und Discothek, ist beeinflusst von Ridley Scotts Blade Runner. Eine weitere seiner Schöpfungen, Velvet, wieder eine Mischung aus Nachtclub, Bar und Discothek, hat viel von David Lynchs Blue Velvet abbekommen. Velvet war so erfolgreich, dass nun eine sehr viel größere Version in einer Industriezone am Stadtrand realisiert wird.

7: In einer Äußerung zum öffentlichen Raum in Barcelona merkte Manuel de Sola Morales an, dass es wichtig sei, diese Bars in der einen oder anderen Weise mit dem in Verbindung zu bringen, was wir traditionell für den öffentlichen Raum halten. Dies scheint in der Tat die einzige Möglichkeit zu sein, öffentlichen Raum interessant zu machen und ihn am Leben zu erhalten.[7]

Der Schouwburgplein in Rotterdam von Adriaan Geuze und West 8 ist nichts anderes als eine große Leere über einer unterirdischen Parkgarage. Auf ihm stehen das Stadttheater, eine Konzerthalle und ein Multiplex-Kino von Koen van Velsen. Geuze verwandelte den Platz in eine gigantische Bühne. Vier bewegliche, hydraulische Lichtmasten, je 35 Meter hoch, wechseln jede Stunde automatisch ihre Einstellung und Gestalt. Doch bietet sich nach Einwurf einer Münze auch den Teilnehmern des öffentlichen Lebens die Möglichkeit, die Position der Lichter zu ändern, so dass die Leuchten den öffentlichen Platz für kurze Zeit in ein privates Terrain verwandeln. Ob sie sich im nahen Theater oder im Kino haben inspirieren lassen, in diesem Moment wird der Platz zu der Bühne, auf der sie spielen, und er könnte

8   Geuze, Adriaan „Accelerating Darwin".
In *Nederlandse Landschapsarchitectuur, tussen traditie en experiment*, Gerrit Smienk (Hrsg.). Amsterdam: Thoth, 1993.

ein Ort wunderbarer, bis tief in die Nacht dauernder Aufführungen sein. „Der neue öffentliche Raum wird seine Nutzer so weit manipulieren, dass sie sich plötzlich ihres Verhaltens bewusst werden, dass sie sich nicht länger in ein vorprogrammiertes Verhalten zurückfallen lassen können", schreibt Adriaan Geuze. „Dieser Raum verwandelt Anonymität in Exhibitionismus, Zuschauer in Schauspieler. Hier handelt es sich nicht eigentlich um eine Sache des Entwurfs, der Schönheit, der Dimensionen, Materialien und Farben, sondern um eine Sache der Sensation, einer abstrakten Kultur, hervorgebracht vom Stadtzusammenhang."[8]

8: Dasselbe trifft für das Verhältnis von öffentlichem Raum und Medien zu. Damit öffentlicher Raum interessant bleibt, braucht er die Verbindung zu den Medien. Das erinnert mich an den Platz vor dem Bahnhof Shinjuku in Tokio, der vom größten Bildschirm der Welt beherrscht wird. Auch wenn den Japanern unsere Tradition des öffentlichen Raumes fremd erscheint und der Platz auch nicht eigens entworfen wurde, ist er doch zum beliebtesten Treffpunkt in Tokio geworden. Fernsehen hilft einem, die Zeit totzuschlagen. Toyo Itos Turm der Winde in Yokohama scheint denselben Zweck zu haben, auch wenn dieses Bauwerk viel poetischer ist. Tausende kleiner Lampen in dem ovalen Turm, der eine Belüftungsvorrichtung eines unterirdischen Einkaufszentrums verbirgt, flackern ein und aus, von einem Computer gesteuert, der auf Sensoren reagiert, die Licht, Geräusche, Wetter und Wind registrieren. Es entsteht so ein ephemeres Bild, das, auch wenn es auf natürliche Vorgänge reagiert, so etwas wie einen medialen Nebel hervorruft, der uns umgibt und plötzlich sichtbar wird. 220 Volt Electro Clips, eine Installation auf Zeit, die Christian Müller im Sommer 1995 im Museumspark Rotterdam zeigte, verband Aspekte des Schouwburgplein und des Turmes der Winde miteinander. Um eine große hölzerne Bühne standen vier Türme, die sowohl Licht wie Geräusche produzierten. Die Laute bestanden aus Fragmenten verschiedener Radio- und Fernsehsendungen, die man nach dem Zufallsprinzip auswählte. Durch in die Bühne eingelassene Sensoren konnten die Besucher mit den Geräuschen und dem Licht spielen, beides ändern und im Raum *wandern* lassen. Die Installation war ungeheuer erfolgreich und zog ein großes Publikum aller Altersklassen an. Mit dieser Installation kann ich auf die Erfahrungen zurückkommen, die ich am Anfang des Textes beschrieben habe. Christian Müllers Installation erscheint wie eine Art riesiger Kristallempfänger, als ein Gerät, an dem man sich im Kollektiv erfreuen, aber auch eines, das zur Bühne kollektiver Selbstdarstellungen werden kann.

9: Eine Sache bleibt noch zu sagen. Wenn kein Platz für die Aktivitäten oder die Stims vorhanden ist, suchen wir uns Orte, die eigentlich für etwas anderes gedacht waren, Überbleibsel, und lassen uns auf diesen nieder oder enteignen sie. Für Stadtverwalter, die Polizei, für Architekten und Stadtplaner sollte das heißen – wollen sie überleben –, dass sie außerordentlich wachsam und flexibel auf die Lebensentwürfe und spezifischen Wünsche kleinerer Gruppen, nicht aber auf jedermann, eingehen müssen. Besser als die von oben diktierten Entwürfe, die versuchten, die Menschen zu erziehen und sie gegen ihren Willen mit dem zu konfrontieren, was eine andere kleine Gruppe für die *Hochkultur* hält, sollte man Orte entwerfen, wo die Öffentlichkeit sich mit den Subkulturen eigener Wahl auseinandersetzen kann, wo es ihr gelingen kann, sich selbst zum Ausdruck zu bringen.

NOCH MAL VON NOCH MEHR ANDEREN RÄUMEN

ALLE HETEROTOPIEN VERDAMPFEN

Noch mal von noch mehr anderen Räumen

Alle Heterotopien verdampfen

Eine Aufzählung all der Orte, die in Bas Princens Fotografien abgebildet sind, hat eine seltsame und etwas
beunruhigende Wirkung: a) ein Schlammstreifen, der
zwischen einem Campingplatz und Glashäusern in Südholland
liegt, b) ein ehemaliger Nutzwald in Brabant, der eine Zeit
lang als Militärübungsgelände diente, c) ein Kanal, der
für große Schiffe bestimmt war, aber unbenutzt blieb, d) eine
Diskothek mit einem Parkplatz, der aus ehemaligen
Tennisplätzen besteht und mitten in einem Dorf irgendwo
südlich von Nijmegen liegt, e) ein Hügel, unter welchem
radioaktiver Abfall begraben liegt, f) das Meer etc. Warum
sollte jemand diese Orte überhaupt fotografieren und die
Aufnahmen in einem Buch zusammenfassen wollen?
Wenn wir eine ähnliche Aufstellung dessen machen, was in
diesen Bildern stattfindet, so ist das Ergebnis äußerst
amüsant: a) Menschen, die mit Motorrädern durch den
Schlamm rasen, b) Menschen, die Fischstangen halten und
an einem Ort, wo man weit und breit kein Wasser sehen
kann, fischen, c) Menschen, die mit seltsamen Masken und
Umhängen im Wald sitzen, d) Menschen, die die langen
Teleobjektive ihrer Kameras auf einen unsichtbaren Vogel
gerichtet haben, usw.

Es sind Aufzählungen, die an ähnliche Listen von scheinbar unzusammenhängenden Gebilden in einem nicht
namentlich genannten Text von Jorge Luis Borges erinnern,
den Michel Foucault im Vorwort zu seiner Ordnung der Dinge
als Inspiration für dieses beeindruckende philosophische
Werk zitierte. In diesem Text nennt Borges eine „bestimmte
chinesische Enzyklopädie", in der geschrieben steht,
dass „Tiere wie folgt eingeteilt werden: (a) Tiere, die dem
Kaiser gehören, (b) einbalsamierte Tiere, (c) gezähmte,
(d) Milchschweine, (e) Sirenen, (f) Fabeltiere, (g) herrenlose
Hunde, (h) in diese Gruppierung gehörige, (i) die sich wie
Tolle gebärden, (j) unzählbar, (k) die mit einem ganz feinen
Kamelhaar gezeichnet sind, (l) und so weiter, (m) die
den Wasserkrug zerbrochen haben, (n) die von weitem wie
Fliegen aussehen."[1] Nachdem er unser Lachen abklingen
lässt, schreibt Foucault, dass unser Erstaunen über diese
Taxonomie es für uns mit einem Mal klar werden ließ, dass
Borges fantastische Aufzählung, welche den exotischen
Charme eines fremden Denksystems darstellt, in Wirklichkeit
eine Einschränkung unserer eigenen Mentalität ist, und das
ist etwas, das wir ansonsten gar nicht erfassen können.

1 Foucault, Michel. Les Mots et les Choses. Paris: Gallimard, 1966.

Etwas Ähnliches findet in Bas Princens Buch <u>Artificial Arcadias</u> statt.[2] Ich meine nicht nur, dass ich beobachtet habe, dass, wenn ich diese Bilder meinem Publikum bei Vorträgen zeige und ihnen erzähle, was hier gerade passiert, ich oft meine Zuhörer zum Lachen bringe. Ich meine auch, dass Bas Princen seine Fotos als Architekturprojekte sieht, auch wenn uns ein Gefühl der Ungläubigkeit beschleicht, wenn wir diese Fotosammlung betrachten. Denn schließlich erblickt man kaum ein Gebäude in diesen Fotos, geschweige denn ein Gebäude, das eine bestimmte ästhetische Stimmigkeit oder Absicht aufweist. Vielleicht hat jemand diese Landschaften entworfen, jetzt aber befinden sie sich in einem Übergang zu einer neuen Verwendung und einer neuen Struktur oder wurden einfach verlassen und vergessen. Man kann hier kaum von Landschaftsarchitektur sprechen. Doch vielleicht könnten wir es einfach dabei belassen. So könnten wir mit Bernard Rudofsky die spontanen, informellen Strukturen, die wir mitunter sehen und welche die Menschen in den Bildern selbst sehen können, als eine Art zeitgenössischer, minimaler westlicher Form von <u>Architektur ohne Architekten</u> betrachten. Oder wir könnten uns auf Bernard Tschumi berufen, der ganz überzeugend behauptet, dass „Architektur durch die Handlungen, von denen sie Zeuge ist, genauso definiert wird wie von sie umgebenden Mauern."[3]

Foucault bemerkt, dass „die monströse Qualität, die Borges Aufzählung durchzieht, ... in der Tatsache besteht, dass der gemeinsame Boden, wo solche Zusammenkünfte möglich sind, selbst zerstört wurde. Nicht die Verwandtschaft der aufgezählten Dinge ist unmöglich, sondern der Ort, an dem ihre Verwandtschaft möglich wäre. (...) Wo sonst könnten sie nebeneinander aufgestellt werden, wenn nicht am Nicht-Ort der Sprache?" Tatsächlich scheint ein ähnliches Gefühl der Entfremdung die Orte und Ereignisse, die wir im Buch von Bas Princens Werk begegnen, zu kennzeichnen. Sie sind verlassene, verwaiste Orte und Ereignisse, *Nicht-Orte* und *Nicht-Ereignisse*, die auf den ersten Blick bar jeglicher Logik zu sein scheinen.[4]

Natürlich gibt es in der Fotografie eine Tradition, in der Fotografen Momentaufnahmen von unzusammenhängenden Gegenständen als Art Anekdote aufnehmen. Wir können zur Unterhaltung durch solche Bücher blättern und gelegentlich bei einem Bild innehalten, das unsere Aufmerksamkeit fesselt. Vielleicht können wir auf diese Weise uns mit der persönlichen Sichtweise und dem Stil des Fotografen

2 Princen, Bas. *Artificial Arcadias*. Rotterdam: 010 Publishers, 2004.

3 Rudofsky, Bernard. *Architecture without Architects, A Short Introduction to Non-pedigreed Architecture*. New York: Museum of Modern Art, 1964; Bernard Tschumi, *Advertisement for Architecture*, 1976.

4 Foucault, Michel. Siehe Anm. 1.

vertraut machen. Doch bei Bas Princens Fotos handelt es sich nicht um Momentaufnahmen. Sie sind präzise Kompositionen, die mit Großformatkameras aufgenommen und im großen Format gedruckt wurden. Sie sind mehr verwandt mit jenem Zweig der Fotografie, der sich der Tradition der Landschaftsmalerei anzugleichen versucht, zu der Künstler wie Andreas Gursky, Thomas Ruff und Thomas Struth zählen. Princens Fotos lassen sich auch der niederländischen Tradition der Landschaftsmalerei von Ruysdael usw. zuordnen, mit deren weiten Perspektiven, deutlichen Horizonten und mit Wolken behangenem Himmel. In Ermangelung von Hügeln und Bergen stechen bestimmte Orte in diesen leeren, flachen Landschaften besonders hervor, auch dank eines Sonnenstrahls oder unterschiedlicher Bodenbeschaffenheit. An solchen Orten sehen wir oft kleine, verlassene Gruppen von Figuren, während ein Kirchenturm in der Entfernung oder eine Windmühle auf das Vorhandensein einer Form organisierten menschlichen Handelns hinweist.

Durch den intensiven fotografischen Blick von Princens Bildern vermag jede einzelne Aufnahme, eine Reflexion hervorzurufen. Als Serie erforschen sie auch ein Thema, das durch die Gegenüberstellung der Fotos in einem Buch explizit Gestalt annimmt. In der Art, in der sie hier zusammengestellt sind, fordern sie uns heraus, noch intensiver über jenes integrierende Thema nachzudenken.

Foucault vergleicht die Taxonomie von Borges mit der unwahrscheinlichen Konstellation in De Lautréamonts berühmtem Gedicht, in dem eine Nähmaschine auf einen Regenschirm auf einem Operationstisch trifft. Was Borges Liste für ihn so verstörend macht, ist die Tatsache, dass sogar der Operationstisch darunter weggezaubert wurde. Er behauptet, dass es unmöglich wäre, einen Raum zu finden, der all die von Borges aufgezählten Elemente aufnehmen könnte, dass es keinen Tisch im Sinne eines klärenden Kontextes geben kann – und dass damit überhaupt die Möglichkeit des Denkens und des Klassifizierens zunichtegemacht wurde. Nur eine Utopie, mit ihren wunderschönen, glatten Räumen, könnte nach Foucault die heterogenen Elemente zusammenhalten.

Anstelle von Utopie führt Foucault den Begriff der Heterotopie ein, die auf andere Weise die unterschiedlichen Elemente verbindet: „Die Heterotopien beunruhigen, weil sie heimlich die Sprache unterminieren, weil sie verhindern, dass dies und das benannt wird, weil sie die gemeinsamen Namen zerbrechen oder sie verzahnen, weil sie im voraus die ‚Syntax' zerstören und nicht nur die, die Sätze konstruiert, sondern die weniger manifeste, die die Wörter und Sachen (die einen vor und neben den anderen) ‚zusammenhalten' lässt. Dies ist auch der Grund, warum Utopien Fabeln und Diskurs erlauben: Sie laufen nicht gegen den eigentlichen Strich der Sprache und bilden einen Teil der Grunddimension von Fabeln. Heterotopien (wie diejenigen, die man so oft bei Borges findet) trocknen die Sprache aus, halten Worte in ihren Spuren an, stellen die Möglichkeit von Grammatik an ihrer Quelle in Frage; sie lösen unsere Mythen auf und machen die Lyrik unserer Sätze steril."[5]

Tatsächlich untergraben Princens Fotoarbeiten und die Art und Weise, wie sie in einem Buch (durch das Format, die Bindung) kombiniert werden, die bestehende Ordnung der Architektur und der Planung, genau wie Borges Aufzählungen die Philosophie untergraben. Sie tun es, indem sie auf unerwartete Handlungen und Orte hindeuten, die nichtsdestotrotz eine überraschende Vitalität aufweisen, womit sie unsere Aufmerksamkeit fesseln. Sie stellen nicht einmal die Frage, welchen Stil wir einbauen sollten, denn die dargestellten Räume sind völlig bar jeglichen Stils. Wenn die Semiotik überhaupt eine Rolle spielt, dann nur dort, wo sie sich auf die von den Aktivitäten zurückgelassenen Spuren bezieht. Vielleicht könnte ein Sherlock Holmes unserer Zeit diese Spuren lesen und deuten, doch für uns andere sind sie schlicht unverständlich. Es gibt nicht einmal genug verschieden farbige Filzstifte, um die verschiedenen fotografierten Aktivitäten in einer Stadt- oder Landschaftsplanungskarte anzuzeigen. Es geht dabei um Aktivitäten, die Planer ablenken, wie man in den Karten sehen kann, die uns den Raum zeigen sollten, der in der jüngsten Übung der holländischen Regierung in Sachen futurologischer Raumgestaltung den Freizeitaktivitäten und der Natur vorenthalten wurde.[6] Die farbigen Rechtecke sind mit erbärmlicher Beliebigkeit und daher auch Einheitlichkeit (was sonst?) über die Karte der Niederlande verteilt.

Princens Fotos haben dennoch nichts mit Borge'schem Fabulieren zu tun. Die in den Fotos abgebildeten Orte existieren oder existierten tatsächlich und die Handlungen finden oder fanden dort wirklich statt. Das macht sie vielleicht umso verstörender. Ganz abgesehen von der Tatsache, dass Princens Fotos wie autonome Kunstwerke oder Architektur fungieren, könnte ihr Platz im Diskurs der Architektur nicht unähnlich jener amerikanischen Kornsilos sein, die man in den von Wasmuths Monatshefte abgedruckten Fotos sieht, und sie sind auch den Aufnahmen

5   Siehe Anm. 1.

6   Niederländisches Ministerium für Wohnbau, Raumplanung und Umwelt (VROM)/Rijksplanologische Dienst, *Ruimte maken, ruimte delen, Vijfde nota ruimtelijke ordening*, Den Haag, Januar 2001.

7 Foucault, Michel. „Of Other Spaces: Utopias and Heterotopias". In *Rethinking Architecture: A Reader in Cultural Theory*, Neil Leach (Hrsg.). London; New York: Routledge, 1997.

von Flugzeugen und Autos in Le Corbusiers Vers une Architecture oder den Fotos von Großstädten in den Vorträgen und Büchern von Stadtplanern wie Van Eesteren und Hilbersheimer nicht unähnlich. Durch sie werden Architekten, Stadtplaner und Landschaftsplaner einmal wieder mit Beweisstücken ihrer eigenen Kurzsichtigkeit konfrontiert – „des yeux qui ne voient pas", wie Le Corbusier schrieb. Jetzt aber geht es nicht um Formen und Technologien, denen wir blind gegenüberstehen, sondern um neue Formen menschlichen Verhaltens, Organisation und der Verwendung von Raum.

In seinem berühmten Text, der unter Architekten und Stadtplanern einflussreich war, Von Anderen Räumen: Utopien und Heterotopien, baute Michel Foucault seinen Begriff von Heterotopie noch weiter aus[7]. Während es das Ziel von Ordnung der Dinge war, die Idee der Heterotopie zu verwenden, um die scheinbare Homogenität der westlichen Kultur zu durchbrechen und „unserem stillen und scheinbar unbeweglichen Boden seine Risse, seine Instabilität, seine Schwachstellen zurückzugeben", interpretiert Foucault in Von Anderen Räumen die Metropole derart, dass wir diesen fragmentierten Bereich als eine der Möglichkeiten und der Freiheiten sehen können, als eine, in der die *Andersheit* zu einer reellen Möglichkeit wird.

Von Anderen Räumen thematisiert Räume, die in einer *primitiven* Gesellschaft privilegiert, heiliggesprochen oder verboten und jenen vorbehalten wären, die sich in einer Krise befinden: Pubertierende, menstruierende Frauen, ältere Menschen usw. Foucault behauptet, dass diese Heterotopien in unserer Gesellschaft verschwinden, auch wenn Spuren davon in Institutionen wie Internaten und Militärdienst für junge Männer überlebt haben. Sie machten es möglich, dass die ersten Manifestationen männlicher Sexualität *fern von zuhause* stattfanden. Junge Frauen verloren auch in einem *anderen* Raum, im Zug oder einem Hotel während einer Hochzeitsreise ihre Jungfräulichkeit. Moderne Heterotopien ließen sich auch in Gefängnissen, Altersheimen und psychiatrischen Kliniken finden – ja in allen Einrichtungen, einschließlich Friedhöfen und Spitälern, die von modernen Stadtplanern an die Stadtperipherie verbannt wurden. Von Anderen Räumen betrachtet auch die Rolle von Gärten, die wie Borges Aleph imstande sind, die unwahrscheinlichsten Dinge einander gegenüberzustellen. Der Text verweist ebenso auf Vergnügungsparks und Touristendörfer, wo intensive Erfahrungen an einem einzigen Ort verdichtet sind. Er beschreibt Motels als Orte, wo Männer ihre Welt verlassen und ihre moralischen Prinzipien hinter sich lassen können, um ungestört verbotenen Sex zu genießen, aber er spricht auch von Orten, die einen spezifischen, exemplarischen Charakter haben, wo der tägliche Rhythmus streng geregelt und geplant wird im Gegensatz zum Chaos, das draußen vorherrscht, wie etwa die jesuitischen Kolonien in Paraguay. „Bordelle und Kolonien sind hier zwei extreme Typen von Heterotopie", schreibt Foucault. „Man denke an ein Schiff, es ist ein flotierender Teil von Raum, ein ortsloser Ort, der allein lebt, in sich eingeschlossen und gleichzeitig auf dem unendlichen Ozean und sich dennoch von Hafen zu Hafen, Weg für Weg, Bordell zu Bordell bewegt, es geht so weit wie die Kolonien, auf der Suche nach den wertvollsten Dingen, die in ihren Gärten versteckt sind. Das Schiff ist die Heterotopie schlechthin. In Kulturen, wo dieses fehlt, vertrocknen Träume, das Abenteuer wird durch Spionage und Freibeuter durch die Polizei ersetzt."[8]

8 Idem.

Wie weit auseinander Foucaults Beispiele liegen mögen, was ihre Bedeutung und ihre Entfernung betrifft, so fließt in ihnen unser Bild der Stadt zusammen: unsere zeitgenössische Metropole. Des espaces autres ist ein Text, der uns mit der Stadt wieder versöhnt – so, wie es Foucault selbst tut, der in seinen frühen Schriften über die Metropole als Maschinerie der Disziplinausübung herzog. Plötzlich hat es den Anschein, als gäbe es in der Stadt Freiplätze. Es wurde auch vermutet, dass Foucaults Entdeckung des schwulen Lebensstils in San Francisco mit seinen Clubs und SM-Verliesen ihn dazu inspirierte, Von Anderen Räumen zu schreiben. Die Erfahrung hatte für ihn etwas Befreiendes. Die Bewegungsfreiheit eines Schiffes, wo man sich anmelden kann, ermöglicht einem als Einzelperson oder als Gruppe, den eigenen Kurs zu planen, das eigene Programm von Aktivitäten und Anlaufhäfen zusammenzustellen, andere zu umschiffen und somit die eigene Biografie zu inszenieren. Das heißt, es ist auch ein optimistischer Text, und so haben es auch einige Generationen von Architekten und Stadtplanern interpretiert. Für sie war er ein befreiender und vielleicht sogar visionärer Text, in dem Sinne, dass er eine Stadt mit Raum für Vielgestaltigkeit beschreibt.

Jetzt, 35 Jahre nach Foucaults Text, ist das, was wir einst Stadt nannten, zu einem enormen, sich ausdehnenden Flickwerk von Heterotopien geworden. Sogenannte bewachte Wohnsiedlungen sprießen aus dem Erdboden hervor entlang von dem Gemeinwohl dienenden Bauprojekten, Elendsvierteln neben Wohnwagen-Parks. Megakinos entlang von Peepshows und so weiter und so fort, endlos bis über den Horizont

9   Van Toorn, Roemer. „The Society of the And
    (an Introduction)". *Hunch*, Nr. 1, 1999.

10 Lerup, Lars. „Stirn and Dross". In *After the City*.
    Cambridge, MA: MIT Press, 2000.

hinaus. Das ist, was Roemer van Toorn, die Gesellschaft des Und (The Society of the And) nennt: ein endloses Stottern von und, und, und ... Aber es ist auch ein Stottern, das vom Auto oder vom Flugzeug aus einem endlosen Meer gleicht, wo die Krone einer Welle kaum von der nächsten zu unterscheiden ist.[9] In dieser Deleuz'schen Metropole erscheint der Architekt bestenfalls wie ein Surfer, der die Wellen reitet – vorausgesetzt natürlich, er hat den Mut, wie Rem Koolhaas, eine solche heroische Rolle für sich zu beanspruchen. Auf jeden Fall wissen wir, dass Surfer ihre meiste Zeit damit zubringen, mit ihrem Bauch auf ihren Brettern zu liegen und auf die nächste reitbare Welle zu warten, und dann surfen die meisten von ihnen nur kurze Zeit, bevor sie wieder in die Salzlake versinken.

In seinem Buch After the City führt Lars Lerup den Begriff *Dross* (*Schlacke*) ein, um die ausgedehnte urbane Landschaft von Houston zu beschreiben. Dross bezieht sich auf eine Schicht von Schlacke, der sich während des Schmelzprozesses auf Metall bildet, aber der Begriff wird auch im Sinne von Abschaum verwendet, um wertloses Zeugs im Gegensatz zu Wertvollem oder Wert zu bezeichnen. Es erübrigt sich, hinzufügen, dass in Lerups Vision und in Übereinstimmung mit Guy Debord und Rem Koolhaas die meisten urbanen Landschaften aus Dross bestehen. Doch in diesem Dross sind es die *Stims*, die von Bedeutung sind. Diese Stims scheinen eine zeitgenössische, kleinere Version von Foucaults Heterotopien zu sein. Stims ist ein Wort, das Lerup in William Gibsons Science-Fiction-Romanen aufklaubte, wo sie eine Art Virtuelle-Realität-Art von Seifenopern sind, in denen Menschen tatsächlich mitmachen können. Doch wie Lerup sagt, hat das Wort *Stim* auch Konnotationen wie Stimme und Stimmung. Lerup verwendet dieses Wort, um unerwartete und oft unwahrscheinliche Orte zu bezeichnen, wo kleine Gruppen von Menschen sich treffen und wo ganz bestimmte Stimmungen mit Hilfe von technologischen Mitteln geschaffen werden. Die Stimmen dieser Stims widerhallen durch die ganze Stadt über die Kommunikationsmedien.[10] Sie lassen Menschen in einem chaotischen, einem fast an den Situationismus gemahnenden Dérive durch die Stadt wandeln.

Es gibt einen riesigen Unterschied zwischen Lerups Stadt und dem Schiff, das Foucault am Ende von Von Anderen Räumen als die ultimative Heterotopie beschreibt. Stadtbewohner verwenden tatsächlich Heterotopien auf eine von Foucault erhoffte Weise, doch die Rolle des Schiffes wurde längst vom Auto und dem Vergnügungsviertel

11 Houellebecq, Michel. *De wereld als markt en strijd.* Amsterdam: Arbeiderspers, 2011; *Elementaire deeltjes.* Amsterdam: Arbeiderspers, 1999; *Platform.* Amsterdam: Arbeiderspers, 2002; *Die Welt als Supermarkt.* Reibek bei Hamburg: Rowohlt, 2001.

übernommen. Das ist unsere Weise, durch die Welt zu surfen. Das Auto führt uns ins Einkaufszentrum und ins Vergnügungsviertel. Wir können für 15 Euro einen Flug mit der Billiglinie Easy Jet buchen und an einen fantastischen Ort fliegen, wo wir uns ein Wochenende lang vollstopfen und Souvenirs und Sex kaufen können. Die Motelszene, die Foucault in Von Anderen Räumen beschrieb, stand für die Befreiung von den unterdrückerischen Moralen der Sechzigerjahre, aber jetzt hat sie sich in die Ausgelassenheit der genusssuchenden Spring Break-Touristen verwandelt.

Die Stadt, die Foucault nicht lange vor Mai 1968 in Von Anderen Räumen beschrieb, hat sich längst in Die Welt als Supermarkt und Hohn verwandelt, welche die Welt im Sinne des Marktes und der Auseinandersetzung deutet, die Welt der *elementaren Teilchen*, in der wir nur vorübergehend und mit einem von Scham gezeichneten Gesicht von einer *Plattform* träumen können.[11] Mit anderen Worten, es ist die Welt des Schriftstellers Michel Houellebecq und nicht des Michel Foucault, in der wir jetzt leben. Es ist unerheblich, ob die eine oder die andere Tätigkeit moralisch abstoßend ist; es gibt nicht mehr eine Metaphysik, die eine solche Moral rechtfertigen könnte, und genau das macht alles so freudlos, ohne Inspiration und kalt. Wenn man die *anderen Räume* aus Houellebecqs Perspektive betrachtet, dann ist es nicht überraschend, dass er geradezu polemisch die Ursache für die Auflösung der Welt nicht im Kapitalismus sucht, sondern allem voran in den Befreiungsbewegungen der Sechziger- und Siebzigerjahre, die Foucault mitinspirierte.

Abgesehen von einer Ansammlung von Ambiente, Orten, Eigenschaften, Fragmenten und Bruchlinien ist die Stadt von heute – trotz des Versuches Foucaults, sie zu beschreiben – immer mehr zu einem Netzwerk der Netzwerke geworden. Es ist nicht eine stabile Ansammlung einer beschränkten Anzahl von Netzwerken des Verkehrs, des Trinkwassers und des Abwassers geworden, die von einheitlichen, stabilen Gemeinschaften bewohnt ist, sondern von einer fast unendlichen Reihe von interferierenden Netzwerken verschiedenster Art, die immer mehr verschiedene Lebensstile und Subkulturen hervorbringen und von diesen bewohnt werden. Die Stadtkultur und die urbane Lebensweise beeinflussen große Teile der ländlichen Gebiete. Jeder dieser Lebensstile und Subkulturen benutzt die urbane Landschaft auf andere Weise. Dies verändert sicher die Verwendung und den Charakter dessen, was wir traditionell als öffentlichen Raum betrachteten, was nicht mehr

12 Foucault, Michel. Surveiller et punir: Naissance de la prison. Paris: Gallimard, 1973.

13 Vgl. de Tocqueville, Alexis. Democracy in America. New York: Vintage Books, 1990.

unbedingt der Raum ist, wo jeder jedem begegnet. Doch diese Lebensstile und Subkulturen produzieren größere oder kleinere Modifikationen und Veränderungen von ganzen Vierteln oder den Aufstieg von gänzlich neuen Typologien. Der mitunter relative kleine Maßstab und die vorübergehende Natur der Subkulturen lässt sie nach Nischen im urbanen Gewebe suchen. Immer mehr Heterotopien entstehen. Wir können erwarten, dass sie in den nächsten Jahren zunehmend von sich reden machen und einen spezifischen Charakter annehmen und gleichzeitig sich immer mehr zurückziehen und ephemer werden, da sie genau aufgrund ihrer Vermehrung kleiner werden. Sie scheinen denselben Prinzipien zugrunde zu liegen wie die affizierte Macht in Foucaults Surveiller et Punir, die komplett zerstäubt wurde.[12]

Das neue Phänomen einer noch nie dagewesenen hohen Mobilität des Einzelnen macht es Menschen möglich, immer größere Entfernungen zurückzulegen und genau jene Orte zu besuchen, die sie besuchen wollen. Sie wissen von diesen Orten und sie wissen genau, was sie dort unternehmen wollen, da sie in den Medien davon gehört haben – entweder weil sie jemanden angerufen haben, sie von diesen Orten im Radio gehört haben, darüber in Druck- oder elektronischen Medien gelesen haben oder diese Orte im Fernsehen gesehen haben.

Das sind die Orte und Aktivitäten, die Bas Princen fotografiert. Sie mögen nicht so spektakulär erscheinen, sie mögen eher ephemer sein und die beteiligten Gruppen nicht so groß, doch in den Fotografien sehen wir Menschen, die daran beteiligt oder gar darin vertieft sind auf ernsteste Art und Weise – auch wenn sie dabei Spaß haben. Es ist, als würden wir den nächsten Schritt im kulturellen Prozess erleben, der von der Demokratisierung getrieben ist, wie sie von Tocqueville beschrieben wurde. Es geht nicht bloß um die massive Produktion von Schundliteratur – jetzt wird der Schund immer differenzierter.[13] Die Schundfragmente zersplittern sich und lösen sich letztendlich auf, wobei sie Menschen zurücklassen, die an leeren Ritualen teilnehmen, und dies ohne einen Tempel oder Tabernakel.

Was diese Menschen aber haben sind Gizmos, wie Reyner Banham sie in einem seiner bekanntesten Bücher beschrieben hat, das er 1965, gerade zwei Jahre vor Foucaults Von Anderen Räumen, veröffentlichte. Vielleicht wird sich das 21. Jahrhundert wirklich als das Zeitalter der Gizmos erweisen, auch wenn Reyner Banham der Erste war, die revolutionäre Rolle des Gizmos in Amerika des

21. Jahrhunderts festzustellen. Interessanterweise spricht Banham auch von Surfbrettern, doch in diesem Fall dient es dazu, nachzuweisen, dass jeder historische oder rituelle Aspekt abhandengekommen ist. Gizmos sind der Nullpunkt des Designs und sie können genauso gut neue Patente sein wie baudrillardsche Simulakren. „Der Mann, der das Gesicht Amerikas veränderte, hat ein Gizmo, ein Gadget, ein Gimmick – in der Hand, in seiner Rücktasche, über dem Sattel, auf seiner Hüfte, im Wohnwagen, um den Hals, auf seinem Kopf, tief in einem harten Silo", schreibt Banham. „Von dem Franklin Stove und dem Stetson Hat, über die Evinrude Außenbordmotoren bis hin zum Walkie-Talkie, dem Spray und dem kabellosen Rasiergerät – die wirklich typische amerikanische Art und Weise, den menschlichen Zustand zu verbessern, war durch die Entwicklung ausgeklügelter und zumeist kleiner Pakete, die entweder mit Patentzahlen versehen waren oder den Namen des Erfinders bis in die dankbare Nachwelt trugen. Andere Länder, wie etwa Japan, geben jetzt vielleicht einen niederschmetternd schnellen Takt bei den tragbaren Geräten vor, doch ihr Hauptabsatzmarkt sind nach wie vor die Vereinigten Staaten und andere amerikanisierte Kulturen, während Amerika selbst dazu neigt, die wichtigsten Gadgets der anderen Kultur an seine besitzergreifende Brust so zu klammern, dass ihre ursprünglichen Erfinder und Entdecker vergessen werden." Abgesehen von Big Kahuna scheinen sogar die Australier vergessen zu haben, dass sie die ersten weißen anglosächsischen Protestanten waren und das Surfbrett von den Einwohnern Polynesiens geklaut haben, so amerikanisiert ist das Surfern mittlerweile geworden. So tief sitzt der Glaube an einen Gegenstand wie das Surfbrett, als die richtige Weise, eine unstrukturierte Situation wie eine Welle zu bewältigen, das als Homo Americanus den ersten Schritt auf den Mond setzt, es gut sein wird, dass die Schwerkraft nur ein Sechstel der Erde ausmacht, denn er wird wahrscheinlich so mit Paketen, Kits, Black Boxes und Waldos behängt sein, dass er seine liebe Mühe haben würde, unter einem schwereren G zu stehen."[14]

Auch wenn es sich bei Von Anderen Räumen in erster Linie um einen philosophischen und literarischen Text handelt, wirkt er im Gegensatz zu Banham, als würde er mehr dem 19. Jahrhundert angehören. Foucaults andere Räume bestehen aus den ummauerten Fragmenten der Stadt – ja, der Gebäude, die er woanders – etwa in Surveiller et Punir und Les machines à Guérir – als Maschinen definiert, da sie ein bestimmtes Verhalten hervorrufen.[15] Das Schiff, das Orte verbindet und Raum

14 Banham, Reyner. „The Great Gizmo". In A Critic Writes: Essays by Reyner Banham. Berkeley: University of California Press, 1996.
15 Surveiller et Punir, siehe Anm. 12; Foucault, Michel. Les Machines à Guérir. Brüssel: P. Mardaga, 1979; Naissance de la clinique: une archéologie du regard médical. Paris: PUF, 1975.

flüssig macht, ist tatsächlich eine ziemlich beschwerliche, überholte Maschine für die Produktion von Verhaltensformen. Vielleicht benötigte Foucault eine gewisse Rohheit, um die Brüche im Denken und in der Stadt hervorzuheben.

Im Gegensatz zu Foucaults sperrigen Maschinen sorgen Banhams relativ winzige Gizmos dafür, dass die Brüche fast mühelos überwunden werden. Sie verwandeln die Welt in den glatten Raum, den Foucault der Utopie vorenthielt. Es ist also bezeichnend, dass Banham ein Zitat von Arthur Drexler als das Motto für The Great Gizmo wählte: „Der Zweck der Technologie ist, den Traum in etwas Tatsächliches zu verwandeln ... Das Ziel ist, die Erde in einen Garten zu verwandeln, den Berg sprechen zu lassen."[16] Autos, Motorräder und Schnellboote sind die Fortbewegungsmittel, die die Rolle des Dampfschiffes in dieser von ‚ölangetriebenen' Pastorale übernehmen." (Banham)

Wie Foucaults Maschinen lösen Gizmos nicht nur die unmittelbaren Wirkungen aus, für die sie geschaffen wurden, sondern auch Verhaltensweisen. Sie sind nicht nur Lösungen für konkrete Probleme und Mittel, um Barrieren zu überwinden. Sobald es einen Gizmo gibt, ist er so verführerisch, dass der Anwender Probleme und Barrieren suchen muss, um ihn zu verwenden. Es handelt sich nicht um einen Fall von einem Biotop, der eine Art hervorbringt. Der Gizmo begibt sich auf der Suche nach seinem idealen Biotop. In dieser Welt wurde das dérive, das auf eine alternative Weise durch die Stadt Flanieren, auf der Suche nach spezifischen Erfahrungen, um die Gesellschaft des Spektakels und die von oben auferlegte Ordnung zu untergraben, vor langer Zeit durch den Kapitalismus aufgesogen. In Von Anderen Räumen beobachtet Foucault (wenngleich er sich nicht weiter über diesen Gedanken auslässt), dass das Schiff seit dem sechzehnten Jahrhundert zugleich das größte Instrument der wirtschaftlichen Entwicklung und der größte Vorrat an Fantasie darstellte. Das Gleiche gilt jetzt für das Auto, das Flugzeug und die Kommunikationsmedien. Der spielerische, freie und ungebundene Mensch Constant Nieuwenhuys ist zur Realität geworden – nicht nur, weil wir mehr Freizeit haben, sondern weil wir die uns zur Verfügung stehende Freiheit intensiver nützen.

Wir geben immer mehr für unsere Freizeit aus. Global gesehen beansprucht die Freizeitwirtschaft jetzt mehr Geld als jeder andere Sektor. Es ist nicht nur der Fremdenverkehr, für den Menschen nun auf der Suche nach authentischen, spezifischen Erfahrungen riesige Strecken zurücklegen, sondern es sind mehr lokale Freizeitaktivitäten (um nicht zu sagen Freizeitshoppen), die beträchtliche Kilometer ausmachen. Die Freizeitindustrie produziert alle notwendigen und vorstellbaren Gizmos und Gadgets, um diese Aktivitäten zu unterstützen. Sie machen es möglich, in die unwirtlichsten Gebiete, seien sie mit Schnee, Schlamm, Gestein, Lianen, Sand oder Wasser bedeckt, vorzudringen. Da die Gizmos ziemlich klein sind und kaum zwischen dem Körper und der Umgebung intervenieren, machen sie es möglich, die Beziehung zwischen Körper und Umgebung auf eine intensivere Weise zu erfahren. Sollte etwas schieflaufen, werden andere Gizmos auf den Plan treten, um eine Katastrophe abzuwenden, und die Erfahrung wird für Verwandte und Freunde zuhause mit der Kamera festgehalten, die dazu verführt werden müssen, dass sie es nachmachen. Die Camel Trophy existiert daher sowohl als direkte Erfahrung als auch als Fernsehprogramm.

Diese Gizmos haben längst aufgehört, bloß *funktionelle* Gegenstände zu sein, soweit der Begriff sich auf Freizeitgegenstände anwenden ließe, doch es sind jetzt in erster Linie Gegenstände, die dem Besitzer helfen, seine oder ihre Identität zu äußern. Man denke an die enormen, verschiedenen Paletten von Trainingsanzügen und anderen Sportkleidungsstücken, die von Firmen wie Nike und Adidas und jetzt auch von anderen ernstzunehmenden Modehäusern wie Yōji Yamamoto, Dolce & Gabbana und Prada vertrieben werden. Die Menschen, die diese Produkte tragen, machen es öfter für alltägliche Lebensaktivitäten als für Sport. Sie sind zu einem bedeutenden Teil des Individualisierungsprozesses in der westlichen Gesellschaft geworden. Sie ermöglichen Menschen, ihre Fantasien – auch ohne Hilfe der virtuellen Realität – auszuleben.

Ein Gizmo ist nicht nur ein Gegenstand an sich. Gizmos haben eine engere Verbindung mit viel größeren Organisationen und Lebensstilen (im soziologischen Sinne, d.h. in der Art und Weise, wie der Einzelne sein Leben mit Hilfe von Institutionen organisiert), als sich vom Gegenstand direkt ablesen lässt. Sie sind in Netzwerken eingebunden – die alles sein können, von Netzwerken von Verkaufsteams, Dienstleistungsabteilungen oder Tankstellen bis hin zu sozialen Netzwerken und Kommunikationsnetzwerken. Und es sind vor allem diese Letzten, die sich so enorm vermehrt haben, seitdem Foucault, Banham und Lerup ihre Texte geschrieben haben. Drahtlose Netzwerke und Satellitenverbindungen machen es theoretisch möglich, sich

überall auf der ganzen Welt einzuklinken. Mit Hilfe von GPS-Empfängern ist es darüber hinaus möglich, ihre Position überall auf der ganzen Welt festzustellen.
Das Ergebnis ist, dass die Organisationen, die hinter den Gizmos und dem Verhalten, das sie hervorrufen, stecken, immer mehr für das nackte Auge unsichtbar sind. Wie sehen nur die verwirrenden Folgen, wie zum Beispiel Menschen, die an Ecken lungern oder mit einem leeren, abgelenkten Blick entlang der Straße spazieren, während sie laute, aufgeregte Äußerungen von sich geben. Sind sie nur wahnsinnig oder unterhalten sie sich mit jemandem auf einem Mobiltelefon?

Es handelt sich um Verhaltensformen, die Bas Princen in seinen Fotos dokumentiert. Vielleicht ist es kein Zufall, dass er zuerst Industriedesign und dann Architektur studierte. Um den Unterschied zwischen den von den *alten* Netzwerken und Strukturen erzeugten Verhaltensformen und den neuen zu veranschaulichen, lohnt es sich vielleicht, Bas Princens Fotos mit denen des österreichischen Künstlers Walter Niedermayr zu vergleichen.

Walter Niedermayr macht große Fotodrucke von Land-schaften, die für Freizeitaktivitäten verwendet werden. In manchen Fällen ist es zerfurchtes, steiniges Terrain und manchmal sind es schneebedeckte Berge. Die Menschen erscheinen nur vereinzelt und mitunter als kleine Figuren. In seinen Aufnahmen von Schiorten nehmen sie sich vor dem weißen Hintergrund einsam, blass und vergänglich aus, auf eine Weise, die sowohl an romantische Landschafts-malerei des 19. Jahrhunderts als auch an bestimmte Figurengruppen des Bildhauers Alberto Giacometti erinnert. Die Menschen in Niedermayrs Fotografien bilden offensichtlich Gruppen, deren Ursprung unklar ist. Sind sie aus dem Zufall entstanden? Oder sind sie ein Ergebnis der örtlichen Schneebedingungen auf der Piste? Sind sie Gruppen von Freunden? Nur in einem beliebigen Beispiel, wie zum Beispiel die Schischule, wo alle Kinder dieselben Jacken tragen, findet man eindeutig Beweis für ein beabsichtigtes Muster. Im Hintergrund oder an den Rändern von Niedermayrs Fotos jedoch bemerken wir immer die Infrastruktur, die im Dienste dieser Aktivitäten steht, die in der vorgeblich verschneiten Wildnis stattfinden: Pistenmarkierungen, Schilifte, künstlicher Schnee, Hotels, Autobusse, Züge, Liftpässe usw. Auf dem Deckel seines Buches – <u>Civil Operations</u> – ist eine Karte eines Schigebietes reproduziert, die Pisten, Hütten, Seilbahnen und Schilifte abbildet.[17]

17 Niedermayr, Walter. *Walter Niedermayr: Civil Operations.* Wien; Ostfildern-Ruit: Kunsthalle; Hatje Cantz, 2003.

Der Unterschied zwischen den Themen in den Fotos von Niedermayr und Bas Princen mag auf den ersten Blick nicht so groß wirken, doch er besteht dennoch. Niedermayr interessiert sich für die klassischen Formen von Massentourismus, der durch großangelegte infrastrukturelle Interventionen getragen wird, aber auch wenn die Touristen stark auf künstliche Hilfsmittel angewiesen sind, geht es immer um eine Naturerfahrung. In Princens Landschaften hingegen gibt es kaum, wenn überhaupt eine Spur von der Pracht der Natur und das Spektrum der Freizeitaktivitäten ist viel größer und vielfältiger. Bei den Aktivitäten in den Fotos von Bas Princen handelt es sich nicht selten um Übungsläufe und Trainingssitzungen für Fertigkeiten, die im Laufe eines ein- bis zweiwöchigen Urlaubs in der Wildnis ernstlich auf die Probe gesetzt werden, die die Teilnehmer sich jährlich gönnen. Es gibt zum Beispiel das Foto von Rucksacktouristen, die sich auf eine eingezeichnete Route durch einen Golfplatz und anliegende Wälder begeben haben, um für einen Urlaub in den schottischen Highlands zu üben. Die 4×4-Allrad-Liebhaber haben ihre Geländefahrzeuge gekauft, um Probleme des Alltags zu bewältigen (abgesehen vielleicht von Schwellen zur Geschwindigkeitsbegrenzung, Straßenrandsteinen, Kreisverkehrsmarkierungen und anderen Mitteln, um sie daran zu hindern, bei größter Geschwindigkeit durch den städtischen Verkehr zu rasen); ganz im Gegenteil: Nachdem sie diese gekauft haben, müssen die Besitzer nach geeignetem Terrain Ausschau halten, das eine Herausforderung darstellt. Aus diesen Übungen, wie eben diese, entstehen mitunter eigene Sportarten, wie das Fischen mit Fliegen ohne Wasser, wo das Ziel ist, die Leine so weit wie möglich auszuwerfen. Die in Princens Fotos wiedergegebenen Aktivitäten sind meistens Simulationen von Sportarten, die sich selbst also Simulationen von Jagen, Fischen und Kämpfen herausgebildet haben. Bei den Gizmos handelt es sich um Simulakra von Fischstangen, Speeren und Triumphwägen.

Die Figurengruppen in Princens Fotos sind viel kleiner als die in Niedermayrs Bildern, die trotz des Fehlens einer sichtbaren Infrastruktur einen viel höheren Grad an Organisation aufweisen. Sie sind klassische Beispiele für das, was Internet-Guru Howard Rheingold Smart Mobs genannt hat.[18] Smart Mobs sind neue, spontane, ephemere Organisationsformen, die nur aufgrund der allgegenwärtigen Wireless-Netzwerke existieren, die durch Technologien wie WLAN, UMTS, GPRS oder die herkömmlichen Mobiltelefondienstleistungen möglich geworden sind. Die 4×4-Clubs haben eigene Websites, die den Liebhabern

18 Rheingold, Howard. *Smart Mobs: The Next Social Revolution.* Cambridge, MA: Perseus, 2002.

mitteilen, wo sie ihre Fahrzeuge fahren können, mit detaillierten Beschreibungen, Qualitätsrankings und GPS-Koordinaten. Ähnliche Websites gibt es für unzählige andere Aktivitäten. Vogelbeobachter können einen Hinweis als SMS bekommen, wenn eine seltene Art gesichtet worden ist, sodass sie an den Ort hineilen können, mit ihrer Teleobjektivlinse auf das Gesichtete gerichtet. Dies erklärt die Scharen von Fotografen, die auf fast beunruhigende Weise mit Ausrüstung voll behängt sind, sich um ein Motiv versammeln, das vollständig unsichtbar in einem Bild von Princen ist. Es erübrigt sich, zu verraten, dass das Ereignis ein *Stim* ist, wie wir jetzt wissen. Der Anziehungspunkt ist in Wirklichkeit ein winziger Vogel, der so winzig ist, dass er im Bild ununterscheidbar ist. So klein, so speziell und so selten und so gänzlich in ein Medienerlebnis verwandelt ist die authentische Erfahrung geworden, dass wir schließlich zugeben müssen, dass sie sich faktisch aufgelöst hat und nur in den persönlichen Logbüchern der Teilnehmer weiterlebt. Vielleicht war es eines dieser Logbücher, das Borges zu seiner Aufzählung inspiriert hat.

Jeder, der glaubt, dass dieser Zerstäubungsprozess auch zur Auflösung der Architektur und der Stadtplanung führt, sollte sich das nochmals überlegen. Es ist nur so, dass die traditionellen Autoritäten nicht darauf reagieren – mit Ausnahme vielleicht von der Stadt Rotterdam, die erkannt hat, dass sich Maasvlatke in eine Oase von neuen Formen von Freizeitaktivitäten verwandelte und daher die minimale Infrastruktur lieferte, die notwendig war, um es zu einem Macho-Zentrum werden zu lassen.[19] Firmen wie Nike und Adidas sind führend, wenn es darum geht, Nutzen aus Freizeitaktivitäten zu ziehen, die sich von unten herauf ausgebildet haben, um neue Formen von Marketing mit Implikationen für die Stadtplanung ins Leben zu rufen.[20] Indem sie informelle Fußballfelder errichtet, neue Bars subventioniert, Medienereignisse organisiert und Turniere für alternative Sportarten wie Xgolf unterstützt haben, programmieren diese Formen die Stadt um. Sowohl Nike als auch Adidas haben neue Wege gefunden, um mit ihrem individualisierten Publikum zu kommunizieren, ohne sich als Marken zu präsentieren, was den Untergrund-Markt vielleicht abschrecken könnte. Solche Firmen tun dies mit gutem Grund: Es sind die Individualisierung und die Differenzierung, die den Markt für Gizmos und Modewaren erweitern. Wir mögen darauf abschätzig reagieren, da es sich um große, kommerzielle Firmen handelt, doch die Neuprogrammierung der Stadt auf der Grundlage eines situationistischen Modells hat zu einer noch nie dagewesenen

19 De Ru, Nanne. „Leisure unLeashed, Morals and Meaning in Dutch Leisure Planning". Dissertation, Berlage Institute, Rotterdam, 2002.
20 Von Borries, Friedrich. „Die Markenstadt: Marketingstrategien im urbanen Raum". Dissertation, Universität von Karlsruhe, 2004.

21 Von Borries, Friedrich. „Welcome to Corporate-Situationism-Mainstream-Paradise". *ARCH+*, Nr. 168, 2004.

Bereicherung und Belebung dessen geführt, was die Stadt einst darstellte. „Goodbye Baumeister – hello Traummeister", schreibt Friedrich von Borries. „Der verbreitete Rückzug in ästhetische und technologische Aspekte befreit Architekten und Planer nicht von den Konsequenzen einer grundsätzlichen Verwandlung ihres Arbeitsfeldes. Sie müssen andere Bedingungen und Forderungen vorbehaltlos akzeptieren und die gegenwärtige und zukünftige Situation nach Möglichkeiten absuchen, um Raum für nichtbestimmte Erfahrungen zu schaffen. Sie müssen des Weitern die moralische und ästhetische Strenge der Moderne ablegen und sich der Aufgabe widmen, Architekten des Alltags-handelns zugunsten der Erfahrungskonsumenten zu werden. Nur dann besteht die Chance, dass Architekten schlau genug sind, irgendeine Taktik zu entwickeln, die ihnen Freiheiten in der künftigen Stadt ermöglicht."[21]

SCHWARZE LÖCHER IN MEGALOPOLIS

Schwarze Löcher in Megalopolis

I'm a believer. The Monkees
Rock my Religion. Dan Graham
The Medium is the Message. Marshall McLuhan

Beim Anblick von Houston und vor allem beim Anblick der ausdrucksstarken Fotografien von Bas Princen, die Bruchstücke von Architektur unmittelbar nach einem Hurrikan zeigen, drängt sich der Gedanke auf, dass eine Megalopolis unmöglich mehr sein kann als die Summe ihrer Teile. Wenn von einer Stadt und von Urbanismus die Rede ist, geht es aber nicht um diese wörtlich gemeinte Fragmentierung. Bas Princens Fotografien sind vielmehr als Metaphern oder Parabeln für eine andere Art von Fragmentierung zu sehen. In Houston hat die kapitalistische Stadt ihre stärkste Ausprägung weltweit erreicht; und zu den Folgen des Kapitalismus zählen bekanntlich Unterschiede und Fragmentierung – auch räumliche Fragmentierung. Man muss kein Marxist sein, um diese Phänomene in Houston zu beobachten. Sie manifestieren sich in der gesellschaftlichen und ethnischen Segregation und der sprunghaften Veränderung der Gesellschaft, die zur Ausbreitung der Stadt führt. Zum Thema Fragmentierung der Stadt im Allgemeinen existiert auch eine sehr umfangreiche Literatur.

Selbstverständlich gibt es Gründe zur Hoffnung. In seinem bereits in den sechziger Jahren verfassten Artikel A City is not a Tree vergleicht Christopher Alexander die Stadt nicht wie üblich mit einem Baum, sondern mit einem Netzwerk, das aus einzelnen Netzwerken aufgebaut ist.[1] Sämtliche Berührungs- oder Kreuzungspunkte dieser Netzwerke werden zu Orten, an denen verschiedene Programme Gestalt annehmen. Unsere Netzwerkgesellschaft unterliegt in diesem Sinne einem unaufhaltsamen Entstehungsprozess besonderer Orte. Foucault würde sich an der Heterotopie dieses durch Heterotopien gekennzeichneten Archipels von Fragmenten erfreuen. Doch angesichts der kollektiven Risiken und Bedrohungen, denen wir ausgesetzt sind, und der Ungleichheiten, die es abzubauen gilt, der Wünsche, die wir verwirklichen wollen, erscheinen diese beiden gegensätzlichen Lösungen heute irgendwie zu simpel. In Stim and Dross sowie weiteren Artikeln und Büchern dokumentiert Lars Lerup auf bestechende und ansprechende Weise die Höhen und Abgründe von Houston.[2]

1   Alexander, Christopher. „A City is Not a Tree – Parts I and II". *Architectural Forum* 122, Nr. 1 und 2, April und Mai 1965, 58–62.
2   Lerup, Lars. „Stim and Dross: Rethinking the Metropolis". In *After the City*, 46–63. Cambridge, MA: MIT Press, 2000.

Jetzt sind wir mit der unbequemen Aufgabe konfrontiert, einen Blick weiter nach vorne zu riskieren. Ich möchte auf ein Thema eingehen, das Lars Lerup bewusst umgangen hat, da er es als zu kontroversiell empfand. Es handelt sich tatsächlich um ein beunruhigendes Thema, da es Aspekte berührt, die den historischen Beispielen von gefährlicher Massenmanipulation manchmal sehr nahe kommen. Aber selbst wenn wir das verdrängen wollen, bleibt das Thema schwierig. Es handelt sich um jenen Teil der Megalopolis, der den bekannten, alles verschlingenden, schwarzen Löchern im Universum ähnelt. Es ist deshalb gefährlich, weil wir ebenso wie in Edgar Allen Poes Geschichte Sturz in den Mahlstrom vorübergehend unseren Widerstand aufgeben müssen, um entkommen zu können. Um dieses Thema zu verstehen, müssen wir zu Fans oder zu Gläubigen werden. Was hindert uns daran? Immerhin handelt es sich um weitgehend harmlose Alltagsphänomene, wobei es vor allem um Freizeit geht. Es wird sich erst herausstellen, ob Sportfans und Gläubige sich zu einer einflussreichen Kraft vereinen können.

Astrodome

Bei aller Fragmentierung ist Houston – im Guten wie im Schlechten – auch eine Stadt, die erahnen lässt, wie die Megalopolis der Zukunft zu etwas werden kann, das mehr ist als die Summe ihrer Teile. Es mag viele überraschen, doch diese endlose, fast in Bewusstlosigkeit oder Apathie liegende, über weite Strecken als unendliches Meer einzelner Häuser dahindriftende Stadt im Schatten eines grünen Daches (das Lars Lerup als *zoohemic canopy* beschreibt) aus Bäumen, die Brokkoli gleichen, ist auch der Entstehungsort höchst spektakulärer Formen kollektiven Lebens, deren Erfolg auf der Symbiose von wahrem Leben und dem Fernsehen und seinem Publikum beruht. Die Gebäude, in denen sich dieses neue kollektive Leben abspielt, sind im Prinzip riesige Hallen, in denen Veranstaltungen von Baseball bis Football, von der Wrestlemania bis zu Rockkonzerten, von Demolition Derbys bis hin zu religiösen Zusammenkünften stattfinden, die aber auch dazu verwendet werden, um den Opfern eines Hurrikans Obdach zu bieten. Hallen dieser Art existieren auch in anderen Megalopolen. In einer im Magazin Palais / des Palais de Tokyo veröffentlichten Fotoreihe wurden beispielsweise die unterschiedlichen Verwendungen des Superdomes in New Orleans gezeigt, der unter anderem als Unterkunft für die Flüchtlinge des Hurrikans Katrina diente.[3]

3 „Superdome". *Palais /. Palais de Tokyo Magazine*, Sommer 2008, 6–16.

Der 1965 eröffnete Astrodome ist immer noch das ein-
drucksvollste Beispiel solcher Bauten. Die Multifunktionalität
dieses Gebäudes, das lange Zeit den weltweit größten
klimatisierten Innenraum beherbergte, wird am deutlichsten
beim Rodeo, bei dem die Arena innerhalb von wenigen
Minuten für das Einfangen von Kälbern, Wildpferdereiten
oder ein Country- und Westernkonzert vorbereitet werden
kann. Riesige Bildschirme sorgen dafür, dass das Publikum
dem Geschehen folgen kann. Und auch wenn diese Bildschirme in einiger Entfernung liegen und so das Geschehen
nur sehr klein wiedergegeben wird und wenige Sekunden
dauert, indem sie die Veranstaltung vergrößern, vervielfachen
und wiederholen, lassen sie den kollektiven Adrenalinspiegel
in die Höhe schießen. Verschiedenste Statistiken auf
Medienwänden machen die Veranstaltung noch spezieller.
Manchmal steht *WE WIN* geschrieben und man kann gar
nicht anders als daran zu glauben.

Als ich im Internet nach Bildern vom Astrodome suchte,
stieß ich auf etwas, das wohl als Poster für den Astrodome
gedacht war. Auf einem körnigen Bild in Schwarzweiß
sieht man einen Haufen von Autowracks inmitten der Arena.
Zwei Rampen feuern Autos ab, die dann in vollem Flug
zusammenkrachen und den bereits existierenden Stapel von
Autowracks erhöhen. Die Plakatunterschrift lautet: Il Duomo,
als würde es sich um ein religiöses Gebäude handeln.

Der Astrodome hat die Vorstellung von multifunktionalen
Gebäuden und Stadien auf der ganzen Welt verändert.
Die ursprüngliche Funktion des Astrodomes wird nun vom
benachbarten Reliant Stadium erfüllt; dennoch bleibt das
Gebäude mit seinem runden, richtungsneutralen Grundriss
und den mobilen Tribünen, die das Spielfeld festlegen,
eine exemplarische Konstruktion.

Lakewood Church

Houston kann neben dem Astrodome auch noch mit dem
Sitz der beiden größten Fernsehkirchen in den USA
aufwarten, und zwar mit der Lakewood Church, einer nicht
konfessionellen christliche Megakirche mit über 43.000
Besuchern pro Woche an einem Standort, und der
Second Baptist Church mit 23.659 Besuchern pro Woche an
fünf Standorten (vgl. die Liste der 100 größten Kirchen
auf www.sermoncentral.com). Das Predigen der Lehren und
der weltliche Erfolg sind beide Schlüssel zur Unsterblichkeit –
harte Arbeit gilt als der einzige Weg zur Überwindung
der Erbsünde; diese kapitalistischen Kirchen unterscheiden

sich inhaltlich gar nicht so sehr von größeren Unternehmen und werden von Forbes ob ihrer beispielhaften Marketing-methoden sehr ernst genommen.

Die Lakewood Church ist im Compaq Center untergebracht, einem Gebäude, das nicht als Kirche, sondern als Sportarena angelegt wurde. Unter anderem war es das Heimstadion der NBA Houston Rockets. Die Arena verfügt über 16.800 Plätze; die Kanzel erinnert mit ihrer für spektakuläre Auftritte gedachten ausladenden, geschwungenen Treppe eher an eine Theater- oder Musicalbühne. Drei riesige Bildschirme umgeben sie und zeigen der Menge im Publikum Detailauf-nahmen von Joel Osteen, dessen Frau und den auftretenden Bands und Chören. Bibeltexte, die das gesprochene Wort frei wiedergibt, werden eingeblendet. Die Kanzel bzw. Bühne ist von zwei Steingärten flankiert, die eine räumliche Trennung zu den Gottesdienstbesuchern darstellen. In solch einer Umgebung fordert Joel Osteen die Mitglieder seiner Pfarrgemeinde dazu auf, den Helden in sich selbst zu entdecken.

Die Lakewood Church bedient sich der aktuellsten Kommuni-kationsmedien, vom Fernsehen bis zum Internetstreaming, und spricht eine ganze Bandbreite genau definierter Ziel-gruppen mit speziellen Programmen an. Die Kirche erreicht 90% der amerikanischen Haushalte und 7.000.000 Personen in 140 Ländern. Die in der Kirche erlebte kollektive Trance wird in die Häuser der Fernsehzuschauer übertragen. Wer möchte, kann CDs, DVDs und Bücher bei einem Gottesdienst erwerben und es überrascht mich keineswegs, dass eines der Bücher von Joel Osteen derzeit die Bestsellerliste der New York Times anführt.

Die Gottesdienste der Lakewood Church lassen eher an Rockkonzerte denken – die einer Bühne ähnelnde Kanzel wird mit großen Bands und Chören ausgefüllt. Religiöse Schriften scheinen Osteen lediglich als grobe Anhaltspunkte für seine Reden zu dienen, die mehr mit Motivationstrainings denn mit einer klassischen Predigt zu tun haben. In Houston ist die Lakewood Church in vielerlei Hinsicht eine Kirche der zweiten Chance, die aus dem System Herausgefallene auffängt und sie mit Programmen unterstützt, die in Wohlfahrtsstaaten unter demokratischer Aufsicht organisiert und durch Steuern finanziert werden würden. Es stellt sich die Frage, wie unab-hängig oder verletzlich die von der Lakewood Church unter-stützten Personen wirklich sind, wenn sie sich dazu entschließen, nach ihren Prinzipien zu leben. Eine offene Politisierung der Lakewood Church, der viele andere Kirchen in den USA unterliegen, lehnt Joel Osteen ab. Doch sind diese Form einer unternehmerisch ausgerichteten Wohlfahrtseinrichtung und die Botschaft, dass jeder ein Gewinner sein kann, eindeutig pro-kapitalistische politische Statements der Kirche.

Rock my Religion

Dan Grahams Dokumentarfilm Rock my Religion (1982–1984) und sein gleichnamiger Aufsatz aus dem Jahr 1985 thematisieren die Beziehung zwischen Religion in Amerika und Rockmusik. Wie Graham selbst sagte, unternahm er dabei einen Versuch, „historische Erinnerung wiederherzustellen", indem er aufzeigte, dass die Geschichte in der Gegenwart weiterlebt, auch wenn sie von der „dominanten Ideologie des Neuen" fast vollständig überlagert oder überschattet wird.[4] Dieser vielschichtige Film, der sich aus gefundenem Filmmaterial von Tänzen der Shaker und Rockkonzerten, Textrollen und einer erzählenden Stimme zusammensetzt, zeigt das ambivalente Verhältnis von Kapitalismus – oder puritanischem Individualismus – und Kommunalismus. Dies stellt aus der Sicht Dan Grahams einen ungelösten Konflikt dar. „In den 1950ern", so Graham, „entstand eine neue Gesellschaftsschicht; eine Generation, die nicht der Produktion verpflichtet war, sondern dem Konsum: die Kategorie des Teenagers. Befreit von der Arbeitsethik, die vor der Nachkriegsarbeitslosigkeit schützen sollte, und der puritanischen Arbeitsethik, erhoben sie Spaß zu ihrer Philosophie und Rock'n'Roll zu ihrer Religion. Rock stellte die traditionellen Werte amerikanischer Religion auf den Kopf."[5]

Graham beschreibt Rock als die „erste vollkommen kommerzielle und konsumfähige musikalische Form. Rock wird vorwiegend von Erwachsenen produziert mit dem Ziel, einen neuen, breiten Markt von Jugendlichen zu erschließen, deren Bewusstsein durch das Radio, die Presse und das Fernsehen manipuliert werden soll. Nach dem Vorbild von Hollywood wurden für Rock oft durchschnittliche Jugendliche rekrutiert oder Nichtrock- oder Popmusik-Sänger eingesetzt und zu charismatischen Rock'n'Roll-Stars mit künstlich hergestelltem Personenkult modelliert. Im Rock'n'Roll selbst enthalten ist aber die ambivalente Selbsterkenntnis, dass es sich enthält, aber ebenso die unscharfe Erkenntnis, dass es sich um eine kommerzialisierte Form handelt und sie deshalb von ihren jugendlichen Hörern nicht vollkommen ernst genommen werden muss.[6]

Eines der Ziele Grahams war zu erklären, wie Künstler wie Patti Smith in den Siebzigern noch einen Schritt weiter

4   Graham, Dan. „Video Related to Architecture". In Dan Graham: Selected Writings and Interviews on Art Works, 1965–1995, Adachiara Zevi (Hrsg.), von Dan Graham, 116. Rom: I Libri de Zerynthia, 1996.

5   Graham, Dan. „Rock My Religion". In Rock my Religion, Writings and Art Projects 1965–1990, von Dan Graham, Brian Wallis (Hrsg.), 80–95. Cambridge, MA: MIT Press, 1993.

6   Idem.

7 Graham, Dan. *Rock my Religion*, video, 1982–1984.
8 Ramirez, Jessica. „No Politics from this Pulpit".
  Newsweek Web Exclusive. 25. Januar, 2008.
  www.newsweek.com/id/103290.

gingen und „Rock als eine neue Kunstform" postulierten,
„die sich mit Poesie, Malerei und Skulptur (der Avantgarde)
vereinigen und zu einer eigenen Form revolutionärer
Politik avancieren würde. [...] In den siebziger Jahren war die
Kultur des Rock eine Zeit lang die Religion der Avantgarde".[7]
Neben einem großen Teil von Patti Smiths eigenem Repertoire
belegen dies minimalistische Kompositionen für E-Gitarre
wie The Ascension von Glenn Branca aus dem Jahr 1981.
Eine derartige Kehrtwende setzte in den Siebzigern gleichzeitig bei den Kirchen ein. Mit dem Ziel, ausgetretene
Mitglieder zurückzugewinnen, wurden Rockmusik und Rituale
in den Gottesdienst aufgenommen. „Die elektronische
Musik der Rock-Interpreten setzt anarchische Energien frei
und schafft eine Basis hypnotisch-ritualistischer Trance
für das Massenpublikum."[8] Prediger wie Joel Osteen
bedienen sich dieser Strategie mit überwältigendem Erfolg.
Dies überrascht weniger als eine Entwicklung, in der das
Rock'n'Roll-Ritual als leichte, wenn nicht gar ironisierende
Form von Religion *vereinnahmt* wird und dabei Prediger
wie Joel Osteen, die den Gottesdienst mit einem Witz über
Ambivalenz beginnen können – das ist tatsächlich schon
vorgekommen.

Ein Hillsong-Konzert in der Lakewood Church, das auf
Youtube veröffentlicht wurde (Hillsong ist eine Megakirche
der Pfingstgemeinde mit Hauptsitz in Sydney und Standorten
in London, Kiev und anderen Städten, und eine Art Rock-
band, die mit einem Hit auf den ersten Platz der australischen
Charts gelangte und derzeit auf Weltreise ist), erreichte
seinen Höhepunkt mit einem technoähnlichen Teil, der von
einer eindrucksvollen Lightshow untermalt war, die das
gesamte Publikum in hellweißes und blaues Licht tauchte.
Als sie von Begeisterung völlig erfasst wurden, schalteten
die Anwesenden die Lichter ihrer Handys ein und verwandelten
die Kirche so in ein blaues Meer aus vielen kleinen Punkten.
Diese Szene weist eine bestechende Ähnlichkeit mit
jenem Teil aus Dan Grahams Film Rock my Religion auf, in
dem Puritaner von einem Gitarristen, der wahrscheinlich
ihr Priester war, dazu animiert werden, in Trance ausgelassen
zu tanzen und Feuer als Symbol für die Präsenz des Teufels
zu entzünden.

Der wesentliche Unterschied zwischen dem entfesselten
Puritaner und der Lakewood Church ist nicht die Dimension
oder der Gegensatz zwischen der einfachen Hütte und
der klimatisierten Arena. Der Auffassung von Joel Osteen
zufolge hat sich die kommunale Funktion der Kirche, die zur
Zeit seines Vaters in einem einfachen Schuppen unter-

gebracht war und heute im ganzen Land verbreitet ist, kaum verändert.[9] Der Unterschied ist die Beteiligung der Medien auf der Seite der Kirche ebenso wie auf Seiten der Besucher. Hier sind die Medien zweifellos die Botschaft. „Ich glaube felsenfest an das Potenzial der Medien", so Lakewood-Prediger Joel Osteen, „die Medien waren immer schon meine große Leidenschaft."[10]

Lagos

Die Lakewood Church ist vielleicht die größte Fernsehkirche – oder besser gesagt: Medienkirche – in den Vereinigten Staaten; sie ist jedoch keine Ausnahme. Kirchen dieser Art, die sogar noch größer sind, findet man überall auf der Welt. Lagos, Nigeria, eine Stadt, bei der man sich ebenfalls ernsthaft fragt, ob sie mehr ist als die Summe ihrer Teile, ist das Zentrum der Winners Church, die ebenfalls zu den radikal-kapitalistischen Kirchen zählt. „Die Grundlage von unternehmerischem Reichtum ist immer eine Idee", spricht der Pastor zu seiner ebenfalls aus Tausenden von Gläubigen bestehenden Gemeinde. „Jede lebendige Seele ist ein Unternehmen, denn das Leben selbst ist ein Unternehmen. Jesus schenkte jedem von ihnen Talente und sagte: <u>Macht Geschäfte damit, bis ich wiederkomme</u>."[11] Filmisch dokumentiert wurde dies auf der DVD Lagos Wide & Close von Bregtje van der Haak im Zuge von Rem Koolhaas' Forschungsaufenthalt in Lagos, mit dem Anblick Dutzender Freiwilliger, die während der Messe mit Geld gefüllte Briefumschläge von bitterarmen Menschen einsammeln, diese in riesigen Taschen verstauen und damit kleine Lieferwägen beladen. Koolhaas über die Winners Church: „Sie passt insofern in unser Projekt, als sie einen Einblick gibt in die unvorstellbaren Dimensionen dieser Stadt, die faszinierenden Organisationsmechanismen und das unglaubliche latent vorhandene Potenzial Nigerias. Wenn so etwas möglich ist, dann kann diese Stadt sich in fünf Jahren auch dazu entschließen, sich völlig neu zu erfinden. Das Traurige am Gewinnen ist die Tatsache, dass es auch Verlierer gibt. Ich sehe, dass das den Menschen Angst macht, doch es ist ein erstaunliches und plausibles Phänomen für diesen Ort."[12]

Was wir daraus lernen können, hat in erster Linie vielleicht nicht mit Religion zu tun. Es geht vielleicht mehr um Hoffnung oder, um es etwas bodenständiger zu formulieren, das Machtpotenzial der Werbung und des Marketing. Und ganz allgemein: Die Medien verfügen vielleicht über mehr Potenzial zur Umstrukturierung der Stadt, als wir ursprünglich angenommen haben.

9   Dooley, Tara. „Spreading Its Word". The Houston Chronicle, 26. September, 2004, Rubrik A.

10 Lagos Wide & Close: An Interactive Journey into an Exploding City. Bregtje van der Haak (Reg.), Amsterdam: Submarine & VPRO, 2005. DVD.

11 Bregtje van der Haak, Interview with Rem Koolhaas, idem.

12 Ibidem.

Ruhr City[13]

Schauplatzwechsel nach Europa: Ruhrstadt. Man stelle sich eine Metropole im Herzen Westeuropas vor, in strategisch beneidenswerter Lage. Mit 3,7 Millionen Einwohnern ist sie auch einer der größten Ballungsräume Europas. Die Stadt verfügt über gut ausgebaute Verkehrswege, einen Fluss und ausgezeichnete Luftverkehrsinfrastruktur. Einige der größten Unternehmen Deutschlands haben hier ihren Firmensitz. Es handelt sich um die größte türkische Stadt außerhalb der Türkei: Eine Million Türken (die seltsamerweise nicht zu erkennen sind) leben hier. Das Bildungsniveau in der Ruhrstadt ist auch für deutsche Verhältnisse überdurchschnittlich hoch und viele Universitäten und Hochschulen sind dort ansässig. In dieser Stadt wird mehr Geld für Kultur ausgegeben als in London oder Paris: für Museen, Theater, Kinos, Konzerthallen und Kulturdenkmäler. Es ist eine Freizeitstadt mit Erholungsgebieten und bebauten Flächen in einem Verhältnis von 50:50.

Man kann den Vormittag auf der Schipiste verbringen – zumindest auf der Indoorpiste des von Marc Girardelli geführten Veltins Alpincenters – und den Nachmittag an einem Strand. In dieser Stadt gibt es mehrere große Footballstadien und Fußballvereine, die mehr Siegerpokale heimgeholt haben als alle anderen Städte Deutschlands zusammen. Die Kirchen sind klein; die Moscheen zahlreich, aber fast unsichtbar. Kurz gesagt – in der Ruhrstadt findet man alles, was man sich von einer erfolgreichen modernen Stadt erwarten würde – und genau so vermisst man es.

Ruhrstadt wird niemals zu einer *Stadt* werden: Sie setzt sich aus ca. 20 einzelnen Städten zusammen – darunter Duisburg, Essen und Dortmund – und gehört drei Regierungsbezirken an. Im 19. Jahrhundert ist es im Zuge des explosionsartigen Städtewachstums in Bergwerksnähe und an Standorten der Schwerindustrie zu einer weiteren Fragmentierung gekommen. Tatsächlich ist eine noch stärkere Fragmentierung kaum vorstellbar. Dennoch ist die Stadt bemerkenswert einheitlich. Betrachtet man ein Satellitenbild oder eine Landkarte des gesamten Gebiets, erscheint es amorph, als befände es sich in einem Zustand der Auflösung – auf einem Satellitenbild des Gebiets ist eine Stadt von der anderen nicht

13 Die Abschnitte *Ruhr City* und *Arena auf Schalke* basieren auf den von mir geleiteten Forschungsarbeiten zur Ruhrstadt von Bruno Ebersbach und Philipp Reinfeld aus den Jahren 2003 und 2004 im Rahmen des A43.org Masterstudienlehrgangs für Architektur und Stadtforschung an der Akademie der Bildenden Künste in Nürnberg. Vgl. Lootsma, Bart. „Ruhr City – a City that is, will be or has been". In *M-City: European City Scapes*, von Marco de Michelis, 194–202. Köln; Graz: König; Kunsthaus Graz 2005.

zu unterscheiden. Es erinnert an die Gemälde von Jackson Pollock. Strukturgebende Elemente sind am ehesten die Landschaften, Flüsse, Straßen, die Infrastruktur und auf bemerkenswerte Weise das Autobahnnetz.

Tatsächlich ist das Ruhrgebiet keineswegs erfolgreich. Es schrumpft mit derselben Geschwindigkeit wie die Städte Ostdeutschlands, was zu einem nicht unwesentlichen Teil mit dem Ruf dieses Gebiets zusammenhängt. Das Bild, das die meisten Europäer und vielleicht auch Amerikaner mit dem Namen Ruhrgebiet in Verbindung bringen, ist eine ländliche Region, in der die Bauernhöfe von der Industrie gewaltsam zerstört wurden, wie auf der berühmten Fotografie von Alfred Renger-Patsch aus dem Jahr 1929. Natürlich herrscht dort immer Winter, doch vergrößert man die Ansicht des Satellitenbilds, sieht man etwas völlig anderes: Fragmente sorgfältig geplanter Architektur, die sich im Ganzen verlieren. Wenn man in die Landschaft eintaucht und um sich blickt, erfreut man sich vielleicht an den vielen Grünflächen. Als Ganzes betrachtet, ist die Stadt dennoch eine viel interessantere und attraktivere, als man meinen möchte.

Arena auf Schalke

Es geht um eine Stadt mit Potenzial, aber mit einem unglaublich schlechten Ruf. Ähnlich verhielt es sich beim deutschen Fußball, dem Profifußball, dessen Ansehen in den 1980er Jahren einen absoluten Tiefpunkt erreicht hatte. Das Spiel war aggressiv; jedes Mal, wenn man zu einem Fußballspiel ging, herrschte schlechtes Wetter usw. Doch all das änderte sich, als kleine kommerzielle Fernsehstationen mit Übertragungen aus den Stadien begannen, obwohl sie nicht über die Übertragungsrechte für das gesamte Spiel verfügten und nur Ausschnitte zeigen konnten. Dank der neuen medialen Aufmerksamkeit erfuhr der Fußball eine eindrucksvolle Wiederbelebung. In ganz Europa wurden neue, größere Stadien gebaut, viele davon mit überdachten oder Innenraumspielfeldern nach dem Vorbild des Astrodome.

Eines davon ist die Arena auf Schalke, die zu den bekanntesten Stadien Deutschlands zählt. Ihre Lage auf einem Hügel mitten im Ruhrgebiet ermöglicht eine Sicht auf das gesamte Gebiet. Umgekehrt ist die Arena von jeder beliebigen Position innerhalb des Ruhrgebiets aus erkennbar. Der ursprüngliche Plan war der Bau eines überdachten Stadions, ganz ähnlich dem Astrodome; da es aber unmöglich ist, Fußball auf AstroTurf zu spielen und Gras nicht im Inneren wächst, ging man einen Schritt weiter: Das Spielfeld der Arena auf Schalke kann ins Freie verlegt werden. Folglich ist sie wie der Astrodome für verschiedenste Veranstaltungen verwendbar – Rockkonzerte, Opern, Motocross-Rennen und vieles mehr. Wie bei der Lakewood Church besteht eine Verbindung zum Fernsehen und zu den Medien. Der Bildschirm der Arena auf Schalke war einmal der größte Fernseher der Welt. Das ganze Gebäude ist im Grunde ein Fernsehstudio und die Gestaltung sämtlicher Bars und Restaurants ist Fernsehstudios nachempfunden. Es gibt Interviews davor, Interviews danach etc. und das Publikum spielt darin eine wichtige Rolle, zumindest als Umrahmung. Doch damit nicht genug: Dem Publikum soll das Gefühl vermittelt werden, Teil einer medialen Veranstaltung zu sein, die es – als Einzelperson – normalerweise nur von zuhause aus mitverfolgen könnte. Gleichzeitig liefert das anwesende Publikum dem Fernsehpublikum zuhause den Beweis dafür, dass die Veranstaltung tatsächlich stattgefunden hat.

Anhand der in diesem Artikel behandelten Bauten und Entwicklungen wird eine allgemeine Tendenz ersichtlich: völlig unterschiedliche Aktivitäten, etwa Einkaufen und Schifahren, durchlaufen einen analogen Prozess, an dessen Ende geschlossene Einkaufszentren und Schihallen stehen. Die Entstehung dieser Gebäude als schwarze Löcher in der Stadt durchläuft mehrere Phasen. In der ersten Phase steht die normale Aktivität im Vordergrund; sie findet im Freien statt und ist gekennzeichnet durch eine unerhebliche Publikumsbeteiligung und spärliche räumliche Ausstattung. In der zweiten Phase gewinnt die Öffentlichkeit an Bedeutung; es kommt zu einer Zunahme der Größenordnung und einem verstärkten Einsatz räumlicher Ausstattung. In der dritten Phase lockt die mediale Aufmerksamkeit Besucher an den Schauplatz und ermuntert zur Teilnahme am Geschehen. Außerdem kommt es zu einer Erhöhung der Einnahmen aus Werbung und Vermarktung. In der vierten Phase verlagert sich das Geschehen in das Innere eines Gebäudes, das Schutz vor Witterungseinflüssen bietet und eine für Fernsehaufnahmen ideale kontrollierte Umgebung schafft. Das Streben nach einer effizienten Nutzung der Gebäude führt zu einer ständigen Suche nach Multifunktionalität. Weil nur das Geschehen an sich von Bedeutung ist, verwandeln sich die schwarzen Löcher bald in äußerlich ziemlich unspektakuläre *schwarze Kästen*. Der Anblick ihrer schieren Unendlichkeit ist überwältigend; umso mehr, als sie gewöhnlich auf leeren Parkplätzen stehen.

Schlussfolgerungen

Wenn die Medien zur Wiederbelebung des Fußballs und der Kirchen beitragen können, könnten sie dann auch Städte wiederbeleben? Kann eine Megalopolis zu etwas werden, das mehr ist als die Summe ihrer Teile? Muss man mit einem echten Ereignis beginnen, reicht nicht auch eine Vision oder eine Vorstellung? Diese Frage kann man mit Ja beantworten. Das Beispiel vom Heidiland in der Schweiz ist Beweis dafür, dass der Ausgangspunkt eine Vorstellung sein kann. Heidiland ist eine Region, die man nur aus den Kinderbüchern von Johanna Spyri kennt, ein imaginärer Ort. Wenn man heute in die Schweiz fährt, gibt es tatsächlich ein Heidiland als Tourismusort. Es existiert wirklich. Die Nachfrage von Touristen aus aller Welt war so groß, dass ein ganzes Gebiet im Nachhinein als Heidiland bezeichnet wurde. Der Name steht sogar auf einer offiziellen Autobahnabfahrt.

In dieser speziellen Kombination aus bestimmten Entwicklungen, den großen, schwarzen Kästen ähnelnden Bauten und den Medien liegt der Schlüssel zur Gestaltung der Megalopolis. Die einzelnen Beispiele haben gezeigt, dass das Potenzial für bedeutungsvolle Großereignisse vorhanden ist. Wie Rem Koolhaas im Interview über die Winners Church in Lagos anklingen lässt, könnten selbst mit anderen Inhalten und Zielsetzungen noch größere Veränderungen in anderen Bereichen erzielt werden. In Bezug auf die kollektiven Risiken und Bedrohungen, denen wir ausgesetzt sind, die abzubauenden Ungleichheiten und die Wünsche, die wir verwirklichen wollen, wäre das sehr wünschenswert. Das Problem ist, dass die einfache neuzeitliche Formel „Ordnung und Sauberkeit bringt der Staubsauger" hier nicht so leicht anwendbar ist. Ebenso ist es noch schwierig zu eruieren, ob der Schlüssel zum Verständnis dieser Mechanismen in einer Art von prämodernem symbolischem Kapital zu suchen ist oder noch weit vor uns irgendwo in der Zukunft liegt und noch nicht greifbar ist.

ETWAS FEHLT

Etwas fehlt

Würden wir Utopia erkennen, wenn wir es sähen? Würden wir Utopia erkennen, wenn wir nur einen kurzen Blick darauf werfen könnten, ein Fragment, ein Bruchstück zu Gesicht bekämen? Würden wir es in Form eines Gebäudes erkennen oder nur, wenn es sich um die Zeichnung eines Gebäudes handelt? Würden wir Utopia auf den ersten Blick erkennen oder nur durch vermittelnde Erklärungen? Und angenommen, wir würden es erkennen, würden wir es als Utopie akzeptieren und willkommen heißen oder als Dystopie ablehnen? Denn schließlich gehen Utopie und Dystopie ebenso Hand in Hand wie Utopie und Fatalismus. Historiker und Theoretiker, die sich mit dem Thema Utopie auseinandergesetzt haben, scheinen weitgehend einer Meinung zu sein, dass Utopien ihre Wurzeln in den dunklen Abschnitten der Geschichte haben. Das utopische Denken, das im 16. und 17. Jahrhundert seine definitive Gestalt fand, kann als Antwort der westlichen Gesellschaft auf das dramatische Ende des Mittelalters verstanden werden. Auch wenn Lewis Mumford sein Buch The Story of Utopias mit einem Plädoyer für Eutopia beschließt, für das schöne Land also, in dem alle Doppeldeutigkeiten verschwunden sind, die Utopia kennzeichnen – die Hauptaussage des Werkes scheint im Heraufbeschwören einer Atmosphäre des Verhängnisses zu bestehen. Ohne jede Erklärung müssen wir plötzlich zwischen Mumfords Eutopia und Oswald Spenglers Untergang des Abendlandes[1] wählen. Nach der Katastrophe des Zweiten Weltkriegs war es Sigfried Giedion, der nach einer kritischen Auseinandersetzung mit der Frage, warum die Moderne in Architektur und Urbanismus den Kampf gegen konservative, ja reaktionäre Kräfte in den 1930er Jahren verloren hatte, leidenschaftlich für eine intensive Zusammenarbeit zwischen modernen Architekten und modernen Künstlern plädierte. „Künstler können leichter ohne die Allgemeinheit existieren als die Allgemeinheit ohne Künstler. Warum? Weil die Mechanisierung Amok läuft ohne richtungsweisende Linie, ohne entsprechenden Ausdruck für das Gefühl." Selbst in den wenigen Staaten, in denen die moderne Architektur den Sieg davontrug, fehlt der gebauten Umgebung seiner Meinung nach etwas. „Dieses Etwas ist eine inspirierte architektonische Vorstellungskraft, die das Verlangen nach Monumentalität befriedigt."[2] Giedion dachte dabei an eine neue Monumentalität, die sich – anders als die klassische, die in der Architektur und im Urbanismus der 1930er Jahre wiederkehrte – von der modernen Kunst inspirieren lassen sollte, die mittlerweile nicht nur reifer geworden war, sondern auch von weiten Teilen der Bevölkerung ver-

1 Achterhuis, Hans. *De erfenis van de utopie.* Amsterdam: Ambo, 1998.
2 Giedion, Sigfried. *Architecture, You and Me: the Diary of a Development.* Cambridge, MA: Harvard University Press, 1958.

3 Ibid.

4 Hadid, Zaha und Patrik Schumacher. *Latent Utopias: Experiments within Contemporary Architecture.* Wien; New York: Springer, 2002. Veröffentlicht im Zusammenhang mit den Ausstellungen gezeigt im Landesmuseum Joanneum, Graz.

5 Czaja, Wojciech. „Adonis auf Krücken". *Die Presse/ Spectrum*, 3. August, 2002.

standen wurde. „Was als notwendige, strukturelle Verkürzungen begann, erscheint nun in Form von Symbolen."[3]

Ähnliche Gedankengänge scheinen der Frage zugrunde zu liegen, die Zaha Hadid und Patrik Schumacher in Latent Utopia, eine Ausstellung und ein Buch aufwerfen.[4] „Jede Zeit braucht ihre Utopie(n). Eine Gesellschaft, die ihre Entwicklung nicht mehr reflektiert, ist unheimlich, eine Monstrosität." Dabei scheint es den beiden jedoch insbesondere um die Gegenwart zu gehen. In einem kürzlich gegebenen Interview bemerkt Hadid, dass wir in einer *sehr uninspirierten Zeit* leben, in der *das Extravagante* keinen Platz mehr hat.[5] Giedions neue Monumentalität war jedoch in den Utopien des modernen Urbanismus verwurzelt. Und heute? Der Konsens über die symbolische Bedeutung der modernen Kunst mag in den vierziger und fünfziger Jahren des 20. Jahrhunderts in der Tat breiter gewesen sein. Die moderne Kunst der Gegenwart dagegen kennt sehr unterschiedliche Formen, die sich nicht so einfach als Symbole charakterisieren lassen. Wie also können wir uns die Wiederverbindung von Architektur, Urbanismus und Utopie vorstellen?

Beginnend mit dem ersten Frontispiz von Thomas Morus' Utopia aus dem Jahr 1516 waren Utopien stets mit architektonischen Repräsentationen verbunden, auch wenn diese nicht immer dem Text entsprachen. Die ersten Frontispize von Morus' Utopia zeigten mittelalterliche Landschaften, die wenig von der vom Autor beschriebenen regelmäßigen Ordnung hatten. Andererseits könnte man sagen, dass alle architektonischen Projekte gewisse utopische Züge aufweisen, da es allen um eine Verbesserung des Lebens in einer bestimmten Situation geht. Manche Architektur wird gar als utopisch oder visionär bezeichnet, weil sie eine völlig anders geartete Gesellschaft entwirft oder hervorbringen möchte bzw. weil sie nur in einer solchen realisiert werden könnte.

Die Frage ist jedoch, um welche Utopie es sich handeln würde und welche Rolle Architektur in ihrer Umsetzung spielen könnte. Der (frühere) Direktor der US-amerikanischen Zentralnotenbank, Alan Greenspan, beispielsweise ist stark von den Ideen Ayn Rands beeinflusst, die unter anderem in The Virtue of Selfishness: A New Concept of Egoism und Anthem beschrieben werden. Als solche üben diese Ideen bereits einen nachhaltigen Einfluss auf jeden Bürger dieser

6 Siehe Anm. 1.

7 Lyotard, Jean-François. *La Condition Postmoderne*. Paris: Les Éditions de Minuit, 1997; Fukuyama, Francis. *The End of History and the Last Man*. New York; Toronto: Free Press; Maxwell Macmillan Canada, 1992.

8 Tafuri, Manfredo. *Progetto e utopia*. Roma-Bari: Laterza, 1973.

9 Tafuri, Manfredo. „L'Architecture dans le Boudoir. The Language of Criticism and the Criticism of Language". *Oppositions*, Nr. 3 (1974): 37–62.

Welt aus. Rands Vorstellungen finden ein architektonisches Pendant in ihrem Roman The Fountainhead. Da das Geheimwort in Anthem EGO lautet, könnte man behaupten, das neue Phänomen der *Stararchitekten* stünde in einem unmittelbaren Zusammenhang mit Rands Utopie, die durch die jüngsten, hauptsächlich von der US-amerikanischen Geldpolitik vorangetriebenen politischen Entwicklungen verwirklicht wird.[6]

Tatsächlich ist es in den letzten 25 Jahren etwa immer schwieriger geworden, über Utopien zu sprechen. In seinem äußerst einflussreichen Buch La condition postmoderne aus dem Jahr 1979 erklärte Jean-François Lyotard das Ende der großen Erzählungen und nach dem Zerfall des kommunistischen Imperiums sprach Francis Fukuyama gar vom „Ende der Geschichte und vom letzten Menschen".[7] Die New Economy sollte dem Phänomen der Rezession ein Ende bereiten. Der Architekturtheoretiker Manfredo Tafuri räumte bereits in seinem Buch Progetto e Utopia aus dem Jahr 1973 mit der Vorstellung auf, Architektur könne eine neue, bessere Gesellschaft schaffen und alle diesbezüglichen Versuche würden letztendlich vom Kapitalismus absorbiert werden.[8] In diesem Jahr etwa lösten sich nahezu alle Gruppen auf, die sich in den 1960er Jahren mit radikaler Architektur beschäftigt hatten, von Haus-Rucker-Co bis Superstudio, von Constant Nieuwenhuys bis Archigram. In seinem Essay L'Architecture dans le boudoir aus dem Jahr 1974 spricht Tafuri darüber hinaus von der Niederlage der Avantgarde, die den Architekten keine andere Wahl lässt, als sich von jeglicher architektonischer Ideologie, von allen Träumen über ihre gesellschaftliche Funktion loszusagen, sämtliche utopische Spuren zu eliminieren und sich statt dessen auf das Spiel mit den historischen Fragmenten einer Sprache zu konzentrieren, deren Code verloren gegangen ist – all das in dem Bemühen, wenigstens die Architektur selbst zu retten.[9] Tatsächlich steht dieser Aspekt seit jener Zeit im Zentrum der offiziellen Architekturdebatte, ungeachtet aller Versuche, auch neue Kosmologien zu formulieren, die größtenteils von philosophischen und wissenschaftlichen Quellen (Gilles Deleuze, Chaostheorie, Komplexität etc.) inspiriert waren.

Sogar der Aufschwung der neuen Computertechnologien wurde eher im Sinne dieser neuen Kosmologien interpretiert und genutzt als im Sinne utopischer Spekulationen. Dies ist bemerkenswert angesichts der Tatsache, dass der Aufstieg neuer Technologien normalerweise mit einer ganzen Reihe von Utopien und Dystopien einhergeht. Der einzige Aspekt dieser Denkrichtung, der in der Tradition von Deleuze als utopisch gelten könnte, ist die Dekonstruktion von Benthams Panopticon in Deleuzes Interpretation von Michel Foucault: Die Kerbung des Panopticon, gelesen als Diagramm, wird durch andere Diagramme ersetzt, die versuchen, glatte Oberflächen zu produzieren, die im Sinne eines nomadischen Modells eine großzügigere Besetzung erlauben würden.[10] Das Modell basiert weitgehend auf Gebäuden und ist von einzelnen Architekten und Kunden abhängig, was ein gravierendes Hindernis für das utopische Potenzial bedeutet. Es ist aber auch auf einer anderen Ebene angreifbar, wie die Philosophin Gillian Howie erst jüngst in ihrem Buch Deleuze and Spinoza gezeigt hat.

Howie zufolge ist gerade die Inspiration, die Deleuze aus der Natur bezieht, problematisch, da sie die Welt aus einer mystischen, romantischen Perspektive deutet und damit unter einen fatalistischen Bann stellt. Howie hält es nicht für Zufall, dass Deleuzes Denken gerade in einem historischen Kontext auf so starke Resonanz stößt, in dem vom Ende des Menschen die Rede ist und in dem gleichzeitig der liberale Individualismus Hochkonjunktur hat.[11] Organische Metaphern und Naturmetaphern, die die in der Natur zum Ausdruck kommende Metaphysik zusammenzufassen suchen, gehören selbstverständlich zur Tradition des liberalen Individualismus. Sie wurden u.a. in Adam Smiths Theorie der unsichtbaren Hand formuliert, die von Autoren wie Kevin Kelly in dem Buch Out of Control, The New Biology of Machines, Social Systems and the Economic World zu neuem Leben erweckt wurde.[12]

In den letzten Jahren macht sich jedoch unvermutet eine zunehmende, beinahe verzweifelte Sehnsucht nach neuen Utopien bemerkbar, nach Utopien im Sinne von ideologischen Gedankengebäuden, die richtungsweisend für die Entwicklung der Gesellschaft wirken könnten. Das erklärt die weitgehend enthusiastische Aufnahme des Buches Empire von Antonio Negri und Michel Hardt, das Fredric Jameson bewundernd als „prophetischen Ruf nach zukünftigen Energien" charakterisiert hat. Slavoj Žižek sieht in ihm gar „eine Neuschreibung des Kommunistischen Manifests".[13] Parallel dazu fällt auf, dass nahezu in Vergessenheit geratene architektonische und urbane Utopien wie Constants New Babylon und Yona Friedmans Ville Spatiale bei der diesjährigen Documenta in Kassel gezeigt werden. Paolo Soleri wurde bereits im Rahmen der Biennale Venedig im Jahr 2000 rehabilitiert.

10 Lootsma, Bart. „The Diagram Debate or the Schizoid Architect". In ArchiLab, Marie-Ange Brayer und Béatrice Simonot (Hrsg.). Orléans: Ville d'Orléans, 2001.
11 Howie, Gillian. Deleuze and Spinoza: Aura of Expressionism. Basingstoke: Palgrave, 2002.
12 Kelly, Kevin. Out of Control: The New Biology of Machines, Social Systems, and the Economic World. Reading, MA: Addison-Wesley, 1994.
13 Hardt, Michael und Antonio Negri. Empire. Cambridge, MA: Harvard University Press, 2000. Die Zitate von Slavoj Žižek und Fredric Jameson finden sich auf der Rückseite.

Ich teile den Wunsch nach neuen Utopien, aber wie die Kuratoren der Documenta und der letzten Biennale – Ausstellungen, deren Schwerpunkt üblicherweise auf neuen, zeitgenössischen Arbeiten liegt – kann ich derzeit noch keine klaren, kühnen Visionen erkennen, die etwa den Architekten der Französischen Revolution, den deutschen Expressionisten oder den russischen Konstruktivisten Konkurrenz machen könnten. Gemeint sind damit Visionen im Sinne von ästhetischen Modellen. Was ich aber sehr wohl erkennen kann, ist, dass das Klima, die Grundlagen und das Wissen geschaffen werden, auf dem Utopien letztendlich gedeihen könnten. Ich denke dabei an das überwältigende Ausmaß an Forschungsarbeit, das etwa in den letzten zehn Jahren geleistet wurde. Die Documenta zeigt zahlreiche Beispiele aus der Welt der Kunst, die bestehende Wirklichkeiten kritisch analysieren und in Frage stellen. Manche der Arbeiten weisen eine größere Affinität zu Fotojournalismus und Dokumentarfilm auf als zur Kunst. Auch in der Architektur- und Urbanismusdebatte ist die Forschung wieder zu einem Schlüsselthema geworden. Architekten und Architekturbüros wie Stefano Boeri und Multiplicity, Rem Koolhaas und OMA/AMO, Raoul Bunschoten und CHORA, Winy Maas und MVRDV, Einrichtungen wie das Harvard Project on the City zum Thema Stadt (bzw. das, was einmal Stadt genannt wurde), das Berlage Institute, das Bauhaus in Dessau und ETH Studio Basel, Galerien wie Arc en Rêve in Bordeaux und die Triennale in Mailand sowie Wanderausstellungen wie Cities on the Move schaffen ambitionierte Projekte mit dem Ziel, den aktuellen Wandel der urbanen Umwelt zu verstehen. Alle diese Initiativen legen den Schwerpunkt nicht auf Projekte, sondern auf den größeren gesellschaftlichen, wirtschaftlichen und kulturellen Kontext architektonischen und urbanen Gestaltens. Gleichzeitig werden etwaige Projekte der forschenden Architekten unweigerlich im Licht dieser Forschungen gesehen. Das allein scheint eine enorme Veränderung zu bedeuten gegenüber jener Zeit, als Architektur sich ins *Boudoir* zurückzog. Wo aber bleibt die Utopie?

In einem Essay für den Documenta-Katalog gibt Molly Nesbit eine mögliche Antwort auf diese Frage. Sie bezieht sich auf eine Diskussion zwischen Ernst Bloch, dem Philosophen der Hoffnung, und Theodor Adorno im Jahr 1964. „Adorno erklärte, dass es kein positives Bild einer Utopie gebe, das sich auf positive Weise ausmalen ließe, dass es von ihr überhaupt kein positives Bild geben könne, noch könne irgendein Bild von ihr vollständig sein. Er ging sehr weit. Bloch folgte ihm ein Stück des Weges, dann hielt er plötzlich inne. Er zitierte einen Satz von Brecht und sagte, dieser enthalte den Ansporn zur Utopie. Brecht hatte geschrieben: „Etwas fehlt." „Was ist dieses *Etwas*?", fragte Bloch. „Es darf nicht ausgepinselt werden, dann stelle ich es als seiend dar; es darf aber auch nicht eliminiert werden, als ob es nicht wirklich im praktischen Sinne das wäre, von dem man sagen könnte: *Es geht um die Wurst*. Wenn also auch dies alles stimmt, so glaube ich, dass die Utopie trotz allem nicht aus der Welt zu schaffen ist, und auch das Technologische, das unbedingt entstehen muss in dem großen Reich des Utopischen, wird nur ganz kleine Sektoren bilden; das ist ein geometrisches Bild, das hier nicht zuständig ist, aber ein anderes Bild findet sich in dem alten Bauernspruch: Es gibt keinen Tanz vor dem Essen. Es müssen die Menschen erst satt werden, und dann kann getanzt werden. Die Wurst und der Tanz könnten als ein Aphorismus des Marxismus verstanden werden, der, so erklärte er, nur eine Bedingung für ein Leben in Freiheit und Glück, ein Leben mit Inhalten ist. Bloch und Adorno nahmen die Utopie als den Grund, auf dem die Grenze zwischen Leben und Tod zu ziehen ist." Und Nesbit fährt fort: „Während sie die Fragen drehten und wendeten, ist vollkommen klar, dass das Bild und der Tanz um die Wurst für die Grundsätze der Metaphysik nebensächlich waren. Wie aber steht es mit dem Bild und seiner Vision? Müssen wir das utopische Bild selbst als verloren gegangen betrachten oder können wir die Utopie in einem Bild erkennen, in dem etwas fehlt, ein Bild, das mit leeren Taschen daherkommt?"[14]

Möglicherweise ging Tafuri von falschen Erwartungen aus. Möglicherweise könnten wir noch viel lernen, würden wir für einen Moment von der Erwartung Abstand nehmen, das Hauptargument der Moderne sei die Veränderung bestehender Zustände gewesen, und in ihr statt dessen eine Ansammlung von Individuen sehen, die vornehmlich mit denselben oder ähnlichen Problemen (Anwachsen der Metropolen, Aufstand der Massen, Verkehrsstaus, Umweltverschmutzung etc.) konfrontiert waren und entsprechende Lösungen finden mussten. Selbstverständlich wurden die Lösungen von Le Corbusier, Otto Neurath, Van Eesteren und Van Lohuizen, Hilberseimer und anderen im Hinblick auf ganz bestimmte politische Organisationsformen formuliert (die im Übrigen sehr verschieden voneinander waren). Dennoch scheint es, als seien nur die visionären Aspekte ihrer Arbeiten hervorgehoben und kritisiert worden, insbesondere in der neueren Architekturgeschichte. Und visionäre Projekte sind nun einmal zum Scheitern verurteilt. Das spricht nicht gegen ihre Notwendigkeit: Visionäre

14 Nesbit, Molly. „The Port of Calls". In *Documenta 11 - Platform 5*, Heike Ander, Nadja Rottner (Hrsg.) und Museum Fridericianum (Kassel). Ostfildern-Ruit: Hatje Cantz, 2002. Ausstellungskatalog.

Projekte eröffnen eine Perspektive, die diskutiert und reflektiert werden kann. Es liegt in der Natur ihrer singulären Perspektive, dass sie Kompromisse eingehen müssen, um Wirksamkeit zu erlangen.

Wenn wir versuchen, die Projekte der Moderne anders wahrzunehmen – nicht so sehr als Visionen denn als Mittel und Wege zum Verständnis der Wirklichkeit, mit der sich Architekten und Urbanisten der damaligen Zeit konfrontiert sahen – und statt dessen das Augenmerk auf die geleistete Forschungsarbeit legen, verschwindet vielleicht das tragische Schicksal des Scheiterns, das diese Projekte seit den siebziger Jahren des 20. Jahrhunderts kennzeichnet. Wenn wir in ihnen einzelne Momente der Synthese in einem kollektiven Prozess der Modernisierung sehen, der niemals von einer einzelnen Person oder Gruppe, von einer bestimmten Ideologie gesteuert werden könnte, erscheinen sie in einem anderen Licht. Nicht als Worte oder Silben einer Sprache, die nur endlose Wiederholungen zulässt, sondern als Essays, Landschaftsmalereien, Fotografien oder Schnappschüsse einer Stadt zu einem ganz bestimmten Zeitpunkt, unter Verwendung architektonischer Mittel: Plan, Schnitt, Aufriss und Perspektive. Unser Interesse gälte in diesem Fall nicht ihrem projektiven, visionären Aspekt, sondern konzentrierte sich auf die analytische Seite: auf die „Wurst", wie Bloch sagen würde, auf das Rohmaterial, aus dem sie entstanden sind und das in den Visionen verarbeitet wurde. Wir würden Ausschau halten nach Städten, die in diesen *visionären* Städten schlummern oder gar von ihnen verborgen werden. So ist es zum Beispiel kein Zufall, dass Le Corbusiers Stadt für 3.000.000 Einwohner exakt dieselbe Bevölkerungszahl aufweist wie das Paris seiner Zeit. Die Berechnungen und Entwürfe von Van Eesteren und Van Lohuizen für den allgemeinen Erweiterungsplan für Amsterdam beruhten ebenfalls auf der Extrapolation und Neuverteilung vorgefundener Daten. Vielleicht könnte diese Analyse die heutige Forschung voranbringen. Nicht nur, indem wir ihre Methoden wörtlich nehmen, wie es derzeit der Fall ist, sondern auch durch eine kritische Analyse der Analyse und den Vergleich mit heutigen Problemen, die so anders sind als die Probleme der Menschen vor hundert Jahren und manchmal sogar im Widerspruch zu ihnen stehen. Diese Notwendigkeit ergibt sich aus der Tatsache, dass es die frühen Modernisten mit Städten zu tun hatten, die geschlossene Einheiten bildeten und klar voneinander bzw. von der ländlichen Umgebung abgegrenzt waren. Heute hingegen geht es um urbanisierte Regionen, die weltweit miteinander verbunden und in komplexen Beziehungen

15 Lootsma, Bart und Mariëtte van Stralen. *Research for Research.* Rotterdam: Berlage Institute, 2001.

16 Beck, Ulrich. „Je eigen leven leiden in een op hol geslagen wereld". *ARCHIS*, Nr. 2, 2001.

17 Siehe Anm. 1.

18 MVRDV. *Metacity/Datatown.* Rotterdam: 010 Publishers, 1999.

voneinander abhängig sind. Waren die Visionen der frühen Modernisten für den Nationalstaat entworfen worden, so ist der Nationalstaat heute in Auflösung begriffen. Waren die Lösungen der Modernisten als Lösungen für die Massen gedacht, müssen wir uns heute mit dem Prozess der Individualisierung auseinandersetzen.[15] Diese Fragen sind nicht nur für die Erstellung eines kohärenten Forschungsprogramms bedeutsam, das Utopie implizit als *etwas Fehlendes* definieren würde. Sie sind auch entscheidend, um verstehen zu können, was die Entwicklung einer expliziten modernen Utopie so schwierig macht. Vergessen wir nicht, dass Morus' ursprüngliches Utopia eine Insel war und dass die meisten utopischen Visionen ein geschlossenes System bzw. eine geschlossene Einheit beschreiben. Die Aufgabe gestaltet sich auch deshalb so schwierig, weil in den Worten von Ulrich Beck „jeder Versuch zur Entwicklung eines neuen Konzeptes, das für soziale Kohäsion sorgen würde, von dem Eingeständnis ausgehen muss, dass Individualismus, Diversität und Skeptizismus in der westlichen Gesellschaft tief verwurzelt sind".[16] Wenn wir uns einig sind, dass ein neues utopisches Modell von der vorgefundenen Realität ausgehen müsste, dass es zumindest ein grundsätzliches Konzept zur politischen Organisation bieten müsste, dass es sich ferner mit den Kräften der Globalisierung auseinandersetzen und den Prozess der Individualisierung anerkennen müsste, ergeben sich unvermutet zwei moderne architektonische oder – besser gesagt – urbanistische Utopien. Die erste betrifft eine Serie von Projekten bzw. Maschinen, die von Winy Maas und MVRDV entwickelt wurden, die zweite die Arbeit von Raoul Bunschoten und CHORA. Maas' Ideen stehen in der Tradition von Utopien, die als Antwort auf knappe Mittel die gesellschaftliche Spannung zwischen Bedürfnissen einerseits und Ressourcen andererseits berechnen zu können glauben. Dieser Zugang findet sich bereits in Morus' Utopia, wo die Menschen bewusst darauf achten, dass ihre Freuden und Vergnügungen nicht höheren gemeinsamen Interessen im Weg stehen. Fortgeführt wird diese Tradition in Benthams Panopticon, das als Maschine gedacht war, die vollkommen unabhängig von den Motiven der beteiligten Menschen funktionieren und Verhalten *automatisch* hervorbringen würde.[17]

MVRDVs Datatown geht einen Schritt weiter und trägt die urbanen Projekte von Le Corbusier, dem frühen Hilberseimer sowie insbesondere von Van Eesteren und Van Lohuizen auf die Ebene des Nationalstaates.[18] Es handelt sich um eine Reihe von theoretischen Übungen, die sich mit einem autarken Stadtstaat namens Datatown auseinandersetzen,

der eine Größe von 400 x 400 Kilometern hat und
241 Millionen Einwohner umfasst. Damit wäre Datatown der
am dichtesten besiedelte Ort der Welt. Aufgrund dieser
Bevölkerungsdichte wären die Bewohner gezwungen, zur
Vermeidung ökologischer Katastrophen sowohl ihr Verhalten
als auch die räumliche Organisation des Landes in kollektiven
Entscheidungen festzulegen. Datatown führt uns vor
Augen, wie kollektives Verhalten die räumliche Organisation
eines Landes oder einer Stadt beeinflusst, und greift aus
diesem Grund auf vorhandene statistische Daten zurück. Die
Auswirkungen dieser auf kollektiven Entscheidungen
beruhenden Daten werden in eine konkrete Gestalt gebracht
(Gebäude, Straßen, Städte und Landschaften) und als
dreidimensionale Simulationen auf die vier Seiten eines
Kubus projiziert. Die Besucher des Kubus erleben die Stadt
und ihren Wandel, der durch Veränderungen des Kollektiv-
verhaltens ausgelöst wird. So sehen sie beispielsweise,
was passiert, wenn sich alle Bewohner für eine vegetarische
Lebensweise entscheiden, wenn mit Abfall auf eine
bestimmte Art und Weise verfahren oder Energie ausschließlich durch Wind produziert wird. Es werden jeweils verschiedene Möglichkeiten gezeigt. Ziel ist es natürlich, den
Besuchern Entscheidungshilfen zu geben, so dass sie
über die nationale Regierung abstimmen bzw. als Mitglieder
derselben ihre Stimme abgeben können. Datatown geht
von einer repräsentativen Demokratie aus, wie wir sie
in der westlichen Welt in ihrer klassischsten Form kennen.
Die Hauptschwäche des Projektes liegt klarerweise darin,
dass es nur unter der Voraussetzung funktioniert, dass
Nationalstaaten tatsächlich autonome Einheiten sind.
Die Idee des Nationalstaates befindet sich jedoch in einer
Krise und mit ihr auch die Idee der repräsentativen Demo-
kratie. Als weiterer Schwachpunkt erweist sich die klassische
Verwendung statistischer Daten, die sich an die frühen
Modernisten, insbesondere an Van Eesteren und Van
Lohuizen anlehnt. Das heißt, das Modell geht nicht nur von
einer Gesellschaft aus, die sich zum Großteil aus Massen
zusammensetzt. Es setzt, was die Entwurfsmethode betrifft,
auch die gleichmäßige Verteilung aller Mittel auf der
Basis eines politischen Konsensus voraus. Mit anderen
Worten, es hat eine sozial orientierte Demokratie bzw. einen
Wohlfahrtsstaat zur Voraussetzung. In seinen neueren,
noch utopischeren *Maschinen* wie dem Region Mixer, die am
Berlage Institute in Rotterdam entwickelt wurden, dehnt
Maas sein Territorium auf die ganze Welt aus und setzt sich
mit Migrationsströmen, Ernährung und Energieproduktion
auseinander. Auch in diesem Fall bestünde das Ideal in einer
mehr oder weniger gleichen Verteilung von Ressourcen,

Einkommen und Menschen. Der Region Mixer – im Prinzip ein Stück Software – übernimmt daher eine *Equalizer-Funktion*, wie wir sie auch von Stereoanlagen kennen. Selbstverständlich setzt auch dieses Modell eine sehr globale, repräsentative und demokratische Organisation voraus, beispielsweise eine mit größerer Machtbefugnis ausgestattete Variante der Vereinten Nationen. Darüber hinaus ist es interessant, dass sich Maas, wenn er die ganze Welt wie eine modernistische Stadt betrachtet, mit denselben Problemen der Auslagerung konfrontiert sieht wie die Modernisten. Während Van Eesteren und Van Lohuizen im fertigen Plan der Niederlande auf ein künstliches Stück Land im Meer zurückgreifen mussten (Maasvlakte) – als eine Art Sicherheitsventil für alle unerwünschten und unvorhergesehenen Funktionen –, sieht Maas für die Produktion von Nahrungsmitteln ein in Zusammenarbeit mit der NASA entwickeltes, satellitenähnliches Stück Land vor, das um die Erde kreist.

Bunschotens Utopie geht von ganz anderen Prämissen aus. Als Ausgangspunkt nimmt er Spinozas Konzept der Politik, das erst unlängst auch von Gilles Deleuze und insbesondere Antonio Negri mit neuem Leben erfüllt wurde.[19] In Negris Interpretation weigert sich Spinoza, die politische Gemeinschaft als eine Ordnung zu sehen, die den Wünschen des einzelnen von außen bzw. als Gesellschaftsvertrag aufgezwungen wird. Auch die verschiedenen Systeme der repräsentativen Demokratie sind demzufolge Überreste der einzigen, alles überragenden Macht des Monarchen. Stattdessen ist die Gesellschaft das quasimechanische (nicht-dialektische) Ergebnis von Interaktionen zwischen individuellen Kräften, die durch ihren Zusammenschluss eine kollektive Macht bilden. Wie in der Natur auch bestehen die politischen Beziehungen aus Strukturen, die die kollektive, produktive Macht im Zuge ihres Entfaltungsprozesses in Besitz nimmt und erneuert.[20] Spinoza hält diese Beziehungen und Strukturen stets für *richtig*, ohne ihnen moralische Konsequenzen oder Vorstellungen zuzuschreiben.

Bunschoten versucht in seiner Arbeit, die Keime dieser produktiven Macht in der Wirklichkeit aufzuspüren, indem er sich auf die Suche nach individuellen Initiativen macht. Durch die Einführung von Spielstrukturen suggeriert bzw. simuliert er mögliche Verbindungen zwischen diesen Initiativen, um die

19 De Spinoza, Benedictus. „Tractatus Politicus (in Opera Posthuma, Jan Riewertz, Amsterdam, 1677)". In *Hoofdstukken uit de politieke verhandeling*, W. N. A. Klever (Hrsg.). Meppel: Boom, 1985; Deleuze, Gilles. *Expressionism in Philosophy: Spinoza*. New York: Zone Books, 1992; Negri, Antonio. *The Savage Anomaly: The Power of Spinoza's Metaphysics and Politics*. Minneapolis: University of Minnesota Press, 1991; Siehe auch Anm. 11.

20 A. Matheron in seiner Einleitung zur französischen Übersetzung von Antonio Negris *The Savage Anomaly* in der Einleitung von W.N.A. Klever zu *Hoofdstukken uit de politieke verhandeling*, siehe Anm. 19.

21 Binet, Hélène, Raoul Bunschoten, Takuro Hoshino, und CHORA. *Urban Flotsam: Stirring the City*. Rotterdam: 010 Publishers, 2001.

Schaffung größerer räumlicher Organisationen anzuregen. Um ihnen auf die Spur zu kommen, hat Bunschoten eine spezielle Methode entwickelt, bei der Bohnen auf den Plan einer Stadt geworfen werden. Anschließend suchen einzelne Teilnehmer die jeweiligen Orte auf, um herauszufinden, welche Kräfte dort am Werk sind. Sie dokumentieren diese Einflüsse in Form von kurzen Erzählungen und formulieren mögliche Szenarien für ihre Weiterentwicklung in Kombination mit anderen in einem potenziell endlosen Prozess des Faltens und Entfaltens. Natürlich sind die Bohnen eine Metapher für die Keimung und Entwicklung dieser Kräfte zu einem neuen organischen Ganzen. Bunschotens jüngste Projekte haben die Form von Web-Sites, auf denen Myriaden dieser Keimprozesse zu finden und beobachten sind. Er verlässt sich nicht so sehr auf traditionelle staatliche Planungsbehörden, sondern greift entweder auf die eben beschriebenen Initiativen zurück oder zieht NGOs bzw. *spontane* Organisationen als Verantwortliche für größere Projekte vor.[21]

Wenn wir uns einig sind, dass das Ende des utopischen Denkens im Wesentlichen mit dem – wie Lyotard es nennt – Ende der großen Erzählungen verbunden ist, scheint es interessant, dass Bunschoten neue Erzählformen einführt, deren Entwicklung sich auch im Internet bzw. in den neuen Medien beobachten lässt. Dieses Konzept könnte die verschiedenen Fallstudien – ich denke dabei an die letzte Documenta, an Stefano Boeris Forschungsarbeit mit der Gruppe Multiplicity bzw. an meine Forschungen am Berlage Institute, die nun so verzweifelt fragmentarisch erscheinen, in vielen Fällen so frustrierend analytisch und ausschließlich kritisch, Forschungen, in denen immer *etwas fehlt* – zu einer neuen Kraft vereinen. Könnte sich daraus eine neue Form der utopischen Architektur entwickeln? Doch was ist dann mit dem Architekten, der seine Legitimation traditionellerweise in genau jenen großen Erzählungen findet, die Lyotard verworfen hat?

In seiner Einleitung zur französischen Übersetzung von Antonio Negris Spinoza-Buch (<u>Die wilde Anomalie</u>) schreibt A. Matheron, er stimme vollkommen mit Negri überein, wenn dieser feststelle, hier seien die Antipoden zur Trinität Hobbes-Rousseau-Hegel zu finden: „Und ich erkenne mit ihm die enorme revolutionäre Bedeutung und die außergewöhnliche Aktualität dieser Doktrin: Das Recht und nur das Recht, welches die Macht darstellt, das Recht, über welches die Träger der politischen Macht verfügen, welches die Macht der breiten Masse und nur der breiten Masse ist: welches die

22 Siehe Anm. 20.
23 Siehe Anm. 11.
24 Bird, Colin. *The Myth of Liberal Individualism.* Cambridge; New York: Cambridge University Press, 1999.

kollektive Macht darstellt, die die breite Masse ihnen (wiederholt) überträgt, die sie ihnen aber auch wieder entziehen kann. Wenn die Menschen revoltieren, haben sie per definitionem das Recht dazu und ipso facto verschwindet auch per definitionem das Recht des Souveräns."[22] Eine Revolution, ein Aufstand, erhält also ihre Legitimation durch den Erfolg. Dasselbe könnten wir von Bunschotens architektonischer Utopie sagen. Daher wissen wir auch, dass es noch eine Weile dauern wird, denn noch dominieren die Macht des Staates (auch wenn sie im Zerfall begriffen ist) und die Macht des Kapitals (auch wenn sie an Einfluss verliert). Hier muss ich erneut an Gillian Howies Interpretation von Spinoza erinnern sowie an die Schwierigkeiten, die sie mit der Aktualität des Deleuze'schen Denken hat.[23] Im Sinne des utopischen Denkens ist es problematisch, sich auf ein metaphysisches Verständnis der Natur zu stützen, wie Colin Bird in <u>The Myth of Liberal Individualism</u> schreibt: „Ich kann glauben, dass der Staat tatsächlich ein Organismus ist, und dennoch leugnen, dass ihm irgendeine moralische Bedeutung zukommt. Die Tatsache, dass eine Qualle ein *organisches* Wesen ist, verleiht ihr keinen moralischen Status, der dem des Menschen gleichkommt oder darüber hinausgeht. Genauso kann ich abstreiten, dass Kollektivitäten oder Staaten in irgendeinem Sinne organisch oder anthropomorph sind, und dennoch behaupten, dass sie einen größeren Anspruch auf unsere moralische Aufmerksamkeit haben als gewöhnliche menschliche Individuen."[24]

DIE PARADOXIEN DES MODERNEN POPULISMUS

Die Paradoxien des modernen Populismus

Der Aufstieg des Populismus in Europa geht Hand in Hand mit einer Krise des Wohlfahrtsstaates und der repräsentativen Demokratie. Es überrascht daher nicht, dass die Architektur – vielleicht nicht im Sinne von außergewöhnlichen architektonischen Meisterwerken, wohl aber was Wohnbau und Stadtplanung betrifft – das Lieblingsthema populistischer Politiker ist. Dabei geht es primär um Finanzierungen, Eigentümerstrukturen und die Verlagerung großer Geldströme weg vom staatlichen hin zum privaten Sektor. Auch die populistische Argumentation konzentriert sich weitgehend auf diese Themen. Sie dreht sich um die Möglichkeit, ein eigenes Haus besitzen und entsprechende Investitionen tätigen zu können, sowie um die Freiheit des Besitzers, sein Haus nach individuellen Wünschen und Bedürfnissen zu gestalten. Daher geht es bei dieser Frage weniger um Architekturstile als um die Freiheit, nach eigenen Vorstellungen leben und sein Eigentum entsprechend gestalten zu können. Das ist der Kern aller populistischen Argumente. Manchmal profitieren populistische Politiker dabei sogar von der Rhetorik der Postmoderne und die Ergebnisse populistischer Politik können, auf verschlungenen Wegen, durchaus postmodern oder historisierend sein. Populisten und Anhänger der Postmoderne teilen nicht notwendigerweise dasselbe Feindbild, aber sie haben zumindest ein feindliches Symbol gemein: die großen modernistischen Wohnsiedlungen der Zwischen- und Nachkriegszeit. Populisten sehen in diesem Symbol den Staat, für Anhänger der Postmoderne verkörpern sie die Moderne in ihrer entfremdetsten Form.

Prozesse, an deren Ende die Privatisierung und Deregulierung des Wohnungsmarktes stehen, sind kein neues Phänomen. Sie haben ihre Wurzeln in Margaret Thatchers England der 1970er Jahre und erlebten in den 90er Jahren des letzten sowie in den ersten Jahren dieses Jahrhunderts mit der Politik des Dritten Weges in den Niederlanden, Großbritannien, Deutschland und Österreich ebenso neuen Auftrieb wie durch den Budgetdruck jener Länder, die am Eurosystem teilnehmen wollten. Verglichen mit dem Zeitraum, den der Aufbau von sozialen Wohnbausystemen in Anspruch nahm, hat diese Entwicklung in relativ kurzer Zeit beträchtliche Veränderungen in der Finanzierung unserer gebauten Umwelt mit sich gebracht. Da das Baugewerbe einen wichtigen Teil der Volkswirtschaft bildet, hat dieser Wandel auch zu geänderten Machtverhältnissen geführt und den Boden für neue Ausformungen populistischer Politik bereitet. Das erinnert an Silvio Berlusconi, der seine politischen Erfolge größtenteils seiner Kontrolle über den italienischen Mediensektor verdankt. Der verstorbene niederländische Populist Pim Fortuyn und seine politischen Parteien hingegen wurden in erster Linie von Immobilienunternehmen gefördert.

Von Anfang an stand der soziale Wohnbau im Zentrum des Wohlfahrtsstaates, neben den Bereichen Gesundheitsfürsorge und Bildung. In den meisten europäischen Ländern entstanden im letzten Jahrhundert zur Milderung der durch große Wanderungsbewegungen vom Land in die Industriestädte, durch Kriege und durch den Babyboom der Nachkriegszeit verursachten Wohnungsnot und ihrer Folgen – Spekulation, unhygienische Lebensbedingungen und unkontrolliertes urbanes Wachstum – unterschiedliche Systeme von Wohnbaufirmen, die mit der Erschließung, Errichtung und heute auch Verwaltung einer enormen Anzahl leistbarer Wohnungen befasst waren bzw. sind. Diese Unternehmen finanzieren sich durch Mieten, staatlich garantierte Kredite und Subventionen und beschäftigen eine Menge Arbeitnehmer. Heutzutage stellen Wohnbauten und Grundstücke bereits selbst ein beträchtliches Kapital dar.

Nach großen Erfolgen in den 1920er, 1930er, 1950er und 1960er Jahren kam es ab den frühen 1970er Jahren zu einer wachsenden Unzufriedenheit mit den von diesen Unternehmen zur Verfügung gestellten Wohnformen. Insbesondere in der Phase des Wiederaufbaus nach dem Zweiten Weltkrieg mit ihrem Wirtschaftswachstum und technischen Fortschritt erfuhr der Wohnbau eine weitgehende Industrialisierung und Standardisierung, um der riesigen Nachfrage gerecht werden zu können – was auch äußerst erfolgreich gelang. Die Monotonie, Anonymität und Monofunktionalität dieser Anlagen stießen jedoch auf zunehmende Ablehnung. Im selben Zeitraum wurden Stadtviertel und -zentren aus dem 19. Jahrhundert vernachlässigt und abgerissen. Wohnbaufirmen und Architekten entwickelten neue Wohnbaukonzepte, die einander in rascher Folge ablösten. Aufgrund von komplexen Gesetzen, Vorschriften und Normen, die einen wichtigen Teil des Systems darstellen und die Rahmenbedingungen für Subventionen und sonstige Finanzierungen bilden, waren ihre Möglichkeiten jedoch eingeschränkt. So sind insbesondere die Quadratmeter und Typologien in Relation zum Preis beschränkt. Diese rechtlichen und finanziellen Rahmenbedingungen wurden großteils in den 1930er und 1950er Jahren entwickelt, in einer Zeit also, als die westliche Gesellschaft noch durch Klassenunterschiede geprägt war.

Der öffentliche Wohnbau wurde für die Massen entwickelt, die – in einer repräsentativen Demokratie – ihren Interessen dienen. Sowohl die repräsentative Demokratie als auch die industrielle Produktion eignen sich schon ihrer Natur nach zur Behandlung von Fragen, die mit großen Quantitäten und statistischen Daten einhergehen. Innerhalb des abgegrenzten Raums von Nationalstaaten erwiesen sich Prognosen auf der Basis von Bevölkerungsstudien immer noch als verlässlich. So sahen die Wachstumsprognosen für eine Stadt wie Amsterdam im Jahr 1929 für 2000 eine Einwohnerzahl zwischen 800.000 und 1,2 Millionen vor. Die Stadt handelte rasch und war dank diesen Prognosen noch bis vor kurzem in der Lage, mit dem berühmten Algemeen Uitbreidingsplan von Van Eesteren und Van Lohuizen zu arbeiten, mit nur geringfügigen interpretatorischen Änderungen.

Heute sind solche Vorhersagen praktisch unmöglich, da die Städte auf globaler Ebene so komplex miteinander verbunden sind, dass lokale Erhebungen, auch wenn sie Vergleiche mit anderen Städten einbeziehen, bei Weitem nicht ausreichen. Darüber hinaus kam es in den westlichen Wohlfahrtsstaaten ab den 1960er Jahren des vorigen Jahrhunderts zu einem Individualisierungsprozess, der sich paradoxerweise ebenfalls zu einem großen Teil dem Erfolg des Wohlfahrtsstaates verdankt. Erschien die Individualisierung anfangs als etwas, für das es sich zu kämpfen lohnte, so erleben wir sie heute zunehmend als etwas Aufgezwungenes – sei es durch die sanften Verführungsstrategien von Medien und Politikern, sei es durch die hinter der Migration stehenden ökonomischen und politischen Kräfte. Paradoxerweise beruht die Individualisierung gleichermaßen auf dem ewigen Traum von Freiheit wie auf der Angst vor Armut, Hunger und Krieg. Sie ist das Ergebnis sowohl von Prosperität und guter Bildung, die die Menschen in die Lage versetzen, zu wählen und selbst zu entscheiden, als auch von wirtschaftlichen Mangelsituationen, die die Bevölkerung aus ihren traditionellen Beziehungen, Familien und Gemeinschaften reißen.[1] All diese Faktoren lassen den herkömmlichen Zugang zu Fragen des Wohnbaus und der Stadtplanung in Wohlfahrtsstaaten fraglich erscheinen. Menschen mit individuellen Lebensgeschichten und Wünschen fordern individuelle Lösungen für ihr Leben.

Wenn wir Populismus als „einen rhetorischen Stil betrachten, der behauptet, dass der Mann/die Frau auf der Straße von einer gesellschaftlichen *Elite* unterdrückt wird, die nur ihren eigenen Interessen verpflichtet ist, und dass daher die staatlichen Einrichtungen dieser selbstsüchtigen Elite entrissen und zum Wohle und zur Förderung des Volkes als

1   Beck, Ulrich. „Je eigen leven leiden in een op hol geslagen wereld". *ARCHIS*, Nr. 2, 2001.

2 Für diese Definition des Populismusbegriffs siehe Wikipedia. https://www.wikipedia.at.

3 Bos, Wouter. „Een beetje populisme mag". De Groene, Nr. 8, 2005.

4 Frank, Thomas. „The Rise of Market Populism: America's New Secular Religion". The Nation. 30. Oktober, 2000. www.thenation.com.

Ganzes eingesetzt werden müssen"; wenn wir ferner den Populisten als jemanden ansehen, der „die einfachen Leute zu erreichen sucht, indem er über ihre wirtschaftlichen und sozialen Probleme spricht" und „an ihren Hausverstand" appelliert, dann wird klar, dass die für den sozialen Wohnbau entwickelten Systeme und Organisationen für rechte und linke Populisten und das ganze Spektrum dazwischen ideale Zielscheiben darstellen.[2] In der Tat gibt es fast keine politische Partei, die diesbezüglich eine weiße Weste hat. Diese Vorgangsweise ist sogar, als Reaktion auf den Erfolg der Populisten, zur akzeptierten Normalität geworden. Oder, wie der neue Chef der früheren niederländischen Sozialdemokraten unlängst in der linken intellektuellen Wochenzeitung De Groene schrieb: „Ein bisschen Populismus darf sein."[3] Als hätte die PvdA (Partij van de Arbeid) nicht bereits seit Jahren Effekthascherei betrieben und damit den Boden für den radikaleren Populismus eines Pim Fortuyn bereitet.

Die beunruhigendste und leider auch dominanteste Spielart des Populismus im Europa von heute ist kein Ausdruck der Basis. Es handelt sich um eine spezielle Form des, um mit Thomas Frank zu sprechen, Marktpopulismus.[4] Frank beschreibt die 1990er Jahre als eine Ära „zahlreicher und spektakulärer Avantgarden, lauter und unübersehbarer Jugendkulturen, nachdrücklicher multikulturalistischer Tendenzen, extremer Sportarten, extremer Ernährungsweisen und extremer Investitionen". Aber auch wenn wir „die unbegrenzte Vielfalt des Internets bestaunten und unsere ethnische Diversität feierten", bestand wahrscheinlich selten zuvor ein vergleichbar umfassender intellektueller Konsens, was die Rolle der Wirtschaft in der Gesellschaft betrifft. Sogar die Führer der linken Parteien passten sich dem Glauben an den freien Markt und die New Economy an. Frank legt dar, wie Politiker aller Richtungen im Markt ein populistisches System zu sehen begannen, das demokratischer ist als demokratisch gewählte Regierungen. „Mit ihren Mechanismen von Angebot und Nachfrage, mit Meinungsumfragen und Fokusgruppen, mit Superstores und Internet bringen die Märkte den Willen des Volkes besser und aussagekräftiger zum Ausdruck als Wahlen. Schon ihrer Natur nach verleihen Märkte demokratische Legitimität, bringen Märkte aufgeblasene Wichtigtuer zu Fall, geht es den Märkten um die Interessen des kleinen Mannes, geben uns Märkte, was wir wollen."

„Viele Elemente des marktpopulistischen Konsenses sind seit Jahren fixer Bestandteil des kulturökonomischen Repertoires", schreibt Frank. „Hollywood und Madison

Avenue haben immer behauptet, ihre Aufgabe bestünde darin, die Wünsche der Öffentlichkeit widerzuspiegeln, und dass der Erfolg oder Misserfolg von Filmen und Werbekampagnen davon abhänge, wie sehr sie dem öffentlichen Geschmack entsprechen. In ähnlicher Weise argumentieren die Vertreter der New Yorker Börse seit langem, Aktienkurse würden den Enthusiasmus der Allgemeinheit widerspiegeln und der öffentliche Handel mit Aktien sei ein Grundpfeiler der Demokratie. Und seit Randolph Hearst sehen sich alle Zeitungsmagnaten als Anwälte des kleinen Mannes." Es überrascht dennoch, wie der Populismus – entstanden aus einer Rebellion gegen die Macht von Unternehmen und als politischer Stil per definitionem den Nicht-Wohlhabenden und Nicht-Einflussreichen vorbehalten – mittlerweile zur Rhetorik der Reichen geworden ist.

Frank erklärt dies damit, dass die 68er-Generation in den USA, jene Generation also, die heute an den Schalthebeln der Macht sitzt, nicht am Klassenkampf interessiert war, sondern in erster Linie die *Weisheit und Werte* der amerikanischen Mittelklasse verachtete. So konnten die Republikaner nicht selten in der Arbeiterklasse Stimmen gewinnen, indem sie an Werte wie Patriotismus und Familie appellierten. Diese Argumentation erinnert daran, was Francis Fukuyama in seiner Einleitung zu <u>Das Ende der Geschichte</u> schreibt, dass nämlich die kapitalistische Demokratie die Endphase der Gesellschaft darstelle.[5] Fukuyama betont die Bedeutung des *thymos*, des Gefühls der Selbstachtung, und stellt ihn in eine Beziehung zu Religion und Nationalismus, zu den ethischen Werten und Normen eines Volkes sowie zum Gefühl der Verbundenheit, das Menschen in kleinen Gemeinschaften kennzeichnet. Dies mag – in den in den letzten Jahren zu beobachtenden radikaleren Formen – auf die Vereinigten Staaten zutreffen, wobei wir nicht vergessen dürfen, dass die USA niemals ein Wohlfahrtsstaat gewesen sind. Dort haben stets Philanthropie und Wohltätigkeit im Sinne Jeffersons, zum Teil in Form von großen Organisationen, weitgehend die Aufgaben jener Wohlfahrtseinrichtungen übernommen, die in Europa durch Selbstorganisation, Revolutionen und Prozesse der repräsentativen Demokratie entstanden sind. Die allerneueste Entwicklung auf diesem Gebiet sind *kapitalistische Kirchen* – Fernsehkirchen wie die Lakewood Church mit Sitz in Houston –, die zahlreiche fürsorgeähnliche Leistungen erbringen und gleichzeitig mit ihrer populistischen Version des Baptismus, wonach „jeder ein Gewinner sein kann"[6], eine enorme Wirkung erzielen. Angesichts der Tatsache, dass sie von Forbes als ernst zu

5   Fukuyama, Francis. *The End of History and the Last Man.* New York; Toronto: Free Press; Maxwell Macmillan Canada, 1992.

6   Lakewoodchurch.com. https://www.lakewoodchurch.com/.

nehmender Faktor betrachtet werden und bis zu 95 % der amerikanischen Haushalte erreichen, sind diese Kirchen zu einem einflussreichen Element in der amerikanischen Politik geworden. Europa kennt extreme radikale Entwicklungen dieser Art bislang noch nicht. Es lässt sich jedoch nicht leugnen, dass auch in Europa die 68er-Generation weniger am Klassenkampf interessiert war, als es anfangs vielleicht den Anschein hatte. Andererseits ließen der Einfluss der linken Parteien sowie die Tatsache, dass ein Großteil der schlecht bezahlten Arbeit von Immigranten verrichtet und die Produktion in Niedriglohnländer ausgelagert wurde, die Mittelklasse bis zu den 1990er Jahren so dominant werden, dass der Klassenkampf ein Ding der Vergangenheit schien. Dennoch werden auch in Europa kulturelle und familiäre Werte als Reaktion auf die massive Zuwanderung in manchen Städten einer zunehmenden Reflexion unterzogen, insbesondere seit 9/11.

In diesem Zusammenhang ist es kein Zufall, dass Pim Fortuyns *unvollendete*, posthum erschienene Autobiografie den Titel <u>Autobiografie van een Babyboomer</u> (Autobiografie eines Babyboomers) trägt.[7] Ein weiteres Buch Fortuyns, <u>De Verweesde Samenleving</u> (Die verwaiste Gesellschaft), stellt „ein leidenschaftliches Plädoyer für mehr Aufmerksamkeit, Liebe und Achtung für die zentralen Normen und Werte unserer Kultur" dar, worunter der Autor die „jüdisch-christlich-humanistische Kultur" und „das menschliche Maß als Prüfstein für den öffentlichen Bereich" versteht.[8] (Die Publikation von Fortuyns Büchern in Italien wird übrigens von Silvio Berlusconi finanziert.) Die Wiederbelebung dieser Werte liegt jedoch nicht unbedingt in ihnen selbst begründet, sondern darin, dass sie nicht von den Werten jener neuen erfolgreichen Unternehmer zu trennen sind, deren populistische Protégés und Strohmänner sich dank ihrer finanziellen Unterstützung in einer Art und Weise vermarkten und bewerben können, von der andere Politiker nur träumen können. Das ist das Paradoxe am Marktpopulismus: Seine Kritik an der vermeintlich dominierenden Elite des Wohlfahrtsstaates dient nicht dem Volk, sondern einer anderen, neuen Elite, die sich einerseits dem erfolgreichen Wohlfahrtsstaat und andererseits dem Umgang der Politik des Dritten Weges mit diesem Erfolg verdankt.

Pim Fortuyn war der postmoderne Politiker schlechthin: ein ehemals marxistischer, schwuler Akademiker, der erst zum Unternehmer und dann zum *Politiker ohne Partei* wurde, wie er selbst in seiner Autobiografie schreibt.[9] Er war postmodern, auch was die entsprechende Selbstironie betrifft: Er trug

7   Fortuyn, Pim. *Autobiografie van een babyboomer.* Uithoorn; Rotterdam: Karakter; Speakers Academy, 2002.

8   Fortuyn, Pim. *De verweesde samenleving.* Uithoorn; Rotterdam: Karakter; Speakers Academy, 2002.

9   Siehe Anm. 7.

Anzüge, die bis vor kurzem nur im Brechtschen Theater oder in Kindertheatern an Schauspielern zu sehen waren, die Gangster oder Kapitalisten spielen. Er ließ sich in einer Daimler-Stretchlimousine chauffieren. Er lebte in einem Haus mit einem Butler, zwei kleinen Hunden auf dem Sofa, einer Sammlung postmoderner Gemälde und Skulpturen (von denen nicht wenige ihn selbst darstellten) und einer Fahne mit dem (neu erfundenen) Familienwappen vor der Tür. Populär wurde er durch die kommerziellen Medien, die er durch sein Haus führte und denen er intimste Details aus seinem Liebesleben – auch seine Darkroom-Erlebnisse – erzählte. All das erinnert an Reality-Shows wie Big Brother oder Pop Idol, die *normale* Menschen über Nacht zu Stars machen. Sein wichtigstes Medium war die am Sonntagmorgen ausgestrahlte Sendung <u>Business Class</u>, eine Talkshow im niederländischen Privatsender RTL5 mit dem wohlhabenden Immobilienmakler Harry Mens als Gastgeber. In dieser Sendung treten Politiker und Geschäftsleute gemeinsam mit Industriekapitänen und Leuten auf, die sich Werbezeit erkaufen. Als regelmäßiger parteiunabhängiger Kolumnist war Fortuyn in der Lage, alles und jeden zu kritisieren und sein Image und seine Popularität aufzubauen, lange ehe er beschloss, Chef der Partei Leefbaar Nederland (Lebenswerte Niederlande) zu werden. Leefbaar Nederland war ursprünglich von lokalen Parteien gegründet worden, die sich nach Jahren des Erfolgs für den nationalen Weg entschieden. Es war Harry Mens, der auf Bitten Fortuyns seine Freunde in der Immobilienbranche dazu aufforderte, die Partei mittels <u>Beggars' banquets</u> zu unterstützen.

Fortuyns politische Karriere in der Leefbaar Nederland sollte jedoch von kurzer Dauer sein. Während der Wahlkampagne 2002 wurde er auf seinen Vorschlag hin, den Antidiskriminierungs-Artikel aus der niederländischen Verfassung zu streichen, aus der Partei geworfen. Wie wir aus dem NRC Handelsblad erfahren, verlangten seine Financiers sofort und ohne Skrupel ihr Geld von Leefbaar Nederland zurück und Fortuyn gründete – wieder mit ihrem Geld – seine eigene Partei. Als er kurz vor den Wahlen im Jahr 2002 ermordet wurde, kamen vier von fünf Financiers der LPF (Lijst Pim Fortuyn) aus dem Immobiliengeschäft. Aber auch Kandidaten, die einen Sitz im niederländischen Parlament anstrebten, versuchten, für einen Platz auf der Liste zu zahlen. Fortuyns Tod löste eine langwierige Schlammschlacht aus, in der die Financiers versuchten, absolute Kontrolle über die Partei zu erlangen, die zu einem wichtigen parlamentarischen Faktor geworden war und sogar eine Regierungsbeteiligung geschafft hatte. Sie argumentierten, dass die *Shareholder*

10 Chorus, Jutta und Menno de Galan. „Bouwwereld tilde LPF van de grond". NRC Handelsblad (Rotterdam), 27. Juli, 2002, Samstagsbeilage (Zaterdags Bijvoegsel) Rubrik, S. 19.

in einem Unternehmen stets das letzte Wort haben. Als sie auch damit keinen Erfolg hatten, forderten sie ihr Geld zurück und versuchten, die Partei für bankrott erklären zu lassen, was jedoch vom Gericht abgewiesen wurde. Letzten Endes bemühten sich die Abgeordneten, ihre Arbeit unabhängig von der Partei fortzusetzen. Das erschreckende Bild, welches das NRC Handelsblad, eine rechtsliberale niederländische Qualitätszeitung, zeichnet, zeigt eine kleine Gruppe Neureicher bei dem Versuch, sich eine politische Vertretung zu erkaufen.[10] Wie war das möglich?

In den 1990er Jahren schlossen sich auch die Niederlande, wie die meisten Wohlfahrtsstaaten in Europa, dem weltweiten Trend zum Rückzug des Staates an. Die Einigung Europas spielte dabei eine tragende Rolle, da von nun an die Schaffung eines schrankenlosen freien Marktes Vorrang hatte. Das zwang die niederländische Regierung zur Abschaffung, Privatisierung oder Anpassung zahlreicher (halb) staatlicher Einrichtungen, Subventionsbestimmungen und Gesetze. Für die Bereiche Architektur und Stadtplanung von besonderer Bedeutung war dabei die Streichung der Subventionen für den sozialen Wohnbau im Jahr 1994. Den Wohnbauunternehmen wurden sämtliche Schulden auf einen Schlag erlassen, seit diesem Zeitpunkt sind sie gezwungen, als unabhängige Firmen ohne staatliche Unterstützung aufzutreten. Nun haben diese Firmen vielleicht ihre Subventionen verloren, was jedoch mehr zählt, ist, dass sich die Regierung damit eines wichtigen Planungsinstruments beraubt hat. Angesichts der enormen Wohnbauaktivitäten war sie bis dato ein einigermaßen kontrollierbarer Faktor bei der Schaffung von nationalen Empfehlungen für die Stadt- und Raumplanung, für Regional- und Urbanisierungspläne gewesen. Sie hatte die eindeutige Entscheidungsbefugnis darüber, wo der Bau von Häusern erlaubt war und wo nicht. Aber nun verlor die Regierung auch ihren Einfluss auf die architektonische und städtebauliche Qualität der neuen Viertel. In der Vierde Nota Ruimtelijke Ordening Extra (VINEX – Vierte Empfehlung zur Stadt- und Raumplanung) wurden die Standorte für den Bau von Wohnungen zwar noch vorgegeben, aber in Erwartung des freien Marktes begannen Bauunternehmer, Investoren und Spekulanten die entsprechenden Grundstücke aufzukaufen. Sie gehen dabei häufig ausgesprochen strategisch vor, z.B. nach dem Zebramodell, indem sie den Bauern mancher Regionen bestimmte Landstreifen abkaufen, dazwischen jedoch Land frei lassen. Für die örtlichen Behörden wird der Kauf dieser Grundstücke dann viel teurer, meist zu teuer, so dass sie gezwungen sind, mit den Eigentümern über die Erschließung zu verhandeln. Die tatsächlichen Folgen dieser Situation wurden viel zu spät offenbar. Noch bevor sie zur eigentlichen Planung schreiten können, müssen die Behörden nämlich Verträge und Vereinbarungen mit den Marktakteuren schließen, die viele Verfahren und Details regeln. Die neuen Viertel werden dann von neuen *Ad-hoc-Konzernen* gebaut, in denen die Behörden nicht mehr Gewicht haben als die anderen Parteien. Häufig wird der Bebauungsplan zwar noch von der Gemeinde entwickelt oder in Auftrag gegeben, erfährt aber in der Folge zahlreiche Abänderungen. Der Urheber des Plans wird zum Supervisor ernannt und ist für die Qualität des Projekts verantwortlich. Er erhält jedoch kaum Unterstützung von den Behörden – in dem Sinne, dass die Behörden Dinge *arrangieren*, und wenn er versagt, ist eine Bestrafung nahezu unmöglich. Darüber hinaus kann die Regierung, anders als noch vor einiger Zeit, keine Liste mit Architekten erstellen, denen sie aufgrund ihrer besonderen kulturellen Qualitäten den Vorzug gibt, denn gemäß EG-Bestimmungen gilt ein Architekt als ganz normaler Unternehmer, der mit seinen Unternehmer-Kollegen im freien Wettbewerb steht. Da dieser Wettbewerb auf ökonomischen Prinzipien beruht, spielen kulturelle Qualitäten dabei nur eine verschwindende Rolle und auch die Honorare der Architekten gehen kontinuierlich zurück. Büros, die hervorragende Qualität bieten, geben auf und konzentrieren sich auf spezielle, besser bezahlte Projekte, während Wohnbauprojekte in zunehmendem Maß an dritt-, viert- oder fünftklassige Büros vergeben werden.

Die derzeitige Regierung verfolgt mit ihrer Politik eine Förderung des individuellen Hauseigentums. Zu diesem Zweck müssen die nun realisierten Pläne Raum für individuelle Grundstücke schaffen, auf denen individuelle Bauherren Häuser nach ihrem Geschmack errichten können. In Anlehnung an Carel Weeber spricht man vom Wilden Wohnen (Het Wilde Wonen), obwohl in der Praxis natürlich von *wild* nichts zu bemerken ist. Diese Leute mögen viel Geld haben, aber sie haben auch, gelinde gesagt, einen äußerst durchschnittlichen Geschmack. Meist bauen sie so genannte *boerderettes*: Häuser, die entfernt an Gutshöfe erinnern, manchmal nach niederländischer Art, häufig aber mit Elementen aufgepeppt, die französischen Landhäusern, englischen Cottages und Heidehäusern entlehnt wurden. Auch diese Bauherren ziehen zweitklassige Architekten vor, da sie billiger sind; oder sie verzichten ganz auf Architekten und arbeiten etwa direkt mit Bauunternehmern oder Firmen zusammen, die Häuser aus dem Katalog anbieten. Für hochwertige Architekturbüros stellt die Entwicklung

eines einzelnen Hauses eine undankbare Aufgabe dar (ausge-
nommen vielleicht das Moebiushuis von UN-Studio oder das
Dutch House von OMA), die nur aus Gefälligkeit oder
aufgrund besonderer Kundenwünsche übernommen wird.
Dazu kommt noch, dass die Kontrolle der architektonischen
Qualität durch die Kommunen abnimmt. Jede Stadt,
jede Gemeinde in den Niederlanden verfügt über eine
Kommission, die den Bürgermeister und den Stadt- bzw.
Gemeinderat hinsichtlich der architektonischen und
städtebaulichen Qualität von Bauvorhaben berät. Nun
müssen die Kommunen dafür sorgen, dass die ästhetischen
Kontrollkriterien der Kommission *objektiv* sind, was immer
das auch bedeuten mag. Auch dürfen Hauseigentümer
demnächst ohne vorherige Genehmigung relativ weitreichende Änderungen an ihren Gebäuden vornehmen und Zäune,
Gartenhäuser, Carports und Garagen errichten.

Einfamilienhäuser nehmen weitaus mehr Platz in Anspruch
und die offene niederländische Landschaft leidet vielerorts
unter den neuen Entwicklungen. Man spricht manchmal von
Mehltau, wegen der vorwiegend hellen Farbe der
verwendeten Ziegel.

Einige Politiker wie Adri Duyvestein von der Partij van
de Arbeid (PvdA, Arbeitspartei) haben den Versuch unternommen, die Macht der Wohnbaufirmen und großen
Bauunternehmen zu brechen, um ein abwechslungsreicheres
Lebensumfeld zu schaffen, das besser an die individuellen
Wünsche der Hauskäufer angepasst ist. Mit anderen Worten,
sie haben versucht, von einer Ökonomie des Angebots zu
einer Ökonomie der Nachfrage überzugehen. Aber die
verschiedenen Marktteilnehmer haben sich den Entwicklungen
offenbar innerhalb kurzer Zeit angepasst. Da es den
Behörden an Ideen mangelt, werden Großinvestoren und
Wohnbaufirmen, die nach dem neuen Unternehmensmodell
funktionieren, aber auch Supermarktketten wie Albert
Heijn und Stellenvermittlungsagenturen wie Randstad die
Struktur der Niederlande in den kommenden Jahren
bestimmen. Ganze Viertel und Einkaufszentren werden als
Produkte auf dem Markt angeboten. Großes Interesse
bestand und besteht am amerikanischen New Urbanism und
thematisch ausgerichtete Viertel schießen wie Pilze aus
dem Boden: Wohnen am Golfplatz, Wohnen am Wasser,
Wohnen am Yachthafen, alles mit der unvermeidlichen Retro-
Architektur. Manchmal von Architekten wie Rob Krier
entworfen, meist jedoch von lokalen Architekten improvisiert.
Auch für Einkaufszentren sind Krier, Charles Vandenhove,
Jon Jerde, Robert Stem und Sjoerd Soeters die Favoriten,

11 Lootsma, Bart. *SuperDutch – New Architecture in the Netherlands.* New York, NY; London: Princeton Architectural Press; Thames and Hudson, 2000.

da niederländische Architekten im Allgemeinen nicht in der Lage bzw. nicht bereit sind, diese Art von historisierender Architektur in akzeptabler Qualität zu schaffen.

Die Errungenschaften der von mir in dem Buch SuperDutch[11] porträtierten Architektengeneration werden von anderen Ländern bewundert, haben die Niederlande jedoch in den letzten Jahren verändert. Es scheint schlicht und einfach eine Architekturverdrossenheit zu geben. So ist das Interesse an der Arbeit der SuperDutch-Generation in den Niederlanden zurückgegangen. Seit die Zeitschrift ARCHIS ihre führende Rolle an das kommerzielle Magazin de Architekt abtreten musste und nur knapp von der Einstellung bewahrt werden konnte, vertritt sie eine völlig indifferente Position und zeigt sich kaum mehr an Architektur interessiert. Forum und Widerhall sind von der Bildfläche verschwunden, ihren Platz hat das extrem seriöse und akademische Magazin OASE eingenommen. Die größte Veränderung seit Mitte der 1990er Jahre ist jedoch in der Tagespresse zu beobachten. Und auch wenn die Architektenzunft von der großen Anzahl an Publikationen zur niederländischen Architektur beeindruckt sein mag, so verblasst ihre Bedeutung doch angesichts der Beiträge in Tageszeitungen, die ganz offensichtlich über mehr Einfluss verfügen. Das gilt insbesondere für das NRC Handelsblad, eine rechtsliberale Zeitung, die, angeführt vom Kritiker Bernard Hulsman, einen regelrechten Kreuzzug gegen die von Hulsman als *modernistisch* bezeichnete Architektur der SuperDutch-Generation inszeniert. In seinen Artikeln zog Hulsman bereits mehrmals über einige Projekte her, darunter die Erasmusbrücke von Ben van Berkel, der Schouwburgplein von Adriaan Geuze und die KunstHAL von OMA, manchmal erst Jahre nach ihrer Realisierung. Andererseits redet Hulsman, inspiriert von Charles Jencks, ständig von der postmodernen Architektur der frühen 1980er Jahre und Architekten wie Michael Graves, Robert Stern, Rob Krier, Sjoerd Soeters u. a. das Wort. 1997 bot Hulsman außerdem Carel Weeber in einem seitenlangen Artikel die Möglichkeit, sein Wildes Wohnen (Wilde Wonen) zu verteidigen – ohne auch nur mit einem Wort zu erwähnen, dass Adriaan Geuze, West 8 und MVRDV bereits früher weitaus interessantere Konzepte entwickelt hatten. Weebers Wildes Wohnen war nur eine Schmalspurversion des von West 8 im Jahr 1993 für AIR Alexander entwickelten *Wilderness*-Plans und des aus dem Jahr 1995 stammenden Light Urbanism-Konzeptes von MVRDV. Letztere waren ökologisch weitaus fundierter, sahen sie doch einzelne Häuser auf sehr großen Grundstücken vor, was einen kontinuierlichen Grüngürtel garantierte. Dieser Aspekt taucht in Weebers

Plan für das Bauunternehmen ERA Bouw nirgends auf, stattdessen finden wir ein vages Plädoyer für die Freiheit von Hauskäufern und gegen Architekten. Nach Weeber würden Industriedesigner, die genormte Teile für den Verkauf in Baumärkten entwickeln, die Rolle von Architekten übernehmen. In der Tat ein bemerkenswertes Plädoyer, wenn man bedenkt, dass Weeber zu diesem Zeitpunkt noch Präsident des Bond voor Nederlandse Architecten (Vereinigung der niederländischen Architekten) war. Wenn wir die Entwicklungen in der niederländischen Architektur und Stadtplanung betrachten, bleibt uns nur die Schlussfolgerung, dass alle nach Hulsmans Pfeife tanzen. Er ist zum gegenwärtigen Zeitpunkt der bei weitem einflussreichste Kritiker in den Niederlanden. Und gerade in den Schriften Hulsmans verschmelzen postmoderne und populistische Rhetorik zu einer Mixtur, deren Folgen praktisch unübersehbar sind.

Das Konzept des persönlichen Wohnungseigentums hat sich in den Niederlanden in kürzester Zeit zur Basis von Architektur, Planung und neohistorisierenden Vorschriften entwickelt. Gleichzeitig zeigt eine oberflächliche Betrachtung der neuen Viertel sehr schnell, dass es hier nicht wirklich um Fragen des Baustils geht.

Recherchen am Berlage Institute in den Jahren 2000/2001 haben gezeigt, dass infolge dieser Entwicklungen einige wenige Großproduzenten von Kataloghäusern innerhalb weniger Jahre den Markt zu dominieren begannen. Mit anderen Worten, wir stehen erneut vor einer Angebotsökonomie, die sich nur andeutungsweise das Mäntelchen des Retro-Stils umgehängt hat. Innen modernste Interieurs (meist von Ikea), außen die Gärten – auch das mittlerweile ein bedeutender Wirtschaftszweig – modern, im japanischen Stil oder was auch immer die Lifestyle-Magazine in diesem Jahr gerade propagieren.

Das in Vorbereitung befindliche Fünfte Memorandum zur Raumplanung, das bislang zahnloseste überhaupt, wurde verworfen und durch ein noch zahnloseres ersetzt. Die Rolle des Marktes wurde noch verstärkt. In den größeren Städten soll ein vielfältigeres Angebot an Wohnmöglichkeiten realisiert werden, um die Mittelklasse und Besserverdienende anzulocken, mit dem Ziel, „eine ausgeglichenere Verteilung der Einwohnergruppen" zu erreichen und „die Qualität des Wohnbestandes zu verbessern". Wohnbauunternehmen werden gezwungen, ihre Mietwohnungen schneller zu verkaufen. Niemand weiß, wohin die nicht so wohlhabenden Einwohnergruppen, viele davon natürlich Immigranten, ziehen sollen.

Zum ersten Mal nach dreißig Jahren sind die Niederlande heute mit einem Mangel an Wohnungen konfrontiert. Zum ersten Mal in der Geschichte des Landes werden die Folgen der Segregation, unter der besonders Jugendliche mit Wurzeln in Marokko oder auf den Antillen leiden, deutlich sichtbar. Der Mörder des Filmemachers Theo van Gogh, eines radikal-populistischen Kolumnisten nach dem Vorbild Fortuyns, ist ein Marokkaner, der ursprünglich im Sozialbereich tätig war, sich dann aber, enttäuscht von seinen Möglichkeiten, nur allzu leicht von islamistischen Terroristen blenden ließ.

Hier wird offensichtlich, wie eine scheinbar einfache und harmlose Maßnahme wie die Streichung von Subventionen für den sozialen Wohnbau in kürzester Zeit zu neuen Geld- und Machtkonzentrationen führt. Es steht außer Streit, dass der Großteil davon legal ist. Aber ihr enormes Wachstum einerseits und die ideologisch begründete Verringerung von Vorschriften und Kontrollen andererseits haben auch neue Formen des organisierten Verbrechens hervorgebracht. Nicht nur die russische Mafia investiert zu Geldwäschezwecken in Städten wie London und Amsterdam in die Immobilienbranche. Auch die ortsansässige Verbrecherszene hat die Möglichkeiten des Immobilienmarktes für sich entdeckt. Das geht weit über Geldwäscheprojekte hinaus. Kriminelle erpressen Immobilienmagnaten zum Kauf und Verkauf von Immobilien, und zwar zu Preisen, die nicht unbedingt dem jeweiligen Marktwert entsprechen. Dies lässt sich von behördlicher Seite jedoch schwer nachweisen, nicht zuletzt wegen der daran beteiligten komplizierten Firmennetzwerke. In den letzten Jahren haben zahlreiche Exekutionen von Kriminellen und Immobilienmaklern die niederländische Gesellschaft aufgeschreckt. Einige Verbrecher und Geschäftsleute stehen derzeit vor Gericht. Die Ermordung des Immobilienmaklers Willem Endstra im Jahr 2004, der auch unter dem Namen Bank der Unterwelt bekannt war und sich vor seinem Tod an die Polizei gewandt hatte, löste eine ganze Serie von Geständnissen und Verhaftungen aus. Willem Holleeder, ein berüchtigter Verbrecher, bekannt als Mitglied jener Bande, die 1983 Freddy Heineken und seinen Fahrer gekidnappt hatte, muss sich derzeit u. a. wegen dieses Mordes vor Gericht verantworten. Der Prozess wurde verschoben, da Holleeder sich einer Herzoperation unterziehen musste. Aus diesem Grund ist nach wie vor unklar, inwieweit er als Pate des organisierten Verbrechens in den Niederlanden anzusehen ist. Aber nicht nur dies macht die Arbeit der Polizei schwierig. Das organisierte Verbrechen neuen Stils scheint keine hierarchische Struktur mehr zu kennen, seine Akteure arbeiten in sich ständig verändernden, wechselnden Netzwerken, in denen Ober- und Unterwelt oft nur schwer zu unterscheiden sind.

Es waren diese neuen – legalen und illegalen – Geld- und Machtzentren, die Fortuyn unterstützten und finanzierten. So wie die postmoderne Architektur die neuen Entwicklungen auf dem Markt mit quasi historischen Bildern bestimmt, so wandte sich Fortuyn als postmoderner Politiker mit wohl bekannten Bildern an sein Publikum, das Volk. Und so wie uns in den letzten Jahrzehnten glauben gemacht wurde, dass die Sprache der Architektur nichts mit Ideologie zu tun habe, so war auch der ehemalige Marxist Fortuyn stolz auf seine ideologische Beliebigkeit.

Und auch wenn die Lijst Pim Fortuyn heute praktisch nicht mehr existiert, so haben doch viele Parteien ihr Programm und ihre populistischen Strategien teilweise übernommen. Im Falle der traditionellen rechten Parteien ist das wenig überraschend, aber auch die ehemaligen Sozialdemokraten, die Partij van de Arbeid, haben alle Spuren ihrer ursprünglichen Ideologie aus ihrem neuesten Manifest getilgt – bislang ohne etwas Neues dafür zu bieten. Nach Jahren der Auseinandersetzung erhielt die LPF 2006 nicht genug Stimmen für einen Einzug ins niederländische Parlament. Die Gewinner der Wahlen waren eine neue rechtsgerichtete Partei mit dem zentralen Thema Immigrationspolitik sowie die Sozialistische Partei, die ihre Wurzeln in den maoistischen Parteien der 1970er und 1980er Jahre hat.

Einst, in den 1990er Jahren, spielten die Niederlande eine führende Rolle bei der Einführung der Politik des Dritten Weges durch die lila Regierungen und schienen ökonomisch und kulturell so außergewöhnlich gesund, dass sie das Interesse aller europäischen Länder und sogar Bill Clintons auf sich zogen. Heute, nach nur wenigen Jahren, spielen die Niederlande erneut eine führende Rolle, wenn auch als abschreckendes Beispiel. Die Nebenwirkungen der Politik des Dritten Weges sind kaum zu übersehen, insbesondere in den Bereichen Architektur und Stadtplanung.

Auch wenn außer Frage steht, dass sich der Wohlfahrtsstaat und die westlichen Demokratien ändern müssen, so ist doch klar geworden, dass populistische Kritik allein nicht genügt und dass wir dringend neue Perspektiven entwickeln müssen. Der von Pim Fortuyn in den Niederlanden etablierte Populismus, der nun neue Nachahmer findet, hat verheerende Folgen gezeitigt, nicht nur für die Architektur, sondern für den niederländischen Staat als Ganzes.

DER COMPUTER ALS KAMERA UND PROJEKTOR

Der Computer als Kamera und Projektor

Innerhalb relativ kurzer Zeit ist der Computer zu einem fixen Bestandteil der Architektur avanciert, sowohl auf der Ebene des Entwurfs als auch im alltäglichen Gebrauch von Gebäuden und Städten. Man muss jedoch davon ausgehen, dass der Einfluss des Computers auf die Architektur künftig noch viel weitreichender als bisher angenommen sein wird. Das Thema hat Architekten, Künstler und Medientheoretiker von Anfang an zu zahlreichen Spekulationen und Experimenten angeregt, was die wahre Flut von Publikationen, Installationen, Symposien, gebauten Experimenten und Ausstellungen beweist. Transarchitectures 01 der gleichnamigen Ausstellungsserie war laut Marcus Novak, teilnehmender Architekt und Pionier der virtuellen Architektur, 1997 die erste Ausstellung, die sich ausschließlich diesem Thema widmete. Inzwischen ist im Zuge zahlreicher Folgeausstellungen klar geworden, dass die einzelnen Architekten in diesem Bereich sehr divergierende Interessen haben oder extrem unterschiedliche Software entwickeln bzw. benutzen, so dass es, im Gegensatz zu vor wenigen Jahren, nicht mehr sinnvoll erscheint, sie unter einem Oberbegriff zusammenzufassen. Andererseits steigt die Gefahr, dass die breite Öffentlichkeit diesen Themenbereich pauschal als „Architects lost in Cyberspace" abtut – eine Verballhornung des Titels jener gefeierten Ausgabe von Architectural Design, in der auch der Artikel von Marcus Novak erschienen ist, dem Transarchitectures ihren Namen verdankt.[1] In diesem Artikel bezeichnet Novak den Cyberspace in glühenden Worten als die letzte Bastion einer radikalen Fortführung des Modernismus: „Cyberspace im Allgemeinen und virtuelle, vernetzte Umgebungen im Besonderen, ermöglichen uns nicht nur, bestens informiert vom aktuellen Denken über mögliche Architekturen zu theoretisieren, sondern derartige Raume für menschliches Wohnen in einer völlig neuen öffentlichen Sphäre tatsächlich zu konstruieren. Dies bedeutet nicht nur, dass es weniger Einschränkungen gibt, sondern vielmehr eine Substitution von einer Art Disziplin für einen anderen. Wenn Backsteine Pixel werden, wird die Tektonik der Architektur zur Information. Stadtplanung wird zu Datenstrukturdesign, Konstruktionskosten werden zu Berechnungskosten, Zugänglichkeit wird zu Übertragbarkeit, Nahe wird gemessen in der Anzahl der notwendigen Links und der verfügbaren Bandbreite. Alles ändert sich, aber Architektur bleibt."[2] Dieses Zitat erinnert an eine Kurzgeschichte des Science-Fiction-Autors William Gibson, in der eine Frau auf der Suche nach ewiger Jugend endlos mit Facelifting und hauchdünnen Exoskeletten experimentiert und schließlich dem Sampling im Cyberspace

1 Novak, Marcus. „Transmitting Architecture". Architectural Design Profile, Nr. 118 – Architects in Cyberspace (1995).
2 Ibid.

3 Gibson, William. „Wintermarkt". In *Biotech*, von NOX 2. 1992. (Ursprünglich veröffentlicht als „The Winter Market", in *Burning Chrome*, London, 1988)

4 Spuybroek, Lars. „The Motorization of Reality". *ARCHIS*, November 1998. (Ebenfalls veröffentlicht in *A+U* Nr. 349)

zustimmt, von wo sie den erschütterten Erzähler anruft. Im Grunde, so folgert er, irrt sie nun vielleicht für immer durch den Cyberspace, aber heißt das nicht, dass sie eigentlich tot ist?[3]

Paul Virilio warnt in einem Interview vor vorschneller Euphorie, solange die virtuelle Transarchitektur noch in den Kinderschuhen steckt. Er erinnert an die klassische Aufgabe des Architekten, den wirklichen Raum zu bebauen und den realen Raum des Programms und des latenten virtuellen Raums darin koexistieren zu lassen. Die einzigen Räume, die heute möglicherweise an dieses Ideal heranreichen, sind der H20 Pavilion von NOX und Kas Oosterhuis und das NOX V2 Lab.

Im gleichen Interview weist Virilio auf die Notwendigkeit einer neuen Perspektive im wörtlichen Sinne hin, einer Methode zur Strukturierung von Wahrnehmung und Gestaltung – die die Integration realer und virtueller Räume ermöglicht. Das hätte eine Revolution zur Folge, vergleichbar mit der Erfindung der Perspektive in der Renaissance und er argumentiert zu Recht, dass die großen Renaissance-Architekten Alberti und Brunelleschi ebenso große Maler wie Theoretiker waren: „Die Perspektive der realen Räume des Quattrocentro organisiert nicht nur Bilder, sondern auch die Stadt, Politik."

Anstatt das ewige Leben einer bestehenden Architektur in einem anderen Medium anzustreben, sollte unser gegenwärtiges Ziel die Kontamination dieser Architektur mit anderen Medien und Disziplinen sein, um eine neue und robustere Kreuzung hervorzubringen. In seinem Artikel The Motorization of Reality bezeichnet Lars Spuybroek den Computer analog zu den hölzernen Perspektivemaschinen der Renaissance als „ein Werkzeug zur Strukturierung des Sichtbaren".[4]

Der Computer ist eine Maschine, die, je nach Software, die Wirklichkeit in Form von Videobildern oder anderem Daten-input wahrnehmen kann, aber ebenso in der Lage ist, die Realität zu simulieren, zu kontrollieren, zu projizieren und zu übertragen. Der Computer ist ein Instrument, das Dinge visualisiert, die mit einer traditionellen Kamera oder mit freiem Auge nicht sichtbar sind, oder das überhaupt eine andere Sicht der Dinge ermöglicht Tamás Waliczky und Art + Com sind Beispiele für die Nutzung des Computers, um den Aspekt der Zeit der visuellen Wahrnehmung zu visualisieren. Steve Mann verwendet eine auf seinem Kopf montierte Kamera mit einer permanenten Online-Verbindung zu einer Website, um die unsichtbaren Grenzen der Sicherheitssysteme, die uns ständig überwachen zu erforschen: wo und wann wird Beobachtung mit Macht verbunden? Wer hat das Recht, wo und wann zu beobachten, und wer nicht? In 10-dencies verwendet Knowbotic Research den Computer als Maschine zur Visualisierung unsichtbare Kraftfelder in der Stadt, um sie für kollektive Aktionen zur Verfügung zu stellen, die dann in einer Netzwerkumgebung ausgearbeitet werden können.

Der Computer ist ein Projektionsinstrument. In seinem Projekt am Schloss in Linz nutzt Rafael Lozano-Hemmer den Computer buchstäblich um die unsichtbare Umgebung der Geschichte auf einem realen Gebäude zu projizieren womit er dessen Bedeutung visualisiert und ändert. Projektion kann dabei als die Realisierung eines Architekturprojektes verstanden werden, das völlig in Einklang mit der Logik des Computers entwickelt wird. Greg Lynns Projekt für ein industriell gefertigtes Haus ist dafür ein gutes Beispiel. Es macht sich die für computergesteuerte Fertigungsroboter definierten Parameter (z. B. der Automobilindustrie) zunutze, die unter bestimmten, mit einer Art DNA vergleichbaren Voraussetzungen am Fertigungsprodukt beträchtliche Variationen erlauben. In diesem Sinn kann Lynns Entwurf als eine Serie von Embryonen für CAD/CAM-gefertigte Häuser von der Stange gelten.

Interaktivität ist bereits die nächste Stufe. In diesem Fall wird der Computer zu einer Maschine, die Beobachtungen – Input – mittels einer speziellen Software direkt in Projektionen übersetzt. Dadurch wird es möglich, Räume zu entwerfen und zu bauen, die direkt auf das Verhalten der Besucher reagieren, die sie betreten. Die Stäbe in der Installation Audio Grove von Christian Möller wandeln Körperkontakt in Sound- und Lichteffekte. Und in ihrer Installation Chamberworks verwendet Ozean ein interaktives Ton- und Lichtsystem, das die Bewegungen der Besucher innerhalb eines komplexen Rauminstallations registriert. Diese Interaktivität kann den Entwurfsprozess direkt beeinflussen, wie die früheren Entwürfe Greg Lynns, etwa sein H2 Haus in Schwechat bei Wien, verdeutlichen. Ein anderes Beispiel ist Ocean's Entwurf für das physische Teil von Chamberworks. Durch das Abschießen von Partikeln in einem computersimulierten Modell der Wirklichkeit, erzeugt Ozean ein Muster von Linien, die dann dazu verwendet wurde, um die Installation zu modellieren.

Vielleicht, wenn wir die Gesamtheit der Präsentationen kritisch betrachten, erhaschen wir einen flüchtigen Blick auf eine Architektur der Zukunft. Wir sollten jedoch in erster Linie versuchen, sie mit offenen Augen und kritisch zu betrachten: Wo versagen diese Maschinen? Wo geschehen Unfälle? Und liegt es nicht im Wesen von Maschinen, zu versagen? Mit den Worten des Medienkünstlers Bill Viola gesprochen: „So sehr ich es auch versuche, vermag ich nicht die Stunde meines Todes zu verbildlichen."[5]

5   Viola, Bill. „The Visionary Landscape of Perception". In *Reasons for Knocking at an Empty House: Writings 1973–1994*, Robert Violette (Hrsg.). London: Thames and Hudson, 1995.

DIE DIAGRAMM-DEBATTE

ODER DER SCHIZOIDE
ARCHITEKT

DIE DREI KÄMPF-
REGATTEN

Die Diagramm-Debatte

Oder der schizoide Architekt

Über die letzten Jahre hat das Diagramm einen wesentlichen Platz im architektonischen Entwurfsdiskurs eingenommen. Laut ihrer Einleitung zu einer dem Diagramm gewidmeten Sonderausgabe der Architekturzeitschrift OASE dient das Diagramm nach Like Bijlsma, Wouter Deen und Udo Garritzmann einer Doppelfunktion: Es ist eine Form von Notation, analytisch und reflexiv, die sich aufaddiert; aber es ist auch ein Modell für das Denken, es synthetisiert, ist produktiv und erzeugend.[1] Die Art und Weise, mit der sich die Architekten des Diagramms bedienen, bevorzugt mal die erstgenannte Rolle und mal die letztgenannte. In den meisten Fällen konstituiert das Diagramm eine praktische Lösung, die es einem ermöglicht, auf einfache Weise eine allgemeine Komplexität innerhalb des Rahmenwerks der Kommunikation mit dem Bauherrn, den Firmenmitgliedern oder der allgemeinen Öffentlichkeit darzustellen. Im Idealfall dient das Diagramm als ein konzeptuelles Werkzeug, durch welches sich die Dinge entwickeln, um am Ende transformiert wieder zu erscheinen.

Die Motivation, mit Diagrammen in der architektonischen Entwurfsentwicklung zu arbeiten, kann in den Schriften von Michel Foucault, Félix Guattari und Gilles Deleuze gesucht werden. Im ersten Kapitel des Anti-Ödipus aus dem Jahr 1977, einem Text den Architekten mehr oder weniger vergessen oder verdrängt haben, schrieben Deleuze und Guattari: „Das Kapital ist wohl der organlose Körper des Kapitalisten oder des kapitalistischen Wesens, bildet als solches aber nicht nur die flüssige und geronnene Substanz des Geldes, wird zudem der Sterilität des Geldes die Form zukommen lassen, unter der es Geld schaffen wird. Es schafft den Mehrwert – wie der organlose Körper sich selbst reproduziert, wächst und dehnt sich bis an die Grenzen des Universums aus."[2] Zu dieser Zeit, im Jahre 1972, konnten Gilles Deleuze und Félix Guattari noch nicht weitergehen, als lediglich eine Parallele zwischen Wunschproduktion und gesellschaftlicher Produktion zu skizzieren: „Die gesellschaftlichen Produktionsformen implizieren nun auch ein ungezeugtes, unproduktives Stadium, ein mit dem Prozess vereinigtes Anti-Produktionselement, einen als Sozius bestimmten vollen Körper. Der mag der Körper der Erde, der despotische Körper oder auch das Kapital sein. Von dem Marx sagte, dass es nicht Produkt von Arbeit, sondern deren natürliche und göttliche Voraussetzung sei. Nicht genug

1 Bijlsma, Like, Wouter Deen und Udo Garritzmann. „Editorial". OASE, Nr. 48 (1998).

2 Deleuze, Gilles und Félix Guattari. Capitalisme et schizophrénie 1: L'Anti-Œdipe. Paris: Les Éditions de Minuit, 1972.

damit, sich den Produktivkräften entgegenzustellen, wirft es sich auf („il se rabat sur") die gesamte Produktion und bildet eine Oberfläche, auf der sich die Produktivkräfte und Produktionsagenten verteilen, so dass (sie) sich den Mehrwert aneignet und den Prozess in seiner Gesamtheit einschließlich seiner Teile, die nunmehr Emanationen seiner selbst als Quasi-Ursache zu sein scheinen, für sich beansprucht. Kräfte und Agenten werden in übernatürlicher Form seine Macht, scheinen von ihm *gewundert* (miraculés) zu sein. Kurz, der Sozius als voller Körper stellt eine Oberfläche dar, auf der die gesamte Produktion sich aufzeichnet, der sie nun zu entspringen scheint."[3]

Heutzutage stellt es kein Problem mehr dar, eine Beziehung zwischen wünschender und sozialer Produktion herzustellen: Der Computer erledigt es. Als ein raffiniertes Werkzeug beeinflusst der Computer nicht nur jeden einzelnen Aspekt des sozialen Lebens, sondern stellt vor allem eine Vielzahl neuer Beziehungen her. In der Tat wird alles in einen Datenfluss konvertiert, in eine unendliche Interpolation von 0 und 1, die augenscheinlich leicht ausgetauscht und manipuliert werden kann. Dieser Datenfluss hat die Rolle des Kapitals eingenommen, und mehr. Heute leben wir in einem *space of flows*, um es mit Manuel Castells Worten zu beschreiben,[4] innerhalb unendlicher Netzwerke, in denen Maschinen, Menschen, Wünsche und Waren miteinander verbunden und ineinander konvertiert werden. Es handelt sich um einen Raum, der neue Machtrelationen auslöst, die durch die neuen Finanzzentren und Städte, welche an allen möglichen exotischen und unwahrscheinlichen Orten aus dem Boden sprießen, symbolisiert werden: Shenzhen, Singapur, Kuala Lumpur oder auch Hani Rashids virtuelle Börse. Es ist ein Raum, in dem es keine direkte Verbindung mehr zwischen Geld und Goldreserven gibt. Alles verschmilzt in eine Serie aus Metamorphosen, deren Anfang und Ende sich nicht festmachen lassen. Hier erstellt sich die Gesellschaft tatsächlich ihr eigenes Delirium: „Überall sind *es* Maschinen im wahrsten Sinne des Wortes: Maschinen von Maschinen, mit ihren Kupplungen und Schaltungen."[5] Nichtsdestotrotz ähnelt diese Situation nicht dem Stammeln und Stottern der Society of the And wie Roemer van Toorn[6] sie beschreibt. Wie viel Energie wurde über all die Jahre aufgewendet, damit diese Kupplungen und Schaltungen flüssig und leise funktionieren? Von den alten Telefonverbindungen mit ihren Steckern und lärmenden Schaltern über Hermann Holleriths knatternde Lochkartenmaschinen zu den geschmeidigen Softwareprogrammen der Computer wurden gewaltige Fortschritte erzielt. Heutzutage ist alles Prozess

3   Ibid.

4   Castells, Manuel. *The Rise of the Network Society.* Malden, MA; Oxford: Blackwell Publishers, 1996.

5   Siehe Anm. 2.

6   Van Toorn, Roemer. „The Society of the And (an Introduction)". *Hunch*, Nr. 1, 1999.

7 Spuybroek, Lars. „Machining Architecture." In *The Weight of the Image: Teaching Digital Design Techniques in Architecture*, von Lars Spuybroek und Bob Lang (Arup). Rotterdam: NAi Publishers, 2001.

8 Siehe Anm. 2.

geworden, und die Welt adaptiert sich. Daten sind in der Tat die organlosen Körper der zweiten Moderne.

Für die Architektur und die Software die für das Entwerfen entwickelt wurde sind die Konsequenzen dieser Evolution offensichtlich wichtig. In einem kürzlich in Verbindung mit einem NAi Workshop[7] publizierten Text schrieb Lars Spuybroek (NOX), heutzutage sei das Programm Maya das interaktivste Werkzeug, das es auf dem Markt gibt. Studenten könnten typische Datenanalysen aus Programmen wie Excel (Microsoft Office) mit manipulierten Bildern aus Momentaufnahmen beziehungsweise Filmen in Adobe Photoshop oder Premiere mit den faszinierenden Modelling-Werkzeugen von Maya kombinieren. Die Aufgabe [welche die Studenten im Rahmen des Workshops bearbeiten] betone besonders zeitbasierte Werkzeuge wie Inverse Kinematics (Skelette mit Knochen und Gelenken, die im Allgemeinen dazu verwendet werden, um Körper zu animieren, wie etwa laufende Dinosaurier), Particle Dynamics (für die Simulation von Schneestürmen, Feuer, Rauch oder Vogelschwärmen) und Soft Body Dynamics (wird für komplexes Materialverhalten verwendet, wie zum Beispiel Stoff im Wind, Gummi oder geleeartige Geometrien, die mit anderen Oberflächen oder Kraftfeldern interagieren, wie Schwerkraft oder Turbulenzen). Spuybroek meint, man dürfe die Effekte dieser Computerprogramme auf das Denken der Studenten nicht unterschätzen. Obwohl er die Bedeutung der Software betont, zählt Spuybroek zu den wenigen, die verstehen, dass es sich bei diesen Effekten um Maschineneffekte handelt, und *nicht* um die Wirkungen von Metaphern, wie Deleuze und Guattari schreiben. „Angeschlossen eine Organmaschine an eine Quellenmaschine: der Strom von dieser hervorgebracht, wird von jener unterbrochen. (...) In diesem Sinne ist jeder Bastler; jedem seine kleine Maschine. Eine Organmaschine für eine Energiemaschine, fortwährend Ströme und Einschnitte. Präsident Schreber hat die Himmelsstrahlen im Arsch. *Himmelsarsch*. Und seid ohne Sorge, es funktioniert; Präsident Schreber spürt etwas, produziert etwas, und vermag darüber hinaus dessen Theorie zu entwickeln."[8] So ist Daniel P. Schreber, der berühmte Schizophrene, der Prototyp des zeitgenössischen Architekten.

Diagramm

Jedoch, wenn wir alles in Bezug auf Maschinen und Maschineneffekte interpretieren, wenn alles fließt und verschmilzt, wie können wir es erfassen? Hier spielt das

Diagramm eine fundamentale Rolle. Deleuze entlieh das Konzept von Michel Foucault, der diesen Begriff in Überwachen und Strafen (1975) im Zusammenhang mit Panoptizismus verwendete. Foucault beobachtete, dass das panoptische Gefängnis eine Funktion hatte die über jene des Gebäudes an sich und jene einer Strafanstalt hinausging – es beeinflusste die gesamte Gesellschaft. In dem er die Funktion dieser Maschinen, welche verschiedene Verhaltensmuster produzierten, betonte erkannte er ihre Zwangsaktivität in Werkstätten, Barracken, Schulen und Krankenhäusern, welche sämtlich Konstruktionen sind deren Form und Funktion vom Prinzip des panoptischen Gefängnisses gesteuert werden. Nach Foucault sei das Diagramm ein Funktionieren, das, abstrahiert von jedem Hemmnis, von jedem Widerstand und jeder Reibung sein muss.[9]

Das Diagramm ist eine Art Landkarte die mit dem gesamten sozialen Feld oder jedenfalls mit einer *particular human multiplicity* verschmilzt. Gilles Deleuze beschreibt folglich das Diagramm als eine abstrakte Maschine: „Es ist eine abstrakte Maschine. Indem sie sich durch informelle Funktionen und Materien definiert, ignoriert sie jede Formunterscheidung zwischen einem Inhalt und einem Ausdruck, zwischen einer diskursiven Formation und einer nicht-diskursiven Formation. Es ist eine beinahe stumme und blinde Maschine, obgleich sie es ja ist, die zum Sehen oder Sprechen bringt."[10]

Es verwundert nicht weiter, dass das Diagramm in den letzten Jahren eine wichtige Stellung in den Architektur- und Stadtplanungsdebatten eingenommen hat, zumal diese Disziplinen selber mehr und mehr prozessual geworden sind und (gebaute) Resultate die Prozesse beeinflussen. Diese Evolution wird durch die Tatsache begünstigt, dass das Diagramm in der Arbeit von Foucault von Anfang an eine sehr klare architektonische und maschinenähnliche Dimension darstellt. Die Analyse des Downtown Athletic Club, die Rem Koolhaas in seinem bekannten Buch Delirious New York[11] darbietet, wie auch die Untersuchung von Arnhems panoptischem Gefängnis scheinen unmittelbar von Foucault beeinflusst zu sein.

Natürlich verwenden die meisten Architekten Diagramme, um genau das Gegenteil von Foucaults Panopticon oder dem *gekerbten* Raum, den Deleuze und Guattari in Mille Plateaux[12] als den „Raum errichtet durch den Staatsapparat" bezeichnen, zu erreichen. Die beiden Philosophen stellen diesen Raum dem glatten, nomadischen Raum gegenüber, der seinen Bewohnern oder Nutzern größere Freiheiten

9 Deleuze, Gilles. *Foucault*. Paris: Éditions De Minuit, 1986.

10 Siehe Anm. 9.

11 Koolhaas, Rem. „The Downtown Athletic Club". In *Delirious New York*. London: Academy Editions, 1978; Koolhaas, Rem und Bruce Mau. *S, M, L, XL*.

12 Deleuze und Guattari. *Capitalisme et schizophrénie 2: Mille plateaux*. 1980.

13 Hollier, Denis. „Bloody Sundays". In *Against Architecture: The Writings of Georges Bataille*. Cambridge, MA: MIT Press, 1992.

14 Giddens, Anthony. „Living in a Post-Traditional Society". In *Reflexive Modernization: Politics, Tradition and Aesthetics in the Modern Social Order*, von Ulrich Beck, Anthony Giddens und Scott Lash. Cambridge (UK): Polity, 1994.

bieten sollte. In den vergangenen Jahren nun haben Architekten alle verfügbaren Mittel genutzt um den Raum ihrer Gebäude und Städte so *glatt* wie möglich zu gestalten, oder dies wenigstens vorzuschlagen. Das Gebäude ist nicht mehr als ein Raum, der sich in einer kontinuierlichen, gefalteten Schräge entwickelt und idealerweise nahtlos mit dem Boden verbunden ist. Wenn auch der Entwurf von OMA für den Park Villette das älteste und immer noch prägnanteste Beispiel dieser Idee ist, so zählen die Bibliothek von Jussieu und die offenen Bereiche innerhalb der Villen von OMA, die den Raum zwischen den individuellen Wohnzimmern organisieren, ebenfalls zu dieser Kategorie, weil sie den Bewohnern kein spezifisches Verhalten aufzwingen. Auf diese Weise wird der rollende Boden zu einem signifikanten Ornament, eine Art architektonische Metapher, ein Teil für das Ganze.

Selbstverständlich bleibt es zu klären, ob die Freiheit, die die Architekten durch dieses Konzept zu offerieren gedenken, auch echt ist. In seinem Vorwort zur englischen Ausgabe seiner Studie <u>La Prise de la Concorde</u>[13] betont Denis Hollier als Reaktion auf die Theorien von Bernard Tschumi und Jacques Derrida, dass diese Freiheit nur eine Illusion ist, denn architektonische Räume seien per definitionem Teil des sozialen Systems. Tschumis früheste Texte basierten teilweise auf Holliers Arbeit. Um jeglichen Missverständnissen vorzubeugen trägt die englische Übersetzung daher den Titel <u>Against Architecture</u>. Nichtsdestotrotz ist Holliers Kritik von breiterer Signifikanz und nur nicht nur eine Antwort auf Tschumi.

Datascapes

In dem von Bijlsma und seinen Kollegen entwickelten Schema tendieren die Datascapes von MVRDV eher zu Analyse und Repräsentation als zu Synthese und Kreation. Sie stellen Visualisierungen von Gesetzen, Regeln, Normen und statistischen Wahrscheinlichkeiten dar. Sie können auch als Repräsentationen dessen verstanden werden, was der Soziologe Anthony Giddens als <u>abstrakte Systeme</u>[14] bezeichnet, sprich bürokratische Systeme in denen sowohl das Vertrauen in das System, als auch in das Volk, Institutionen und Maschinen die selbiges repräsentieren, mit dem Vertrauen des einzelnen in eine spezialisierte Expertise begründet ist. In Wahrheit zeigen diese Datascapes, dass der Raum um uns von Anfang an mit den dominanten Kräften der Gesellschaft geradezu durchschossen wird. In einem einzigen Entwurf sind mehrere abstrakte Systeme am Werk.

Diese Systeme zeigen gleichwohl die maximalen Grenzen auf innerhalb derer der Architekt seinen Entwurf produzieren kann. Sind einmal die verschiedenen vorhandenen Datascapes aufgedeckt, wird der Entwurf zum Objekt einer Verhandlung, bei der der Architekt sowohl die Rolle eines Vermittelnden als auch des Direktors einnimmt. Selbst wenn die Dichte legislativer und regulatorischer Normen großen Einfluss auf den Entwurf ausübt, stimmt es nicht dass er automatisch aus der Akkumulierung und Interferenz verschiedener Datascapes entsteht. Um es mit den Worten von Deleuze und Guattari zu sagen, handelt es sich bei den Datascapes nicht um abstrakte Maschinen, sondern um den body without organs (Körper ohne Organe), auf den im Prinzip jede Idee projiziert werden kann. Gleichermaßen gibt es Fälle, in denen Autoritäten und assimilierte Kräfte eine unsichtbare Disziplin über einen Raum verhängen. Im finalen Entwurf zeigen MVRDV die größtmögliche Zahl an Datascapes, welche nicht notwendigerweise übereinstimmen; alles in allem ist die Herangehensweise mehr eine verfeinerte Form der Dekonstruktion, bei der der Entwurf anscheinend an den Rändern stattfindet, als eine verbindende Technik. ‚Anscheinend' deshalb, weil MVRDV irgendwo ein geheimes Diagramm aufbewahren welches den Entwurf tatsächlich generiert. Und wenn die Ränder als ein Ort der Freiheit verstanden werden, lässt sich Holliers Kritik erneut anführen.

In der Installation Metacity/Datatown scheinen die Datascapes als Maschinen zu fungieren, die Architekturentwürfe für Städte generieren. Metacity/Datatown zeigt, wie Transformationen von kollektivem Verhalten zu einer Transformation der konstruierten Landschaft führen. Das Wachstum der Bevölkerungsdichte in dieser imaginären Stadt bleibt darüber hinaus ein wichtiges Instrument, denn es reduziert die Ränder. Aber hier handelt es sich auch um eine Form der Rhetorik, da hier auf ein erschreckendes zukünftiges Szenario verwiesen wird, in dem die Bevölkerung so sehr wächst, dass es notwendig wird, rigorose Maßnahmen zu ergreifen. Und die Einwohner der äußerst dicht besiedelten Niederlande fürchten dieses Szenario mehr als jedes andere Volk auf dem Globus.

Dementsprechend ist Metacity/Datatown vor allem ein didaktisches Werkzeug, welches uns, die Zuschauer und potenziellen Bewohner der Stadt, zwingt, politische Entscheidungen zu treffen. Diese führen schließlich zu neuen Modellen, die mit denen, die in der Installation präsentiert wurden, nichts mehr gemein haben. In dieser Hinsicht ist Metacity/Datatown, wie auch MVRDVs frühere Entwürfe, vor allem ein reflexives Design, in dem Sinne wie Ulrich Beck und Anthony Giddens den Terminus verstehen, das heißt es geht um ein demokratisches Design, welches explizit dem Sozius eine aktive Rolle garantiert, indem dieser mit den sozialen Risiken in Form von Zukunftsszenarios konfrontiert wird.

Das Projekt 3-D City, das Winy Maas kürzlich mit dem Berlage Institut realisierte, setzt sich mittels einer Serie großmaßstäblicher Modelle, welche spezifische Aufträge für die Stadt untersuchen, mit den Grenzen auseinander innerhalb derer eine hochdichte und kompakte Situation möglich ist. In diesem Auftrag wird das geheime Programm von MVRDV deutlich. Es ist nicht länger nur ein didaktisches Design, das den Betrachter zum Auswählen zwingt. Stattdessen beschreibt es Winy Maas ganz offen als den Versuch, eine utopische Stadt zu kreieren, die auf zukünftige Probleme reagiert, wie sie durch das Ansteigen der Weltpopulation und die Umweltverschmutzung verursacht werden. Der EXPO-Pavillon in Hannover offenbarte ebenfalls diesen neuen Ansatz, weil das Gebäude so entworfen wurde dass es wie ein isoliertes Fragment einer Großstadt schien, die erst noch gebaut werden musste. Insofern war es ein Prototyp, der die Experimente der japanischen Metabolisten der 1960er Jahre wachrief.

Von Anbeginn der Präsentation von Datascapes an etablierte Winy Maas bewusst einen Vergleich mit einigen berühmten, spektakulären Entwürfen der Architekturgeschichte. An diesem Punkt belief sich das Projekt wieder einmal auf einen rhetorischen Prozess der darauf abzielte darzulegen, dass es nicht zwingend notwendig sei, sich primär der Vorstellungskraft und individuellen Kreativität zu bedienen, um spektakuläre Entwürfe zu realisieren. Keinesfalls sei die Alltagsrealität ein Hindernis für Kreativität, im Gegenteil, die Alltagsrealität könne sich als hinlänglich spektakulär erweisen, wenn man seine Augen für sie öffne.

Bei dem Projekt 3-D City allerdings war der Plan von Anfang an eine spektakuläre Stadt zu kreieren, und zwar durch das Mischen von Bildern aus Fritz Langs Metropolis, von Archizoom's Superstudio, Archigram's Fifth Element und Science-Fiction-Städten und Hilberseimer, ohne dass Maas sich um die Reaktion der Öffentlichkeit gesorgt hätte oder darüber, ob das Vorhaben durch diese Bilder verschleiert würde. Daher lastet immer noch eine gewisse Ambiguität auf der Frage, ob der 3-D City Entwurf eine (provisorische) pragmatische Lösung für ein spektakuläres Problem ist, eine radikale Extrapolation aus einer bestehenden Situation

15   Van Berkel, Ben und Caroline Bos. „Diagram Work".
Any, Nr. 23, 1998.

gänzlich im Einklang mit dem <u>Twelve Ideal Cities</u> Projekt
von Superstudio, das die essenzielle kritische Botschaft einer
durch pragmatische Mittel zu realisierenden Utopie enthält.
Sehr viele Ideen und Werte die in Verbindung mit dieser
Utopie stehen blieben unausgesprochen, ganz zu schweigen
von der Paranoia was passieren würde, würden wir
uns weigern die 3-D City zu erkunden. MVRDVs geheimes
Diagramm erscheint zunehmend wie eine unbestimmte
utopische Stadt mit einer noch nie dagewesenen Dichte.
Aber welche Art von Verhalten würde diese Maschine
produzieren? Die Eroberung der Physik einer konstruierten
Umwelt, die MVRDV mit Datascapes einweiht, scheint in
eine Eroberung zu münden, die Alfred Jarry mit dem Terminus
pataphysics bezeichnete, das heißt die beunruhigende
surrealistische Physik des Möglichen. Und hier handelt es
sich um genau jene Physik des Schizophrenen, die als Basis
für Michel Carrouges Junggesellenmaschinen und die
verlangenden Maschinen von Deleuze und Guattari dient.
In meinen Augen wäre es vorzuziehen, eine kritische
Untersuchung der durch die Datascapes temporär gebotenen
Physik durchzuführen. Wir könnten vielleicht die Werte
ableiten, die in der nächsten Phase nützlich wären.
Zugegebenermaßen hat die Debatte gerade erst begonnen,
da die meisten Architekten und Kritiker übertrieben daran
festhalten, den <u>Datascapes</u> Entwurf als nur eine von vielen
Mini-Theorien zu sehen, welche die Architekten der
Gegenwart in der Hinterhand behalten, um ihre Arbeit zu
rechtfertigen. In diesem Kontext mag der <u>3-D City</u> Entwurf
eine notwendige, wenn auch riskante Provokation sein,
da die Erforschung der Datascapes Gefahr läuft, in einer
immer stärker werdenden Nachfrage nach Quantitäten und
Intensitäten verloren zu gehen.

Der Traum des Architekten

Andererseits scheinen Ben van Berkel & Caroline Bos
(UN-Studio) einen gegensätzlichen Ansatz zu verfolgen.
In ihrem Editorial, das in der dem Diagramm gewidmeten
Spezialausgabe der Zeitschrift <u>Any</u> erschienen ist,[15]
beschreiben sie ihr Diagramm als einen Schlitz im globalen
Informationsraum, das endlos expandierende, unvorhersehbare
und befreiende Pfade für die Architektur eröffnet. Weiter
meinen sie, dass das Ende der großen Narrative nicht
bedeuten würde, dass die Architekten damit aufhören würden,
ihre Träume zu träumen, die sich von den anderen unterscheiden. Wie sie in <u>Mille Plateaux</u> bestätigt haben,
versuchen Deleuze und Guattari mithilfe ihrer Bücher,
Konzepte und Diagramme eine rhizomatische Beziehung mit

Teilen der Realität zu wahren. Anders ausgedrückt, sie mussten ihre Wurzeln nutzen, um ihre Nährstoffe aus der Welt zu ziehen. Van Berkel & Bos kehren diese Beziehung radikal ins Gegenteil. Wie ein Traum des Architekten wird das Diagramm auf die Welt projiziert. Der Leser wird feststellen, dass bedingungslos das Ideal der Freiheit, das hier ausgedrückt wird, nicht die Nutzer betrifft, sondern den Architekten. Offensichtlich handelt es sich hierbei um eine polemische Position gegen Rem Koolhaas, MVRVD, Kees Christiaanse, Willem Jan Neutelings, West 8 und viele andere, die von UN-Studio als pragmatische Architekten betrachtet werden. Tatsächlich ist die Situation jedoch wesentlich komplexer. Einige der Entwürfe von UN-Studio basieren zum Beispiel auf extrem detaillierten statistischen und quantitativen Analysen; in anderen Fällen sind Ideen auf außerordentlich verfeinerte, präzise Art eingearbeitet. Nichtsdestotrotz, im Gegensatz zu den *pragmatischen* Architekten bevorzugt UN-Studio einen formalen, ästhetischen und metaphorischen Ansatz der Analyse. Dies wird offensichtlich in dem Manimal Diagram auf dem Einband ihres Buches *Move*. Dieses computergenerierte Bild, in dem menschliche Gesichter und Tierköpfe wie in einem Traum miteinander verschmelzen, ersetzt die symbolische Figur des Mannes in einem Quadrat und einem Kreis, wie sie sich Leonardo da Vinci vorgestellt hatte. Während da Vincis Diagramm das Symbol für den Humanismus darstellt, mit dem Mann, der den zentralen Platz im Kosmos einnimmt, ist das Manimal ein Symbol des *Posthumanismus*, in dem sich alle Möglichkeiten miteinander verbinden. Aber in Van Berkel & Bos' Entwürfen, wie auch in den Arbeiten unzähliger zeitgenössischer amerikanischer Architekten, verändert der Posthumanismus in keiner Weise die Position und die Rolle des Architekten. Ebenso wie die Architekten der Renaissance in den Augen der Kunsthistoriker scheinbar als erste symbolisch eine Sicht auf die Welt durch ihre Konstruktionen ausgedrückt haben, scheinen (auch) Van Berkel & Bos solch eine privilegierte Position für den Architekt einzunehmen. Wenn aber alles miteinander verschmilzt, wenn es weder einen Anfang noch ein Ende mehr zu entdecken gibt, ist die Rolle des Architekten zwangsläufig betroffen: wie soll er von nun an der Realität hier auf Erden symbolische Form verleihen und im Zuge dessen Brüche, Gegensätze und Konflikte auflösen und versöhnen? Um diese Rolle zu füllen, muss sich der Architekt einer höheren Ordnung zuwenden, die den meisten Sterblichen verborgen ist, aber die er sichtbar machen kann, vielleicht mit seinem Hinterteil, wie Präsident Schreber, der in Deleuzes und Guattaris Arbeit himmlische Blitze anzog.[16]

16 Siehe Anm. 2.

Zu diesem Zweck verwenden Van Berkel & Bos (wie auch viele andere) Diagramme, die aus verschiedenen zeitgenössischen Wissenschaften entliehen sind, wie Gentechnologie, Chaostheorie, Komplexitätstheorie, Superstringtheorie etc. Die Art und Weise, wie diese theoretische Physik in den Entwurf integriert wird, unterscheidet sich nicht besonders davon, wie einst die Metaphysik in der historischen Architektur symbolisch übersetzt wurde wenn man der klassischen Interpretation wie sie von Kunst- und Architektur historikern vorgeschlagen wird Glauben schenken darf. Das Verlangen, die fundamentale Perspektive einer Zeit architektonisch auszudrücken, ist selbstverständlich eine respektable Auffassung der Disziplin. Davon abgesehen sind Päpste und Pfarrer nicht genug für die Metaphysik, es braucht auch Architekten und Künstler. Zudem sind Chaostheorie, Komplexitätstheorie und Superstringtheorie außerordentlich interessant, werden eindringlich untersucht und sind wissenschaftlich begründet. Dennoch müssen uns diese Theorien erst noch etwas darüber lehren, wie wir uns als Individuen im täglichen Leben verhalten (oder uns verhalten sollten). Die Chaostheorie kann vielleicht das Verhalten einer großen Population durch Analogien mit äquivalenten Populationen erklären. Andererseits wissen wir immer noch nicht, bei welcher Größe diese Populationen sich halten sollten. Auf einer rein wissenschaftlichen Ebene offerieren diese Theorien keine Anleitungen für spezifische Situationen. Es ist unwahrscheinlich, dass sie zum Beispiel vorschlagen können, wie man sich verhalten sollte, wenn ein architektonischer Entwurf unvereinbaren Interessen gegenübersteht. Auf der anderen Seite bieten diese Theorien den Kritikern ebenfalls keine Indikation dafür, wie sie einen Entwurf beurteilen sollen. Falls es zum Beispiel wahr wäre, wie Sanford Kwinter im Rahmen einer Vorlesung am Berlage Institut bemerkte, dass nach der Superstringtheorie die ganze Welt, ja der ganze Kosmos vibriert, dann wird per definitionem jede Konstruktion dieser Bestimmung unterliegen, sei es ein Gebäude von Rem Koolhaas (was Kwinter in diesem Fall überraschenderweise gefallen würde), Ben van Berkel, Daniel Libeskind, Rob Krier oder einem talentierten Unbekannten.[17]

Natürlich belügen wir uns selbst, wenn wir uns vorstellen, dass ein bestimmter Typus von Architektur oder Stadtplanung, dessen Formen sich in Bewegung befinden, größere Freiheit bieten und so zur Konfliktprävention beitragen kann, vor dem Hintergrund, dass diese Formen sich natürlicher an bestimmte Strömungen anpassen. Wenn das die Art ist, wie wir diese Entwürfe interpretieren müssen, wie es

17 Kwinter, Sanford. Lecture, Berlage Institute, Amsterdam.

18 Bird, Colin. *The Myth of Liberal Individualism*. New York: Cambridge University Press, 1999.

bestimmte durch zum Beispiel Kevin Kelly inspirierte Architekten glauben tun zu müssen, gelangt man zu dem Punkt, an dem man eine Theorie konstruiert, die sich in Wirklichkeit an den liberalen Individualismus F. A. Hayeks anlehnt, basierend mehr auf einem Glauben an *spontaneous order*, an eine *invisible hand*, als auf der Deleuze'schen Kritik am Kapitalismus. Wie der Politikwissenschafter Colin Bird angemerkt hat: „Ich kann glauben dass der Staat wirklich ein Organismus ist und trotzdem leugnen dass er jegliche moralische Signifikanz hat. Die reine Tatsache dass eine Qualle *organisch* ist gibt ihr nicht den gleichen oder einen höheren moralischen Status als jenen der dem Menschen zugesprochen wird."[18]

Es ist kein Zufall, dass die Arbeit von UN-Studio dann zum Erfolg wird, wenn es darum geht, komplexe Fragen der Infrastruktur zu lösen, wie zum Beispiel Castells *Space of Flows* im Fall des Bahnhofs von Arnhem. Hier sind die verschiedenen Arten der Infrastruktur und Bewegungen auf eine Weise statistische Datensätze. Tatsächlich ist es nicht schwer, den Passagierfluss in einen Datenstrom zu übersetzen. Theoretisch geht es hier um die Freiheit auf dem individuellen Niveau, da es verschiedene Möglichkeiten gibt umzusteigen, aber diese vor Ort nicht realisiert sind und zudem in Bezug auf den Entwurf vom Großteil der Menschen ignoriert werden können. Der Bahnhof in Arnhem ist eine Maschine, die wie ein Ferrari-Motor aussieht, der mit glänzenden Einlasskrümmern ausgestattet ist. Die Verwendung der Klein-Flasche, die von UN-Studio betont wird, ist besonders symbolisch und magisch, weil sie die ursprüngliche Situation so transzendiert, dass man fast von einer Umkehr sprechen kann. Das Konzept der Transportationsflüsse erscheint plötzlich als Ausdruck einer höheren Ordnung, die ihre Macht über alle anderen Elemente des Entwurfs ausübt.

Unfreiwillige (De)konstruktion

Greg Lynn erklärte bei zahlreichen Gelegenheiten, wie der Entwurf für die Korean Presbyterian Church in New York mithilfe von Diagrammen entwickelt wurde; wie innerhalb des Computers verschiedene *meta blobs* miteinander agierten, je nach der ihnen zugeschriebenen Schwerkraftzone; wie sie wuchsen und miteinander zu neuen Formen verschmolzen, bis sie ein neues Gleichgewicht erreichten; wie diese meta blobs für verschiedene Programme standen, etwa für Einzelräume, die in einen großen Raum mit einer Oberfläche mündeten, die das gesamte Programm enthielten; wie positiv die Bauherren darauf reagierten, weil sie selber die Formen aktiv manipulieren konnten, indem sie Dinge vergrößerten oder verkleinerten, ohne die Kohärenz des gesamten Konzeptes zu zerstören. Dann stellte er eine andere Strategie vor. Eine Serie von Röhren wurde auf das Dach eines existierenden Gebäudes platziert, das man zuvor nicht gesehen hatte, die historische Knickerbocker Laundry. Die Röhren wuchsen und entwickelten sich zu einer rippenartigen Struktur mit einer inneren und einer äußeren Haut. Weitere Röhren wurden hinzugefügt, um Zugänge und Zirkulationen zu ermöglichen. Während dieser Phase wurde die Glätte der Blobs bereits zum Teil durch einen gewissen Grad der Segmentierung ersetzt, aber alles schien noch miteinander verschmolzen. Danach muss es noch eine dritte Phase gegeben haben, in der das Projekt den Baumethoden des Bauunternehmers angepasst wurde. Konstruktionen tauchten auf und eine industrielle Fassade wurde hinzugefügt. In dieser Phase verlor das Projekt seine ursprüngliche Glattheit. Heute sieht es beinahe wie die Dekonstruktion eines Blobs aus.

Was sich zuerst von der Sprache zurückzuziehen schien, wurde wieder Sprache; die Sprache eignete sich die Diagramme wieder an. Heute erzählen alle Materialien plötzlich eine Vielzahl an Geschichten, darüber was sie sind, wie sie gemacht werden, wie sie zusammengefügt werden und wie sie sich zu anderen Materialien verhalten. Was anfangs wie eine kohärente Form informiert durch alle möglichen komplexen Systeme schien, wurde plötzlich wieder eine Komplexität. Und es geht darüber hinaus, denn es handelt sich um eine Kirchenfabrik, eine Religionsanlage, die Gottesdienste für 2500 Menschen veranstaltet. Sie beherbergt gleichzeitig mehrere nicht-konfessionsgebundene Programme in 80 Klassenzimmern, eine Hochzeitskapelle mit 600 Plätzen, verschiedene Versammlungsräume, einen Chorproberaum, eine Cafeteria und einen Kinderhort. Man stelle sich all die Menschen dort vor, Individuen aus verschiedenen Ecken New Yorks, mit Erinnerungen aus Korea, die sich herumbewegen und Dinge in verschiedenen Konstellationen machen, wie eine riesige Ameisenfarm.

Nun, an sich ist das kein Problem, denn so, wie das Gebäude dort steht, ist es auf manche Arten vielleicht sogar überzeugender als wäre es ein glatter Blob: dies hätte einen viel verstörenderen, Science-Fictionartigen Effekt erzeugt. Es hätte gewirkt, als wären Aliens oder zumindest irgendwas von *da draußen* dort gerade gelandet. Natürlich mag Greg Lynn diese Referenzen und so verwies er bei zahlreichen Gelegenheiten mit einem fast perversen Vergnügen auf

19 Lynn, Greg. „Blob Tectonics, or Why Tectonics Is Square and Typology Is Groovy". In *Folds, Bodies & Blobs: Collected Essays*. Brüssel: La Lettre Volée, 1998.

20 Lynn, Greg. „Possible Geometries". Siehe Anm. 19.

B-Movie-Blobs: "The term *blob* connotes a thing which is neither singular nor multiple but an intelligence that behaves as if it were singular and networked, but in its form can become virtually infinitely multiplied and distributed."[19] Das ist eine interessante Metapher für ein Gebäude, denn ein Gebäude ist niemals nur eine Sache und es ist immer in einem sich stets wandelnden, komplexen Netz aus Relationen und Geschichten gefangen. Das ist es, was Architektur so faszinierend macht. Dieser Prozess des Wandels ist nicht beendet, wenn das Gebäude fertig gebaut ist, sondern geht immer weiter. Nachdem es fertig ist, zum Beispiel, eignen es sich die Menschen an, die es nutzen. Ich erinnere mich an eine Vorlesung von Peter Eisenman vor langer Zeit, in der er über eines seiner frühen Häuser sprach. Als es fertig war und die Bauherren zum ersten Besuch kamen, rief die Ehefrau: „Aber ich dachte wir würden ein Heidi-Haus bekommen!" Sie zogen zuerst im Keller ein und veränderten das Haus vom ersten Tag, und bewohnten es langsam bis sie das Gefühl hatten, dass es ihres ist. Eisenman schätzte dies, weil er bewusst einen gewissen Widerstand in das Haus eingebaut hatte. Wie die Ingenieure und Bauarbeiter mit den ursprünglichen Plänen für die koreanische Kirche umgingen und sie an ihnen bekannte Baumethoden anpassten, ist wahrscheinlich gar nicht so anders als Eisenmans Anekdote, außer dass es bereits vor der Realisierung geschah.

Lynn aber hat eine solche Herangehensweise immer kritisiert, oder zumindest eine dekonstruktivistische Architektur, die von solchen Konflikten lebt und sie in geometrischen Konflikten ausbeutet. Stattdessen propagiert er eine Architektur, die anpassungsfähig, fließend und geschmeidig ist, um all diese widersprüchlichen Kräfte in ein neues Ganzes zu integrieren: "Complexity involves the fusion of multiple and different systems into an assemblage that behaves as a singularity while remaining irreducible to any single simple organization."[20]

Das Gebäude wird Teil einer größeren Ökologie und verändert sich mit ihr, was während der Entwurfsphase durch die neueste Animationssoftware ermöglicht wird. Am Ende wird eine Form ausgewählt die statisch ist, jedoch statisch wie ein Segelboot, das eine Form hat die es ihm erlaubt in vielen verschiedenen Situationen gut zu funktionieren. Es beinhaltet all diese Situationen, und die finale Form wird zwischen ihnen ausgehandelt. Im Fall eines Bootes könnte man es gemütlicher machen, oder schneller, indem man die Parameter ändert, und auf die gleiche Art und Weise könnte man (auch) das Gebäude gemäß den Wünschen des Bauherrn verändern.

Aber natürlich ist die grundlegende Frage, welche verschiedenen Parameter ausgewählt werden, eine Rolle in der ursprünglichen Ökologie zu spielen. Wie komplex ist diese Ökologie wirklich? Wer macht die Selektion und auf welchen Prämissen basiert sie? Und, zu guter Letzt, könnte es nicht sein, dass geometrische Konflikte in Form von Brüchen und Sprüngen essenziell zu bestimmten Ökologien dazugehören?

Im Falle der Korean Presbyterian Church scheint die Ökologie immer noch ziemlich einfach zu sein. Dies ist nicht sonderlich verwunderlich, war sie doch eines der ersten Experimente Lynns mit dieser Art des Arbeitens. In der ersten Phase des Entwurfsprozesses wurde eine Software ausgewählt die es erlaubte, die verschiedenen Komponenten des Programms, etwa die verschiedenen Kapellen, den Altar und den Chor, in *meta blobs* zu platzieren, die miteinander verwuchsen. Dann konnten ihre Größen und Beziehungen geändert werden, wobei sie verbunden blieben und der Gesamtentwurf kohärent. Dann wurde das Bestandsgebäude eingeführt und das Modell grob daran angepasst, grob, weil sie immer noch wie separate Entitäten wirken. In späteren, ähnlichen Versuchen, eine neue Organisation in ein bestehendes Gebäude einzubetten, wie NOXs Entwurf für das V2 Lab in Rotterdam 1998, erscheint die Beziehung zwischen neuer und existierender Form bereits flüssiger und integriert. Jedoch, es ist genau diese eingeschränkte anfängliche Ökologie, die Lynns realisiertes Gebäude als eine Dekonstruktion der ursprünglichen Diagramme erscheinen lässt. Diese liegen fast versteckt in der endgültigen Konstruktion und in den Details. In diesem Sinn kommt Greg Lynn bei seiner vollendeten Korean Presbyterian Church der lockeren Art nahe, nach der Ben van Berkel und Caroline Bos ihre Diagramme beim Entwerfen verwenden, nämlich eher als *interaktive Instrumente* anstelle einer unmittelbaren Umsetzung. In einem alten Artikel über Van Berkels Arbeit habe ich über sie als eine Art von *diagrams in costumes*[21] gesprochen, eine Referenz auf einen Text im Werk des italienischen Malers Francesco Clemente, den Van Berkel immer bewundert hat. Der Traum des Architekten ist im Ganzen begraben – das ist gleichzeitig viel interessanter als nur ein Traum.

Jedenfalls scheint Lynn ambitionierter zu sein. Viel mehr als bei Van Berkel, dessen Arbeit in einem innovativen aber dennoch traditionellen Büro produziert wird, das sich mit realen Bauaufträgen befasst, entspringt seine Arbeit einer Tradition des akademischen und theoretischen Research und

21 Lootsma, Bart. „Eindelijk Echt Ambidexter." *De Architect*, März 1991; siehe auch Lootsma, Bart. „Diagrams in Costumes." *A + U*, Nr. 342, März 1999.

23 Lynn, Greg. „It's out There... The Formal Limits of the American Avant-Garde." Architectural Design Profile, Nr. 133 – Hypersurface Architecture (Gast-Herausgeber Stephen Perella) (1998).

22 Deleuze and Guattari. L'Anti-Œdipe. Siehe Anm. 2.

sollte als solches untersucht werden. In all seinen Projekten wählt Lynn die Parameter, mit denen er arbeiten will, selber aus. Bei dem House Prototype für Long Island handelt es sich beispielsweise um die Topographie, den Wind und den Lärm der angrenzenden Straße, beim H2 House für Wien sind es die Sonneneinstrahlung und die Autos der nahe gelegenen Autobahn. Er wählt auch die Software aus und kürzlich, in seinem Embryologie Housing Project, optierte er für eine Produktionsmethode als Startpunkt. Diese Projekte sind als fast wissenschaftliche Experimente in einer kontrollierten Umgebung extrem wertvoll und schon jetzt einflussreich in einer großen Gruppe von Architekten. Jedoch stellt sich die Frage ob dies der einzige Grund ist warum Lynn nur eine ausgewählte Zahl an Parametern in seine Projekte aufnimmt. Es könnte auch sein, dass sein Verlangen, zunächst im Entwurf Kohärenz zu produzieren der Realisierung dieser Kohärenz im endgültigen Gebäude im Wege steht, da die Ökologie eines realen Gebäudes wesentlich komplexer ist als Lynns Auswahl an Kräften. "Any object supposes the continuity of a flow, any flow, the fragmentation of the object," schreiben Deleuze und Guattari.[22] Die Fragmentierung des Objekts in der Realität des Alltags fürchtend, zieht sich die Architektur in einen organlosen Körper zurück. Michael Speaks könnte Recht haben, wenn er sagt, dass Greg Lynn, genau wie sein Mentor Peter Eisenman, immer noch zu sehr an der Metaphysik der Architektur interessiert ist.[23]

Maschineneffekte

Im Gegensatz zu MVRDV, deren Arbeiten das Diagramm vor allem als formale Notation der Realität benutzen, und Van Berkel & Bos und Greg Lynn, die das Diagramm benutzen, um den Entwurf formal zu entwickeln und zu strukturieren, sieht Lars Spuybroek allein das Diagramm als eine vollständige Maschine. Er schreibt in Machining Architecture, dass es ein sehr klar umrissenes Netzwerk aus Beziehungen darstellt, das aber völlig vage in seinem formalen Ausdruck sei. Weiter heißt es bei ihm, dass Diagramme die Masse lieben und die Materialien nur in ihren heißesten und schwächsten Zuständen erfassen würden. Das Diagramm sei im Grunde eine konzeptuelle Input-/Output-Einheit, die Materie schluckt und, während sie diese restrukturiert, auch auswirft. In diesem Sinn sei jede Informationsebene auch eine Schnittstelle zwischen materiellen Zuständen: "... The diagram ... is an engine, a motor: it doesn't want to impose itself on matter, but to engage in a process of continuous formation – it operates at the backside of the image, on its

24 Spuybroek, Lars. „Machining Architecture."
Siehe Anm. 7.

25 Vgl. Whyte, Ian Boyd. *Bruno Taut and the Architecture of Activism.* Cambridge (UK): Cambridge University Press, 1982.

blind side. Diagrams are the informational nodes and codes of the world; they are stabilizing contractions in material flows – first they channel and then they relax. They are faces in a landscape, singular perceptions connecting streams of actions. They are lenses, mirroring a movement: first a contraction of matter-energy through an organizing surface, then an expansion into many new other structures."[24]

Die *Contraction* ist die Phase in der Information in einer virtuellen Maschine gesammelt, ausgewählt, konvertiert und graphisch organisiert wird. Sie ist ein Prozess, in dem ein dreidimensionales Netzwerk in eine zweidimensionale Fläche verwandelt wird. Spuybroek beschreibt sie als eine Bewegung hin zu Qualität, Ordnung und Organisation. Dann passiert ein expansiver Prozess in dem die Maschine, das Diagramm, in das Material gefügt wird, sich darin verteilt und ihm eine Form gibt. Dies ist eine Entwicklung die es möglich macht, eine zweidimensionale Fläche in eine dreidimensionale Struktur umzuwandeln. Spuybroek beschreibt dies als eine Bewegung hin zu Qualität, Materialien und Struktur.

Bis zu diesem Punkt gibt es nichts, woran ein Computer spezifisch beteiligt ist. Im Prinzip ist eine expressionistische Arbeitsmethode, wie etwa von Vassily Kandinsky als die Abfolge Emotion-Gefühl-Werk-Gefühl-Emotion beschriebene, ebenso passend.[25] Ein Prozess der Kontraktion (Einfühlung) und Expansion (Expression), welcher endlos wiederholt wird, ist auch hier am Werk. In diesem Fall sind einzelne Personen selbst die Maschine. Dieser Prozess kann jedoch nur insofern aktiv sein als dass er ein Prozess ist der auf andere übertragbar ist, als gäbe es eine Vereinbarung über die Natur des Menschen, und jeder Mensch entspräche einem humanistischen Ideal. Dies ist problematisch wenn wir akzeptieren, dass Individuen Teil fließender Netzwerke sind, in denen sie endlos Entscheidungen treffen müssen, und dass diese Entscheidungen kontinuierlich die Position, Identität und somit auch das Wesen dieser Individuen modifizieren. Der Prozess wird dann komplett subjektiv. In der Architektur von UN-Studio und Greg Lynn wird diese Subjektivität nicht aufgelöst, da sie Diagramme wählen, die außerhalb des Prozesses existieren um ihre Entwürfe zu generieren. Spuybroeks Absicht ist es daher, den Entwurfsprozess so weit wie möglich sowohl vom Architekten als auch von der einzelnen Person zu befreien, indem er eine abstrakte Maschine konstruiert die auch außerhalb von ihm selbst liegt und mit der Welt rhizomatisch verbunden ist.

26 Spuybroek, Lars. Siehe Anm. 7.

27 Spuybroek, Lars. „Off-the-Road-5 Speed." Ali Rahim (Hrsg.). Architectural Design (Contemporary Process in Architecture) 70, Nr. 3 (Juni 2000); Pélenc, Arielle. „Wetgrid. Lars Spuybroek on his Exhibition Design ‚Vision Machine'." ARCHIS, August 2000.

Aus der Sicht von Spuybroek handelt es sich bei einem Computer um eine Maschine, die die Kommunikation zwischen verschiedenen Diagrammen verstärkt. Ein Computer ist ein Diagramm seiner selbst, genauso wie die verschiedenen Computerprogramme Diagramme ihrer selbst sind. Spuybroek hat keine Schwierigkeit damit, die organischen Modelle, die er von Antoni Gaudí und Frei Otto ausborgte, um bei einigen Entwürfen die Konstruktionsform seiner Gebäude zu entwickeln, als materielle Computer zu beschreiben. Sie sind materielle Diagramme, weil eine Veränderung an einer Stelle die Form des gesamten Projektes beeinflussen würde. Der Entwurfsprozess umfasst dann letztendlich eine Kette verschiedener Diagramme, die eine Designmaschine bilden, weil sie miteinander verbunden sind und kontinuierlich ineinander konvertiert werden. Aus diesem Grund glaubt Spuybroek, dass Schulen die computergestütztes Entwerfen unterrichten, außerdem auch Unterricht in computer-aided conceptualization[26] und computer-aided manufacturing anbieten sollten. Selbst wenn der Computer Ausdruck einer Tendenz ist, alles glatter, fließender, zu machen – Spuybroek zeigt, dass es immer noch Verknüpfungen und Verbindungen gibt, die in sich Möglichkeiten zur Auswahl bieten. Der Space of Flows ist kein Verhängnis: wir können ihn immer noch auf unsere Art manipulieren.

Seit damals hat NOX diese Arbeitsmethode in einer Serie von Entwürfen und realisierten Projekten entwickelt, einschließlich des Projektes Off-the-Road-5 Speed, einer Wohnanlage in Eindhoven, in der sich fünf Geschwindigkeiten auf ebenso viele Diagramme beziehen; Wet Grid, eine Idee für die Ausstellung Vision Machine, die im Musée de Nantes abgehalten wurde, oder den D-Tower in Doetinchem.[27] Der D-Tower-Entwurf hat eine Form angenommen die letztendlich sowohl real als auch virtuell ist, denn abgesehen davon, dass er ein reales Objekt ist, ist der Turm an sich auch ein neues Diagramm das kontinuierlich den Input der Bevölkerung von Doetinchem in eine Internetseite verwandelt.

Das Interessante, wenn auch Problematische an der Arbeitsweise von NOX besteht darin, dass es fast unmöglich ist, das Resultat zu präsentieren. Es ist interessant, weil diese Entwürfe normalerweise einen großen Anteil an Interaktivität mit den zukünftigen Bewohnern und Nutzern des Gebäudes erlauben; oder weil sie das Spiel mit der Modifizierung untergeordneter Nebenbedingungen bis auf ein relativ fortgeschrittenes Level treiben. Es ist problematisch, weil sich der Entwurf nur schwer einem Bauherrn präsentieren lässt, der verlangt, dass die endgültige Form bereits vor der letzten Phase des Prozesses visualisiert wird. Daher musste sich Spuybroek bisher auf Auftraggeber verlassen, die fähig waren, mit dem hohen Abstraktionsgrad der Entwürfe umzugehen und die selber Diagramme interpretieren konnten. Wenn wir den Computer als tatsächliches Mittel im Entwurf betrachten wollen statt nur als Arbeitsgerät, wenn wir wissen wollen, in welchem Ausmaß wir im *space of flows* manipuliert werden, ist es unvermeidbar, dass wir uns dieser Methode verschreiben. Aber schließlich, wenn Daniel P. Schreber über sich selbst theoretisieren konnte, gibt es keinen Grund, warum wir es nicht auch könnten.

MEHRFACH-BELICHTUNG

ÜBER ARCHITEKTUR, KÜNSTLICHES LICHT UND DIE MEDIEN

Mehrfachbelichtung

Über Architektur, künstliches Licht und die Medien

Die hellen Großstadtlichter haben Architekten schon immer fasziniert. So veröffentlichte Erich Mendelsohn 1928 im Bilderbuch eines Architekten mehrere Fotografien vom New Yorker Broadway. Der Architekt war von ihnen tief beeindruckt, insbesondere von einer bei Nacht aufgenommenen Mehrfachbelichtung von Knud Lønberg-Holm, die das Schauspiel noch steigerte.

„Unheimlich", schrieb er, „die Konturen der Häuser sind ausgewischt. Aber im Bewusstsein steigen sie noch, laufen einander nach, überrennen sich. Das ist die Folie für die Flammenschriften, das Raketenfeuer der beweglichen Lichtreklame, auf- und untertauchend, verschwindend und ausbrechend über den Tausenden von Autos und dem Lustwirbel der Menschen. Noch ungeordnet, weil übersteigert, aber doch schon voll phantastischer Schönheit, die einmal vollendet sein wird."[1] Auf der folgenden Doppelseite druckte Mendelsohn ein bei Tag aufgenommenes Foto des Broadway ab. Es zeigt eine chaotische Ansammlung trostloser Neonschilder und ihrer Befestigungen vor grauen Gebäuden, zu denen er schrieb: „New York. Broadway bei Tag. Verliert das Geheimnisvolle, Rauschende, das Gleißende der Nacht. Ist nur ungezügelt, wild, überschreitet sich selbst. Grandiose Tölpelei des Weltjahrmarktes: Kragen, Zucker, Orpheum, Zahnbürsten, Tabak und, Wählt Charles E. Gehring'."[2]

Mendelsohn verstand die Beziehung zwischen Architektur und Licht – künstlichem wie natürlichem – sehr gut. Mit der Erfindung des elektrischen Lichts wurde die Architektur nach und nach entfremdet von Le Corbusiers Definition von Architektur als „das kunstvolle, korrekte und großartige Spiel der unter dem Licht versammelten Baukörper".[3] In den amerikanischen Städten enthüllte das Tageslicht das bestehende, von vielen europäischen Architekten (einschließlich Mendelsohn) kritisierte Chaos. Nachts konnte dieses Chaos jedoch verschleiert und durch eine Fantasiewelt ersetzt werden.

Inversion und Immersion

Die Rolle von künstlichem Licht in der Architektur ist durch zwei Prinzipien definiert: Inversion und Immersion. Ersteres ist recht offensichtlich – Licht erscheint im Dunkeln und

1 Mendelsohn, Erich. Amerika: Bilderbuch Eines Architekten. Berlin: Rudolf Mosse, 1926.

2 Idem.
3 Le Corbusier, Ausblick auf eine Architektur. Gütersloh; Berlin: Bertelsman, 1969.

Neonschilder stechen vor einem dunklen Hintergrund hervor. Nur die Schilder sind sichtbar, während die Architektur verschwindet. Diese Art von Licht zieht aus der Distanz sofort unsere Aufmerksamkeit auf sich. Bei Tage schauen die Schilder völlig verändert aus; wir sehen dann nur das improvisierte Durcheinander, das gebaut wurde, um sie in der Nacht zum Leuchten zu bringen.

Es gab zahlreiche Versuche, Beleuchtung in die Architektur zu integrieren. Üblicherweise suchen Architekten nach Lösungen, die die Volumen und Konturen ihrer Gebäude unterstreichen. Mendelsohns Schocken Kaufhäuser in Stuttgart (1926–1928) und Chemnitz (1927–1930) sind gute Beispiele dieser Vorgehensweise. In Stuttgart erzeugten die rhythmische Anordnung der Fenster und der fette Schriftzug „Schocken" bei Nacht ein starkes grafisches Bild. In Chemnitz machte Mendelsohn vom Effekt der Inversion auf sehr direkte Art Gebrauch: Die Fensterbänder bilden tagsüber einen dunklen Kontrast zu weißen Stuckbändern; nachts hingegen, wenn sie hell erleuchtet sind, wird der gegenteilige Effekt erzeugt, da die Fensterbrüstungen dunkel erscheinen.

Das Prinzip der Immersion hingegen funktioniert anders. Erst gegen 1890 ermöglichte die Einführung der Elektrizität das Erschaffen eines zweiten, künstlichen Tages. So wurden helle Laternen in regelmäßigen Abständen am Strand von Coney Island installiert, „sodass man das Meer jetzt auf wirklich metropolitane Weise im Schichtwechsel genießen kann und diejenigen, die am Tage nicht ans Wasser kommen können, eine menschengemachte Tagesverlängerung von zwölf Stunden erhalten". Was in Coney Island einzigartig ist – und dieses Syndrom des unwiderstehlich Künstlichen nimmt spätere Ereignisse in Manhattan vorweg –, ist die Tatsache, dass dieses falsche Tageslicht nicht als zweit-klassig angesehen wird. Seine totale Künstlichkeit wird zur Attraktion: „Electric Bathing".[4] Hier stellt sich die Frage, was als wichtiger empfunden wurde: das Baden im Meer oder das Baden im elektrischen Licht.

Immersion geschieht vielfach durch das Eintauchen in einen virtuellen Raum, der uns aufgrund seiner gesteigerten Präsenz gefangen nimmt und die Realität für einen Moment vergessen lässt. Sie ist ein Prinzip, das generell vielen literarischen, auf das Theater bezogenen und kulturellen Phänomenen zugrunde liegt, die uns fesseln und auf eine Reise mitnehmen. Sich bewegende Muster und Lichtprojektionen scheinen jedoch aus irgendeinem Grund

4 Koolhaas, Rem. *Delirious New York*. London: Academy Editions, 1978.

besonders faszinierend zu sein, sei es in Form von Feuerwerk oder bewegten Bildern. Licht hat immer eine Zusatzwirkung, sei es als allgegenwärtiges Tageslicht oder als Raumbeleuchtung.

Inversion und Immersion verbinden sich bei Computern, bei Großbildschirmen und Medienfassaden, die ganze Gebäude einhüllen können. Das Bild auf dem Computerbildschirm, ursprünglich mal eine Bildröhre, heute ein Flachbildschirm aus Flüssigkristallen (LCD), hebt sich durch Licht vom dunklen Hintergrund ab. Dasselbe gilt sowohl für die großen Plasmabildschirme als auch OLED- und LED-Medienfassaden, die zunehmend unsere Lebenswelt beherrschen. Jede Architektur, egal ob real oder virtuell, wird in irgendeiner Form durch Licht gezeichnet und kann im Internet verbreitet werden. Dies verursacht auf allen Ebenen ein zunehmendes Verschwimmen der Grenzen zwischen realen und virtuellen Welten.

Cineac

Ein Gebäude der frühen Moderne, das auf intelligente Weise sowohl mit Inversion als auch mit Immersion spielt, ist das Cineac in Amsterdam von Johannes Duiker und Bernard Bijvoet aus dem Jahr 1934. Es war ein kleines Kino mit einem durchgängigen Programm, das mit bewegten Bildern dem Format beliebter Wochenmagazine zu entsprechen versuchte. Daher konnten die Besucher kommen und gehen, wann immer sie wollten. Das Gebäude gehörte der Tageszeitung Handelsblad – heute NRC Handelsblad. In einem Artikel, der dort 1934 unter dem Titel „Modern Theater Building" erschien, hob Duiker die Rolle des Gebäudes als Maschine hervor. Dem Publikum wurde hier eine perfekte Klimatisierung und Akustik geboten, damit der Besucher durch nichts vom Filmerlebnis abgelenkt wurde, welches ja ein immersives Erlebnis sein sollte. „Das Durchschnittspublikum hat Ansprüche, reflektiert diese aber nicht und weiß weniger über ein Kino als über ein Flugzeug. Man weiß nur irgendwie, dass ein Flugzeug aus Ziegelsteinen nicht fliegen kann. Aber die Allgemeinheit interessiert sich nicht dafür, ob ein Kino nun aus Ziegelsteinen ist oder nicht, da es die Auswirkungen davon nicht versteht."[5] Das Cineac sollte – in Duikers Worten – kein Angriff „auf romantische Gefühle mittels temperamentvoller Architektur" sein, wie das berühmte Kino Tuschinsky-Theater im Art-Deco-Stil auf der anderen Straßenseite. „Das Cineac bietet einen eher nüchternen Rahmen – zweifellos schlicht, zugleich aber aufregend durch die authentische Wirklichkeit der aus dem

5   Übersetzt nach: Duiker, Jan. „Modern Theatre Building (from E. J. Jelles, C. A. Alberts, Duiker 1890–1935)". *Forum* (Nachdruck), Nr. 5 und 6, Januar 1972. Ebenfalls Architectura & Amicitia, Amsterdam, 1976, S. 80.

6 Idem.

7 Graham, Dan. „Theatre, Cinema, Power". In *Rock My Religion, 1965–1990*, Brian Wallis (Hrsg.), 170–89. Cambridge, MA: MIT Press, 1993.

Leben gegriffenen Bilder.[6] Tatsächlich ist das Gebäude ein Schlüsselbeispiel für die niederländische Variante der ‚Neuen Sachlichkeit'.

Neon-Reklametafeln mit dem Schriftzug ‚CINEAC' und ihre Befestigung wurden in die Gebäudearchitektur integriert und erweitern sinnfällig die Stahlstruktur. Verblüffend ist der Raum im ersten Stock, wo sich die Projektoren befinden. Man kann sie von der Straße aus sehen – besonders gut nachts, wenn der Raum beleuchtet ist.

„Indem man die architektonische Fassade wegnimmt, um die ‚Maschine als Medium' freizulegen, wird die eigentliche illusionserzeugende Technik entblößt, was sie zugleich entmystifiziert und jedermann zugänglich macht", schrieb einst Dan Graham in seinem Artikel Theatre, Cinema, Power.[7] Zum Vergleich des Cineac mit dem Totaltheater-Projekt von Walter Gropius und Erwin Piscator von 1927 sagt Graham: „Über die Reduktion sozialer Funktion auf eine soziale Metapher hinaus besteht eine weitere Schwierigkeit von Duikers Projekt darin, dass es – wie viele Bauhausprojekte – mit einem einseitigen Blickwinkel verbunden ist, bei dem der Betrachter von außen objektiv wie ein Wissenschaftler auf die Maschine blickt, um ihre Wirkungsweise zu analysieren. In der Kinowirklichkeit genau wie im realen Stadtleben sind alle Blicke zweiseitig und intersubjektiv. Im Film sehen die Akteure einander an. Oder einer blickt möglicherweise zu einem anderen, der zu diesem Zeitpunkt nicht im Bild zu sehen ist, oder dieser wiederum wird betrachtet. Zugleich ist sich der Zuschauer der Anwesenheit anderer Zuschauer entfernt bewusst, die wie er zur Leinwand oder zu anderen Leuten schauen. Der psychologische Kreislauf inter-subjektiver Blicke und Identifikationen spiegelt sich in der (inneren und äußeren) architektonischen Form wider. Es ist schwer, die Optik der Architektur (inklusive der Film-maschinerie) von den psychologischen Identifikationen zu trennen, die die Filmbilder erschaffen."[8]

Diese Beobachtungen übten einen starken Einfluss auf Grahams eigene Kinoprojekte aus, wie beispielsweise Cinema (1981). In diesem Projekt, das einen klaren Bezug zu Cineac aufweist, schlägt Graham ein Kino mit Spiegel-glasfassaden vor. Das Publikum ist nur durch eine transparente Glaswand von der Straße getrennt, um die komplexe Beziehung zwischen Publikum und Passanten, Kino und echtem Leben zu entmystifizieren. Ist es drinnen dunkel, können die Zuschauer nicht nur den Film sehen, sondern auch die Passanten; diese hingegen können nicht

8 Idem.

erkennen, was sich im Innenraum abspielt. Ist drinnen Licht an, werden die Vorübergehenden vielleicht dazu verleitet, sich den Zuschauern anzuschließen, die nun für sie sichtbar sind.

Abenddämmerung: Die Verführung des Innenraums

Aufnahmen in der Abenddämmerung, zur sogenannten „blauen Stunde", sind charakteristisch für viele Architekturfotografien. Der kurze Augenblick der Dämmerung ermöglicht dem Fotografen, das erleuchtete Innere und das gerade noch sichtbare Äußere eines Gebäudes zugleich optimal darzustellen, da die Lichtintensität drinnen und draußen praktisch identisch ist. Man könnte sagen, dass man so die Transparenz und die Struktur eines Gebäudes demonstrieren kann – aber das ist noch nicht alles. Bei einer Farbfotografie assoziieren wir sofort das warme gelbliche Licht, das aus dem Inneren des Gebäudes kommt, mit Wärme, Gemütlichkeit und Häuslichkeit – im Kontrast zum bläulichen Licht der aufkommenden Kälte und Dunkelheit der Nacht draußen. Somit wird das Haus oder Gebäude für uns begehrenswerter; wir wollen drinnen sein und mit dem Haus verschmelzen. Dieser Effekt funktioniert selbst bei Schwarz-Weiß-Bildern, wie einige Fotografien der Case Study Houses von Julius Shulman eindrücklich beweisen. Auf seinen berühmten Fotos von Pierre Koenigs Stahl House in Los Angeles sehen wir elegante, moderne, reiche und glückliche Menschen in einer Glasbox, die über dem Straßenraster von Los Angeles schwebt und den Blick darauf freigibt. Wir können ihr Gespräch nicht belauschen; ausgeschlossen und nur von außen hineinspähend, würden wir uns ihnen gerne anschließen und Teil dieses eleganten gesellschaftlichen Ereignisses werden. Shulmans Fotografie von Richard Neutras Chuey Residence treibt dieses Spiel der Invertierung sogar noch weiter, indem die Spiegelung der Innen- und Außenbeleuchtung in der stillen Wasseroberfläche des Pools den Eindruck entstehen lässt, als wäre im Pool ein künstlicher Mond, im Haus aber eine Sonne angebracht.

Ecstacity

Bei Diavorträgen in den 1920er Jahren verwendete der niederländische Stadtplaner und Vorsitzende des CIAM, Cornelis van Eesteren, dasselbe Foto Lønberg-Holms, das auch Mendelsohn so faszinierte. Damit wollte er seine Zuhörer überzeugen, dass eine funktionale Stadt nicht zwangsläufig langweilig sein muss. Die illuminierten Reklametafeln in New York waren seiner Ansicht nach „eines

9 Van Eesteren, Cornelis. *Het idee van de functionele stad: ein lezing met lichtbeelden 1928/ The Idea of the Functional City: eine Vorlesung mit Folien, 1928.* Rotterdam: NAi Publishers, 1997.

10 Giedion, Sigfried, José Luis Sert und Fernand Léger. „Nine Points on Monumentality". *In Architecture, You and Me: The Diary of a Development*, von Sigfried Giedion, 48–52. Cambridge, MA.: Harvard University Press, 1958.

11 Coates, Nigel. *Guide to Ecstacity.* London: Laurence King, 2003.

der Elemente, die die funktionale Stadt vor dem Erstarren bewahren".[9]

Selbst wenn Architekten üblicherweise eine möglichst große Kontrolle anstreben und sich zugleich sehr bewusst sind, dass sie nicht bestimmen können, was letztlich auf ihren Gebäuden zu sehen ist, so war es genau diese wilde, unkontrollierbare Seite des Ganzen, die sie so reizte. Das konnte ihre Bauten und die Städte lebendig machen. Am pointiertesten formulierten diese Überlegungen Sigfried Giedion, Fernand Léger und Josep Lluis Sert in ihrem einflussreichen Manifest von 1943, <u>Neun Punkte über: Monumentalität – ein menschliches Bedürfnis</u>.[10] Laut dem Manifest sollten Architekten und Künstler gemeinsam die Stadtzentren so umgestalten, dass offene Räume entstünden, die solchem lebendigen Schauspiel und damit auch der Bildung neuer Gemeinschaftszentren Raum bieten konnten.

In der Tat neigen öffentliche Räume mit einer hohen Dichte an Medienfassaden dazu, die Menge anzuziehen – man denke nur an den Piccadilly Circus in London oder den New Yorker Times Square. Die Haltung seitens der Lokalpolitiker gegenüber Medienfassaden scheint heute jedoch zurückhaltender denn je, abgesehen von den „üblichen Verdächtigen" wie Las Vegas, Times Square und einigen Vierteln in japanischen Städten wie Tokio, Osaka und Fukuoka. Städte versuchen Medienfassaden zu verbieten – nicht nur in Zürich, wo ein lokaler Stadtrat sagte: „Ich will nicht in einem Spielautomaten leben", sondern auch in São Paulo, wo der Bürgermeister kürzlich jegliche Werbeplakate im öffentlichen Raum verbot. Zugleich scheinen Architekten, Künstler und Mediendesigner begeisterter denn je, erneut über die kommunikativen Möglichkeiten von Medienfassaden nachzudenken.

Neue Entwicklungen ermöglichen es, ganze Gebäude in (Computer-)Bildschirme zu verwandeln. Dies ist ein entscheidender Schritt in einem Prozess, der letztlich die Stadt zu dem machen wird, was Nigel Coates <u>ECSTACITY</u> nennt – eine halbreale, halbimaginäre, immersive Stadt.[11] Natürlich war die Stadt schon immer eine immersive Erfahrung, da wir sie körperlich und mit all unseren Sinnen erleben; was jedoch neu ist, ist die Art und Weise, in der sich realer und virtueller Raum vermischen. Das wird nicht nur durch neuere und größere Bildschirme erreicht; gleich wichtig oder sogar bedeutender werden etwa Pervasive Computing, kabellose Kommunikationsnetzwerke, GPS und sein verbesserter europäischer Nachfolger Galileo sein, der auch in Gebäuden funktionieren wird. Die aktuelle Entwicklung von *big games* oder auch *pervasive games* – Computerspielen, die die reale Umgebung mit der digitalen Fiktion verbinden – ist womöglich spektakulärer als die im Bereich der Großbildschirme. Sie weisen auf völlig neue Möglichkeiten der sozialen, räumlichen und kreativen Organisation der Stadt und der Gesellschaft hin.

Dazzle-Painting

Um zu verstehen, was Medienfassaden mit der Architektur machen, sollten wir zum Anfang des 20. Jahrhunderts zurückkehren, als Architekten und Künstler gemeinsam ein neues künstlerisches und bauliches Vokabular festlegten. Die moderne Kunst, die losgelöst von bauphysikalischen oder organisatorischen Problemstellungen agieren konnte, war eine der Triebfedern in der radikalen Neuorientierung der Architektur dieser Zeit.

Theo van Doesburg – Künstler, Schriftsteller, Architekt und Begründer von De Stijl – war sich wohl bewusst, dass seine Kunst der Architektur weit voraus war. Ungeduldig hoffte er darauf, dass seine Farbkombinationen für Buntglasfenster, Fliesen und Holzarbeiten zunehmend die eher schlichten volumetrischen Konstruktionen, mit denen er sich befasste, „dekonstruktivieren" würden – zu „Gegenkonstruktionen". Anfangs stimmten niederländische Architekten wie J. J. P. Oud und Cornelis van Eesteren dem zu, bis van Doesburg, der eine architektonische Ausbildung als Hindernis ansah, um ein unverfälschtes Bild von Architektur zu bekommen, zwangsläufig alle Verbindung zur Realität verlor und auf der Überlegenheit seiner künstlerischen Vision beharrte. In vielerlei Hinsicht erinnerte sein Farbkonzept für verschiedene Gebäude an die Praxis des *Dazzle-Painting*, die während des Ersten Weltkriegs entwickelt worden war, um große Schiffe mittels Bemalung mit abstrakten geometrischen Mustern in kontrastreichen Farben für feindliche U-Boote unsichtbar zu machen.

Skulpturales Denken

Obwohl Le Corbusier parallel zu seinem architektonischen Schaffen auch eine fruchtbare Karriere als Maler hatte, nahm er einen von jenem van Doesburgs völlig verschiedenen Standpunkt ein. Lange Zeit trennte er beide Berufe nicht nur völlig voneinander, sondern verschleierte sogar, dass er

12 Übersetzt nach: Le Corbusier. „Architecture and the Arts". In *Le Corbusier, Architect, Painter, Writer*, Stamo Papadaki (Hrsg.), 141–45. New York: Macmillan, 1948. (ursprünglich veröffentlicht in *Transition*, Nr. 25, Herbst 1936)

13 Idem.

14 Colomina, Beatriz. „The Split Wall: Domestic Voyeurism". In *Sexuality & Space*, Beatriz Colomina (Hrsg.). New York: Princeton Architectural Press, 1992.

zugleich auch Maler war. Le Corbusier verfügte über ein ausgeprägtes Bewusstsein dafür, was Farbe mit Architektur anstellen kann.

Bis circa Ende der 1930er Jahre bezog er deutlich Stellung gegen jegliche Art von Wandmalerei in und an Gebäuden. Architektur sollte für sich genommen ein skulpturales Erlebnis sein. „Heute sind wir übersättigt mit Bildern ... Wir werden durch das Kino wie auch durch Magazine oder die Tageszeitung damit überschwemmt. Ist damit nicht ein großer Teil der Arbeit, der früher der Malerei vorbehalten war, vollbracht?"[12]

In den 1930er Jahren riefen mehrere europäische Länder Initiativen ins Leben, um arbeitslose Künstler mit Gebäudeausschmückung zu beschäftigen. Laut Le Corbusier sollten diese arbeitslosen Künstler stattdessen besser beim Film oder bei der Fotografie nach Arbeit suchen. So könnten sie ihren Platz in der Architektur finden, etwa in Form des „mur à photomontages", den er 1932 am Schweizer Pavillon in Paris anbringen ließ.

Kunst sollte Le Corbusiers Meinung nach außer Sichtweite bleiben, außer es war ihre Absicht, den Betrachter völlig darin eintauchen zu lassen. Polychrome Wände könnten die Plastizität der Architektur nicht unterstützen und der einzige Platz für die künstlerische Verwirklichung seien Wände, die nicht rein architektonischen Zwecken dienten. „Wenn eine Stelle geeignet ist, kann ich auch Rücksprache mit einem Maler halten und ihn bitten, ihr seinen plastischen Gedanken einzuschreiben und mit einem Pinselstrich alle Türen zu einer Traumtiefe zu öffnen, wo gar keine tatsächliche Tiefe existiert."[13] Daher hatte Beatriz Colomina absolut Recht, LeCorbusiers erste Wandmalereien im Haus von Jean Badovici und Eileen Gray am Cap Martin als eine Art der Vergewaltigung zu bezeichnen.[14]

Erst nach dem Zweiten Weltkrieg schloss sich Le Corbusier – beeinflusst durch das Manifest „Neun Punkte über: Monumentalität" von Giedion, Léger und Sert – den jüngeren Architekten des CIAM an und versuchte fortan, eine Synthese der Künste herbeizuführen. Er malte ein großes Wandgemälde anstelle des ursprünglichen „mur à photomontages" im Schweizer Pavillon, der während des Krieges zerstört worden war. Um ein anderes Beispiel zu nennen: Die Leere des Zentrums von Chandigarh war bewusst dazu da, Massenspektakel zu ermöglichen, wie sie im Manifest der drei langjährigen CIAM-Mitglieder gefordert wurden. Sie sollten umgeben sein von skulptural interessanten und eindrucksvoll beleuchteten Fassaden.[15]

Durch das Dach

Mit Farbe gewannen nach dem Krieg Licht und auch farbiges Licht zunehmend an Bedeutung für Le Corbusiers Arbeiten – weit über das berühmte Zitat hinaus, das Architektur als kunstvolles, regelgerechtes und großartiges Spiel der unter dem Licht versammelten Baukörper definiert. „Unsere Augen sind geschaffen, die Formen unter dem Licht zu sehen; Lichter und Schatten enthüllen die Formen; Würfel, Kegel, Kugeln, Zylinder oder die Pyramiden sind die großen primären Formen, die das Licht klar offenbart; ihr Bild erscheint uns rein und greifbar, eindeutig. Deshalb sind sie schöne Formen,die allerschönsten."[16]

Parallel zur Einführung von Wandgemälden und freieren, skulpturaleren Formen in seine Architektur fing Le Corbusier mit verschiedenen künstlichen und natürlichen Lichtquellen und -qualitäten zu experimentieren an, um besondere ästhetische Effekte zu erzielen. Dieses Spiel mit Licht zeigt sich besonders in seinen Sakralbauten, wie der Kapelle und der Kirche im Konvent von La Tourette (1953–1960), der Kapelle in Ronchamp (1953–1955) und der Kirche Saint-Pierre in Firminy (1954–2006). Le Corbusier begann zunächst damit, Licht mit seinen unterschiedlichen Qualitäten im Tagesverlauf bewusster denn je einzusetzen. Der Lauf der Sonne tagsüber wurde eine seiner beliebtesten schematischen Darstellungen, die er immer und immer wieder zeichnete und in viele seiner Kunstwerke einarbeitete. Der Effekt des Sonnenverlaufs kommt in der Kirche von La Tourette am besten zur Geltung. Hier wirft die Sonne eine scharf gezeichnete Linie in den schlichten Raum, die sich im Tagesverlauf mit dem Lauf der Sonne bewegt. Er begann, das bläuliche Licht der Morgendämmerung und das rötliche Licht kurz vor Sonnenuntergang, das blasse nördliche Licht und das lebendige, sich bewegende Licht, das von Süden hereinkommt, bewusst als Gestaltungselement zu nutzen – nicht nur um ein Spiel mit Licht und Schatten auf Gegenständen zu erzeugen, sondern auch um den Raum atmosphärisch mit Licht aufzuladen.

Schreiben Komponisten manchmal Stücke, die alle verschiedenen Qualitäten eines Instruments untersuchen, so ist die Kapelle Notre Dame du Haut in Ronchamp ein Werk, das alles offenbart, was in der Architektur mit Tageslicht

15 Siehe Lootsma, Bart. „Le Corbusier: Synthèse des arts. Kunst unter den Flügeln der Architektur", txt.architekturtheorie.eu. 22. November, 2009. http://txt.architekturtheorie.eu/?p=1376.

16 Le Corbusier. Vers une Architecture (Towards a new architecture). Paris: Les Éditions G. Crès, 1923.

machbar ist. Um in vollem Umfang zu begreifen, was Le Corbusier hier gelang, muss man sich für den Besuch einen ganzen Tag lang Zeit lassen – vom ersten Morgengrauen bis zur Dunkelheit. Die Skulptur von Notre Dame du Haut, die der Kapelle ihren Namen und ihre Bedeutung gab, wurde in das einzige Fenster auf der Ostseite gesetzt. Zwei Kapellen dienen dem Morgen- und Abendgebet. Die eine nimmt nur das bläuliche Morgenlicht auf, das auf grauen Beton fällt, die andere fängt nur das warme Licht der untergehenden Sonne ein, das verstärkt wird durch die rote Innenausmalung. Noch spektakulärer ist die Südseite der Kapelle mit der unmittelbaren Gegenüberstellung von bloß indirektem, unveränderbar kaltem Licht von Norden und einer dicken Mauer, die belebt wird durch das sich ständig verändernde Licht von Süden, das durch eine Vielzahl unterschiedlich großer Buntglasfenster in die Mauernischen fällt. Schlitze rund um die große Drehtür lassen immer wieder Sonnenstrahlen ungefiltert in den Innenraum der Kapelle fallen.

Die reiche, fantasievolle und tiefgreifende Verwendung von Licht in der Kapelle von Ronchamp war ausschlaggebend dafür, dass Louis Kalff – selbst ein legendärer Lichtarchitekt und in den 1950er Jahren künstlerischer Leiter bei Philips – Le Corbusier einlud, für die Expo 1958 in Brüssel den Philips-Pavillon zu gestalten. Die Idee dahinter war, dass Le Corbusier in einem von Gerrit Rietveld errichteten Pavillon ein Schauspiel inszenieren sollte. Da Philips fürchtete, Wettbewerber könnten Farbfernsehen und andere Innovationen präsentieren, beschloss man, sich nur auf Produkte aus dem Bereich der Beleuchtung zu konzentrieren. Le Corbusier nahm das Angebot an, doch vermochte das Konzept ihn nicht völlig zu überzeugen. Er gab Kalff zu verstehen, dass er den Auftrag als „reine Innenausstattungsaufgabe"[17] ansah. „Dafür benötige ich eine Bezahlung – und nicht für das Gebäude, das sehr wenig Geld kosten und eher eine Hohlstruktur aus Gussbeton sein soll und keinerlei ‚architektonische' Strahlkraft besitzt, wie man so sagt."[18]

Dieses <u>Poème Électronique</u>, ein Gesamtkunstwerk aus Architektur, Musik, Bild und Licht, das Le Corbusier in Zusammenarbeit mit dem Avantgarde-Komponisten und Pionier im Bereich der elektronischen Musik Edgard Varese entwickelte, wurde eine der ersten computerbasierten Multimedia-Installationen. Dafür wurden nicht nur nahezu alle verfügbaren Beleuchtungsprodukte von Philips verwendet – von simplen Glühbirnen, ultraviolettem Licht und fluoreszierendem Licht bis zu Bühnenscheinwerfern und

17 Siehe Lootsma, Bart. „Entirely an Interior Job, The Philips Pavilion by Le Corbusier, Varèse and Xenakis". *Rassegna*, Nr. 81 (Dezember 2005).
18 Idem.

Projektoren –, sondern auch das Philips Studio für elektronische Musik. Zudem kam ein früher Computer zum Einsatz, der die stummen Telefonzentralen verwendete, die Philips entwickelt hatte. Der Computer wurde benötigt, um die Vielzahl der verschiedenen Lichtquellen zu steuern und mit dem Film, den begleitenden Filmprojektionen und dem Ton, der über 480 Lautsprecher wanderte, zu synchronisieren. Le Corbusier konzentrierte sich völlig auf die Bild- und Lichtprojektionen des Arrangements und machte es zu einer Mischung aus architektonischem Polychromatismus und bewegtem „mur à photomontages", komplett erschaffen mit künstlicher Beleuchtung und Projektionen, deren Ursprung den Besuchern verborgen blieb. Für diese „Raumwirkungen" schrieb Le Corbusier eine präzise „minutage", die alle Effekte beinhaltete, welche den gezeigten Projektionen unterlegt wurden. Diese Effekte sollten das Publikum in farbiges Licht tauchen. Sie waren jedoch nicht völlig abstrakt – viele davon simulierten atmosphärische Lichtverhältnisse; so begann das Poème Électronique, das die Geschichte der Menschheit erzählte, etwa mit Farbbändern, die die Morgenröte simulierten. Wie sehr die ursprüngliche Idee zum Philips Pavillon Ronchamp nahestand, offenbaren die Glasplatten, die Le Corbusier für die Projektoren bemalen ließ. Sie waren in derselben Technik bemalt wie die Buntglasfenster in der Südwand von Ronchamp. Letztendlich wurden sie aber nicht verwendet, da die zarten Farben in dem starken Licht der Projektoren nicht zur Geltung gekommen wären.

Le Corbusier verhielt sich Philips gegenüber, als interessiere er sich ganz und gar nicht für das äußere Erscheinungsbild des Pavillons mit seiner revolutionären Architektur, dessen Bau er weitestgehend seinem Mitarbeiter, dem Ingenieur und Komponisten Iannis Xenakis überließ. Für Le Corbusier war der Pavillon primär als inneres Erlebnis angelegt, in das die Besucher völlig eintauchen und dabei die formalen Aspekte der Architektur vergessen sollten. „Es soll so aussehen, als trete man in ein Schlachthaus. Dann, war man einmal drinnen, bang, ein Schlag auf dem Kopf und man ist weg."[19]

Le Corbusier zeigte sich überzeugt, dass die hier eingesetzten künstlerischen Mittel viel machtvollere Räume erschaffen konnten als die Architektur. Er plädierte für die Entwicklung von jeux électroniques – Klanginstallationen, die in Bauwerken angebracht werden konnten. Für das Carpenter Center in Boston wurde beispielsweise eine Installation entwickelt, die den Besucher akustisch auf dem Weg durch das Gebäude begleitete.

19 Bibeb. „Interview met Gerrit Rietveld".
Vrij Nederland, 19. April, 1958.

Weitaus tiefgreifender aber als die Diskussionen um die Dekonstruktion der Wände durch die Malerei sind die Veränderungen, die die Medienfassaden mit sich brachten. Wenn ein Bild eine Mauer zum Explodieren bringen kann, so gehen wir mit solchen neuen Medien sprichwörtlich „durch die Decke". Ein gutes Beispiel dafür ist das bespielbare Dach, das Jon Jerde in den 1990er Jahren über der Fremont Street in Las Vegas errichtete. Es dient als Projektionsfläche für Videos. Viele der speziell dafür angefertigten Videos verwenden tatsächlich Explosionseffekte, um uns eintauchen zu lassen in einen scheinbar völlig anderen Raum, in dem die Besucher auch wortwörtlich „durchs Dach gehen". Als die Expo in Brüssel vorbei war, musste der Philips-Pavillon in die Luft gesprengt werden, da er aus vorgespanntem Beton bestand. Sein Ende war symbolisch aufgeladen, da das Poème Électronique zur Mitte hin einen Höhepunkt in Form von nuklearen Explosionen erfuhr und mit einem hohen Pfeifton endete – was auf ein so dramatisches Ende voraus-zudeuten schien.

Total Immersion

Mit seinem holistischen Bestreben war der Philips-Pavillon eine frühe Ausformulierung der Idee völliger Versenkung, die bald zum ultimativen Traum der Medienindustrie werden sollte. Wie Michael Heim sagte, ist Immersion eine „Schlüsseleigenschaft von Systemen der virtuellen Realität. Die virtuelle Umgebung überschwemmt den User mit Bildern und Klängen und taktilen Erlebnissen, die für diese Umgebung spezifisch sind. Immersion schafft den Eindruck, sich in einer virtuellen Welt zu befinden; er geht über Input und Output hinaus. Immersion hat ganz klar psychologische Bestandteile, bezieht aber einen sinnlichen Beitrag in einer Weise mit ein, die die simple Vorstellungskraft übertrifft."[20] Über einfache Bilder und Klänge hinaus ist Interaktion ein entscheidender Aspekt von Immersion. „Wie Gegenwart und Immersion ineinanderfließen, bleibt in der Forschung zu virtuellen Realitäten eine offene Frage."[21] In großen Science-Fiction-Blockbustern wie Total Recall, The Game und Vanilla Sky wird das komplette Eintauchen in eine virtuelle Realität zu Unterhaltungszwecken angesprochen, aber ohne Verschmelzung und mögliche Auswirkungen wie Entfremdung.

Man könnte sogar argumentieren, dass völlige Versenkung der geheime Wunsch unserer gesamten Kultur ist. Architektur spielte in diesem Verlangen immer eine Rolle – nicht nur um „wohltemperierte Umgebungen" zu erzeugen, wie Reyner Banham sie nennt, sondern auch bei dem

20 Heim, Michael. *Virtual Realism.* New York; Oxford: Oxford University Press, 1998.
21 Idem.

22 Banham, Reyner. *The Architecture of the Well-tempered Environment.* Chicago: University of Chicago, 1969.

23 Lally, Sean und Jessica Young (Hrsg.). *Softspace.* London; New York: Routledge, 2007.

Versuch, besondere Umgebungen zu erschaffen, die weit über bloße Klimatisierung und funktionale Beleuchtung hinausgehen. Sie sollen mittels Gerüchen und Klängen alle unsere Sinne manipulieren.[22] In dem Buch Softspace erkunden die Herausgeber Sean Lally und Jessica Young, wie diese „einst flüchtigen Raumaufmachungen jetzt vollkommen neue Möglichkeiten für unser Verständnis, unsere Gestaltung und Erfahrung von und mit Architektur eröffnen", dank neu verfügbarer digitaler Hilfsmittel. Dies würde in der Architektur eine Verschiebung ermöglichen „von der Repräsentation von Form zu einer Simulation von Raum".[23]

Totale Versenkung in eine virtuelle Realität wurde bisher nicht wirklich erreicht. 3-D-Simulationen, Helme, Goggles, Handschuhe, Interaktivität und eine CAVE (Cave Automatic Virtual Environment) mögen die Integration unterstützen, letztlich ist es aber die Größe der Projektion im Verhältnis zum Raum, die uns glauben macht, wir seien Teil des Ereignisses. Wir kennen alle den Unterschied, wenn wir einen Film am heimischen Fernseher sehen, auf der Kinoleinwand oder in einem IMAX-Kino, in welchem der Besucher dem völligen Eintauchen doch bereits recht nahe kommt. Großbildschirme im Maßstab von Gebäuden könnten bei der virtuellen Manipulation von Raum also zukünftig eine bedeutende Rolle spielen.

Hybridisierung

Das Interesse daran, immer größere Bildschirme in die Städte zu bringen, scheint aus der Medien- und Werbeindustrie zu kommen. Das Unternehmen Disney ist vielleicht das beste Beispiel dafür: Die Firma war die treibende Kraft hinter der Erneuerung und Wiederbelebung des Times Square in New York. Disney hat dort sowohl einen Merchandising-Shop als auch mehrere Musical-Häuser, ein Themenrestaurant und das ABC-Fernsehstudio und zeigt auf einem Bildschirm am Times Square sein Fernsehprogramm. Ein Studio mit Glaswänden ermöglicht es, die Guten-Morgen-Amerika-Show so aufzuzeichnen, dass im Hintergrund die eigenen Multimediafassaden sichtbar sind. Reale, medialisierte und imaginäre Welt treffen sich hier dergestalt, dass die virtuelle Welt Teil der Realität und als solche wieder ausgestrahlt wird. Nicht einmal Dan Graham hätte sich so komplexe und ambivalente Beziehungen zwischen Zuschauer und Spektakel vorstellen können, als er ein Projekt für ein Kino präsentierte, dessen Projektionswand aus beidseitig verspiegeltem Glas sein sollte. Im Vergleich zu dem, was an Projekten heute umgesetzt wird,

24 De Jong, Alex und Marc Schuilenburg. *Mediapolis: Popular Culture and the City.* Rotterdam: 010 Publishers, 2006.

25 Rheingold, Howard. *Smart Mobs: The next Social Revolution.* Cambridge, MA: Perseus, 2003.

erscheint dieses Kunstprojekt, das eine Kritik an der modernen Architektur sein sollte, wenig spektakulär. Michael Sorkin mag die Stadt als eine Aneinanderreihung von Variationen verschiedener Themenparks verstanden haben, aber er konnte nicht ahnen, dass dieser ungeheuerliche „Dark Ride" selbst zur Realität würde. Die Unterhaltungs-industrie macht heute wie nie zuvor die Stadt „zu einer eigenen Bastardumgebung, wo alles beständig verändert und medialisiert wird. Die physische Umgebung ist ein hybrider Ort, wo sich verschiedene Räumlichkeiten miteinander vermischen. Kurz gesagt, die Stadt selbst wurde zum hypnotisierenden Massenmedium", schreiben Alex de Jong und Mare Schuilenburg in Mediapolis.[24]

Hybridisierung ist sicherlich das wichtigste Charakteristikum der gegenwärtigen Medialisierungsbewegung von Architektur und der Urbanisierung der Medien. Ihre Konsequenzen sind kaum zu überschätzen, denn sie werden sich nicht auf bloß ästhetische Auswirkungen beschränken. Es werden neue Formen sozialer und räumlicher Organisation und neue Arten kollektiver Kreativität entstehen, die sowohl unser Leben als auch die Architektur tiefgreifend verändern werden. Howard Rheingolds Buch Smart Mobs vermittelt eine vage Vorstellung davon.[25]

Das Gebäude als Studio

Im Prozess der Hybridisierung von Gebäuden sind Medien-screens nur eine Seite der Medaille. Die andere Seite sind Gebäude – insbesondere große Komplexe wie Shoppingmalls, Sportanlagen oder sogenannte „Television Churches", die sich zunehmend abkapseln. Im Inneren bieten sie sorgfältig orchestrierte und regelmäßig wechselnde Spektakel in völlig künstlichen Umgebungen an, welche gefilmt und anschließend ausgestrahlt werden. Die Gebäude werden zu Fernseh-studios, deren Existenzgrundlage das Fernsehen und andere interaktivere, auf dem Internet basierende Medien bilden. Doch sind sie nicht nur Studios: Ihre Medienpräsenz zieht Menschen an, die wiederum das reale Erlebnis suchen. So sind diese Gebäude zu so spektakulärer Größe angewachsen, dass der Event selbst nur mehr auf großen Monitoren verfolgt werden kann. Das Geschehen wird vergrößert, wichtige Momente in Zeitlupe abgespielt und in den Pausen das Publikum gefilmt.

Der Astrodome in Houston, 1965 erbaut, war womöglich der Urtyp solcher Gebäude, errichtet als multifunktionale Sportstätte, wo verschiedene Veranstaltungen in schneller

26 Koolhaas, Rem. „The Generic City." In S, M, L, XL, by Rem Koolhaas and Bruce Mau, edited by Jennifer Sigler. Rotterdam: 010 Publishers, 1995.

Abfolge durchgeführt werden konnten – von American Football über Baseball und Popkonzerten bis zum jährlichen Rodeo und den Monster-Truck-Rennen. Der berühmte Astroturf machte Grasrasen überflüssig. Die Finanzierung europäischer Fußballstadien wiederum ist seit den 1990er Jahren ohne ein solches Konzept undenkbar. Da man bis dahin für Fußball vorwiegend Naturrasen verwendete, waren verschiedenste Konzepte entwickelt worden, um das Spielfeld aus dem Gebäude herauszulösen. In der Gelsenkirchener Arena auf Schalke in Deutschland werden nicht nur Fußballspiele, sondern auch Opern, Skiver-anstaltungen, Popkonzerte, Windsurfing und Motocross-Events durchgeführt.

Aus architektonischer Sicht ist die ästhetische Erfahrung solcher Gebäude und Gebäudekomplexe eher bescheiden. Im Grunde genommen handelt es sich um riesige Hallen, die perfekt auf unterschiedliche Veranstaltungsformate reagieren können und sorgfältig mit leistungsstarken Strahlern ausgeleuchtet sind. Beeinflusst durch neue Technologien, besonders LED, werden diese Strahler immer kleiner und produzieren weniger Hitze. ‚Generic City ist wie ein Hollywoodstudiogelände. Jeden Montagmorgen wird eine neue Identität erschaffen.'[26] Die Veranstaltungen gelangen in Form bewegter Bilder über immer noch größer werdende Flachbildschirme oder mittels Beamerprojektion in die privaten Wohnzimmer und dominieren den Raum mehr und mehr, bis sie schließlich zur raumfüllenden bewegten Tapete werden.

Glück und Architektur

Wir befinden uns in einem langweiligen Raum, in einem langweiligen Gebäude, in langweiliger Umgebung, machen langweilige Dinge und träumen von einer anderen Welt: glanzvoller, draußen, vorzugsweise in der Natur. Architektur kann die Vertreibung aus dem Paradies nicht kompensieren, aber ein Trugbild spendet wenigstens Trost.

Für das Cover eines Buches mit dem Titel The Architecture of Happiness: The Secret Art of Furnishing Your Life hätte das Bild nicht besser gewählt sein können. Zu sehen ist eine Frau mit langem blondem Haar, die in einem geblümten Armsessel sitzt. Mit dem Rücken zum sonst leeren Raum ignoriert sie die Aussicht aus dem Fenster und ist stattdessen völlig versunken in eine Alpenlandschaft mit Bergen, Wiesen, Wäldern, einem See und Blumen auf einer Fototapete. Der Autor Alain de Botton beabsichtigte jedoch

27 De Botton, Alain. *The Architecture of Happiness: The Secret Art of Furnishing Your Life.* London: Penguin Books, 2006.

etwas ganz anderes. Liebevoll berührt die Frau die Wand, als wolle sie die Wassertemperatur des Sees testen, bevor sie hineinsteigt; vielleicht zeigen ihre Füße zum Gipfel des Berges, zu dem sie gern fliegen würde. Entgegen de Bottons Rat vergisst sie ihr Zuhause komplett. Dieses Bild und die Empfehlung vom Independent, die darauf abgedruckt ist – dass das Buch „einnehmend und intelligent [ist] ... voll von brillanten Ideen, die voller Freude und wunderschön formuliert werden" –, sagen womöglich mehr aus über die geheimen Wünsche unserer Gesellschaft als de Bottons (verständnisvoller) leicht therapeutischer Moralismus.[27]

Aber Immersion muss nicht zwangsläufig nur mit positivem Denken und Entspannung zu tun haben. Microsoft ließ bereits die Immersive Display Experience patentieren, bei dem alle Zimmerwände bedeckt und neue Spielerfahrungen geboten werden – etwa Situationen, in denen man sich „vielleicht umdreht und einen Feind bemerkt, der sich von hinten anschleicht", während man ein Spiel spielt. Die Essenz dieser Entwicklung ist, dass alle möglichen Technologien – insbesondere diejenigen, die Licht verwenden – simulierte Umgebungen erzeugen, die völlig unterschiedlich sein können vom tatsächlichen Raum, in dem sie erschaffen werden, oder dem Gegenstand, auf den sie projiziert werden.

Decorated Ducks

Die Arbeit des österreichischen Architektenkollektivs Splitterwerk ist ein Nachdenken über die Immersion in künstliche Paradiese. Sie tun dies in Form von Camouflage – Gebäude, die mit ihrer Umgebung verschmelzen – oder in Form sorgfältig gestalteter Wandtapeten, die einen Raum von Wand zu Wand und vom Boden bis zur Decke perfekt auskleiden und mit hypnotisierenden, sich gegenseitig überlagernden Mustern die Grenzen des Raums zum Verschwimmen bringen. Texture Mapping und Pixelation sind zwei Methoden, mit denen diese Mischung aus Camouflage und hypnotisierenden Mustern hergestellt wird.

Splitterwerk arbeitet (noch) nicht mit Medienfassaden, sondern „nur" mit statischen Bildern. Doch verweist ihre Arbeit auf die Auswirkungen, die solche Medienfassaden auf die Architektur haben. Es besteht im Grunde kaum mehr eine Beziehung zwischen der äußeren Erscheinungsform und der Atmosphäre eines Gebäudes, zwischen dem Gebäude selbst, von dem wir klassischerweise eine in sich geschlossene Erfahrung erwarten, und der Funktion oder dem Programm des Gebäudes und seinem inneren und äußeren

Erscheinungsbild. Abgesehen von der Gebäudestruktur kann sich all das jederzeit ändern. Architektur ist nicht länger entweder „a decorated shed" oder „a duck" noch muss sie ihre Monumentalität betonen, wie Robert Venturi und Denise Scott Brown in ihrem Buch Learning from Las Vegas einst argumentierten. Architektur kann, so Splitterwerk, wenn sie denn möchte, zu einem *riesigen dekorierten Baumfrosch* werden, einem Broccoli oder einer Erdbeere oder zu einer Essiggurke. Im Grunde ist dies keine neue Idee: Sie geht mindestens auf Hans Hollein zu Beginn der 1960er Jahre zurück, als Fotomontagen riesiger Eisenbahnwagen, Autos oder gar Flugzeugträger mitten in Landschaften auftauchten, an Orten, wo sie normalerweise nicht hingehören. Hollein beschäftigte sich nicht mit einer über die des Kultraums hinausgehenden Funktion dieser „Bauten".

Das Kunsthaus in Graz von Peter Cook ist ein visionärer Bau, dessen eigenartige Form komplett von einer von Realities United gestalteten Medienfassade ummantelt ist. Nicht aufgrund der Realisierung von Archigram-Ideen aus den 1960er Jahren ist dieses visionär, sondern wegen der oben beschriebenen Diskrepanz zwischen Form und sich ständig veränderndem Programm, zwischen Form und umgebender Stadt, zwischen Programm und äußerer Hülle, die dank Realities United auf verschiedenste Arten programmiert werden kann. Das Kunsthaus in Graz ist kein Baumfrosch, kein Brokkoli und auch keine Gurke, sondern wird von seinen Schöpfern als *friendly alien* bezeichnet. Die sogenannte augmented reality wird uns in einem nächsten Schritt mithilfe von Brillen ermöglichen, ausgewählte Informationen auf unsere Umgebung zu projizieren und diese zunehmend zu personalisieren.

Tiefe Träume

Wenn Form und Inhalt der Architektur fast beliebig werden, dann stellt sich die Frage nach den Inhalten, welche die neuen Medienfassaden transportieren, mit neuer Dringlichkeit. Welche Tiefe und welche Träume, die über einfache Botschaften, Werbung, Nachrichten und den Börsenkurs hinausgehen, können Medienfassaden unseren Gebäuden und unseren Städten geben? In den letzten Jahren sind Medienfassaden dank LED-Technologien erheblich günstiger geworden. Nicht nur die Kosten für die Leuchtmittel selbst und ihre Anbringung, sondern auch der Energieverbrauch konnte im Vergleich zu der in John Jerdes Freemont Street verwendeten Technologie erheblich reduziert werden. LEDS sind leicht, benötigen nur dünne Zuleitungen und können relativ einfach an bestehenden Gebäuden befestigt werden. Platziert man verschiedenfarbige Leuchtmittel in kleinen Gruppen, können diese Fassaden wie gigantische Fernseh- oder Computerbildschirme programmiert und bespielt werden.

Medienfassaden bieten ein ungleich immersiveres Erlebnis als Wandmalereien und Fototapeten. Zum einen aufgrund ihrer Größe und der flimmernden Lichter, zum anderen da sie ein Bewegungsmoment und unmittelbare oder auch zeitverzögerte Interaktivität mit den Betrachtern ein- führen. Während das bewegte Bild die Aufmerksamkeit der Betrachter auf sich lenkt und wach hält – im Prozess der Immersion eine nicht zu vernachlässigende Eigenschaft –, ermöglicht Interaktivität sich selbst einzubringen und den Standpunkt des rein konsumierenden Betrachtens zu verlassen.

Die Möglichkeit, von einem interessanten Projekt, das ein mysteriöses Eigenleben zu führen scheint, in den Bann gezogen zu werden, bleibt daneben natürlich bestehen. Und auch die insgeheime Überzeugung, dass große Medien- installationen höhere Wahrheiten zu vermitteln scheinen. Das wird bereits in Hollywood-Blockbustern wie Poltergeist vorweggenommen, wenn der Geist zunächst über den Fernseher mit dem kleinen Mädchen Kontakt aufnimmt, oder in L.A. Story, wenn Steve Martin von einer Werbetafel am Highway Ratschläge erteilt bekommt.

Toyo Itos Tower of Winds, der Lichtschacht einer unterirdischen Shoppingmall in Yokohama, wurden ähnliche Eigenschaften zugeschrieben. Sensoren messen Wind- geschwindigkeit, Licht und Geräusche und übersetzen diese Impulse in Licht: Der filigrane Bau ist mit tausenden kleinen Glühbirnen ausgestattet, die gemäß den Messdaten sich ständig verändernde Muster bilden. Sie scheinen der momentanen Stimmung des Towers Ausdruck zu verleihen. Pierre Huyghes Animationsfilm Les Grands Ensembles (1994/2001) über zwei alltägliche kleine Apartment- hochhäuser aus den 1960ern oder 70ern deutet ebenfalls an, dass diese vielleicht ein Eigenleben führen – auch wenn es vielleicht von den Bewohnern nicht bemerkt wird. Indes wirkt die Art und Weise, wie ihre Leben in diesen Hochhäusern aufeinander treffen, plötzlich orchestriert. Huyghes Video beginnt mit einer Alltagssituation. Menschen stehen auf, machen das Licht an, duschen und frühstücken oder gehen zu Bett, putzen ihre Zähne und schalten das Licht aus. Die Dunkelheit und der Schnee draußen verstärken das Gefühl der Entfremdung, aber dann plötzlich erscheint eine neue Form der Kommunikation auf einem anderen Level und produziert schlussendlich sogar elektronische Tanzmusik. Jorge Luis Borges hat einmal ein Essay über die Euphorie geschrieben die entsteht wenn man eine vergessene Sprache erlernt indem man sie laut spricht. Hier ist nun die Andeutung dass wir beim Lernen einer neuen Sprache gleichermaßen euphorisch werden könnten – oder wenigstens davon träumen.

Interessant an den Projekten für Medienfassaden von Realities United, wie jener für das Kunsthaus Graz und jene neueren Datums für ein Gebäude am Potsdamer Platz in Berlin, ist, dass sie zeigen dass eine niedrige Auflösung ihrer Fassaden, die offen die Technologie dahinter zur Schau stellen, mühelos diese Art kommerziellen Interesses ausschließt und Künstlern das Spielfeld eröffnet die Fassade zu programmieren. Nichtsdestotrotz sind die Investitionen für solch eine Fassade groß, die Künstler ausgewählt, sie sind die alleinigen Ersteller und das Format ist festgelegt. Dies erschöpft nicht wirklich die Möglichkeiten eine immersive Erfahrung anzubieten – aber vielleicht ist genau das der kritische Standpunkt der Projekte.

Immersion und Kritik

Kritische Ansätze zur Integration von Medien in Architektur und Stadt kommen zum Beispiel von den Künstlern des Graffiti Research Lab. Sie analysieren das Verhältnis zwischen der dominanten kommerziellen Nutzung von Screens und Medienfassaden in der Stadt und Graffiti, die für gewöhnlich als illegal gelten und dementsprechend abgewertet werden. In Light Criticism drehte Graffiti Research Lab den Spieß um und hängte Plakate mit kritischen Texten vor die Monitore an den Subway-Eingängen in Manhattan. Auch machten sich die Künstler die Technologie zur Herstellung von Medienfassaden zunutze und entwickelten spezielle Low-Tech-LEDs mit winzigen Batterien und integrierten Magneten – die sogenannten light throwies. Diese können gegen jede beliebige Oberfläche aus Metall geworfen werden und erzeugen in der Stadt einen ähnlichen Lichteffekt wie Leuchtplankton im Meer. In anderen Fällen nehmen sie einfach einen Beamer und projizieren Bilder auf Gebäude. Regelmäßig involvieren sie ihr Publikum in die Produktion von Bildern und erschaffen somit eine Art grundlegende Identifizierung damit, und demnach Immersion als eine Art aufbauende Prozedur im Gegensatz zu den meisten kommerziellen Medien.

Blinkenlights ist der Name einer Reihe improvisierter Medienfassaden, gestaltet und realisiert von dem Hackerkollektiv Chaos Computer Club. Sie stehen irgendwo zwischen der technologischen Raffinesse und künstlerischen Feinfühligkeit von Realities United und dem anarchistischen Interaktivismus des Graffiti Research Lab. Das erste Blinkenlight wurde in Berlin am 11. September 2001 verwirklicht, das zweite 2002 an der Bibliothèque de France. Beide verwenden Low-Tech-Lichter hinter der Glasfassade des jeweiligen Gebäudes. Ihre Größe und Auflösung stellen die Lesbarkeit aus großer Entfernung sicher. Die Bilder und Animationen kann jeder mittels Mobiltelefon programmieren.

NOX' D-Tower vereint eine ausgeklügelte architektonische Form mit einer sorgfältig durchkomponierten und klar begrenzten interaktiven Teilnahme der Bevölkerung. Der Künstler Q.S. Serafijn hat eine Website gestaltet, auf der ein bestimmter Teil der Bevölkerung der Gemeinde Doetinchem einen Fragebogen beantworten kann. Die Resultate der Befragung kann man zu Hause am Computer oder am Tower selbst studieren, denn der Tower verändert seine Farbe in Übereinstimmung mit der kollektiven Gemütslage der Bevölkerung.

Dies sind zweifellos alles aufregende neue Entwicklungen, doch erlauben bis heute weder diese architektonischen oder künstlerischen Installationen noch die hochauflösenden Screens für Werbezwecke das totale Eintauchen in eine andere Welt, wie es beispielsweise bei einem guten Film geschieht – mit Ausnahme vielleicht des Beispiels von Jon Jerde in Freemont Street. Die meisten Architekten – Künstler sogar noch mehr – scheinen geflissentlich Abstand zu halten zur totalen Immersion. Es mögen manchmal fehlende Mittel der Grund dafür sein, aber ebenso häufig der Wunsch, eine kritische Distanz zu diesem Phänomen wahren zu wollen. Sie vereinnahmen ihr Publikum auf soziale und kreative Weise bis zu einem gewissen Grad, wenn sie einladen, mit Mobiltelefonen oder übers Internet Projektionen zu programmieren. Was aber die ästhetische Immersion betrifft, scheinen sie ebenso wie die Macher von The Game, Total Recall und Vanilla Sky zu befürchten, dass dieser Mechanismus, der uns das Eintauchen in eine ästhetische Erfahrung erlaubt, während wir uns doch zugleich bewusst sind, dass wir uns in einem realen Raum befinden, womöglich aufgehoben werden könnte – vielleicht sogar auf unbestimmte Zeit. Die Frage nach der Immersion ist immer auch eine Frage nach der Macht und den Interessen, die dahinter stehen.

Zwei Perspektiven

Zu guter Letzt sollen zwei Perspektiven vorgestellt werden, wie Medienfassaden in naher Zukunft aussehen könnten – die eine ist eher pessimistisch, die andere eher optimistisch, doch beide verweisen sie auf die möglichen Konsequenzen, welche die Ausdehnung des öffentlichen Raums auf die elektronischen Netzwerke haben kann.

Die Anfangsszene des Films Children of Men von Alfonso Cuarón aus dem Jahr 2006 zeigt Menschen in einem Londoner Coffee Shop, die auf einen Fernsehbildschirm blicken, auf dem die neuesten Nachrichten gesendet werden. Der Film spielt im Jahr 2027, in einer Welt, in der keine Kinder mehr auf die Welt kommen. Die Einwohner Londons scheinen sich mehr für den Medienhype auf dem Bildschirm zu interessieren als für das Geschehen draußen auf der Straße. Selbst die fassadenfüllenden Bildschirme auf den Häusern bleiben im Hintergrund; sie zeigen wie ein unterbewusstes Schuldgefühl Erinnerungen an Kinder. Dann explodiert eine Bombe. In den Folgeszenen erfahren wir, dass die Fernsehnachrichten ein gewichtigerer Grund sind, sich einen Tag freizunehmen, als die Explosion tatsächlich aus nächster Nähe miterlebt zu haben. Denn die Nachrichten berichten über den Tod des jüngsten lebenden Menschen. Dies ist eine klassische Kritik am Fernsehspektakel, das uns vom unmittelbaren Erleben und auch vom Leben selbst entfremdet.

Der Coca-Cola-Werbeclip Cokreation von 2007 ist deutlich optimistischer und zeigt Aspekte der Hybridisierung von Architektur, Raumplanung, Medien und Mediennetzwerken, die eher einen Bezug zur digitalen und vernetzten Qualität der neuen Medienfassaden aufweisen: Ein Mann läuft an einem Schaufenster mit Fernsehern und Videokameras vorbei und entdeckt, dass er gefilmt wird. Als Reaktion darauf beginnt er, den Song Lola von den Kinks zum Besten zu geben, und betrachtet sich dabei selbst auf den Bildschirmen. Der offensichtlich amüsierte Verkäufer stellt das Video ins Internet, wo es die Aufmerksamkeit von Musikern aus aller Welt erregt und zu einer spontanen globalen Jamsession inspiriert. Am Ende des Videos geht unser Protagonist um die nächste Ecke und entdeckt sich selbst, wie er auf einem gigantischen Bildschirm mit musikalischer Untermalung Lola performt, bejubelt von den Zuschauern. Hier sind Fernsehen und Medienscreens nicht nur flache, eindimensionale Räume mit autoritärem, von nur einer Seite gesendetem Inhalt, sondern bieten interaktiven Zugang

28 Brian Eno, wie zitiert von De Jong und Schuilenburg, siehe Anm. 24.

zu einer anderen Welt. Architektonische und öffentliche Stadträume sind plötzlich durch einen erweiterten, digital vernetzten Raum miteinander verbunden. Eine Community, die sich spontan zusammengefunden hat, entwickelt hier in diesem Netzwerk gemeinsam eine Idee, die letztlich auf einem großen Multimedia-Screen in der Stadt gezeigt wird. Diese Hybridisierung schafft neue Formen von Kreativität, bei der – um es mit den Worten Brian Enos zu sagen – der kreative Genius der Vergangenheit ersetzt wird durch einen kreativen „scenius", eine kreative Menge, die in unvorhersehbarer rhizomatischer Weise zusammenarbeitet.[28]

AUF DEM WEG ZU EINER NEUEN TEKTONIK

Auf dem Weg zu einer neuen Tektonik

1   Himmelblau, Coop. „Architektur Muß Brennen/ Architecture Must Blaze". In Architektur ist Jetzt: Projekte, (Un)bauten, Aktionen, Statements, Zeichn., Texte, 1968–1983. Stuttgart: Gerd Hatje, 1983.

2   Siehe auch Scheerbart, Paul. Glasarchitektur. Berlin, 1914. München: K.G. Renner, 1986.

3   Hollein, Hans. „Alles ist Architektur". Bau, Nr. 1/2, 1968.

Nur zögernd wird eine Tendenz wahrgenommen, mithilfe von Elektronik und Multimedia alle Sinne des Benutzers anzusprechen. Seltsam genug kennt die Architekturgeschichte nur zwei realisierte Projekte, bei denen sich die Architekten ausdrücklich dieser Techniken bedient haben: den Philips Pavillon von Le Corbusier, Xenakis und Varèse und den H2O-Pavillon von NOX und Kas Oosterhuis. Der Vergleich der beiden lehrt, dass wir uns auf ein interaktives Verhältnis zwischen Technik und Publikum zu bewegen.

Man stelle sich eine Architektur vor, die alle Sinne anspricht, eine Architektur, die „mehr hat, Architektur, die blutet, die erschöpft, die sich dreht und meinetwegen bricht, Architektur, die leuchtet, die sticht, die fetzt und unter Dehnung reißt", eine Architektur, die „schluchtig, feurig, glatt, hart, eckig, brutal, rund, zärtlich, farbig, obszön, geil, träumend, vernähend, verfemend, naß, trocken und herzschlagend ist"[1]; eine Architektur, die sowohl physisch auf uns einwirkt, uns in sich aufnimmt, uns mit ihr verschmelzen lässt und obendrein die ultimative Halluzination ist. Das Verlangen nach einer solchen Architektur ist vielleicht genauso alt wie die Architektur selbst, aber vor allem in unserem Jahrhundert scheint dieses Verlangen immer stärker geworden zu sein, und mit der Erweiterung der technischen Möglichkeiten scheint die Erfüllung immer näher gerückt. Denken wir an die Expressionisten, die mittels ausgiebigen Gebrauchs von farbigem Glas das Licht der Sonne, der Sterne und des Mondes bis ins tiefste Innere der Architektur dringen lassen wollten.[2] Denken wir an Theo van Doesburgs Aubette, dessen farbige Wände, Filmproduktionen und Tanzmusik eine neue, künstliche Atmosphäre schufen. Denken wir auch an die Experimente so unterschiedlicher Talente wie Konstantin Melnikov und Samuel Roxy Rothafel, den Mann der Radio City Music Hall in New York, der in seinen Gebäuden eine beschleunigte Erfahrung von Tag und Nacht vermitteln wollte, indem er zusätzliches Ozon in die Luft blies. Es ist eine Architektur, wie sie Coop Himmelblau in den sechziger Jahren realisiert hat, mit dem Flammenflügel, mit Harter Raum und Weicher Raum sowie in einer Reihe von Helmen, Brillen, Kisten und aufblasbaren Konstruktionen. Die Sechziger waren auch die Zeit, in der Haus-Rucker-Co mit vergleichbaren Multimedia Environments experimentierte, von Experimenten, die in Hans Holleins Manifest Alles ist Architektur und in seiner vorläufig alles überbietenden Architekturpille kulminierten.[3]

4 Wiedergabe eines Gesprächs mit Le Corbusier von L. C. Kalff, General Art Director von Philips, vom 25. Februar, 1956.

5 Brief von Le Corbusier an Kalff, vom September 1956.

6 Siehe auch Lootsma, Bart. „Eine Ode von Philips an den Fortschritt, die Entwurfsgeschichte des Philipspavillons". Sonderausgabe, *Wonen/TABK*, 1984; Lootsma, Bart. „Le Poeme Electronique Le Corbusier Xenakis Varese". In *Le Corbusier, Aspekte des Spätwerks 1945–1965*, Andreas Vowinckel und Thomas Kesseler (Hrsg.). Karlsruhe-Berlin: Ernst, Wilhelm & Sohn, 1986.

Merkwürdig ist, dass dieses geheime Verlangen (es ist geheim, weil darauf nur heimlich eingegangen wird, für kommerzielle Zwecke, mit Shopping Malls, Themenparks und Underground-Happenings wie Techno-partys) in der Architekturgeschichte eigentlich nur zwei überzeugende Beispiele gezeitigt hat: das Poème Électronique, den Pavillon für Philips auf der Weltausstellung in Brüssel 1958, und den H2O-Pavillon, der im Auftrag des niederländischen Rijkswaterstaat auf der ehemaligen Dockhalbinsel Neeltje Jans in Seeland im vergangenen Jahr eröffnet wurde. Beides sind Gebäude, die alle Sinne ansprechen, im Fall des H2O-Pavillons bis hin zur Propriozeption. Le Corbusier sagte über seinen Pavillon, dessen Bau er vollständig seinem Mitarbeiter Iannis Xenakis überließ, er sei „ganz und gar eine Innen-Aufgabe"[4]. „Dafür fordere ich also ein Honorar und nicht für ein Gebäude, das besonders wenig Geld kosten soll und das eher eine Art hohle Struktur sein soll, aus Spritzbeton ohne jegliche *architektonische* Ausstrahlung, wie man heute sagt."[5] Aber als eigentlich schon nichts mehr zu verändern war, probierte Le Corbusier die Erscheinungsform aus in einer flotten Skizze, mit dem tunesischen Pavillon im Hintergrund, die Simulation einer traditionellen arabischen Stadt mit Kuppeln und Minaretten, gegen die der Philips-Pavillon sich wie ein Beduinenzelt abhob.[6]

Auch Lars Spuybroek von NOX, einer der beiden Architekten des H2O-Pavillons, hat es nicht gern, wenn man bei seinem Entwurf von einem Gebäude spricht. Er selbst spricht lieber von einem *aufgerollten Platz*, der weitgehend in die Landschaft integriert ist. Beide Gebäude sind ingeniöse Konstruktionen aus gekrümmten Flächen, was ein Hinweis darauf ist, dass die ultimative Architektur eigentlich nicht so sehr nur ein Interieur ist, sondern in Wahrheit eine Falte des unendlichen Raumes. Nur so kann alles mit allem verbunden werden, um in einer intensiven Erfahrung zu gipfeln, die noch am ehesten zu vergleichen wäre mit einer Reihe von Wechselbädern, wie bei einer Kneippkur oder in einem türkischen Bad. In dem H2O-Pavillon ist das beinahe buchstäblich der Fall. Das Publikum bewegt sich über schräge und unebene Böden und wird im Süßwasserteil mit echtem Wasser konfrontiert, in allen Aggregatzuständen von Eis bis Dampf. Außerdem gibt es zahlreiche interaktive

7 NOX (Lars Spuybroek). ohne titel, *Quaderns*, Nr. 218, 1998.

8 Oosterhuis, Kas. *Quaderns*, ibid.

9 Oosterhuis, Kas. Unveröffentlichter Artikel für AA Files.

10 Bibeb. „Interview met Gerrit Rietveld". Vrij Nederland, 19. April, 1958.

Computersimulationen von Wellen, Licht, Geräuschen und dergleichen mehr, in Form von Projektionen, die diese Animation noch verstärken. Wie das geschieht, macht es unmöglich zu sagen, wo das Gebäude im traditionellen Sinn aufhört und wo andere Aspekte, die das Raumerleben beeinflussen, beginnen. Alles ist untrennbar miteinander und mit dem Publikum verflochten. „Das Flüssige in der Architektur bedeutet nicht nur das Hervorbringen der Geometrie des Fließenden und des Turbulenten, es bedeutet auch die Auflösung alles Festen und Kristallinen", schreibt Spuybroek. „Das fließende Verschmelzen von Handlung und Form, das man ‚Interaktion' nennt, weil der Ort der Aktion zwischen Objekt und Subjekt liegt, geht aus von der orthogonalen Basis der Wahrnehmung mit der Horizontalität des Bodens und der Vertikalität des Fensters. Durch die Verschmelzung von Boden und Wand, durch Verschmelzen von Boden und Bildschirm, Oberfläche und Interface geben wir das mechanistische Bild des Körpers auf für eine plastischere, flüssigere und haptischere Version, in der Aktion und Vision synthetisiert sind."[7] In dem Süßwasserteil von Kas Oosterhuis erlebt das Publikum veritable Überschwemmungen und scheint sich durch eine künstliche Unterwasserwelt zu bewegen. Aber „wir begreifen das *Künstliche* und das *Natürliche* nicht länger als Antithese", schreibt Oosterhuis. „Wir verstehen die allgegenwärtige künstliche Welt, das globale synthetische System als einen immens komplexen Organismus."[8] Der Organismus des Pavillons reagiert nicht nur auf vielerlei Weise auf programmierte Algorithmen, sondern auch auf das Publikum und die Umgebung. Eine Wetterstation registriert z.B. laufend die Windgeschwindigkeit und den Wasserstand in der Umgebung des Pavillons und gibt diese Daten weiter an einen Computer, der daraus den *emotiven Faktor* des Pavillons errechnet. Dieser *emotive Faktor* wirkt seinerseits wiederum auf die Computer ein, die das Licht und den Ton in dem Pavillon steuern. Fortwährend wird mit realen und virtuellen Umgebungen gespielt, wobei das eine nahtlos in das andere übergeht und das Gebäude sich in den virtuellen Raum hinein ausdehnt.[9]

Auch Le Corbusier dachte bei seinen ersten Skizzen für den Philips-Pavillon zuerst an etwas Organisches, bei den Grundrisszeichnungen präziser an einen Magen. Doch hatte er auch noch eine andere Referenz, aus der Mechanik: „Es muß den Anschein haben, als ob sie in ein Schlachthaus gehen. Dann drinnen: Peng, ein Schlag auf den Kopf und weg."[10] Derart plötzlich und heftig funktionierte das Programm nicht, das Le Corbusier gemeinsam mit dem Komponisten Edgard

11 Siehe Anm. 6.

12 Aus den unterschiedlichen Szenarien, Skizzen und Zeichnungen, die Le Corbusier für die visuelle Komponente des Poème anfertigte, lassen sich ziemlich exakt Intention und Realisierung rekonstruieren. Es sind sogar zwei sekundengenaue Zeitpläne erhalten, einer ein mit dem Vervielfältigungsgerät gedrucktes handkoloriertes Büchlein.

13 Petit, Jean. Le Poème Électronique. Le Corbusier. Brüssel: Centrale Graphique, 1958.

14 Vgl. von Moos, Stanislaus. „Le Corbusier as a Painter". Oppositions 19/20, 1980.

15 Siehe Anm. 6 und Lootsma, Bart. „Kunst onder vleugels van architectuur". ARCHIS, Nr. 12 (1987).

Varèse entwickelte, aber diejenigen, die den Pavillon besuchten, waren doch verblüfft und irritiert, nicht zuletzt deshalb, weil die ausführenden Techniker von Philips im letzten Moment auf eigene Faust Änderungen am Programm vornahmen und die Synchronisation der verschiedenen Apparate nicht klappte.[11]

Die Aussicht, ein Klang- und Lichtspiel zu entwerfen, war für Le Corbusier der ausschlaggebende Grund für seine Entscheidung gewesen, den Auftrag für den Philips-Pavillon anzunehmen.[12] Die visuelle Komponente bestand aus drei Elementen, Bildprojektionen, einem Programm für Licht- und Farbprojektionen und zwei plastischen Figuren, einem weiblichen Akt und einem geometrischen Körper, als Symbolen für Materie und Geist. Das ganze Poème sollte 480 Sekunden dauern und aus sieben Bildsequenzen bestehen. Jede Sequenz hatte ihre eigenen farbigen Lichtprojektionen, eine ambiance: „Ambiances, die die 500 Zuschauer umringen, die sie durchdringen mit psychophysiologischen Sensationen: das Rot, das Schwarz, das Gelb, das Grün, das Blau, das Weiß. Die Möglichkeit, Gefühle hervorzurufen, Sonnenaufgang, Feuersbrunst, Sturm, unbeschreibliches Leuchten."[13] Exakt in der Mitte des Poème sollte in Varèses Musik ein Moment Stille herrschen und der Raum mit hartem weißem Licht angefüllt sein. Der Film ist denn auch, obwohl er noch heute mit der Musik vorgeführt wird, ohne die farbigen ambiances inkomplett. Die Bildsequenzen, überwiegend Projektionen von Schwarzweiß-Fotos mit starkem Zeichencharakter, in schnellem Rhythmus aufeinander folgend, mit kurzen Stücken Schwarzweißfilm alternierend, sollten eine Geschichte der Menschheit erzählen, anhand von Kunst aus allen Erdteilen, technologischen Errungenschaften, Kriegsszenen (nuklearen Explosionen in der 5. Sequenz), um in einer Bilderreihe von Menschen in Armut, vielen Babys und Beispielen der Architektur Le Corbusiers als eine Öffnung zur Zukunft zu kulminieren. Das Verhältnis von Bild- und Farbprojektionen sollte so sein wie in Le Corbusiers letzten Malereien, in denen es die Zeichnung ist, die das Werk trägt, und die Farbe ein unabhängiges System von Formen, das seinen eigenen Gesetzen gehorcht und mit den Linien interagiert.[14]

Tatsächlich begriff Le Corbusier das Poème als eine riesenhafte bewegliche Wandmalerei.[15] Die gesonderte Behandlung der figurativen und nicht-figurativen Aspekte der Malerei geht zurück auf einen der Väter der

16 Basch, Victor. „L'Esthétique nouvelle et la science de l'art. Lettre au directeur de l'Esprit Nouveau". *Esprit Nouveau* 1, 1920.

17 Ozenfant, Amédée. *Foundations of Modern Art.* London: John Rodker, 1931. (London: John Rodker, 1952)

18 Ibidem.

experimentellen Ästhetik, Victor Basch. Die ästhetische Erfahrung sollte Basch zufolge in ihre elementaren Teile zerlegt werden, Farbe, Form, Rhythmus und Ton müssten jeweils für sich analysiert werden.[16] Selbstverständlich war er davon überzeugt, dass umgekehrt Kunstwerke durch Anwendung der *wissenschaftlichen* Daten geschaffen werden können. Die Theorien von Victor Basch hatten großen Einfluss auf Le Corbusier und Ozenfant. Letzterer schrieb u.a. unter dem Titel Discipline of the Arts and Sight: „Wir wissen nicht genau, wie es funktioniert (aber was wissen wir schon genau?), doch ist es evident, dass, unabhängig von jeder verständlichen Ausarbeitung oder Wertschätzung Formen und Farben intensiv genug wirken, um unsere primären Gefühle zu beeinflussen." Und er fährt fort an einer Reihe von Beispielen zu zeigen, wie die Farbe bei Mensch und Tier Reaktionen hervorruft, die intensiv genug sind, um das Verhalten zu beeinflussen, wie man etwa beim Stierkampf sehe. Oder: „In der Lumière-Fabrik in Lyon hatte man in den Laboratorien, in denen fotografische Platten hergestellt wurden, rubinrote Beleuchtung: mit dem Resultat, dass die Arbeiter, die sich ständig in einem Erregungszustand befanden, zudringlich wurden. Was die weiblichen Arbeitnehmer betrifft: Sie bekamen jede Menge Kinder, so viele sie nur gebären konnten. Schrecklich! Beruhigendes Grün ersetzte das Rot und prompt gebaren sie nicht mehr als der Durchschnitt."[17]

Derart spektakuläre Resultate dürfte Le Corbusier sich von seinem Poème nicht versprochen haben, doch der Philips-Pavillon sollte eine konzentrierte Konditionierungsmaschine werden. Und die Arbeitsweise beruhte in nicht unerheblichem Maß auf der Zusammenstellung eines ebensolchen Programms von Farbbädern. Hatte Ozenfant nicht geschrieben, dass Menschen Maschinen seien, die Pflege brauchen und „spezielle Gebrauchsanweisungen"?[18] Auch die Musik von Varèse, ein Gemisch aus elektronischen Klängen, aufgenommenen Geräuschen und Musikfetzen, das in einem eigens eingerichteten Studio in Eindhoven entstand, ließ das Publikum in Klängen baden. Dafür waren an den Wänden des Philips-Pavillons über 300 Lautsprecher angebracht worden. Die räumliche Aussteuerung des Tons war wohl der revolutionärste Aspekt des Pavillons. Nicht nur konnte man jedes Fragment dieser Musik aus jeder beliebigen Ecke des Gebäudes kommen lassen, auch konnte der Klang entlang der sogenannten routes du son herumwandeln. So sollte der Ruf „Oh, God" von oberhalb des Eingangs kommen, sollte ein flatterndes Geräusch – von den Technikern Vögelchen genannt – horizontal im Kreis laufen und der Pfeifton am

19 Vivier, Odile. *Varèse*. Paris: Seuil, 1983.

Schluss zum First des Pavillons emporschießen. Hierfür waren, neben den Lautsprechern und 10 Verstärkern mit 120 Watt, zwei Tonbandgeräte nötig, eines mit drei Tonspuren und eines mit 15 Spuren für die Tonsteuerung sowie eine eindrucksvolle Batterie von Relaiskästen und Telefonzentralen als Vorläufer des Computers. All dies wurde zweifach installiert, für den Fall, dass Störungen auftreten sollten. Insgesamt gab diese Apparatur dem Bedienungsraum das Aussehen der Kommandozentrale für den Start des ersten Sputniks. Es war vorgesehen, dass das Publikum, nach dem Genuss dieses Wunders, an diesem Raum vorbei ins Freie strömte und durch ein Fenster sah, dass dieses magische Geschehen nur möglich gewesen war dank der Technik von Philips. Dabei wurde ihm allerdings vorenthalten, dass die zentrale Interlock-Maschine, die für die Synchronisation aller Apparaturen hätte sorgen sollen, nicht installiert worden war, so dass es tatsächlich reiner Zufall war, in welcher Version man das Poème Électronique erlebte. Für die Musik Varèses machte dies übrigens keinen so großen Unterschied. Er setzte, wie Odile Vivier in ihrer Monographie vermerkt, im Verhältnis von Bild und Klang auf *Dissoziation*, um so aus dem Material „eine Kraft zu gewinnen, die aus dem Kontrast entsteht, der dynamischen Konfrontation der Spannungspole, der sichtbaren und der hörbaren Rhythmen"[19]. „Mon cher Corbu", musste Varèse, der sich von dessen Szenarium nicht allzu sehr bestimmen ließ, denn auch bekennen, „ich habe die Stille (in der Mitte des Poème B. L.) nicht hingekriegt. Es ist genau der lauteste Moment meines Stücks."[20]

Nun, da das 20. Jahrhundert seinem Ende zugeht, kann die Bedeutung des Philips-Pavillons angemessen gewürdigt werden, nicht zuletzt weil die Archive und Dokumente, die man lange verloren glaubte, zugänglich sind.[21] Das Poème Électronique scheint an der Wiege einer Architektur gestanden zu haben, für die das Evozieren einer Atmosphäre zentral ist. Neue elektronische Medien mit einer zugleich optischen, haptischen und akustischen Wirkung bilden dabei eine Bereicherung und Erweiterung der klassischen Tektonik. Es ist, als ob Gottfried Sempers Stoffwechselthese ein neues Kapitel hinzugefügt werden müsste. Deutlicher noch als Le Corbusier und Varèse hatte Xenakis das erfasst. Er hatte sich als Komponist bereits einen Namen gemacht, als er noch im Büro von Le Corbusier arbeitete, aber am Philips-Pavillon war er lange nur als Architekt beteiligt gewesen, wobei man die äußere Erscheinungsform getrost als sein Werk

20 Ibidem.

21 Vgl. Anm. 6. Zufällig stieß ich auf den wichtigsten Teil dieser Archive 1982 bei Johananssen, einem früheren Mitarbeiter von Kalff, der kurz vor der Fertigstellung für die Realisierung des Lichtprogramms hinzugezogen wurde, der dieses Archivmaterial aus dem Müllcontainer gerettet und verwahrt hat.

betrachten kann.[22] Schließlich bekam er in Anerkennung seiner Arbeit selbst Gelegenheit, auch ein Stück für den Pavillon zu komponieren, das in den Pausen, wenn eine Gruppe den Pavillon verließ und die nächste eingelassen wurde, zu Gehör gebracht werden sollte. In Concrète PH, ein Wortspiel mit konkreter Musik und dem englischen Wort für Beton, mit Philips und dem Gradmesser für den Säuregehalt, wurde das Geräusch glimmender Holzkohle in dem Pavillon verbreitet. Dieses leicht singende und knarrende Geräusch muss den Besuchern das Gefühl vermittelt haben, die außerordentlich elegant konstruierte, aber nur fünf Zentimeter dicke Hülle aus vorgespanntem Beton begänne zu bersten, wodurch sie mit allen Sinnen involviert waren. Insofern ist Concrète PH am ehesten ein Vorläufer der Eiswand im H2O-Pavillon. Während Le Corbusier sich darüber Gedanken gemacht hatte, wie er die jeux électroniques, wie er die von ihm ersonnene Kunstform nannte, in das Gebäude einfügen konnte, war es Xenakis, der die Tradition des Poème Électronique fortsetzte in seinen Polytopes, Klang- und Lichtspielen mit architektonischen und sogar städtebaulichen Implikationen oder umgekehrt architektonischen und städtebaulichen Projekten mit musikalischen und visuellen Implikationen.[23]

In der neuen Tektonik spielt Installationstechnik im weitesten Sinne eine grundlegende Rolle, aber mehr noch die elektronische Koordination der Effekte. Die enorme Entwicklung, die die Computertechnologie seither genommen hat, bestimmt den großen Unterschied zwischen beiden Pavillons.[24] Der H2O-Pavillon ist nicht nur eine Konditionierungsmaschine, die den Menschen in Wahrheit als Roboter behandelt, sondern es ist ein komplexes, dynamisches und reziprokes Verhältnis entstanden zwischen Mensch und Technik, Gebäude und Umgebung. Das Angebot der Architekten des H2O-Pavillons erinnert an die Erwartungen, die Marshall McLuhan angesichts der experimentellen Multimedia-Environments äußerte, dass sie uns nämlich einüben könnten in dem Umgang mit dem Bombardement der Medien.[25] Es war diese Theorie, die auch Coop Himmelblau, Haus-Rucker-Co und Hans Hollein inspirierte.[26] NOX versucht, noch einen Schritt weiterzugehen und auch eine Antwort auf Paul Virilio zu geben, der in

22 Vgl. Anm. 6.

23 Siehe auch Xenakis, Iannis und Olivier Revault D'Allonnes. Xenakis: Les Polytopes. Paris: Balland, 1975.

24 Bereits 1984 wäre die Synchronisation der einzelnen Elemente des Poème électronique ohne weiteres zu realisieren mit einem PC anstelle der raumverschlingenden Telefonzentralen, die ursprünglich dafür vorgesehen waren, wie wir bei einer Rekonstruktion feststellten in Zusammenarbeit mit dem ASKO-Ensemble in Eindhoven, Amsterdam, Groningen, Den Haag, Hilversum und Utrecht, 1984.

25 McLuhan, Marshall. Understanding Media: The Extensions of Man. New York: McGraw-Hill, 1964.

26 Siehe Lootsma, Bart. „Metaforen en metamorfosen. Drie decennia weense architectuur". ARCHIS, Nr. 2, 1991.

27 Virilio, Paul. *L'inertie polaire*. Paris: Bourgois, 1990..
28 Spuybroek, Lars. „Motorische Geometrie".
In *Technomorphica*, Rotterdam: V2 Organisatie, 1997.

seinem Buch <u>L'Inertie Polaire</u> ein düsteres Bild von der
Zukunft der Menschheit entwirft, die, von der Technik
verleitet, in einen Zustand einer an Invalidität grenzenden
Bewegungslosigkeit verfällt.[27] So kehrt Lars Spuybroek in
seinem Essay <u>Motorische Geometrie</u> das Verhältnis
von Mensch und Umgebung beinah um, indem er z.B. das
Erlernen des Umgangs mit der Technik damit vergleicht,
dass jemand mit einer Prothese nach dem Verlust der
Propriozeption, der durch den eigenen Körper vermittelten
Wahrnehmung, völlig neu laufen lernen muss. Derartige
Lernprozesse machen es seiner Meinung nach möglich,
mit der Technik zu verschmelzen, so wie es z.B. bereits der
Fall ist bei dem Auto. „Wenn man diese haptische Ausdehnung des Körpers ernst nimmt, dann bedeutet dies, dass
alles im Körper beginnt und er nie aufhört ... Es gibt kein
Draußen, es gibt keine Welt, in der meine Handlungen
stattfinden: Der Körper bildet sich selbst durch Handeln –
indem er handelt, organisiert und reorganisiert sich der
Körper fortwährend motorisch, um *in Form zu bleiben*."[28]
Andererseits hat Lars Spuybroek gerade darum den Boden
des H2O-Pavillons als abenteuerliche Schräge angelegt,
auf der die Besucher Mühe haben, sich aufrecht zu halten,
und buchstäblich einen schweren Stand haben.

BODYSNATCHERS

Bodysnatchers

Die von primitiver Mechanik und der Vorstellung einer geometrischen Schönheit geprägte Ästhetik der Jahrhundertwende machte mit der Zeit einer Ästhetik der Ergonomie und der Aerodynamik Platz. Dies wird deutlich, wenn wir eine frühe kleine Kamera wie die Leica A aus dem Jahr 1925 neben einer neueren Kamera wie der Canon EOS aus dem Jahr 1992 betrachten. Die Konzentration auf die Ergonomie führte zu biomorphen Geräten, die den Formen des menschlichen Körpers nachempfunden sind. Nur eine dünne Membran und die menschliche Haut trennen die innere Technologie von unseren inneren Organen. Die Impulse unseres Bewusstseins werden von Mikroschaltern direkt übertragen. Wir müssen uns nicht mehr mit lästigen Dingen wie Bildschärfe oder Blendeneinstellung aufhalten. An Stelle einer verständlichen Mechanik trat großteils eine undurchschaubare Miniatur-Elektronik – so wie zusammengebaute Standardkomponenten durch Spritzgussteile aus Kunststoff ersetzt wurden.

Ein ähnlicher Kontrast zeigt sich, wenn wir ein modernes Auto wie den Mazda Xedos 6 aus dem Jahr 1992 einem 1925 gebauten Voisin gegenüberstellen. Rudy Kousbroek schreibt: „Die sichtbaren Änderungen sind großteils oberflächlich und beginnen buchstäblich beim Anstrich. Zu der Zeit, als Autos – ähnlich wie Telefone – noch Kurbeln hatten, waren sie feuerrot, kanariengelb, aquamarinblau, flaschengrün oder schneeweiß. Die Bedeutung dieser Farben, verglichen mit den heutigen Pastelltönen, ist real. Primärfarben verweisen auf den Unterschied zwischen dem Gegenstand und seiner Farbe, zwischen dem Anstrich und dem Angestrichenen. Pastellfarben dagegen erwecken den Eindruck, dass sie Teil des Materials selbst und von diesem nicht zu unterscheiden sind. Der Gegenstand ist die Farbe, wie es beispielsweise bei Schokolade oder Toilettenseife der Fall ist. Unter einem primärfarbigen Anstrich bleibt das Objekt autonom. Ein Querschnitt durch ein Auto aus dem Jahr 1925 zeigt ein von einer Farbschicht umgebenes Metallgehäuse mit einer Maschine im Inneren: Stahlzylinder, Kurbelwellen, Pleuelstangen etc. Unter den Pastellfarben des modernen Autos hingegen liegt kein autonomes Konzept. Eine vage Farbe ist die Farbe des Vagen. Das Innere, die Mechanik, verschmilzt mit der Polsterung. Wenn wir einen Querschnitt durch ein modernes Auto vornehmen (und ein einfaches Tafelmesser würde es durchschneiden wie Butter), dann finden wir ein homogenes, schwammiges Material vor, von derselben Farbe wie an der Außenseite, so zäh und undifferenziert wie Teig.“

Kousbroek hat für moderne Autos eindeutig nicht viel über.
Er hängt einer altmodischen Vorstellung von Schönheit an –
doch das heißt nicht, dass seine Überlegungen wertlos
sind. Die Form der Autos wird heute immer unbestimmter.
Kousbroek übersieht allerdings, dass seine Beschreibung
des Autos – vom Standpunkt eines objektiven äußeren
Betrachters und mit dem Blick eines Technikers – sich
fundamental davon unterscheidet, wie wir Autos tatsächlich
erleben. Wir steigen ein und fahren. Das Auto ist im Idealfall
eine Erweiterung des Körpers – eine Prothese, die wir
möglichst unbemerkt tragen möchten und die sich mit dem
Körper auf die direktestmögliche Art und Weise verbindet.
Im Fall von Formel-1-Rennwagen stimmt das sogar buchstäblich: Der Sitz besteht aus gehärtetem PU-Schaum und ist
individuell an die Körperform des Fahrers angepasst – dieser
trägt seinen Wagen wie ein Paar hautenge Jeans, die man
nass anzieht und am Körper in Form schrumpfen lässt.
In hochwertigen Limousinen passt sich der Sitz dem Körper-
bau des Fahrers mikrocomputergesteuert an. Vom Fahrersitz
aus erweitert sich der Körper anhand derselben Prinzipien
wie jener, nach denen künstliche Gliedmaßen in das
Körperempfinden des Trägers einbezogen werden. Es scheint,
als sei das Auto schon immer eine Art heimliche Phantom-
gliedmaße gewesen.

Für den Fahrer ist das Auto nicht nur ein Mittel, um sich in
die Welt hinein zu erweitern, sondern zugleich auch ein
Schutz vor der Außenwelt. Auch das wirkt sich auf dessen
Form aus. Wie fast alle modernen Limousinen wurde auch der
Mazda Xedos 6 mit dem einzigen Ziel entwickelt, den
geringstmöglichen Luftwiderstand zu erzeugen. Damit wird
nicht nur ein geringer Benzinverbrauch in Verbindung mit
einer großen Höchstgeschwindigkeit erreicht, sondern auch
der Lärm durch Fahrtwind im Innenraum minimiert. Störende
Einflüsse von außen, wie Straßenunebenheiten, Kollisionen,
Sonnenlicht oder neugierige Blicke anderer Verkehrsteil-
nehmer werden so weit wie möglich eliminiert. Der Xedos hat
eine selbsttragende Karosserie aus beschichtetem Stahl-
blech, die Außengeräusche sowie Fahrt- und Motorvibrationen
dämpft. Die Klimaanlage ist so perfekt wie in einem
Brutkasten. In einem Werbespot für den Mazda Xedos 6
fährt ein erschöpfter Mann sein Auto absichtlich gegen ein
Hindernis, um den Airbag auszulösen, in dessen weicher
Behaglichkeit er sodann in den Schlaf sinkt. Aufmerksame
Zuseher werden bemerkt haben, dass er dabei am Daumen
lutscht. Kurz gesagt: Das Auto wird zu einer Gebärmutter auf
Rädern; und es überrascht kaum, dass es auch beginnt,
so auszusehen. Auch eine Mercedes-Werbung spielt mit der

fast mütterlichen Geborgenheit des Airbags. Das Foto zeigt einen kleinen Jungen, der im Kindersitz hinten auf dem Fahrrad sitzt. Vor ihm, nur spärlich verhüllt von einem flatternden Sommerkleid, befinden sich die riesigen, weichen Pobacken seiner Mutter. Das Gefühl grenzenloser Geborgenheit, das diese Werbung anspricht, ist etwas, das die Niederländer vollkommen verstehen – es gibt sogar einen Roman und ein beliebtes Lied darüber.

Kousbroek schreibt über die zunehmende Fugenlosigkeit des Autos: „Das heutige Auto wurde nicht erdacht. Es ist Teil einer neuen Physiologie, die – unter dem Einfluss der poetischen Vision der Gesellschaft, in der wir leben – aus der Technologie entstanden ist: die Physiologie des Unverständlichen. Unsere technische Gesellschaft hat von der Technologie eine ähnliche Vorstellung wie ein Naturvolk von der Natur." In dieser Hinsicht stimmt er mit Roland Barthes überein, der einen berühmten Essay über den Citroën DS schrieb. Barthes verglich nicht nur die fugenlose Karosserie des DS mit dem nahtlosen Gewand Christi oder der Außenhaut eines Raumschiffs, sondern sah sie auch als Vorläufer, als Schritt in eine neue, freundlichere Natur. Barthes beschreibt auch, wie der DS (Déesse, dt. Göttin) bei seiner ersten Präsentation bei einer Auto-Schau von der Öffentlichkeit begeistert aufgenommen wurde – und die Menschen waren nicht damit zufrieden, ihn einfach nur anzuschauen, sondern wollten ihn ausgiebig und liebevoll streicheln und in ihm sitzen, kurz gesagt: mit ihm verschmelzen. „Hinter dem Lenkrad sitzend benimmt sich der Insasse, als ob er mit seinem ganzen Körper fahre. Das Objekt wird vollkommen prostituiert und in Besitz genommen; herabgestiegen aus dem Himmel von Metropolis wird die Déesse binnen einer Viertelstunde geschändet."

DER ARCHITEKT ALS MITTELFELDSTRATEGE

HIN ZU EINEM NEUEN VERSTÄNDNIS UND BILD DES GANZEN

Der Architekt als Mittelfeldstratege

Hin zu einem neuen Verständnis und Bild des Ganzen

Es gab eine Zeit, da große Fußballer wie Günther Netzer und Willem van Hanegem die Architekten auf dem Mittelfeld genannt wurden. Sie spielten nicht nur brillante Pässe, die direkte Ergebnisse zur Folge hatten, sondern waren auch in der Lage, ein Spiel zu lesen und für sich zu gestalten, das Tempo zu steigern oder zu drosseln und mit einem eindringlichen Blick, einer beiläufigen Körperbewegung oder einem Dribble ihre Mitspieler zu dirigieren. Im heutigen Fußball sind die Spielmacher (warum wird dafür auch in anderen Sprachen oft das deutsche Wort gebraucht?) dieses Kalibers so gut wie ausgestorben – selbst Zinédine Zidane spielt nicht so dominant und konstant wie Netzer und Van Hanegem. Die wirklich großen Mannschaften haben heutzutage mehrere Spieler, die je nach Situation eine Weile eine dominantere Rolle erfüllen, um beim nächsten Match nicht weiter aufzufallen, auf einer ganz anderen Position zu spielen oder sogar ganz auf der Bank zu sitzen. Auch David Beckham spielt nicht immer. Aber fast alle können sie eine Partie lesen. Vielleicht haben die Toptrainer die Rolle des Architekten einer Elf übernommen – zumindest, wenn sie dafür die Zeit haben, denn die meisten sind nur Passanten in einem Club und können von Glück reden, wenn sie zwei Jahre ihres Vertrages erfüllen dürfen. Gleichzeitig können wir feststellen, dass der heutige Fußball schneller, schwieriger, taktisch fortgeschrittener und internationaler geworden ist als in der Zeit eines Netzer oder Van Hanegem und dass darüber hinaus zahlreiche medizinische, juristische, kommerzielle, politische und mediale Aspekte dazugekommen sind, die den Fußball faszinierender machen als je zuvor. Es sollte mich nicht wundern, wenn es bald verschiedene Master-Studiengänge gäbe, in denen man Fußballtrainer, Konditionstrainer, Lauftrainer, Physiotherapeut, Orthopäde, kommerzieller Direktor, Sicherheitsberater oder PR-Mitarbeiter werden kann. Was sage ich? Die gibt es größtenteils doch schon. Jetzt, da Stürmer und Verteidiger bereits zunehmend spezifische Trainingsstunden von alten Hasen des Fachs bekommen (wie setzt man den Ellenbogen ein?) fehlt nur noch ein Master of Art Mittelfeldarchitekt. Würden Adidas und Nike in die Ausbildung einer altmodischen Nummer 10 investieren, in Fußballspieler, die alles können und alles dominieren? Ich glaube nicht. Selbst Ronaldo war nicht mehr als ein Spielball in den Händen von Nike und war nach kürzester Zeit völlig ausgebrannt. Gelegentlich, bei wichtigen Spielen mit vielen Fernsehzuschauern, wurde er noch mal kurz ausgequetscht, um ein paar Punkte zu holen. Im Endeffekt war sein Wert als Aushängeschild aber wichtiger als seine Leistungen auf dem Fußballfeld, wie der Präsident von Real Madrid durchscheinen ließ, als er den verletzten Stürmer für einen astronomischen Betrag von Inter übernahm; drei einzelne brillante Aktionen können in Videoclips endlos wiederholt werden. Und tatsächlich pusht Nike auf seinen Webseiten statt des Teamsports eher das individualistische street soccer, bei dem gewitzte, cool gekleidete Typen mit Käppi ihre technischen Tricks präsentieren können.

Es ist seltsam, aber es ist heutzutage nicht ganz einfach zu definieren, was nun genau ein Architekt ist. Früher war der Architekt eine Persönlichkeit mit einer wichtigen sozialen Rolle, geachtet und angesehen, der scheinbar alles in der Stadt kontrollierte: Otto Wagner, Hendrik Petrus Berlage. Glauben wir der Architekturgeschichtsschreibung, dann war in der Zeit vor Le Corbusier und Oscar Niemeyer schon eine Skizze mit Kreide auf einer Tafel genug, um ganze Nationen in Bewegung zu setzen. Die Zeit ist wohl vorbei – falls es sie je gegeben hat. Das ist ein allgemeiner gesellschaftlicher Prozess: Auch bei einer medizinischen Diagnose holen wir inzwischen eine zweite Meinung ein. Abgesehen davon ist Architekt ein Beruf, der in Spezialisierungen zerfallen ist – Entwerfen, Detaillieren, Ausschreibungstexte verfassen, konstruktives Entwerfen, bauphysikalisches Entwerfen, Architekturtheorie und so weiter – und doch beschäftigen sich Architekten noch mit allen möglichen anderen Dingen: Sie entwerfen Gebäude, Stadtteile, Städte, sie befassen sich mit politischen und organisatorischen Fragen, entwerfen Webseiten, machen Karten, Möbel, Geschirr, Kleidung, Kunstwerke und Autos; entwickeln Firmenstrategien oder Projekte mit verschiedenen Investoren und Gemeinden und hören auf Bedenken und Anregungen; sie ordnen Informationen und machen Gebrauchsanweisungen für Flugzeuge, sie schreiben, machen Ausstellungen und noch viel mehr. Manchmal machen sie eine kleine Skizze. Und es scheint gut so: Noch nie war Architektur so faszinierend und noch nie fanden einzelne Architekten so viel Beachtung in den Medien.

Und doch können wir beobachten, jetzt, da überall in Europa wegen der Einführung des Bachelor-/Master-Systems Master-Studiengänge für Architektur, Städtebau und Landschaftsarchitektur eingerichtet werden müssen, wie bestehende Studiengänge über die Rolle des Architekten in schreckliche Krämpfe geraten (eine Ausbildung für Architekturhaptonomen bitte!). Es werden dazu eigens Symposien organisiert und Veröffentlichungen mit Hunderten von Zitaten herausgegeben, die erstaunlicherweise alle etwas anderes behaupten. Doch eines haben sie gemeinsam: das felsenfeste Vertrauen, dass die Rolle des Architekten die eines Helden ist. Das hören Architekten gern. Fußballer, Automechaniker und Krankenschwestern übrigens auch. Ich nehme an, dass Ayn Rands Roman The Fountainhead wieder viele Neuauflagen erleben wird. Denn es muss nur etwas geschehen beim Wetter, in der Gesellschaft, beim Flugverkehr oder an der Börse, und die Architekten fallen auf das uralte Idealbild von Howard Rourke zurück, das große Ego, das allen Widrigkeiten zum Trotz seine Ideen durchsetzt, die kollektive Dummheit überwindet und seine großartige Vision in Beton, Stahl und Glas realisiert. Auf dem bekannten Szenenfoto aus The Fountainhead sehen wir das Produkt stehen: etwas zu groß, isoliert, verloren und sich seltsam von der Umgebung abhebend, aber doch mit der Ausstrahlung des Pantheon oder des Kühlergrills eines Rolls Royce. Bemerkenswerterweise sieht man dem Schauspieler, der die Rolle des visionären Siegers auf sich genommen hat, in diesem Szenenbild sein Unbehagen an. Andererseits hat diese Art von Architekten momentan scheinbar die Zeit auf ihrer Seite, jetzt, da der liberale Individualismus in voller Blüte steht und Alan Greenspan, der (ehem.) Chef der amerikanischen Notenbank, die Philosophie von Ayn Rand als eine wahre Utopie unterschreibt. Jedes Ego wird von der Presse umworben und darf sich vorübergehend als visionärer Anführer wähnen – bis die Ermüdung des Publikums wieder zuschlägt. In Berlin sah ich kürzlich Plakate zum Auftritt der Zehn Tenöre (oder waren es zwanzig?), die scheinbar das Vakuum der Drei Tenöre auffüllen wollen und obendrein mit ihrem jungen, Chippendale-artigen Äußeren viel attraktiver aussehen als die alten, schwitzenden Fettwänste. Denn, wie sehr dieses System scheinbar Vertrauen in das ursprüngliche Ego legt, entscheidend ist, dass sich die jüngeren an den älteren Meistern spiegeln – die jahrhundertealte Traditionen und Disziplinen verkörpern –, und das dazugehörige Ausbildungssystem ist dementsprechend eine Neuinterpretation des althergebrachten Meisterklassensystems.

Anders als allgemein vermutet ist der Architekt in diesem Modell jedoch nicht der allmächtige Regler, der sich mit einem wohlplatzierten Gebäude die Stadt gefügig macht, sondern ein Kulturunternehmer, der ein Produkt auf den Markt bringt – und sei es nur eine Kaffeekanne für Alessi – und mit stählernen Nerven darauf wartet, dass es gekauft wird – oder auch nicht. Auch er wird verheizt, denn für den Verkauf wird er seltsamerweise ebenso wenig ausgebildet wie Ronaldo.

In seinem Essay Ansätze für verwirrte Zeiten schreibt Michael Houellebecq nicht nur über die Gegenwartsarchitektur als Beschleunigungsfaktor der Fortbewegung, sondern auch über *die Welt als Supermarkt und Hohn*. Dabei paraphrasiert er natürlich Arthur Schopenhauer, der *Die Welt als Wille und Vorstellung* beschrieb. Der Wille, als bewusstes oder unbewusstes Streben auf ein bestimmtes Ziel hin, wurde hier durch das uninspirierte und gedankenlose Aussuchen im Supermarkt ersetzt. Die Idee des Ganzen wurde zersplittert in viele ironische Verweise auf vergangene Vorstellungen eines Ganzen, die wir inzwischen als unbrauchbar zur Seite geschoben haben, ohne nur den Versuch zu unternehmen, etwas an ihre Stelle zu setzen – außer den neuesten Modellen von Staubsaugern, Autos, Nagelscheren, Flaschenöffnern, Gebäuden oder wovon auch immer: gizmos, wie Bruce Sterling und lange vor ihm Rayner Banham es nannte. Übersetzen wir dies in Architektur, so wird deutlich, dass diese Haltung schwerwiegende Folgen für die Stadt hat.

Anders als die aktuelle mediale Bewunderung für das individuelle Objekt es vermuten lässt, gibt es auch in der Architektur eine Tradition, bei der das Objekt auf andere Weise gesellschaftlich eingebettet ist. Es ist eine Tradition, bei der die öffentliche Rolle der Architektur im Zentrum steht und in der Architektur folglich eine öffentliche Verantwortung übernehmen muss. Architektur ist in dieser Tradition nicht nur etwas, das im öffentlichen Raum erscheint und daher die Aufgabe hat, zwischen dem Privaten und dem Öffentlichen zu vermitteln (statt das Öffentliche zu dominieren), sondern das sich auch aktiv mit kollektiven Interessen, Problemen, Risiken und Verantwortlichkeiten befasst. In dieser Tradition sind Stadt und Städtebau die Ausgangspunkte. Sie bestimmen die Rahmenbedingungen der Architektur. Es geht hier nicht um eine unverbindliche Architekturtheorie, sondern um eine Alltagspraxis, die in den westeuropäischen Wohlfahrtsstaaten im vergangenen Jahrhundert weitgehend institutionalisiert wurde, in Gesetzgebung und Regelwerken, Grund- und Immobilienbesitz, Geldströmen, sowie ganz allgemein durch die demokratisch inspirierte und kontrollierte Einbeziehung der Behörden in Planung und Entwurf. Diese Praxis ist wichtig, nicht nur, weil Städte im Allgemeinen davon schöner werden, sondern vor allem, weil sie so besser funktionieren, Rechtssicherheit garantieren und es so möglich wird, bestimmte Funktionen und Gruppen zu unterstützen und zu schützen – alles unter der demokratischen Kontrolle der Gesellschaft. Es wird deutlich, wie auch aus der ARCH+-Ausgabe über Populismus hervorgeht, dass diese

Tradition sich derzeit in einer tiefen Krise befindet, wofür
es zahlreiche gute und weniger gute Gründe gibt. Wie dem
auch sei: Dies führt bei der Architektur zu einer außergewöhnlich instabilen Situation, bei der vom Architekten viel
mehr erwartet wird, als nur entwerferische und technische
Fähigkeiten. Es ist in den vergangenen Jahrzehnten deutlich
geworden, dass die Berufung auf die historische Kontinuität
der Disziplin allein nicht ausreichend ist. Ebenso wenig
ist es ausreichend, die Professionalität von Winston Wolfe
("Hi, I am Winston Wolfe. I solve Problems.") in Quentin
Tarantinos Pulp Fiction zu lehren, inklusive Sportwagen, um
schnell anzukommen und ebenso schnell wieder weg zu sein.
Dessen Qualitäten kommen ja nur zur Entfaltung, wenn er
illegal handeln kann. Der Architekt muss heutzutage mit den
betroffenen Parteien – ob das nun die Bauherren, Behörden,
die zukünftigen Bewohner oder Nutzer, Anwohner, technische
Berater oder die Presse sind – kommunizieren und ihre
Bedürfnisse und Interessen verhandeln können, sowohl auf
organisatorischem als auch auf ästhetischem Niveau. Dafür
ist es notwendig, dass er eine komplexe Situation analysieren
und möglichst weiterreichende, gemeinschaftlich unter-
schriebene und unterbaute Perspektiven anbieten kann, nicht
nur die pragmatische Lösung eines akuten Problems – erst
recht, wenn es um Städtebau geht. Die Architekturtheorie
kann hierbei eine wichtige Rolle spielen.

Zahlreiche Universitäten und unabhängige Master-Ausbil-
dungen bieten bereits spezialisierte Top-Entwurfslehrgänge
an, die von der Crème de la Crème der internationalen
Architekturwelt geleitet werden. Doch wie interessant und
avantgardistisch das Werk, das bei diesen Kursen produziert
wird, auch aussehen mag, es geht an der Tatsache vorbei,
dass sich die Rolle des Architekten selbst wesentlich
verändert hat und noch weiter verändern wird. Es hat sich ja
inzwischen herausgestellt, dass die Veränderungen in
den Kraftfeldern, die Architektur und Städtebau prägen, viel
tiefgehender sind, als wir noch vor fünf oder zehn Jahren
vermuten konnten. Eine neu zu errichtende Master-
Ausbildung für Architektur und Städtebau sollte daher in
erster Linie ein Forschungsinstitut sein. Der Bedarf daran ist
groß, nun, da die Agenden von Architektur und Städtebau
immer stärker von Internationalisierung, Deregulierung und
Privatisierung bestimmt werden. In der entstandenen
Polyarchie, bei der die verschiedenen Behörden drastisch
an Macht eingebüßt haben, ist es wichtig zu untersuchen,
welche Kräfte Architektur und Städtebau bestimmen
und welches Verhalten die gebaute Umgebung entwickelt, um
dies antizipieren und steuern zu können. Denn trotz der

Tatsache, dass der einzelne Mensch mündiger geworden ist, und obwohl man annimmt, dass der freie Markt alles *von selbst* löst, gibt es noch immer zahlreiche kollektive Risiken, Probleme, Wünsche und Bedürfnisse, die geregelt, und Rechte, die versichert werden müssen. Wenn die Behörden dann an Macht einbüßen, müssen die Bereiche, in denen sie ihre verbleibende Macht ausüben, strategischer gewählt und effizienter verwaltet werden. Jetzt, da ein immer größerer Teil der gebauten Umgebung sich den traditionellen Methoden der Steuerung entzieht, ist es von entscheidender Bedeutung, neue, dynamische und prozesshafte Steuerungsmechanismen zu entwickeln.

Auch ein neuer ästhetischer Diskurs muss entfacht werden, der es ermöglicht, die heutige desparate Vielfalt an Stilen und Sprachen wieder kommentierbar zu machen. Ein Garten, in dem tausend Blumen blühen, ist prachtvoll, doch nicht alle Pflanzen vertragen sich miteinander. Gerade hier ist die Berufung auf die historischen Wurzeln der Disziplin nicht mehr ausreichend, da die Disziplin in der individualisierten Gesellschaft ihre selbstverständliche Autorität als Hochkultur verloren hat. Aus demselben Grund reicht es nicht mehr aus, Architektur ausschließlich auf Basis einer spezifischen Kosmologie zu beurteilen. Wie gut und interessant dies für Architekten, Theoretiker und Kritiker selbst auch sein mag, die Realität der historisch gewachsenen Stadt weicht zwangsläufig davon ab und innerhalb der heutigen Bauproduktion stellt sie nicht mehr als eine Marktnische inmitten von vielen anderen dar. Um hierfür einen neuen Diskurs zu entwickeln, muss einerseits bei der Theoriebildung Anschluss an die Kulturforschung gesucht werden, andererseits auch an die zeitgenössischen Künste.

Ein Master-Studiengang ist der geeignetste Ort, wo diese Art von Forschung, das Entwickeln und Ausarbeiten von architektonischen und städtebaulichen Theorien und Strategien stattfinden könnte. Im PhD-Programm, das auch für Architekten, die letztendlich eine Karriere in der Lehre anstreben, immer wichtiger wird, sollte dies auf einem höheren, wissenschaftlichen Niveau ablaufen können. Selbstverständlich soll dies alles im Dienste des Entwerfens stehen und es ist wesentlich, dass bei einer solchen Master-Ausbildung Entwürfe produziert werden. Doch es ist von größter Bedeutung, dass mehr als zuvor eine Trennung zwischen reinem Entwerfen, untersuchendem Entwerfen, entwurfsgestützter Forschung und der eigentlichen Forschung gezogen wird. Heutzutage verwässert das eine die Ergebnisse des anderen, beispielsweise wenn die

Theoriebildung dem Entwurf *angepasst* wird und zu einer Entwurfsphilosophie verkommt, die ausschließlich auf das eigene *Branding* gerichtet ist. Dadurch lässt sich nicht nur das erworbene Wissen nicht mehr testen, sondern ebenso wenig der Entwurf, weil ein geschlossener Kreislauf entsteht, bei dem der Entwerfer seine eigenen Spielregeln formuliert. Kann er damit als Architekt vielleicht noch gut seine Brötchen verdienen, so ist es doch bedauerlich, dass das eventuell erworbene Wissen nicht mehr einem größeren Publikum zur Verfügung steht.

Im Idealfall besteht eine solche Master-Ausbildung zur Hälfte aus Forschung und zur anderen Hälfte aus Entwurf. Selbstverständlich ist damit die Möglichkeit zur gegenseitigen Befruchtung gegeben: ob nun die Entwurfsfächer die Forschung verwenden bzw. interpretieren, weil die Forschungskurse die Entwürfe zur Diskussion stellen oder kritische Fragen herausdestillieren, oder ob es auf unbewusster Ebene stattfindet – einfach durch die Nähe, weil der eine sieht und hört, was der andere macht.

Eine deutlichere Trennung zwischen Entwurf und Forschung ist auch notwendig, um eine bessere Vorbereitung und Auswahl der Kandidaten für die PhD-Laufbahn zu ermöglichen, d.h. zu prüfen, ob sich die Interessenten für das wissenschaftliche Arbeiten eignen.

Eine Veröffentlichungsstrategie ist fester Bestandteil eines Master-Studiengangs. Nicht nur als Werbung für die Ausbildung selbst, sondern auch um den besseren Entwurfsstudenten für ihre weitere Karriere den Rücken zu stärken und insbesondere um die Untersuchungsergebnisse zu veröffentlichen und so den Austausch und den Diskurs mit Dritten zu suchen. Dies kommt allen zugute, dem Austausch mit den Bachelor-Ausbildungen, der Praxis und der wissenschaftlichen Forschung.

Das Wichtigste, was eine Master-Ausbildung zur aktuellen Architekturdebatte beitragen kann, ist die Bereitstellung von Methoden, mit deren Hilfe Architektur, Städtebau und Regionalplanung wieder ein Kontinuum bilden, in dem aus verschiedenen Perspektiven, auf verschiedenen Niveaus, in verschiedenen Kontexten und Maßstäben operiert werden kann: einmal eher analytisch und pragmatisch, dann wieder visionär und utopisch, aber immer in respektvollem Dialog und in Zusammenarbeit mit anderen Parteien – ob dies nun Politiker, Fachleute oder Auftraggeber sind. Es geht nicht nur darum, wie Sanford Kwinter sagt, „Bilder der Freiheit zu entwickeln", sondern auch darum zu betrachten, was wirklich getan werden muss. Es geht darum Einzelinteressen mit größeren gemeinsamen Belangen und Zielen zu verbinden, indem man kontinuierlich die räumlichen Konsequenzen der Bedürfnisse aller individueller Parteien, die bei einem Projekt betroffen sind, aufzeigt und einander gegenüberstellt, wodurch ein Gespräch über eine Lösung als Ganzes in Gang kommt. Dafür braucht man Planer mit Fähigkeiten zur Analyse und Synthese und – hoffentlich – auch mit mehr Bescheidenheit und Teamgeist als die Stars von heute.

ANHANG

Danksagungen. Übersetzung Clara Jaschke.

Van Toorn, Roemer. „Verortetes Wissen". Hier zum ersten Mal veröffentlicht. Übersetzung: Camilla Nielsen.

„Architekturtheorie". Hier zum ersten Mal veröffentlicht. Übersetzung: Camilla Nielsen.

„More Maastricht Bean Counting! Oder: Was könnte heute eine europäische Architekturtheorie sein?" Ursprünglich veröffentlicht in *Architektur & Theorie/ Architecture & Theory, Produktion und Reflexion/Production and Reflection*, Luise King (Hrsg.), Hamburg: Junius, 2009. Übersetzung: Nicole Genz.

„Körper & Globus". Hier zum ersten Mal veröffentlicht. Übersetzung: Martin Kley.

„Ton aus und Film zurück. Koolhaas, Constant, und die Niederländische Kultur der Sechzigerjahre". Ursprünglich veröffentlicht in *Hunch*, the Berlage Institute report, Nr. 1, 1999. Übersetzung: Silvan Linden.

„Reality Bytes, Die Bedeutung von Forschung in der Zweiten Moderne". Ursprünglich veröffentlicht in *Daidalos* 69/70, 1999. Übersetzung: Gerrit Confurius.

„Der Stil der Wahl". Ursprünglich veröffentlicht in *Insiders*, Arc En Rêve Centre D'Architecture, François Barré, Francine Fort, Michel Jacques (Hrsg.), Dijon: Les presses du réel, 2010. Übersetzung: Camilla Nielsen.

„Individualisierung". Ursprünglich veröffentlicht in *ARCH+* 158, 2001. Übersetzung: Fritz Schneider.

„Die n-te Typologie, die Typologie des Und, oder das Ende der Typologie?". Ursprünglich veröffentlicht auf Französisch in *Collectif. Nouvelles formes d'habitat collectif en Europe*, François Barré, Francine Fort, Michel Jacques (Hrsg.), Bordeaux: Arc En Rêve Centre D'Architecture, 2008. Übersetzung: Camilla Nielsen.

„Die neue Landschaft". Ursprünglich veröffentlicht auf Englisch in *Mutations*, Stefano Boeri und Multiplicity, Rem Koolhaas und Harvard Design School Project on the City, Sanford Kwinter und Daniela Fabricius, Hans Ulrich Obrist und Nadia Tazi (Hrsg.). Bordeaux; Barcelona: Arc En Rêve Centre D'Architecture; ACTAR, 2000. Auf Deutsch zuerst veröffentlicht durch Kai Völcker und Dirk Luckow (Hrsg.), Peking; Sjanghai; Shenzhen; Dessau: Campus Edition Bauhaus, 2000. Übersetzung: Kai Völcker.

„9 Punkte zum öffentlichen Raum". Ursprünglich veröffentlicht in *Daidalos* 67, 1998. Übersetzung Gerrit Confurius.

„Noch mal von noch mehr anderen Räumen". Ursprünglich veröffentlicht in *Artificial Arcadias*, Bas Princen (Hrsg.), Rotterdam: 010 Publishers, 2004. Übersetzung: Camilla Nielsen.

„Schwarze Löcher in Megalopolis". Ursprünglich veröffentlicht in *Manifold* 4, 2010. Übersetzung: Sarah Fleisser.

„Etwas fehlt". Ursprünglich veröffentlicht in *Latente Utopien*, Zaha Hadid, Patrik Schumacher (Hrsg.), Wien: Springer Verlag, 2002. Übersetzung: Lisa Rosenblatt.

„Die Paradoxien des modernen Populismus". Ursprünglich veröffentlicht in *The Populism Reader*, Lars Bang Larsen, Cristina Ricupero, Nicolaus Schafhausen (Hrsg.), New York; Berlin: Lukas & Sternberg, 2005. Auf Deutsch: in *GAM – Graz Architektur Magazin*, Graz, 2007. Übersetzung: Susanne Baumann-Cox und Maria Nievoli von Y'plus.

„Der Computer als Kamera und Projektor". Ursprünglich veröffentlicht auf Englisch in *ARCHIS* 11, 1998. Auf Deutsch: *Architektur Aktuell* 228, Mai 1999. Übersetzung: Matthias Boeckl.

„Die Diagrammdebatte, Der Traum des Schizo-Architekten". Ursprünglich veröffentlicht in *ArchiLab Orléans 2001*, Béatrice Simonot, Marie-Ange Brayer (Hrsg.), Orléans: Mairie d'Orléans, 2001. Auf Deutsch erstmals in *UmBau* 19, Juni 2002. Übersetzer unbekannt.

„Mehrfachbelichtung". Ursprünglich veröffentlicht in *Lightopia Band 1, Essays. Zur Kulturgeschichte des Lichtes*, Mateo Kries, Jolanthe Kugler (Hrsg.), Weil am Rhein: Vitra Design Museum, 2013. Übersetzung: Anke Kreuzer, Christina Bösel, Caroline Gutberlet, Franziska Kristen.

„Auf dem Weg zu einer neuen Tektonik". Ursprünglich veröffentlicht in *Daidalos* 68, 1998. Übersetzung: Melissa Thorson Hause.

„Bodysnatchers". Ursprünglich veröffentlicht in *Forum* „Comfort", 38, 1/2, 1995. Übersetzung: Sabine Schmidt.

„Der Architekt als Mittelfeldstratege". Ursprünglich veröffentlicht in *ARCH+* 163, 2001. Übersetzung: Beate Rupprecht.

BIOGRAFIEN

Bart Lootsma (Amsterdam, 1957) ist Historiker, Kritiker und Kurator auf den Gebieten Architektur, Design und bildende Künste. Er ist Universitätsprofessor für Architekturtheorie und Leiter des Instituts für Architekturtheorie und Baugeschichte der Universität Innsbruck. Er war Gastprofessor für Architektur, Europäische Urbanität und Globalisierung an der Universität von Luxemburg; Forschungsleiter an der ETH Zürich, Studio Basel; an der Universität für Angewandte Kunst in Wien; an der Akademie der bildenden Künste in Wien; an der Akademie der Bildenden Künste in Nürnberg und am Berlage Institut in Amsterdam und Rotterdam; und Leiter der Abteilung für 3-D-Design an der Kunstakademie in Arnhem, Niederlande. Außerdem hielt Bart Lootsma zahlreiche Lehrveranstaltungen in den Bereichen Architektur, Design und bildende Kunst an Akademien für Baukunst und Kunstakademien in den Niederlanden. Seit 2013 ist er External Examiner an der Bartlett School of Architecture in London.

Bart Lootsma veröffentlichte zahlreiche Artikel in Zeitschriften und Büchern. Er war und ist Redakteur und Herausgeber mehrerer Architekturzeitschriften wie zum Beispiel Forum, ARCHIS, de Architect, Yearbook Architecture in the Netherlands, ARCH +, l'Architecture d'Aujourd'hui, domus, Daidalos, GAM und L'Industria delle Costruzioni. Als Autor veröffentlichte er zusammen mit Dich Rijken das Buch „Media and Architecture" (VPRO/Berlage Institut, 1998). Sein Buch „SuperDutch" über zeitgenössische Architektur in den Niederlanden wurde 2000 von Thames & Hudson, Princeton Architectural Press, DVA und SUN veröffentlicht. Außerdem erschien 2004 „ArchiLab 2004 The Naked City" (HYX, Orléans, 2004).

Bart Lootsma war und ist Mitglied mehrerer staatlicher und kommunaler Komitees in unterschiedlichen Ländern, wie des Gestaltungsbeirats in Arnhem, des Rotterdamer Kulturrats, des Niederländischen Fonds für bildende Künste, Gestaltung und Architektur, Mitglied und Kronmitglied des Niederländischen Kulturrats, Mitglied des Expertenkomitees für die 11. Architekturbiennale in Venedig 2008 im Deutschen Bundesamt für Bauwesen und Raumordnung sowie Ersatzmitglied des Beirates für Baukultur im Bundeskanzleramt für Kunst und Kultur in Wien und er war Kurator der Schneider Forberg Stiftung in München. Er ist Mitglied des Beirates der IBA-Wien 2016–2020.

Bart Lootsma war Gastkurator von ArchiLab 2004 in Orléans.

Roemer van Toorn ist Professor für Architekturtheorie an der Umeå School of Architecture in Schweden. Von 1993 bis 2010 war er Leiter des Programms für Geschichte und Theorie und Leiter der Publikationsabteilung am Berlage Institut in Amsterdam und Rotterdam. Er war Gastprofessor an der Delft School of Design (DSD) der TU Delft und Gastprofessor an der Universität der Künste (UDK) in Berlin. Gleichzeitig war er ein international gefragter Vortragender und Forscher. Er war Redakteur von mehreren Ausgaben der jährlichen Publikation Architecture in the Netherlands und von ARCHIS (Volume), hunch, domus und Abitare. Als Autor und Fotograf trägt er auch zu vielen anderen Publikationen bei.

Impressum

Bart Lootsma
Institut für Architekturtheorie und
Baugeschichte, Fakultät für Architektur,
Leopold-Franzens-Universität Innsbruck.
office@architekturtheorie.eu

Gedruckt mit finanzieller Unterstützung der
Leopold-Franzens-Universität Innsbruck.

Lektorat:
Karin Huck, Franz Xaver Sitter,
Kanokwan Trakulyingcharoen,
Michael Walch.
Layout und Coverdesign:
Mevis & van Deursen.
Druck:
Holzhausen Druck GmbH.

Library of Congress Cataloging-in-Publication
data: A CIP catalog record for this book has
been applied for at the Library of Congress.

Bibliografische Information der Deutschen
Nationalbibliothek:
Die Deutsche Nationalbibliothek
verzeichnet diese Publikation in der
Deutschen Nationalbibliografie; detaillierte
bibliografische Daten sind im Internet über
http://dnb.dnb.de abrufbar.

Dieses Buch ist auch als E-Book
ISBN PDF 978-3-0356-0266-1
ISBN EPUB 978-3-0356-0271-5
sowie in englischer Sprache erschienen
ISBN 978-3-99043-366-9.

Gedruckt auf säurefreiem Papier, hergestellt
aus chlorfrei gebleichtem Zellstoff. TCF ∞

Printed in Austria

ISBN 978-3-99043-355-3

9 8 7 6 5 4 3 2 1
www.birkhauser.com